INTRODUCTION

PUBLICATIONS

DE

L'ÉCOLE DES LANGUES ORIENTALES VIVANTES

XV

ÉPHÉMÉRIDES DACES

TRADUCTION

LE PUY. — IMPRIMERIE MARCHESSOU FILS

ΔΑΚΙΚΑΙ ΕΦΗΜΕΡΙΔΕΣ.

ÉPHÉMÉRIDES DACES

OU

CHRONIQUE

DE LA GUERRE DE QUATRE ANS (1736-1739)

PAR

CONSTANTIN DAPONTÈS

SECRÉTAIRE DU PRINCE CONSTANTIN MAUROCORDATO

PUBLIÉE, TRADUITE ET ANNOTÉE

PAR

ÉMILE LEGRAND

RÉPÉTITEUR A L'ÉCOLE DES LANGUES ORIENTALES VIVANTES

TOME DEUXIÈME

TRADUCTION

PARIS

ERNEST LEROUX, ÉDITEUR

LIBRAIRE DE LA SOCIÉTÉ ASIATIQUE
DE L'ÉCOLE DES LANGUES ORIENTALES VIVANTES, ETC.
28, RUE BONAPARTE, 28

1881

INTRODUCTION

INTRODUCTION

Parmi *les nombreux ouvrages de Constantin Dapontès, celui dont nous publions aujourd'hui la traduction occupe incontestablement le premier rang. Cependant, chose curieuse, son auteur ne semble pas l'avoir considéré comme pouvant être de quelque importance. Il plaçait assurément bien au-dessus des* Éphémérides daces *les milliers de vers soporifiques dont se compose son* Miroir des femmes, *ou même sa* Géographie historique, *compilation de troisième main absolument dénuée de valeur.*

A la fin de presque tous ses livres, soit imprimés, soit manuscrits, Dapontès insère avec une complaisance non déguisée une liste de ses œuvres, en prenant grand soin d'indiquer si telle ou telle a reçu les honneurs de l'impression et combien il en a été donné d'éditions, mais on chercherait vainement dans ces divers catalogues le titre des Éphémérides daces. *Quelle est la raison de cette absence ? Dapontès avait-il oublié une de ses premières œuvres, la première peut-être ? Cette supposition n'est guère admissible. D'ailleurs, en 1774, il était encore détenteur du manuscrit des Éphémérides qui appartient actuellement à M. Stávros d'Aristarchis, grand logothète de l'Église patriarcale de Constantinople, puisque, comme nous l'avons déjà fait observer dans la préface que nous avons mise en tête du texte grec, il y ajouta, à une date postérieure au* 14 *mai* 1771, *une note relative à la mort du grand paharnic Caradja* [1]. *Malgré cela, quand, dix ans plus tard, au mois d'août* 1781, *il achève sa* Géographie historique, *dont j'ai sous les yeux le manuscrit autographe, il néglige encore de faire figurer les* Éphémérides daces *dans la double liste qu'il y donne de ses œuvres* [2]. *Ce silence a lieu de nous étonner de la part d'un homme si soucieux de ne rien laisser périr de ses compositions, même les moins dignes d'intérêt. La seule fois qu'il lui soit arrivé de parler des* Éphémérides, *c'est dans son* Jardin des Grâces [3]. *Dapontès y raconte* (Ch. II, *vers* 235-240) *au prince Alexandre Maurocordato, surnommé le Firari, que ce fut sur l'ordre de son oncle, Constantin Maurocordato, qu'il entreprit la rédaction des* Éphémérides daces.

---

1. *Voir plus loin, page* 219, *note* 2.
2. *Dapontès donne le catalogue de ses œuvres dans l'*Avis (εἴδησις) *qui se trouve à la fin du livre, ainsi que dans les premières pages* (fol. 1 et 2). *Ce dernier catalogue est en vers; voici comment il y annonce sa* Géographie, *qui occupe le numéro seize* :

> Τὸ δέκατον καὶ ἕκτον δὲ εἶναι τὸ ἀνὰ χεῖρας
> βιβλίον, ὅπερ ἔγεινε τώρ' ἀπ' ἐμοῦ 'ς τὸ γῆρας,
> χρυσῆ ὀνομαζόμενον ἐτοῦτο ἱστορία,
> ἤγουν ὡς εὔμορφη πολλὰ, ἀξία καὶ ἀστεία…
> Τὸ δέκατον καὶ ἕκτον οὖν τοῦτο μου τὸ βιβλίον
> ἡ ἱστορία ἡ χρυσῆ ἡ εἰς τὸ γηρατεῖον
> λέγεται γεωγραφικὴ μετὰ βραχυλογίας,
> ὡς περιγράφουσα τῆς γῆς πόλεις καὶ ἐπαρχίας,
> διαλεγμέν' ἡ πλειότερη ἀπὸ τὸν ἱερέα
> ἀπ' τὸ Τζυρῆγο τὸ νησὶ Γεώργιον Φατζέα,
> καὶ ἀπὸ τὸν Μελέτιον, ἄξιον Ἀθηναίων
> μητροπολίτην, ἄριστον δὲ γεωγράφον νέον.

J'ai publié ce qu'il y a de plus intéressant dans cette Géographie historique. *Voy. ma* Bibliothèque grecque vulgaire, III, *pp.* 247-279.

3. *Cet ouvrage présente un très grand intérêt au point de vue de l'histoire de la Grèce et de la Roumanie, pendant le siècle dernier. Je l'ai publié dans le tome troisième de ma* Biblioth. gr. vulgaire, *pp.* 1-232.

Μ'ὅλα αὐτὰ κὴ ἄλλα πολλὰ ὁποῦ καὶ χρονογράφον
μὲ εἶχε τὸν αὐτὸν καιρὸν, οὐ μόνον στιχογράφον·
καὶ τὰ συμβάντα ἔγραφα, ξεύρω μὲ κόπον πόσον,
πολέμου τοῦ τετραετοῦς τῶν Τουρκονεμτζορρώσσων,
καὶ τὰ ἐν τῇ Βλαχίᾳ δὲ ὁμοῦ καὶ Μολδαβίᾳ,
ἐφημερίδας δηλαδὴ, ἐν πάσῃ ἀκριβείᾳ.

Ces vers précisent on ne peut mieux le contenu des Éphémérides daces. Ce livre constitue, en effet, non seulement le journal exact et circonstancié de la guerre que les Turcs soutinrent pendant quatre ans contre les Autrichiens et les Russes, mais encore celui des évènements se rattachant d'une façon en quelque sorte plus intime à l'histoire de la Valachie et de la Moldavie, durant la susdite période de quatre années. C'est surtout pour ces deux provinces que les Éphémérides doivent être considérées à juste raison comme un document de premier ordre. Ainsi qu'il nous le déclare lui-même [1], *Dapontès a puisé ses informations aux sources officielles. Il a eu sous les yeux les rapports des agents du prince Constantin Maurocordato, qui suivaient le camp impérial ottoman ou les corps d'armée sous les ordres des divers pachas ; il a analysé et parfois reproduit intégralement ces rapports ; il a mis à contribution les récits et les lettres des boyards, lui-même enfin a été témoin oculaire d'une très grande partie des faits qu'il raconte. Grâce à sa charge de secrétaire du Prince, il pouvait, mieux que personne, connaître les nouvelles et les soumettre à un contrôle sévère.*

A un point de vue moins général, les Éphémérides daces forment, pour toute la durée de la guerre, le journal de la vie publique et privée de Constantin Maurocordato. Dapontès relate avec simplicité et bonhomie ce que fait son prince, ce qu'il

---

1. *Dans le titre de l'ouvrage.*

dit, ce qu'il pense. Rien n'échappe à sa clairvoyance ; il est à l'affût des nouvelles, comme un de nos reporters modernes, mais, bien différent en cela de ceux-ci, il n'admet guère que des faits dûment vérifiés. Si quelquefois sa bonne foi a été surprise, il ne manque pas de se rectifier lui-même quelques jours après.

Tous les évènements qu'il enregistre ne sont certes pas d'une valeur historique égale. A côté des actes officiels figure fréquemment ce que nous appelons aujourd'hui un fait divers ; mais il ne faut pas trop s'en étonner, la Roumanie ne possédait pas alors de journaux, on n'y recevait guère que les gazettes allemandes et polonaises, et Dapontès avait grandement raison de recueillir ces miettes de l'histoire, qui sont utiles, indispensables même, pour reconstituer avec exactitude la physionomie d'une époque. Les documents concernant la Roumanie pendant le second quart du dix-huitième siècle ne sont pas très nombreux, et des personnes compétentes en cette matière nous ont affirmé que, pour la période de la guerre de quatre ans, ils font presque entièrement défaut. Cet ouvrage comblera donc une lacune importante. Le futur historien de la Roumanie y trouvera une mine précieuse de renseignements de toute nature; quelques monastères y rencontreront des faits pouvant prendre place dans leur monographie, et maint descendant des anciens boyards n'y lira pas sans émotion le nom de ses aïeux: Pour plusieurs, ce sera une sorte de « Livre d'or ».

Les pays limitrophes, la Serbie notamment, y puiseront des faits intéressants pour leur histoire ; il en sera de même pour la Grèce, car l'hellénisme qui, bien longtemps avant l'ère des Fanariotes, avait jeté de profondes racines dans la vieille terre roumaine, l'hellénisme était alors dans tout son épanouissement à la cour des hospodars de Bucarest et de Jassi. Nous aurions beaucoup à dire sur la nécessité qu'il y a pour les Grecs à étudier l'histoire de la Roumanie depuis la fin du seizième siècle jusqu'en 1821, mais c'est une question sur laquelle nous nous réservons d'insister dans l'introduction du troisième volume de cet ouvrage.

— J'avais cru pouvoir attribuer à Dapontès les notes biographiques sur le prince Constantin Maurocordato qui se trouvent à la suite de la présente préface [1]; mais je n'avais peut-être pas tenu suffisamment compte de la façon dont Dapontès y parle de Constantin Ventura. Est-il admissible qu'il ait traité avec si peu de ménagement un homme qui lui avait fait un accueil des plus empressés et lui avait généreusement offert l'hospitalité, lorsqu'il arriva de Scopélos, au mois de janvier 1731, chercher fortune à Constantinople [2]? Il est vrai que la reconnaissance ne semble pas avoir été la vertu dominante de Dapontès. Quoi qu'il en soit, je n'ai pas voulu laisser échapper l'occasion de dire que j'hésiterais aujourd'hui à voir dans ce document une œuvre de Dapontès. Il me paraît, toutefois, hors de doute que cet opuscule a été écrit par une personne vivant dans l'entourage de la famille Maurocordato, et que son auteur l'avait destiné à servir d'introduction aux Éphémérides daces. Nous n'avions pu l'insérer qu'à la suite du texte grec, mais dans notre traduction française, nous avons cru devoir lui restituer sa place natu-

---

1. *Voir* Éphémérides daces, I, p. xxix *de l'Introduction.*
2. *Voici ce que dit Dapontès lui-même dans son* Jardin des Grâces (*ch.* i, *vers 83 et suivants*).

> Μ' ἐδέχθη ὁ Βεντούρας δὲ, 'ς τὸ σπίτι του μὲ βάλλει,
> καὶ δύο τρεῖς κυβέρνησες ἐμένα μὲ προβάλλει·
> ἐγὼ ἐσυμβουλεύθηκα νὰ πάρω τὴν Βλαχίαν,
> καὶ τὸ ἐδέχθηκεν αὐτὸς, πλὴν καὶ μὲ ἀπορίαν
> εἰς τὴν καλήν μου ἐκλογὴν ἐτούτην τῆς Βλαχίας,
> τὸ σκῆπτρον ὁ Μιχάλβοδας κρατῶν τῆς αὐθεντίας,
> καὶ ὄντας φίλος δυνατὰ καὶ διαφεντευτής του
> Βεντούρας ὁ ἀείμνηστος καὶ ὑπερασπιστής του.

relle, celle, du reste, qu'il occupe dans le manuscrit appartenant à M. d'Aristarchis. Nous y avons ajouté quelques notes empruntées, pour la plupart, à l'ouvrage de A. Comnène Hypsilanti [1] : Τὰ μετὰ τὴν ἅλωσιν. Ce chroniqueur bilieux se montre d'un bout à l'autre de son livre, l'adversaire acharné des princes autres que les Ghica, les Racoviţa et les Hypsilanti, c'est-à-dire ceux qu'il a servis et ceux de sa famille; mais la violence même de son langage est une preuve suffisante de la fausseté ou de l'exagération de la majeure partie des faits répréhensi-

---

1. ALEXANDRE COMNÈNE HYPSILANTI *naquit à Thérapia, le 29 août 1711. Son père s'appelait Théodore et sa mère Cassandre Tzanétou. Son aïeul maternel, Aphentoulis Tzanétou, avait été premier fournisseur de Mazeppa, le célèbre hetman des Cosaques. Au mois de juin 1724, n'ayant pas encore atteint sa treizième année, Alexandre étudie la langue grecque à Jassi, avec les enfants de l'hospodar Michel Racoviţa, sous la direction du savant professeur Nathanaël Callonaris, de Chio, qui fut par la suite métropolitain d'Éphèse. Son père, Théodore, occupait, à cette époque, la charge de Camaraş des mines de sel. En 1728, le prince Michel Racoviţa est déposé, et Alexandre revient avec lui à Constantinople, où Nathanaël Callonaris continue ses leçons. Au mois d'avril 1731, il quitte Constantinople et se rend à Padoue pour y compléter ses études. En 1737, il est reçu docteur en médecine et docteur en philosophie à l'université de cette ville, et le 16 janvier 1738 il rentre à Constantinople. En 1739, Grégoire Ghica, prince de Moldavie, l'appelle à Jassi et le nomme son premier médecin. En 1744, il devient premier médecin de Raghib Pacha, nommé vali d'Égypte, et se rend avec lui à Alexandrie. Le 6 janvier 1744, il quitte cette ville avec Raghib, nommé gouverneur d'Aïdin. Ils se rendent à Boudroûm, (l'ancienne Halicarnasse) et de là à Aïdin, où ils arrivent le 8 février. Le 24 novembre 1750, il se rend à Édesse (Ourfa), dont Raghib est nommé pacha. Ils y arrivent le 8 février 1751, après un voyage de deux mois et treize jours, que les rigueurs de l'hiver avaient rendu très pénible. Le 13 août 1755, il arrive à Alep, avec Raghib, nommé gouverneur de cette ville. A la fin de 1756, il revient à Constantinople avec Raghib, nommé grand vizir. Le lundi 26 juillet 1759, il est élu skévophylax de la Grande Église. En 1765, il remplit les fonctions de grand spathar de Valachie, sous le règne d'Étienne Racoviţa. En 1769, il est capi-kékhaya de Grégoire III Ghica, prince de Valachie. Par la suite, nous le voyons chargé de différentes missions, qu'il est inutile d'énumérer. Il vivait encore en 1789, mais nous n'avons pu trouver la date de sa mort. Il laissa une fille nommée Élisabeth (Σαφτίτζα), décédée à Yéni-Keui il y a une trentaine d'années. Tous les détails qui précèdent sont empruntés au livre même d'Hypsilanti.*

bles qu'il se plaît à leur attribuer. Ce Tallemant des Réaux de bas étage m'a bien l'air d'avoir été payé par les Turcs pour écrire sa compilation historique. Si je me permets cette réflexion, ce n'est pas que je veuille me faire l'apologiste quand même des Fanariotes, mais il est une chose qu'on ne saurait révoquer en doute, c'est qu'ils n'ont jamais eu de pires ennemis que leurs compatriotes, jaloux de les voir élevés à de hautes dignités. Les vers suivants de Dapontès trouvent ici leur application parfaite :

Καὶ ἄκουσα τὸν Χρύσανθον λήξεως μακαρίας,
ἢ τὸν σοφὸν Νικόλαον αὐθέντην τῆς Βλαχίας,
δὲν ἐνθυμοῦμαι βέβαια, λέγοντες οἱ γενναῖοι
πῶς ἔχομεν ἰδίωμα τοιοῦτον οἱ Ῥωμαῖοι,
τὸ ἐναντίον τῶν ἐθνῶν καὶ τῶν φυλῶν τῶν ἄλλων
κακὸν δὲ καὶ ἀνάποδον καὶ ἀπὸ τῶν μεγάλων,
καὶ ἕνα προκομμένον μας τὸν λέμε Λουτερᾶνον,
καὶ ἕνα μας ἐνάρετον τὸν λέμε μάγον πλάνον[1].

PORTRAITS DU PRINCE CONSTANTIN MAUROCORDATO. — *Le portrait qui orne le présent volume est la reproduction sur cuivre d'une peinture à l'huile appartenant à M. le prince Georges Maurocordato, lequel, avec cette gracieuse libéralité qui est de tradition dans son illustre famille, a bien voulu faire les frais de la gravure. Qu'il nous permette de lui en offrir ici nos remerciments les plus vifs et les plus sincères !*

M. le prince G. Maurocordato possède encore une fort jolie miniature sur émail du prince Constantin. Outre ces deux portraits, il en existe, à notre connaissance, trois autres, dont voici la description :

A) *Figure tournée à droite, format in-4°. Le Prince porte la*

---

1. Miroir des Femmes, II, *page 178.*

barbe; il est coiffé du bonnet princier et vêtu d'un manteau de fourrures. Autour de la figure on lit : Constantinus Scarlati Moldaviæ princeps. *En bas sont les armes du Prince et la signature du graveur :* G.-F. Schmidt sculps. Parisiis. *Au-dessous du portrait on lit ce distique :*

> Musas Augusti colit æmulus ille volentes
> Per populos dat jura viamque affectat Olympo [1].

Il existe un exemplaire de ce portrait dans la collection particulière de l'empereur d'Autriche, ainsi que dans celles de MM. D.-C. Sturdza et D.-A. Sturdza.

b) *Même portrait réduit, format petit in-8°. En bas :* Constantinus Mauro Cordatus utriusque Valachiæ et Moldaviæ princeps. *Gravé par Petit. Au-dessous on lit :*

> Regificos fastus musarum vincit amore.

Ce portrait se trouve à la Bibliothèque nationale de Paris, dans la collection de M. le prince G. Maurocordato, et dans celles de MM. D.-C. Sturdza et D.-A. Sturdza.

c) *Buste tourné à gauche. En bas :* Constantinus Scarlati Moldaviæ princeps. I. M. C. B. *Portrait médiocre gravé par Jean-Martin Berningeroth. Se trouve dans les collections de MM. le prince G. Maurocordato, D.-C. Sturdza et D.-A. Sturdza.*

— *Les épitaphes et l'inscription imprimées à la suite des notes biographiques sur le prince Constantin m'ont été obligeamment communiquées par M. le prince G. Maurocordato.*

— *Le troisième volume qui nous reste à publier comprendra :* 1° *une étude bio-bibliographique sur Constantin*

---

[1]. Ce vers et le dernier mot du précédent sont empruntés à Virgile; Géorgiques, IV, 561-562.

Dapontès ; 2° *la traduction des curieuses lettres de cet écrivain, ainsi que celle du document relatif à la révolte des Sfakiotes en* 1770, *publié dans l'appendice du tome premier ;* 3° *un glossaire ;* 4° *un dictionnaire des noms de dignité turcs et roumains avec leur explication ;* 5° *un index analytique où trouveront place certains détails parvenus à notre connaissance après la rédaction des notes du tome deuxième. Nous espérons que ce troisième volume, dont une portion considérable est déjà prête, pourra paraître dans les premiers mois de l'année* 1882.

Avant de terminer cette préface, je dois faire observer que le texte de Dapontès n'est pas toujours d'une clarté irréprochable ; un abus fastidieux des pronoms relatifs souvent placés d'une façon maladroite (défaut commun à presque tous les écrivains grecs de cette époque qui se sont servis de la langue vulgaire) rend plus d'une fois la phrase équivoque. Si, dans notre traduction, nous avions commis quelque erreur par suite de ce vice de style, elle ne devrait donc nous être imputée qu'à demi.

Un autre point sur lequel je crois devoir également attirer l'attention est le suivant : Quand Dapontès emploie des mots étrangers, il est parfois très difficile, pour ne pas dire impossible, de savoir s'il leur conserve l'acception qu'ils ont dans la langue à laquelle ils appartiennent, ou s'il leur attribue la signification nouvelle que leur a donnée une autre langue en les adoptant.

Citons quelques exemples. Salahor, *en turc, signifie* écuyer, *en roumain,* ouvrier. *On trouve les deux sens dans le texte des Éphémérides, et nous sommes à peu près sûr d'avoir pu, grâce au contexte, distinguer la vraie acception du terme dans les passages où il figure.*

Mais quel sens faut-il donner à βαρούσι? *Ce mot, d'origine magyare, a passé en roumain, où il signifie* ville, « oraš », *en serbe* « varoš », ville et faubourg, *en turc* « várouch ». faubourg. *Dapontès a-t-il fait son emprunt au roumain ou au turc? Dois-je traduire par* ville *ou par* faubourg? *Dans un cas au moins rien ne l'indique.*

Κουλᾶς, κουλᾶ, *signifie, en grec,* pie (*cheval dont la robe est de deux couleurs;* δίλογον ἄλογον, *dit l'excellent lexique de Somavera); en turc, ce même terme signifie* bai-brun. *Comme il s'agit, dans le passage, de la couleur que Mahomet préférait pour ses chevaux, ceux qui sont au courant des goûts du Prophète résoudront la difficulté, si tant est que la chose vaille la peine d'être élucidée. Heureusement les équivoques de cette nature ne sont pas très nombreuses et, pour la plupart, ne tirent pas à conséquence. J'ai cru, toutefois, devoir en dire un mot.*

Dans la transcription des termes turcs, j'ai adopté l'orthographe usuelle. Le système de transcription suivi par les orientalistes est, du reste, loin d'être uniforme. J'ai donc écrit silicdar, mectouptchi, coutchouc, *etc., au lieu de* silikhdar, mektoubdji, kioutchiouk, *qui seraient, cependant, plus conformes à la prononciation ottomane.*

Je manquerais aux devoirs de la reconnaissance, si je ne remerciais pas cordialement M. É. Picot, professeur de roumain à l'École des langues orientales vivantes, du concours dévoué qu'il m'a prêté pour la rédaction de presque toutes les notes relatives aux localités roumaines, bulgares, serbes et hongroises que j'avais à identifier.

Paris, *mai 1881.*

ERRATUM. — Par suite d'une inadvertance que je ne saurais m'expliquer, j'ai fait une seule et même localité de deux localités bien distinctes qui portent l'une et l'autre le nom de Tcherna-Voda. La note 2 de la page 64 doit donc être rétablie comme il suit : « Tcherna-Voda, village situé à 21 kilomètres de Roustchouc. C'est la première station du chemin de fer qui va de cette ville à Varna. »

NOTES BIOGRAPHIQUES

SUR

CONSTANTIN MAUROCORDATO

Naissance du prince Constantin. — Son arrivée en Moldavie. — Son père est transféré en Valachie. — Mort de la mère de Constantin. — Son père est emmené prisonnier à Hermannstadt. — Il est mis en liberté et se rend à Constantinople. — Il est nommé de nouveau prince de Valachie, après la mort de son frère. — Le prince Constantin est fiancé avec la princesse Anastasie. — Son père se propose de le faire créer prince de Moldavie. — Conseils qu'il adresse à son fils. — Il est détourné de son projet par la jeunesse de Constantin et les conseils de ses familiers. — Grégoire Ghica est nommé prince de Moldavie. — Constantin rompt ses premières fiançailles et épouse Smaragda Cantacuzène. — Expédition du prince Nicolas contre les Tartares. — Sa mort. — Constantin étudie les langues. — Vive affection que son père lui portait. — Son père le tenait au courant de toutes les affaires et l'employait à la rédaction des lettres pour la Sublime Porte. — Son père était fier de lui. — Constantin donne une preuve de sa modération en évitant les querelles de ceux qui semblaient lui témoigner de l'amitié. — Affection des boyards indigènes et des boyards grecs pour Constantin. — Il acquiert une connaissance pratique et exacte de toutes les affaires du pays. — L'opinion générale était que Constantin serait devenu le principal instrument du gouvernement de la Principauté. — Son père disait ouvertement qu'il le ferait prince de Valachie. — Son père, à son lit de mort, lui recommande la princesse Smaragda et ses enfants. — Assemblée pour l'élection d'un prince. — Élection de Constantin. — Joie universelle que cause cette élection. — Pétitions à ce sujet adressées à la porte ; Constantin est investi par Topal Osman Pacha de l'administration provisionnelle de la Principauté. — Les habitants du pays veulent couronner Constantin ; il refuse ; arrivée du firman impérial de promotion. — Distribution des charges. — Révolte de Patrona sous le règne du sultan Mahmoud. — Il crée prince de Valachie, Michel Racoviţa et prince de Moldavie Tchoban. — Déposition du prince Constantin. — Installation du caïmacam de Michel Racoviţa. — Emprisonnement des familiers de Constantin ; inventaire de la fortune de son père. — Le prince Michel refuse à Constantin le titre de prince. — Sa conduite à ce sujet. — Arrivée du prince Constantin à Constantinople. — Il se tient tranquillement chez lui sans être inquiété. — Michel est jaloux de la considération que les grands dignitaires témoignent à Constantin. — Il essaye, sans pouvoir y réussir, d'empêcher les fréquentes visites de ses familiers à la Porte, où ils trouvent bon accueil. — Constantin propose d'épouser Anastasie, fille du prince Michel. — Le prince Michel suscite des embarras à Constantin au sujet de la fortune acquise par le prince Nicolas. — Les accusations fausses et hostiles sont réduites à néant. — Quelques personnages essayent de se glisser dans l'intimité du prince Constantin et sont repoussés. — Désaccord entre les personnes qui proposent au Prince des partis pour se marier. — La Porte promet à Constantin la principauté de Valachie. — Déposition de boyards par Michel Racoviţa. — La Porte fait offrir à Constantin la principauté de Moldavie ; il ne l'accepte pas. — Déposition de Michel Racoviţa ; Constantin est rétabli en Valachie. — En route, il demande à Michel Racoviţa sa fille Anastasie ; elle lui est refusée. — Le prince Michel est mis en prison ; sa délivrance; pétition au Sultan favorable à Michel et hostile à Constantin. — Exil du prince Michel. — Envoi à la Porte d'une note de dépenses excessives. — Projet du Prince relatif à la bonne administration de la Principauté. — Le prince Constantin épouse la princesse Catherine. — Il bâtit une chapelle et une seconde enceinte au monastère de Văcăreşti. — Il construit l'église de Saint-Spyridion et l'entoure d'un mur. — Le prince Constantin est transféré en Moldavie et le prince Grégoire en Valachie. — Michel Racoviţa revient de l'exil. — Les grands fonctionnaires se repentent de la susdite permutation. — Déposition de boyards en Valachie. — Affection et sympathie des boyards [moldaves] pour le prince Constantin. — Ordres nombreux et importants donnés au prince Constantin relativement à l'entrée des Russes en Pologne et au séjour du khan sur le Dniester. — Le Prince envoie dans les places fortes voisines des canons, des bois de construction et d'autres objets ; curage du Prut. — Dépenses pour les allants et venants. — Traité corroboré d'un serment entre le prince Michel et le prince Constantin ; celui-ci fiance sa sœur Sultane à Étienne, fils de Michel. — Nouvelle permutation entre les deux princes. — Le prince Grégoire témoigne son mécontentement en emprisonnant un grand nombre de boyards. — Constantin se montre bienveillant même envers les partisans de Grégoire. — Vizirat de Silicdar Mechmet Pacha. — Le prince Michel viole ses serments et marie son fils à une autre femme.

CONSTANTIN MAUROCORDATO, fils du prince Nicolas, naquit à Constantinople, six mois après que son père fut revenu de Moldavie (27 février 1711).

Au bout d'un an, Nicolas fut appelé pour la seconde fois à gouverner la Moldavie, où il se rendit avec sa femme et son fils Constantin (26 septembre 1711).

Nicolas Maurocordato avait été transféré sur le trône de Valachie, lorsque Constantin perdit sa mère Pulchérie Tzouki[1] (18 mai 1716).

Nicolas régnait déjà depuis neuf mois à Bucarest, lorsqu'il fut fait prisonnier avec Constantin et ses frères (14 novembre

---

1. PULCHÉRIE TZOUKI, issue d'une vieille et illustre famille de Constantinople, fut la seconde femme du Prince Nicolas Maurocordato. Elle mourut le 18/29 mai 1716, en mettant au monde son cinquième enfant, qui ne lui survécut que quarante jours. Pulchérie Tzouki fut enterrée dans la cathédrale de Bucarest. On trouvera plus loin son épitaphe et celle de son fils Thomas. La bibliothèque du couvent du Saint-Sépulcre à Constantinople, possède cinq lettres de la princesse Pulchérie adressées à Chrysanthe Notaras, et datées des 19 février et 14 mars 1713, du 31 mars 1714, et des 6 février et 20 avril 1716 (Voy. C. SATHAS, *Bibliotheca græca medii ævi*, III, p. 529, pour ce qui concerne les lettres).

1716), transporté à Hermannstadt et, dix mois plus tard, à Karlsburg. Leur captivité dura environ deux ans [1].

Après la conclusion de la paix et conformément à un article du traité, il fut mis en liberté, traversa la Valachie (25 août 1718), où régnait son frère Jean [2] (qui avait été parrain de Constantin), se rendit à Andrinople et de là à Constantinople.

Dans le sixième mois de sa déposition, et après la mort de son frère, Nicolas reprit en main le gouvernement de la Valachie (2 mars 1719). Constantin suivit son père dans ce pays et y fut élevé sous son excellente direction.

Son frère aîné, Scarlatos [3], étant mort, Constantin, alors âgé de dix ans, fut fiancé avec Anastasie, fille de Michel Raco-

---

1. Fait prisonnier le 14/25 novembre 1716, le prince Nicolas ne recouvra sa liberté qu'à la suite du traité de paix qui fut signé à Passarowitz, le 10/21 juillet 1718.

2. JEAN MAUROCORDATO, fils d'Alexandre et frère de Nicolas, succéda à ce dernier dans la charge de grand interprète de la Porte. Il fut créé prince de Valachie au mois de décembre 1716, et mourut dans les premiers mois de l'année 1719, après un règne d'environ deux ans. Il fut enterré dans la cathédrale de Bucarest. Selon Sathas (*loc. cit.*, p. 528), la Bibliothèque du Saint-Sépulcre de Constantinople possède vingt-six lettres de lui, toutes adressées à Chrysanthe Notaras.

3. SCARLATOS MAUROCORDATO, fils de Nicolas et de sa première femme Cassandre Cantacuzène, naquit en 1702 et mourut en 1726. Son frère Constantin avait donc quinze ans et non dix, comme l'affirme l'auteur de la présente notice. Démétrius Procopiou (apud SATHAS, *Bibliotheca græca medii ævi*, III, p. 497) se borne à dire de Scarlatos qu'il était « le digne imitateur des vertus de ses aïeux, que nuit et jour il se livrait à l'étude et que, malgré sa jeunesse, il avait déjà acquis des connaissances aussi étendues que variées ». Ce fut ἀξιώσει τοῦ ἐκλαμπροτάτου καὶ περιβλέπτου κυρίου Σκαρλάτου Μαυροκορδάτου que Chrysanthe Notaras composa son Εἰσαγωγὴ εἰς τὰ γεωγραφικὰ καὶ σφαιρικά, imprimée à Paris, en 1716.

viţa, prince de Moldavie ; mais celui-ci, qui était dans un état d'hostilité déclarée contre Nicolas Maurocordato, auquel il cherchait à ravir le trône de Valachie, n'avait pas la moindre intention de contracter avec lui une alliance de parenté ; il ajournait la célébration du mariage, demandée par Nicolas, et traitait ce prince en ennemi, ce qui amena une foule de dissensions et de persécutions mutuelles.

Cependant Constantin avait atteint l'âge de seize ans et demi et son père songeait à le faire nommer prince de Moldavie. Ce fut en vue de cette éventualité qu'il lui remit, écrites de sa main, les instructions suivantes :

COPIE PRISE SUR L'ORIGINAL AUTOGRAPHE QUI FUT DONNÉ A CONSTANTIN, EN L'AN DE GRACE 1727.

« Sache que la crainte de Dieu est la base du bonheur.

« Sans le secours de Dieu, tout n'est que vanité.

« La justice est la vertu qui sied le mieux aux princes.

« La colère est une passion funeste; la douceur a de la force.

« Le courage et la magnanimité sont un grand présent de Dieu.

« La chasteté est une parure magnifique.

« La violence, qu'elle procède du prince ou de ceux qui l'entourent, est pernicieuse, qu'on l'exerce soit pour se procurer de l'argent, soit pour acquérir des domaines ; mais c'est surtout quand on la fait servir à l'assouvissement d'une passion honteuse (ce qu'à Dieu ne plaise !) qu'elle a de douloureuses conséquences, dont l'histoire fournit des milliers d'exemples.

« Que l'humilité soit dans ton cœur (car devant Dieu nous sommes tous cendre et poussière), et la gravité sur ton visage. Parle peu et d'une manière affable, sans rouler les yeux, sans remuer le visage, sans agiter les bras. Donne tes ordres avec la dignité qui sied à un prince, mais sans bruit et sans éclat.

« Conserver sa dignité est une chose indispensable. De même que tu dois obéissance aux conseils de ton père et par dessus tout aux commandements de Dieu, de même aussi les sujets sont astreints à la soumission envers leur Prince.

« Sans la soumission, tout manque de vie. Il faut cependant, pour que tes sujets t'obéissent, ne leur commander que des choses dans la mesure de leurs forces.

« Ne promets pas ; mais, si tu as fait une promesse restes-y fidèle. Ne viole, sous aucun prétexte, la parole que tu as donnée, lors même que tu aurais promis sans serment.

« N'emprunte pas à la légère, ni à de trop gros intérêts ; et quand, par nécessité, tu emprunteras, soit à des chrétiens, soit à des personnes d'une religion différente, aie toujours la ferme résolution de t'acquitter. Car, si tu détiens le bien d'autrui, tu commets un péché mortel et, tant que tu n'auras pas rendu ce que tu dois, le repentir de ta faute ne suffira pas à t'en obtenir l'absolution. Prends garde ! Prends garde !

« Ne sois pas dissipateur, mais aime l'épargne. Ne sois pas avide, mais économe. Mesure tes dépenses à tes moyens.

« Évite les somptuosités inutiles. N'aie pas de nombreux habits, de nombreuses parures, ni de nombreux chevaux. Ne cède pas à la passion de bâtir. Les gratifications excessives, les cadeaux superflus offerts à des étrangers ou à des intimes donnent mauvaise réputation. Les gens du pays ne peuvent les tolérer et cela devient pour eux une cause de tourment. Si ton père a péché en cette matière, que son expérience te serve de leçon.

« Garde-toi bien de construire des édifices. Tant que tu es prince, tu as des palais ; quand tu es à Constantinople, le foyer de tes aïeux te suffit. Si tu bâtis avec de l'argent d'emprunt, tu en souffriras beaucoup au physique et au moral. Prends garde !

« Abstiens-toi d'innovations, suis la route frayée. Ne perds pas ta réputation par des conseils perfides. En établissant de nouveaux impôts, de nouvelles coutumes, tu acquerrais un mauvais renom. Ce qu'à Dieu ne plaise !

« Fais des prières en l'absence de tout témoin ; implore souvent en secret l'aide de Dieu. Veille, médite. A quiconque médite, tout est donné par surcroît. Questionne, consulte, apprends. Acquiers, par une enquête continuelle, la connaissance et l'intelligence des choses, des personnes, des grands, de tes amis, de tes ennemis, de ceux qui te sont indifférents. Sache les défauts et les qualités de ceux avec qui tu dois être en relations, principalement des princes, des grands fonctionnaires, des boyards indigènes, des voisins. Connais les histoires ; sois instruit des affaires présentes dans tous leurs détails. Pense à l'avenir ; interroge les gens expérimentés, afin d'apprendre d'eux ce qu'ils ont vu, ce qu'ils ont fait, ce qu'ils savent. Prends garde, prends bien garde que tes conseillers ne soient cupides, fourbes, flatteurs, oisifs, ignorants, vindicatifs, indiscrets, orgueilleux, menteurs.

« Connais les défauts des boyards indigènes ; tiens-toi en garde contre ces défauts, tout en passant par dessus, pour avoir la paix. Ne donne pas à un autre la gloire qui t'appartient. Ne fournis pas à tes familiers l'occasion de mépriser ta jeunesse. Adjure-les, au nom du ciel, d'être francs, fidèles observateurs de leurs devoirs, amis de la justice, vigilants, intègres, humbles, tempérants. Fais-les surveiller par quelqu'un de sincère, et mets-leur un frein, car beaucoup de princes ont péri victimes des désordres de leurs familiers. La terre tremble quand un courtisan règne. Le gouvernement de plusieurs n'est pas une bonne chose, il ne faut qu'un seul souverain.

« Que l'expérience des autres te serve d'exemple. Que les secrets d'État (et encore pas tous) ne soient livrés qu'à deux ou trois personnes d'une fidélité éprouvée. Écris seul, tout seul, les affaires les plus importantes.

« Que les cadilics te soient connus, avec leurs limites, et leur force en tout temps. Sache aussi quels boyards et quels mazils[1] habitent dans chacun d'eux.

« Devoirs de soumission envers la Porte.

« Devoirs envers le khan [de Crimée].

---

1. Les Mazils étaient de petits boyards sans emploi, descendants des anciens nobles de la troisième classe ; ils formaient une des bresles ou corporations du tiers-état.

« Relations avec les Pachas et les cadis des environs.

« Relations avec la Pologne.

« Relations avec l'empire d'Allemagne.

« Livre de recettes nettement tenu.

« Secours et compassion pour les besoins du pays.

« Grandeur d'âme, quand les affaires ne vont pas à ton gré.

« Divans fréquents.

« Festins peu nombreux.

« Promenades rares.

« Pas de folles dépenses, pas d'orgies.

« Chasses peu fréquentes[1] et non dans les lieux éloignés.

---

1. Démétrius Cantemir nous a laissé une fort curieuse description des grandes chasses auxquelles se livraient les hospodars : « ... Quatuor nimirum per annum assignarunt tempora, totidem orientalis ecclesiæ jejuniis prævia, in quibus cuncti provinciæ ordines, barones, milites, nobiles, cives et mercatores venationi principis interesse deberent. Istis diebus aliquot millia rusticorum e pagis vicinis coguntur, et sylvas intrare ferasque excitare jubentur. In campis circumcirca sylvas obsident venatores, pars canibus venaticis stipati, pars retia tenentes, exterritumque rusticorum clamoribus venatum facili negocio intercipiunt. At ut excitetur diligentia venatorum, singulis feris suum a principe constitutum est donarium, leporem qui ceperit, *bachszisz* (ita enim turcico vocabulo munuscula ista appellitant) viginti quinque asprorum accipit, qui vulpem sexaginta : aper uno imperiali, ursus aureo, dorcas octoginta aspris redimitur. Finita venatione, pura animalia, quæ escæ inserviunt, partim ad principis culinam deducuntur, partim inter barones aut militiæ præfectos distribuuntur : impura, vulpes, lupi, ursi, feles sylvaticæ, hylaces, et si quæ alia ejusmodi animantia Moldaviæ montes alunt, peikis vel pedissequis principis cedunt, qui ex eorum coriis haud parvum lucrum sibi conciliant. Præter hasce quatuor solennes per annum venationes, princeps equidem quandocunque voluerit, congregare incolas, eosque ad feras sectandas cogere potest (etenim qui ipsi præscribat leges, aut desideriis ipsius modum ponere possit, in Moldavia, uti superius indicavimus,

« Que tes promenades soient pour affaires.

« Exécution des ordres impériaux.

« Examen des recettes et des dépenses.

« Conférer sagement avec les boyards indigènes et tes familiers au sujet des affaires importantes.

« Lecture des lettres.

« Audience des étrangers.

« Réponse aux lettres.

« Observe un ordre dans tes affaires; n'entremêle pas l'une avec l'autre. Distribue-les à chacun suivant sa fonction. Toutefois, ne cesse pas de t'en mettre en peine et informe-toi si elles ont été exécutées.

« Dis aux boyards de te faire savoir si tes familiers se livrent à quelque écart, afin que tu puisses les réprimer avec rigueur.

« Aie une suite peu nombreuse, peu de Fanariotes [1].

« Fais ce qui est nécessaire pour te concilier l'affection des habitants du pays.

nemo est), male tamen ea de re audiet, suæque famæ perpetuam seris etiam posteris memorandam inuret maculam; nec securus esse potest quin de ea vexa ordinum nomine ad aulam othmannicam deferantur querelæ. His de causis, si quando vel tempestatis vel loci amœnitate illectus indulgere genio suo voluerit, cum aulicis suis officialibus militibusque qui eum semper sequi tenentur, venationem instituit, neque tamen adeo frequenter, ut omne tempus, quo reipublicæ negotiis vacare deberet, ferarum tribuatur exitio.» (*Descriptio Moldaviæ*, pp. 97-98).

1. Le prince Nicolas joignait l'exemple au précepte. De l'aveu même de son ennemi, A. C. Hypsilanti (p. 340), il n'avait admis à son service que deux boyards étrangers au pays : le Grec Georges Ramadan, comme spathar, et Georges l'Albanais, comme postelnic.

« N'ajoute pas facilement foi aux accusations des paysans contre les boyards, et, d'un autre côté, ne laisse pas molester les paysans.

« La modération est chose excellente.

« N'accorde pas aisément des privilèges, des prérogatives et des lettres d'exemption d'impôts, car cela constitue une perte pour le Trésor et pour la liste civile.

« Veille à ce que les lettres ne soient pas cachetées avant que tu saches ce qu'elles contiennent.

« Ne donne pas un écrit pour l'annuler ensuite, car ton honneur en souffrirait et tes lettres deviendraient un objet de mépris.

« La parole que tu as donnée est donnée ; ce que tu as décidé est décidé.

« Si les jeunes princes commettent une faute, même légère, ils acquièrent une mauvaise réputation et l'on méprise leur jeunesse. »

En homme intelligent, le prince Nicolas renonça à mettre son projet à exécution, car il craignait l'envie, redoutait aussi le fardeau du gouvernement de deux provinces et tenait compte de la jeunesse de son fils ; les conseils de quelques familiers (que l'on peut soupçonner d'avoir, par esprit de jalousie, suscité des obstacles) contribuèrent peut-être aussi à le faire changer d'avis.

24 *septembre* 1727. — Grégoire Ghica [1], alors grand inter-

---

1. GRÉGOIRE GHICA, fils de Matthieu Ghica et petit-fils par sa mère du grand inter-

prête de la Porte, et neveu par sa mère du prince Nicolas, ayant, grâce à l'intervention de ce dernier, obtenu le trône de Moldavie, comme cela est raconté dans son histoire, et les fiançailles de Constantin avec la fille de Michel Racovița ayant été rompues, ce jeune prince épousa une noble demoiselle nommée Smaragda, qui appartenait à la famille des Cantacuzènes valaques et était fille de Radu, grand spathar. Elle mourut au bout d'un an de mariage.

L'année précédente, Constantin avait pris part, avec son père, à une expédition contre les Tartares du Boudjac qui s'étaient révoltés [1].

Le prince Nicolas mourut dans la douzième année de son quatrième hospodarat, le 3 septembre 1730 [2].

Constantin avait consacré tout ce laps de temps à faire son éducation [3], sous la surveillance et la direction de son père.

---

prête Alexandre Maurocordato, eut pour parrain l'empereur Léopold. Devenu interprète de l'ambassade d'Autriche à Constantinople, il succéda, en 1717, en qualité de grand drogman de la Sublime Porte, à son oncle Jean Maurocordato, nommé prince de Valachie. Il occupait ce poste depuis environ onze ans, quand il fut élevé à la dignité d'hospodar de Moldavie.

1. Sur cette révolte des Tartares du Boudjac, on peut consulter de Hammer (XIV, pp. 169-170). Les princes de Valachie et de Moldavie prirent part à cette expédition avec les gouverneurs d'Ozou, de Bender, d'Ismaïl, de Chilie et d'Ak-Kerman.

2. A. C. Hypsilanti (Τὰ μετὰ τὴν ἅλωσιν, p. 327) affirme que « les Valaques ayant soudoyé son chirurgien, celui-ci mit du poison dans l'onguent dont le prince se servait pour son cautère et occasionna ainsi sa mort. » Cette affirmation est fausse. Ainsi qu'il appert du vers treizième de son épitaphe (que nous publions ci-après), le prince Nicolas mourut d'une tumeur inguinale.

3. Constantin eut pour précepteur Démétrius Procopiou Pampéris, qui fut d'abord

Il s'était surtout appliqué à accroître la somme de ses connaissances et à étudier les langues. Ces deux princes étaient des modèles, l'un d'amour paternel, l'autre de soumission filiale.

L'affection et la considération que le père professait pour le fils allaient augmentant chaque jour.

Le prince Nicolas avait l'intention de s'assurer la collaboration de son fils dans toutes les affaires gouvernementales, mais la jalousie dont nous avons parlé ci-dessus ne lui permit pas de réaliser son dessein. Cependant, il ne laissait pas de consulter Constantin, qui était au courant de toutes les affaires tant publiques que privées. Il passait avec lui la plus grande partie de la journée à discourir tantôt sur la politique, tantôt sur les livres et l'érudition.

Le prince Nicolas chargeait son fils de rédiger les lettres de nouvelles et les rapports qu'il adressait à la Sublime Porte.

Il disait avec fierté que Constantin ne craindrait pas les grands fonctionnaires turcs ni même le Sultan, si on le questionnait sur la politique et les affaires de l'empire ottoman.

Au bout d'un certain temps, la jalousie de deux ou trois

---

secrétaire de Nicolas Maurocordato. Ce Prince lui fit étudier la médecine à l'université de Padoue et le nomma, à son retour, précepteur de son fils et médecin de la Cour. Il était originaire de la petite ville de Moschopolis en Macédoine et avait fait ses premières études à Constantinople. Il est surtout connu par les notices abrégées sur quelques savants grecs du xviie et du xviiie siècle qu'il envoya à Fabricius et que ce savant inséra, accompagnées d'une traduction latine, dans le tome XI de sa *Bibliothèque grecque* (Voy. G. I. Zaviras, Νέα Ἑλλάς, *Athènes*, 1872; in-8°, p. 264).

personnes (jalousie dont il a déjà été question) se changea en hypocrisie et en amitié ; mais Constantin ne cessa jamais de se contenir et d'user de modération, car il ne voulait pas de querelles, et évitait avec soin toute parole et tout acte hostile vis-à-vis de ces gens oublieux de leurs devoirs.

En général, toutes les autres personnes de la maison princière, du plus petit au plus grand, les boyards indigènes comme les familiers grecs, avaient pour Constantin une grande sympathie, une vive affection et une considération parfaite.

Durant le laps de temps dont nous avons parlé, Constantin, indépendamment des progrès qu'il fit dans les lettres, acquit une grande connaissance pratique de l'état du pays, de la noblesse, ainsi que de tout ce qui se rattache et concourt d'une façon générale ou particulière au gouvernement de la principauté. Il connaissait avec exactitude et en détail le budget du pays; il était au courant des désordres et des négligences qui s'y produisaient. Il acquit une idée juste du caractère de chacun. Redoutant, à l'admiration générale, de s'exposer à la haine ou de donner prise aux calomnies, il ne persécutait personne, mais, par contre, refusait son appui aux gens de désordres.

Tout le monde s'accordait à dire que, si son père ne fût pas mort, Constantin serait devenu le principal instrument, le ministre d'État de la principauté. C'était, du reste, le but où tendaient tous les efforts du prince Nicolas.

Il disait, en présence de son fils comme en son absence,

qu'il avait l'intention de l'élever, avec l'aide de Dieu, à la dignité d'hospodar, en abdiquant en sa faveur.

Tel était Constantin, lorsque son père, le prince Nicolas de glorieuse mémoire, mourut, après avoir connu plusieurs jours d'avance que sa fin était proche.

Il donna, en présence de sa famille, ses ordres et ses instructions à Constantin, confia à ses soins la princesse Smaragda (qui l'avait élevé depuis son enfance comme son propre fils [1]), son frère Alexandre et sa sœur Sultane [2], encore mineurs l'un et l'autre. Constantin et son frère Jean entouraient leur belle-mère et ses enfants de la plus vive affection et habitaient avec eux dans la même maison.

Le clergé et la noblesse s'étant réunis pour procéder, après un sérieux examen, à l'élection d'un prince, portèrent leurs vues sur trois candidats : Grégoire Ghica, price de Moldavie, Michel Racovița, ancien prince de Moldavie, et Constantin, cet enfant du pays, que tous connaissaient [3]. On discuta publiquement les titres divers de chacun d'eux, on étudia avec soin et

---

1. Constantin n'avait que six ans, lorsque sa mère, Pulchérie Tzouki, mourut. Voir ci-dessus, page xix.

2. Sultane Maurocordato épousa le grand postelnic Démétrius Mourouzi, mort à Constantinople. De ce mariage naquirent Constantin Mourouzi, qui fut nommé grand interprète de la Porte, en 1774, et prince de Moldavie en 1777 ; et Catherine, qui épousa Alexandre Hypsilanti, grand interprète de la Porte, puis prince de Valachie, en 1774.

3. Démétrius Cantemir expose longuement *(Descriptio Moldaviœ*, pp. 48-51) la façon dont on procédait à l'élection des princes de Moldavie. Les choses se passaient à peu près pareillement en Valachie.

en détail les raisons qui militaient ou non en leur faveur, puis, à l'unanimité, l'assemblée élut le jeune prince Constantin [1], et résolut de demander sa confirmation à la Porte.

Le peuple se montra charmé de ce choix et le ratifia. Tous les familiers du jeune prince accueillirent aussi avec bienveillance et empressement la nouvelle d'une élection qui les consolait de la mort du grand homme qu'ils avaient perdu.

Des pétitions furent rédigées et envoyées à la Porte, après avoir été revêtues de la signature de tous [ceux qui avaient participé à l'élection]. A l'effet d'appuyer [ces pétitions] et de fournir de bons témoignages [en faveur de l'élu], les habitants demandèrent des certificats aux pachas voisins. Parmi ces derniers, le plus puissant était celui de Vidin, Topal Osman Pacha [2], qui délégua un commissaire pour installer Constantin en qualité d'administrateur provisionnel de la principauté.

Les habitants voulaient, comme cela s'était autrefois pratiqué, procéder à l'intronisation de Constantin et le couronner prince, mais il répondit qu'il fallait attendre l'assentiment et les ordres du Sultan ; il donna ainsi une preuve de son intel-

---

1. La partialité de A. C. Hypsilanti lui faisait en quelque sorte un devoir d'affirmer que l'assemblée repoussa d'abord avec énergie « le fils du tyran » et que ce fut seulement sur les vives instances du vieux Crétzulescu, doyen des boyards valaques, soudoyé par la princesse Smaragda et les principaux courtisans grecs, que l'élection de Constantin put être obtenue (Τὰ μετὰ τὴν ἅλωσιν, page 327). Cette assertion n'a pas l'ombre de la vraisemblance.

2. Les boyards grecs obtinrent de Topal Osman Pacha, gouverneur de Vidin, une lettre de recommandation pour le grand vizir, dans laquelle il témoignait en faveur de Constantin et le proposait comme prince de Valachie (ID., *ibid.*, p. 327).

ligence par cette marque de soumission à son suzerain. Quand la pétition arriva à Constantinople, ceux des premiers boyards qui étaient parents ou proches de Constantin intervinrent, avec autant d'empressement que d'affectueuse bienveillance, auprès des hauts fonctionnaires ottomans pour faire ratifier son élection. Cependant, le prince Michel Racoviţa et ses partisans firent douter du succès de l'affaire, en promettant des sommes énormes, et affirmant que Constantin n'avait que dix ans, ce ce qui était l'âge de son jeune frère. Cette assertion fut reconnue mensongère, car Constantin avait dix-neuf ans et demi, et cela était d'autant plus notoire que beaucoup de fonctionnaires de la Porte avaient eu occasion de le voir en Valachie. Cependant, le Sultan ayant ratifié l'élection de Constantin, par considération pour Nicolas son père, et grâce à l'appui des premiers grands fonctionnaires, la promotion au principat fut octroyée et permise, le troisième jour de la remise des pétitions, et le petit imbrohor, Achmet aga, fut délégué [à Bucarest] par le Sultan, qui se trouvait à Scutari [1], à cause de l'expédition contre la Perse.

Le firman impérial étant donc arrivé, le jeune Prince fut intronisé et commença, pour ainsi dire, le même jour à exercer son autorité. Il distribua les grandes et les petites charges, sans presque rien changer à ce qui existait du vivant de son père.

Ces jours-là, une terrible sédition qui éclata à Constantinople

---

1. Le Sultan s'y était rendu le 3 août 1730 (n. st.). Voy. DE HAMMER, XIV, 217.

(17 septembre 1730) modifia presque totalement le système gouvernemental. Les rebelles ayant tué [1] les hauts fonctionnaires et déposé le sultan Achmet III, fils de Mahomet IV, mirent sur le trône son neveu Mahmoud Ier, fils de Moustafa II (que Dieu fasse vivre de nombreuses années!). Le nouveau Sultan envoya au Prince, par le salahor Lala Mechmet aga, la notification de son avènement au trône impérial, ainsi que des recommandations concernant l'exercice de la justice et le gouvernement de la principauté. La parole et le pouvoir étant à la disposition des rebelles, ils en profitaient pour commander et exécuter chaque jour mille choses différentes. C'est ainsi que, grâce à leur intermédiaire et à la faveur de quelques-uns des nouveaux grands fonctionnaires, ou, pour mieux dire, par la coalition de tous ces factieux, Michel Racoviţa fut nommé prince de Valachie [2] (6 octobre 1730), et un homme de basse condition, un marchand de moutons, nommé Jean [3], qui était

---

1. Ceci n'est pas tout-à-fait exact. Les rebelles ne tuèrent pas eux-mêmes les grands fonctionnaires ; mais ils demandèrent et obtinrent la mort du grand vizir, du capitan pacha et du kékhaya bey.

2. Suivant de Hammer (XIV, 241), la principauté lui coûta cent cinquante mille piastres.

3. JEAN ou GIANNAKIS TCHOBAN [1] (voy. le sommaire de la présente notice), boucher grec, avait pendant la révolte vendu à son chef, Patrona Khalil, de la viande à crédit, et lui avait ouvert généreusement sa bourse. Ébloui par la faveur dont il jouissait au-

---

1. TCHOBAN, en turc, signifie *berger*. Nous ne savons si c'est le nom réel de Giannakis ou si c'est simplement un sobriquet qui lui aurait été donné à cause de sa profession de marchand de moutons. Selon M. Ép. Stamatiadis (*Biographies des grands interprètes*, p. 119), il se serait appelé JEAN BOUTZINGANIS.

fournisseur de l'odjac des janissaires (circonstance à laquelle il devait l'amitié des rebelles), fut nommé prince de Moldavie. Il eut la tête tranchée, après l'apaisement de la sédition [1].

Constantin régnait depuis quinze jours seulement [2], et l'on était en train de reconduire l'aga impérial, qui retournait à Constantinople, lorsqu'arriva en Valachie le firman du Sultan (1er novembre 1730). Le lendemain, le même aga revint à Bucarest, et on donna lecture du firman impérial qui désignait les fondés de pouvoir du nouveau prince, Michel Racovița [3].

Les manœuvres hostiles de ce dernier ne tardèrent pas à se manifester. Ordre fut donné de mettre en prison les premiers

près des rebelles, il n'aspira à rien moins qu'au trône de Moldavie. Patrona Khalil le lui promit en échange de cinq cents bourses, et fit inviter le grand vizir, par l'intermédiaire de son complice Mousli, à nommer à cette principauté le boucher Giannakis. En vain, le grand vizir objecta que quatre jours seulement s'étaient écoulés depuis que Grégoire Ghica avait reçu sa confirmation. « Quelle différence peut-il y avoir, répondit le rebelle, entre un ghiaour et un ghiaour? » Le grand vizir s'excusa de nouveau sur ce qu'il ne pouvait rien faire sans l'ordre du Sultan. « Allez donc trouver le Sultan, répliqua Mousli; mais songez avant tout à remplir les intentions de Patrona Khalil. » La volonté de ce dernier s'accomplit en effet et, pour la première fois, on vit investir un boucher de la dignité de prince de Moldavie (2 novembre 1730). Voy. DE HAMMER, XIV, 241, et A. C. HYPSILANTI, p. 330.

1. Il fut décapité le 24 mars 1731 (n. st.). C'est ici le lieu de rectifier une erreur commise à ce sujet par A. C. Hypsilanti. Ce chroniqueur affirme (p. 330) que Giannakis fut tué par Patrona Khalil lui-même pour ne pas lui avoir payé, dans le délai convenu, la somme qu'il lui avait promise. Cette assertion est erronée, puisque Patrona Khalil fut massacré avec plusieurs rebelles le 25 novembre 1730 (n. st.).

2. Depuis vingt jours, selon A. C. Hypsilanti (p. 330).

3. Michel Racovița succéda à Constantin Maurocordato, sans avoir été élu par les habitants. Ce fut la première fois que cette dérogation aux us et coutumes se produisit.

boyards grecs qui se trouvaient soit à Constantinople, soit en Valachie. L'imbrohor dressa l'inventaire de toute la fortune de Nicolas Maurocordato et de son fils, et, afin d'aggraver encore le préjudice, les partisans du prince Michel essayèrent de la faire vendre, mais ne purent y réussir.

Michel Racoviţa refusait à Constantin le titre de prince, et cela prêtait à rire, car plusieurs des fonctionnaires que Constantin avait créés, Michel les reconnaissait pour tels, par timidité et dans la crainte de scandaliser les gens du pays. En revanche, celui-là même qui les avait investis, et à qui deux sultans avaient, dans leurs firmans impériaux, accordé le titre de prince, il s'obstinait à le lui dénier, comme on put le voir par les lettres mêmes qu'il adressa aux boyards et au prince Constantin, en réponse au message de celui-ci, qui, par esprit de sage politique, s'était empressé de lui écrire une lettre congratulatoire et amicale, par laquelle il sollicitait son affection. Et, pour dépouiller Constantin de la dignité princière, Racoviţa consentit à payer le tribut à partir du jour de la mort du prince Nicolas, et se fit délivrer un firman l'autorisant à prendre tous les fonds encaissés depuis lors. Quand ce firman fut arrivé en Valachie, on donna lecture de toutes les dépenses faites par ordre de Constantin : le total s'en élevait à la somme de vingt mille piastres, affectées tant aux funérailles du prince Nicolas et aux présents offerts à l'aga qu'aux autres dépenses locales. L'aga lui-même, vu la nature de ces dépenses, n'inquiéta pas le prince Constantin. Celui-ci disait à ce sujet : « Je payerai seulement les funérailles de mon père, car je ne me considère pas comme indigne de lui rendre les derniers devoirs ; je les payerai, quoique, d'après l'usage, ce soit au Trésor d'en supporter les frais ; peu m'importe si le prince Michel ne se croit pas en état de subvenir aux obsèques du grand homme auquel il succède [1]. »

Le prince Constantin se mit ensuite en route pour la capitale. Le vieil aga, en homme intelligent, cheminait avec lenteur, et atteignit ainsi le but que son expérience avait entrevu ; car, lorsqu'ils arrivèrent à Constantinople, on avait chassé les rebelles, depuis plusieurs jours, et tout était rentré dans le calme.

Les grands fonctionnaires se montrèrent pleins de bienveillance pour le Prince et les gens de sa maison, qui se retirèrent tranquillement avec leur fortune dans les palais de leurs aïeux.

Le prince Michel, qui était à Constantinople, voyant la protection et la considération dont jouissaient les familiers et toute la maison du Prince défunt, commença de nouvelles persécutions; mais Constantin, autant par politique que par amour de la paix, envoya ses boyards le féliciter et lui demander son amitié.

---

1. Voir dans la *Descriptio Moldaviæ* de D. Cantemir les cérémonies observées aux funérailles des hospodars (pp. 98-100). J'y trouve un détail que je crois devoir relever. « Chacun, dit Cantemir, devait par son visage et son maintien manifester la douleur qu'il éprouvait, douleur à laquelle on associait en apparence les chevaux eux-mêmes, en les faisant pleurer avec de l'oignon (p. 99). » Voilà un usage qui exclut tout commentaire.

Tous les boyards familiers du prince Constantin fréquentaient chaque jour ouvertement et par son ordre le palais des grands fonctionnaires turcs ; le bon accueil qu'ils trouvaient auprès d'eux jetait le désarroi parmi les partisans du prince Michel, qui tâchaient de les éloigner, sans pouvoir y parvenir.

Le Prince qui avait, depuis son enfance, de l'inclination pour la fille du prince Michel, avec laquelle il avait été fiancé, la lui demanda en mariage, estimant que, jeune comme il était, il avait bien le temps de régner, si Dieu le permettait. Il proposa, en outre, au prince Michel de faire la paix, mais celui-ci ne voulut rien accepter.

Le prince Michel ayant suscité des tracasseries à Constantin relativement à la fortune acquise par le prince Nicolas, on chargea de la contrôler des commissaires, dont l'enquête établit la mauvaise foi des accusateurs et révéla leurs manœuvres hostiles, car le Prince fut jugé avec une grande élévation de sentiments.

Constantin Ventura [1], interprète de la flotte impériale,

---

1. Constantin Ventura, de Paros, interprète de la flotte, était, dit C. Dapontès (*Catalogue historique, p. 187*), un homme de mérite. Le chroniqueur A. C. Hypsilanti qui, comme j'ai déjà eu occasion de le dire, pousse la partialité jusqu'à la plus insigne mauvaise foi, affirme que Ventura périt victime des calomnies dirigées contre lui par le prince Constantin Maurocordato, qui le haïssait, à cause de son intimité avec Michel Racoviţa (Τὰ μετὰ τὴν ἅλωσιν, p. 334); mais de Hammer, dont le témoignage s'appuie sur les historiens ottomans, s'est chargé de réduire à néant cette accusation perfide. Voici ses paroles : « Constantin Ventura, auquel on reprochait depuis longtemps de se laisser corrompre et de servir d'espion aux étrangers, fut mis à mort, et eut pour

Manoli [1], pelletier de la Sublime Porte, et Thomas Testa-successeur Georgakis, agent du voïvode de Valachie (t. XIV, 263). » Ajoutons que Ventura fut exécuté le 23 septembre 1731 (n. st.). Il nous reste de lui quatre lettres adressées à Chrysanthe Notaras, sous les dates du 22 février 1714, et des 7 janvier, 22 janvier et 1er février 1717 ; ces lettres se trouvent dans la Bibliothèque du couvent du Saint-Sépulcre de Constantinople (Voy. SATHAS, *Bibliotheca græca medii ævi*, tome III, page 521).

1. MANOLI ou MANUEL HYPSILANTI, fils de Constantin Hypsilanti, était, en 1714, premier fourreur du grand vizir Damad Ali Pacha. Il eut alors assez d'influence pour faire élever au trône œcuménique (mars 1714) Cosmas, patriarche d'Alexandrie, dont il avait été l'élève. Déposé au bout de deux ans et cinq mois, Cosmas fut, grâce encore à la protection de Manuel, rétabli sur son ancien siège d'Alexandrie, demeuré vacant par la mort du patriarche Samuel (1717). En 1720, Manuel Hypsilanti fait élever à Patmos des constructions destinées à loger les élèves qui fréquentaient l'école alors florissante de cette île. En 1727, il se brouille avec Michel Racoviţa, qui chasse de Jassi tous ses parents, sauf le chroniqueur A. C. Hypsilanti, qui n'avait alors que seize ans.

En 1730, un grand incendie ayant réduit en cendres le monastère du Saint-Sépulcre et onze églises, à Constantinople, Manuel demande au grand vizir la permission de faire reconstruire ces édifices et l'obtient, moyennant un cadeau de cent vingt bourses. Le monastère et les églises furent rebâtis, et Manuel se fit rembourser par les intéressés l'argent donné par lui au grand vizir. En 1730, lors de la révolte des janissaires, Michel Racoviţa accuse, auprès du grand vizir Silicdar Mechmet Pacha, Manuel Hypsilanti d'avoir mis obstacle à son élévation au trône de Valachie, du temps du kékhaya bey Mechmet, et de l'avoir fait donner à un jeune homme dépourvu d'expérience. Manuel, poursuivi de ce chef, fut mis en prison dans le Four du Bostandjibachi. En 1736, il est au service du kékhaya bey Khalissa Omer effendi, en qualité de premier pelletier, et nous le voyons, redevenu l'ami de Constantin Racoviţa, faire tous ses efforts pour obtenir, au profit de ce prince, la déposition de Constantin Maurocordato, alors hospodar de Valachie. A. C. Hypsilanti, à qui nous empruntons tous ces détails, reste fidèle à ses habitudes de dénigrement quand il affirme que Constantin Maurocordato et ses capi-kékhayas de Constantinople avaient dénoncé Manuel au caïmacam Yegen Pacha, comme agissant contre lui auprès du kékhaya bey. Yegen Pacha, qui avait de vieilles rancunes contre Manuel, ajoutait entièrement foi à ces ca-

bouza[1], médecin, mirent tout en œuvre pour se concilier l'intimité du Prince ; mais, comme c'étaient des gens envieux et que la plupart des grands fonctionnaires tenaient en mauvaise estime et détestaient, il répondit par un refus à leurs avances et ne voulut en aucune façon les admettre auprès de lui. Ces trois personnages, ayant par la suite attiré sur eux la colère du Sultan, subirent successivement la peine capitale.

lomnies et cherchait l'occasion de tirer de lui une éclatante vengeance. Cette occasion se présenta après la prise d'Ozou par les Russes (13 juillet 1737, n. st.). Quand la nouvelle de cet évènement parvint à Constantinople, le grand écuyer Ghioul Achmet Pachazadé reçut ordre d'aller mettre à mort le kékhaya bey Khalissa Omer effendi, alors au camp de Cartal, vis-à-vis d'Isaccea, et le caïmacam chargea ce même personnage de faire arrêter Manuel et de l'envoyer à Constantinople. Cependant Manuel, voyant son maître mort, s'empressa d'aller au devant de Mousounoglou Abdoullah Pacha, qui venait d'être créé grand vizir et qu'il connaissait depuis l'époque où il était aga des janissaires. Celui-ci s'attacha Manuel comme premier fourreur. Quand il fut arrivé au camp, le grand écuyer, qui cherchait Hypsilanti, sans pouvoir le trouver, apprit qu'il était entré au service du grand vizir. Il alla trouver celui-ci et lui dit que le caïmacam pacha demandait Manuel pour régler un compte qu'il avait avec lui. Le grand vizir, qui savait combien le caïmacam était puissant à Constantinople, n'osa pas refuser et livra Manuel, qui fut empalé au mois d'août 1737. Ses biens ainsi que ceux de son frère l'hetman Constantin et de son neveu l'agas Jean furent mis en vente par ordre du caïmacam pacha. Leur valeur totale était de dix-huit mille bourses.

1. THOMAS TESTABOUZA était médecin du kékhaya bey Khalissa Omer effendi, dont il est question dans la note précédente. Il était au camp de Cartal avec ce fonctionnaire et ne cessait de lui répéter que l'Empereur n'attaquerait pas les Turcs, et que les nouvelles affirmant le contraire, transmises par les princes de Valachie et de Moldavie, ne méritaient aucune créance. Le caïmacam Yegen Pacha avait donné ordre de l'arrêter en même temps que Manuel Hypsilanti, mais il disparut après la mort du kékhaya bey (A. C. HYPSILANTI, pp. 341-342). Quand fut-il retrouvé et mis à mort? C'est une question que je n'ai pu élucider, faute de documents.

Les parents du Prince, d'autres nobles habitants de Constantinople, le Patriarche et des prélats, s'efforçaient, sans parvenir à s'entendre, de faire marier Constantin et lui proposaient quatre partis différents. Mais il refusait les uns et les autres et attendait qu'il fût appelé de nouveau à l'hospodarat.

Les premiers hauts dignitaires, [notamment] le grand vizir Silicdar Mechmet Pacha [1] (1731) et Cabacoulac Ibrahim [2], qui lui succéda au bout de six mois, promirent au Prince, dès le jour de son retour à Constantinople, qu'ils lui rendraient sa principauté, et, à de nombreux indices, il était évident qu'ils avaient cette intention.

Pendant ce temps-là, le prince de Valachie, Michel Racoviţa déposait, après les avoir reconnus dans le principe, la plupart des boyards créés par Constantin. Bien loin de recevoir des faveurs, tous les membres de la noblesse s'endettaient pour satisfaire les exigences princières. De son côté, Racoviţa empruntait aux [pachas] voisins et aux grands fonctionnaires de Constantinople et leur souscrivait personnellement des billets. Son unique souci était de réunir des fonds, car il lui en fallait pour amortir ses dettes tant anciennes que nouvelles. Comme les gens du pays ne se gênaient pas pour manifester leurs sympathies envers Constantin, il en résulta une très grande mésintelligence et inimitié entre les deux princes.

---

1. SILICDAR MECHMET PACHA succéda à Damad Ibrahim Pacha, mis à mort le 1ᵉʳ octobre 1730 (n. st.), à la demande des rebelles.

2. CABACOULAC IBRAHIM PACHA succéda à Silicdar Mechmet Pacha, destitué le 22 janvier 1731 (n. st.). Le texte grec nomme ce grand vizir *Caracoulac*, par erreur.

Un jour, l'imbrohor Moustafa bey, kéhhaya du grand vizir, manda le postelnic Georges Ramadan[1], qui fut plus tard interprète de la flotte, et le pressa d'engager Constantin à faire des promesses d'argent pour obtenir la principauté de Moldavie, car, à cause des anciennes discordes de Grégoire Ghica avec les Tartares, on se proposait de le déposer. Constantin, ne voulant pas agir ainsi vis-à-vis de son cousin, refusa formellement, mais demanda la Valachie. Il avertit, en outre, le prince Ghica de ce qui se passait, et, moyennant une forte somme, on parvint à arranger l'affaire.

11 septembre 1731. — Le susdit Topal Osman Pacha[2], ayant été promu à la dignité de grand vizir, déposa, le vingtième jour de son vizirat, le prince Michel Racoviţa, et donna la Valachie à Constantin (15 octobre 1731). Ce dernier rendit visite à tous les hauts fonctionnaires, qui lui firent un accueil des plus empressés.

Avant que Michel Racoviţa fût sorti du territoire valaque, et malgré le désir qu'il avait d'éviter une entrevue avec son successeur, il rencontra en chemin le prince Constantin. Celui-ci lui demanda sa fille pour la deuxième fois et d'une façon

---

1. GEORGES RAMADAN avait d'abord été spathar de Nicolas Maurocordato; plus tard, il fut capi-kékhaya de Jean Maurocordato, fils de Nicolas (Voy. A. C. HYPSILANTI, p. 340 et p. 351). La Bibliothèque du Saint-Sépulcre de Constantinople possède de Georges Ramadan trois lettres adressées à Chrysanthe Notaras et datées des 12 novembre 1715, 13 janvier 1720 et 16 novembre 1728 (Voy. SATHAS, *Bibliotheca græca medii ævi*, tome III, p. 533).

2. TOPAL OSMAN PACHA succéda à Cabacoulac Ibrahim Pacha, destitué le 11 septembre 1731 (n. st.).

pressante, mais il essuya derechef un refus ; il lui renouvela une troisième fois sa demande, en le priant de nouer amitié avec lui, mais Racoviţa ne voulut rien entendre.

Arrivé dans la capitale de la principauté, Constantin se mit à gouverner, aimé de son peuple et répondant à son affection.

A son retour à Constantinople, Michel Racoviţa, ayant été trouvé débiteur du Trésor impérial pour une somme de trois cents bourses, fut enfermé dans la prison des Sept-Tours. Il fut mis plus tard en liberté, et, Ali Pacha [1], fils de Nouman, ancien médecin en chef du Sultan, ayant été élevé à la charge de grand vizir (1er mars 1732), il recommença, en usant des plus bas procédés, à travailler à la déposition de Constantin. Il réunit à cet effet des artisans, des barbiers et d'autres personnes, d'origine valaque, qui habitaient Constantinople, et leur fit présenter au Sultan, comme émanant du pays tout entier, une pétition en sa faveur et dirigée contre le prince Constantin.

Quand ces menées furent connues en Valachie, les habitants tinrent conseil et vingt d'entre eux, appartenant tant au clergé qu'à la première et à la seconde classe des boyards, se rendirent à Constantinople avec des pétitions publiques, exposèrent leurs griefs devant le tribunal impérial, et le prince Michel fut immédiatement exilé à Mytilène.

---

1. Hékimzadé Ali Pacha succéda à Topal Osman Pacha, destitué le 12 mars 1732 (n. st.).

Des agas en voyage, qui se détournaient de leur route directe, ainsi que d'autres fonctionnaires de la Porte, grands et petits, qui se rendaient souvent et en quantité considérable dans le pays, pour y porter des ordres, occasionnèrent de si grosses dépenses que, en l'espace de deux mois, une note de deux cents bourses fut envoyée à la Porte, à titre de doléance.

Le Prince tint avec les habitants du pays des conférences publiques, afin de mettre de l'ordre dans les affaires de la Principauté et de régler le budget des recettes. On commença, il est vrai, cette tâche, mais la courte durée du principat de Constantin ne permit pas de la mener à bonne fin. Ces réformes furent, avec l'aide de Dieu, accomplies sous son troisième principat.

Désespérant d'obtenir de Michel Racoviţa la main de sa fille, qu'il avait inutilement demandée une quatrième fois à ce prince alors en exil, Constantin épousa, par l'entremise du prince Grégoire Ghica et de Roxandre [1], mère de celui-ci, Catherine, fille de Constantin Rosetti, vornic de Moldavie (14 novembre 1732).

Constantin fit bâtir une seconde enceinte au monastère de Văcăreştī, et élever une chapelle sous l'invocation de saint

---

1. ROXANDRE était fille d'Alexandre Maurocordato, le grand interprète, et par conséquent tante de Constantin. Elle avait épousé à Andrinople Matthieu Ghica, que M. Ép. Stamatiadis (*Biographies des grands interprètes*, etc., p. 89) qualifie d'ivrogne et de débauché et qui mourut en exil dans l'île de Chypre (ID., *ibid.*).

Nicolas[1]. Son père, fondateur de ce couvent, lui avait recommandé d'exécuter ces travaux, si Dieu lui accordait la grâce de gouverner la Valachie, et au cas où lui-même n'en aurait pas eu le temps.

A Bucarest, il reconstruisit en pierres l'église en bois de Saint-Spyridion et l'entoura d'un mur, avec l'intention d'y adjoindre des locaux pour servir d'école.

Tout le monde savait que la concorde et la bonne harmonie régnaient entre les deux cousins, lorsqu'une persécution secrète se déclara inopinément. Quelques familiers envieux et cupides représentèrent au prince Grégoire que la Valachie était plus riche que la Moldavie, et l'engagèrent à la demander de sorte que, grâce à la promesse d'une somme considérable, une permutation eut lieu entre Grégoire et Constantin (16 avril 1733). Celui-ci n'avait régné qu'un an et demi. Ils se rencontrèrent aux frontières, à Focşanï; Constantin n'était aucunement troublé par cet évènement, qu'il considérait comme un châtiment de Dieu pour sa participation à l'exil d'un vieux prince, exil que Nicolas, son père, n'avait jamais voulu provoquer. Aussi Constantin et Grégoire rédigèrent-ils, à Focşanï, une pétition qu'ils envoyèrent à la Porte et par laquelle ils demandaient la liberté de Racoviţa; elle lui fut accordée, avec défense toutefois de troubler les principautés. Cons-

---

1. Nous publions ci-après l'inscription qui fut placée au-dessus de la chapelle de Saint-Nicolas, au mois d'août 1736. La dédicace de cette chapelle ne fut célébrée que le 18 février 1739. Voy. plus loin, p. 185.

tantin, disons-nous, ne fut nullement ému de cet évènement, mais, faisant preuve de soumission à la volonté divine, il accueillit avec reconnaissance l'ordre du Sultan.

Cette permutation sans motif fit beaucoup de bruit et attira le blâme sur la plupart des fonctionnaires de la Porte ; car, antérieurement, il ne s'était jamais rien produit de pareil à ce déplacement simultané de deux princes. Les gouvernants eux-mêmes s'en repentirent et assurèrent que cette injustice serait réparée plus tard.

Arrivés dans leurs provinces respectives, les princes commencèrent l'un et l'autre à gouverner. [Ghica] révoqua de nouveau les boyards en faveur auprès de Constantin ; tandis que, en Moldavie, Constantin donna des charges à la plupart des parents de Michel Racoviţa, qui avaient été éloignés de la cour, ainsi qu'aux familiers et aux créatures de Grégoire Ghica. Il les traita tous avec bienveillance et se les attacha par les liens de la sympathie et de l'affection.

1734. — Des ordres impériaux, aussi nombreux que graves, furent donnés en Moldavie, à la suite des perturbatious que causa l'entrée des Russes en Pologne, entrée que motiva l'élection de Stanislas et de Frédéric au trône de ce pays. Le khan Caplan Ghiraï, fils du vieux khan Sélim, séjourna six mois, à la tête d'une nombreuse armée tartare, dans une localité voisine du Dniester. Ce fut vraiment grâce à l'assistance divine que (le khan étant favorable au Prince) le pays n'eut rien à souffrir. Sélim, fils du khan, passa lui-même près de Jassi, en se rendant à Hotin avec des Tartares.

A l'effet de renforcer les places de Hotin, de Bender, de Kilbouroun [1], d'Ozou, d'Ak-Kerman et de Chilie, le Prince reçut ordre d'y envoyer des canons et des munitions sortant des arsenaux impériaux, des bois de construction, des voitures et des ouvriers. Il fit nettoyer le Prut et facilita ainsi la navigation de ce fleuve. Tous ces travaux coûtèrent de grosses sommes d'argent et beaucoup de fatigue.

Les allées et venues des grands et petits fonctionnaires de la Sublime-Porte coûtèrent également beaucoup.

Le Prince vivait en bonne intelligence avec les Moldaves et se trouvait heureux dans leur pays; mais les germes de discordes et les accusations semées par des envieux furent cause que son cousin Ghica continua ses persécutions et essaya, de concert avec le prince Michel, de faire déposer Constantin. Celui-ci, forcé de se défendre, dut se résigner, malgré lui, à faire de nouvelles dépenses et conclut immédiatement un traité écrit, corroboré de serments effroyables et d'une promesse d'alliance de parenté avec Michel Racoviţa. Constantin prit l'initiative de cette proposition d'union et fit annuler celle conclue avec Ghica, en fiançant sa sœur Sultane à Étienne Racoviţa [2], fils de Michel.

Le Géorgien Ismaïl Pacha, vali de Bagdad, ayant été créé

---

1. Kilbouroun, pointe fortifiée située en face d'Ozou. Sur les autres localités dont il est ici question, on trouvera des renseignements plus loin.

2. ÉTIENNE RACOVITA fut nommé, en 1764, prince de Valachie. Il fut déposé en 1765 et exilé à Mytilène.

grand vizir [1] (18 septembre 1735), et les grands fonctionnaires étant intervenus dans l'affaire, les deux cousins furent de nouveau déplacés (16 novembre 1735). Le prince Grégoire retourna en Moldavie et Constantin en Valachie [2].

Les habitants des deux provinces purent se convaincre combien cette permutation avait été pénible pour le prince Grégoire [3], car il fut impuissant à le dissimuler et donna libre cours à sa colère. Afin de ne pas se rencontrer avec Constantin, il ne suivit pas la route directe et se rendit en Moldavie par un autre chemin. Dans son indignation, il fit emprisonner tous les boyards qui avaient été dans l'intimité de Constantin ; parmi ces boyards, il avait des familiers, des favoris et même des parents.

Par contre, le prince Constantin accepta, en Valachie, les boyards que le prince Grégoire avait admis dans son intimité et promus à de grandes dignités.

1. Ismaïl Pacha succéda à Hékimzadé Ali Pacha, destitué le 14 juillet 1735 (n. st.).

2. Engel prétend *(Histoire de Valachie*, II, p. 19) que Constantin acheta sa réintégration dans la principauté de Valachie, moyennant un million d'écus au lion.

3. S'il faut en croire de Hammer (XIV, 368-369), le prince Grégoire était las d'un règne qui, de toutes parts, ne lui offrait que dangers, malheurs et humiliations. Désireux d'abdiquer, il s'adressa à son frère Alexandre, grand drogman, pour obtenir de la Porte, moyennant le payement d'une certaine somme, la faveur de se retirer et l'autorisation de céder sa place à Michel Racovita. Mais toutes ses démarches furent inutiles, car le kékhaya crut devoir, dans l'intérêt de l'État, le laisser à son poste. Ghica paraît d'ailleurs avoir mérité cette confiance, et, si le message qu'il adressa au feld-maréchal Münich, pour le déterminer à investir Ozou de préférence à Bender, peut être considéré comme une trahison, il peut aussi l'être comme une ruse tendant à détourner de sa principauté les désastres de la guerre.

Le grand vizir fit tous ses efforts pour remettre Michel Racoviţa en possession de la principauté, mais le Sultan ne voulut pas y consentir. Il fut exilé, au bout de quarante jours de vizirat, et remplacé par Silicdar Mechmet Pacha [1].

Une nuit, comme on était sur le point de célébrer le mariage [de Sultane et d'Étienne], conformément aux susdites fiançailles, le prince Michel, foulant inopinément aux pieds le serment écrit qu'il avait prêté sur le saint Évangile, transgressa le pacte d'union, et maria son fils avec la fille de l'hetman Constantin [2], homme de basse extraction, quoique boyard du Prince. Il reçut trente bourses pour prix de son parjure [3].

---

1. SILICDAR ESSEÏD MECHMET PACHA succéda à Ismaïl Pacha, destitué le 25 décembre 1735 (n. st.).

2. CONSTANTIN HYPSILANTI, grand orateur de l'Église patriarcale, fut postelnic de Michel Racoviţa. Il était frère de Manoli, qui, comme nous l'avons dit précédemment, (p. XXXIX, note 1), fut empalé par ordre du caïmacam Yegen Pacha. Chassé de Jassi, au mois de mai 1727, avec tous les membres de sa famille (sauf le chroniqueur A. C. Hypsilanti, qui était alors enfant), par le prince Michel Racoviţa, ce fut probablement sous le règne de Grégoire Ghica qu'il parvint à la dignité d'hetman. Il avait deux autres filles, dont l'une avait épousé Diamanti Razos, et l'autre Georges Mourouzi (Voy. Τὰ μετὰ τὴν ἅλωσιν, pp. 323-324; voy. aussi les dernières lignes de la note 1 de la page XXXIX).

3. C'est ici que se termine la notice sur Constantin Maurocordato, dont le texte grec se trouve dans le premier volume du présent ouvrage (pp. τλε-τνθ). Les détails complémentaires qui suivent sont empruntés à différents ouvrages; leur provenance a toujours été soigneusement indiquée. Rappelons encore une fois que ceux qui sont extraits du livre d'Hypsilanti sont presque toujours conçus en termes malveillants et haineux, que nous avons été souvent obligé d'adoucir dans notre traduction. Toutes les affirmations de ce chroniqueur doivent être l'objet d'un contrôle des plus rigoureux.

7 février 1740. — Le prince Constantin publie sa célèbre constitution. Nous croyons devoir reproduire intégralement ici la traduction française de cet important document, qui parut dans le *Mercure de France* du mois de juillet 1742.

Constitution faite par S. A. M. le prince Constantin Mauro Cordato, prince des deux Valachies et de Moldavie, le 7 février 1740, portant suppression de plusieurs impositions onéreuses aux habitans de la Valachie et prescrivant plusieurs règles utiles au gouvernement de cette province.

Pour satisfaire le desir qui nous a toujours animé de soulager les peuples, et conformément aux conseils du feu prince de glorieuse mémoire, notre seigneur et père Nicolas Alexandre Mauro Cordato ; après une sérieuse réflexion, nous avons travaillé à faire les établissemens dont on va voir le détail. Ayant reconnu qu'ils ne pouvaient être que très utiles à la Province, nous leur avons donné la force et l'authenticité convenables et, pour cet effet, nous y avons fait aposer le sceau de notre principauté.

C'est pourquoi nous requerons que tous les princes, soit de notre famille ou de quelque autre que ce puisse être que Dieu élevera au gouvernement de cette province, soûtiennent de toute leur autorité la force et la teneur de ce décret, parce que nous sommes persuadés que, dans sa pleine exécution, ils trouveront leur utilité unie à celle de toute la nation. Que s'il se trouvait parmi les nobles quelqu'un qui travaillât à faire changer cette présente constitution, nous le déclarons rebelle aux ordres de son souverain et ennemi de la patrie.

Nous souhaitons donc de toute la sincérité de notre cœur que, suivant les lumières de la grâce divine, ils travaillent tous de concert à soûtenir et à observer eux-mêmes tous ces établissemens.

Déclaration du Clergé et de la Noblesse, faite au Prince, à l'occasion de ses nouveaux établissemens.

Il est des bienfaits qu'on ne sçauroit dignement reconnoître ; tels sont ceux dont nous a comblés Son Altesse notre serenissime et très clement prince Constantin. Par sa droiture et son grand sçavoir dans le gouvernement, il est devenu, grâce au ciel, le Père de la patrie. C'est à sa prudence que l'État ecclésiastique et l'État séculier sont redevables des avantages dont ils joüissent. Les reglemens de S. A. S. en sont une preuve convaincante. Nous nous dispenserons de nous étendre sur sa vigilance continuelle, sa sagacité et son grand art de gouverner, qualités qui ont été soûtenues de cette fidélité à toute épreuve que ses ancêtres lui ont transmise après l'avoir gardée eux-mêmes dans le glorieux ministère du très florissant empire, et qui lui ont mérité l'estime et la confiance du très auguste empereur. Soûtenu par le bras du Tout-puissant, il a gardé et conservé cette province au milieu des troubles d'une guerre allumée entre trois differens empires ; enfin, ce qui nous fait le plus vivement sentir ce que nous devons à notre serenissime Prince, c'est que nous avons vû que cette guerre a presque ruiné les provinces voisines, malgré la bonne intention de leurs gouverneurs, dans ce temps même où nous felicitons notre Prince de nous avoir conservés.

Quoique nous nous regardions incapables de remercier dignement notre bienfaisant seigneur, cependant, pour qu'on ne nous taxe pas d'ingratitude, nous voulons transmettre ses belles actions aux nations voisines, à notre postérité la plus reculée, et à tous les habitans de cette principauté, qui ne sont pas moins obligés que nous de faire éclater les sentimens de leur vive reconnaissance, et nous souhaitons que notre présent témoignage soit un monument éternel pour la glorieuse mémoire de notre maître et de notre bienfacteur, afin que par ce moyen nos princes, ses futurs successeurs, soient engagés à suivre son exemple.

Article i. *Sur la contribution des monastères*. Quoique les monastères ayant toujours payé les tributs, comme quelques uns nous ont parû tellement destitués de biens, qu'on a laissé à l'abandon les lieux où ils avoient été bâtis, comme d'autres se sont trouvés tellement chargés de dettes que, faute de prêtres, le service divin ne se faisoit plus aux heures réglées et que d'ailleurs les Abbés, sous prétexte de lever la contribution, vexoient à leur gré les monastères, nous avons ordonné que les monastères seront à l'avenir exempts de la contribution.

Article ii. *Au sujet des abbés des monastères*. Étant venu à notre connoissance que les abbés, loin d'avoir à cœur le bien commun de leurs monastères, tournoient à leur profit les revenus et les autres choses apartenant auxdits monastères : nous avons ordonné que, dans l'assemblée générale des abbés, on en choisiroit huit, connus par leur probité et par leur piété, qu'ils porteroient le titre de procureurs des monastères, et que les abbés, tant des grands que des petits monastères ou chapelles, leur rendroient compte de tous les revenus annuels, même les plus petits, de leurs monastères. Avons ordonné aux procureurs de travailler avec une bonne œconomie à augmenter de tout leur pouvoir les revenus des monastères.

ARTICLE III. *Sur la contribution des prêtres.* Quoique ce soit un ancien usage dans ce pays d'exiger le tribut des prêtres, cependant comme le Trésor public n'en retiroit pas un grand avantage, parce que plusieurs d'entre eux sont dans une grande indigence et peuvent à peine fournir à leur propre subsistance ; voyant d'ailleurs que les collecteurs ne pouvoient pas, sans une sorte d'indécence, agir contre les prêtres qui, plusieurs fois inquiétés par ces collecteurs, dont ils dépendoient par rapport au tribut, avoient fermé les églises et interrompu l'exercice du service divin, nous avons exempté les prêtres du tribut, jugeant qu'il n'était pas convenable que l'exaction du tribut dérangeât les saints exercices de la religion.

ARTICLE IV. *Au sujet des archiprêtres dans les differens districts.* Tous les ans les archiprêtres qui vont dans les églises exercer leur inspection et instruire les ecclésiastiques et les paroissiens, ne se contentant pas de diriger les affaires qui regardoient purement les églises, se mêloient de choses qui convenoient peu à leur caractère, comme d'avoir des prisons, où ils retenoient des criminels et autres personnes, desquelles ils exigeoient injustement des sommes d'argent considérables ; pour remedier à un tel abus, nous ordonnons que, desormais, les archiprêtres n'auront aucun droit de faire emprisonner qui que ce soit.

Article v. *Sur les Nobles qui exercent la justice*. Quoique les Nobles qui ont été revêtus de quelque charge dans la Province n'ayent eu jusqu'à present aucune retribution du Trésor public, cependant pour leur faire sentir les effets de notre liberalité, pour les mettre en état de s'acquitter dignement de leurs emplois, et pour qu'un plus grand nombre d'entre eux se chargent des affaires publiques, afin qu'on puisse plus facilement donner audience à ce grand nombre de supliants, qui s'assemblent de toutes parts dans cette capitale, il a été ordonné que tous les Nobles qui ne seroient point occupés dans quelque emploi dans la Province et au dehors de cette ville, et qui, suivant notre Cour, donneroient leurs avis par écrit sur les differens procès de particuliers, recevroient un salaire convenable pour récompense de leurs travaux dans l'administration de la justice.

Article vi. *En faveur des Nobles*. Ayant vu avec douleur que la contribution qu'on imposoit sur les Nobles avoit réduit plusieurs familles dans la dernière misère, il nous a paru peu convenable que des familles d'une noblesse reconnue et confirmée par les lettres patentes des princes nos prédécesseurs tombassent dans l'indigence, à cause de la contribution ; c'est pourquoi nous avons ordonné qu'ils en seroient exempts.

ARTICLE VII. *Des commissaires établis dans les districts en qualité de juges.* Comme plusieurs habitants ne pouvoient, à raison de leur pauvreté, satisfaire aux frais d'un long voyage, pour venir faire juger leurs procès à notre Cour, et comme ils ne pouvoient se faire rendre justice par les capitaines des districts, nous avons établi des commissaires choisis dans le corps de la Noblesse, et nous leur avons accordé une pension sur notre Trésor public, leur avons ordonné de rendre justice aux pauvres, de les mettre à l'abri de toute injustice et violence de la part des collecteurs du tribut, d'avoir l'œil à l'élection des burgraves, et sur tout d'empêcher qu'on n'opprime les pauvres, et que les collecteurs ne les chargent d'aucune contribution, pour les frais qu'ils sont obligés de faire pour lever le tribut.

ARTICLE VIII. *Touchant les dépenses des collecteurs du tribut dans toute la Province.* Les collecteurs du tribut qui parcouroient la Province pour s'acquitter de leur emploi ont jusqu'à présent été dans la mauvaise coûtume de charger à leur gré les villages et les bourgs des frais de leur dépense, ce qui donnoit occasion aux burgraves de faire des répartitions sur les habitans, lesquelles surpassoient souvent du double ou du triple les frais que les collecteurs avoient exigés desdits burgraves ; nous avons fait de très expresses défenses qu'aucuns collecteurs ne fassent dans la suite aucune dépense au désavantage des villages ou des bourgs, leur avons ordonné de tirer leur subsistance du salaire et des deniers que nous leur avons assignés sur notre Trésor public, parce que nous avons voulu délivrer les habitants de cette injuste contribution.

ARTICLE IX. *Au sujet de la contribution sur les bœufs et vaches, apellée vulgairement Vaccarit.* Les princes nos prédécesseurs ne pouvant trouver de moyens assés efficaces, pour se mettre en état de satisfaire à toutes les dépenses publiques que les circonstances des tems font naître journellement, le prince Constantin Brancovan, dans un tems où la Province était en bon état, ajouta aux contributions ordinaires, qui, n'étant pas levées suivant une bonne méthode, donnoient lieu à bien des injustices, la contribution appelée *vaccarit;* elle consistoit alors en trente trois aspres [1] par chaque bœuf et autant par chaque vache. Or, comme suivant l'usage et l'état du païs, les habitans tirent presque toute leur subsistance de la multitude de leurs animaux, chacun, pour se soustraire au tribut, commença à les vendre et à s'en défaire, de sorte que la seconde année le nombre en étoit extrémement diminué ; alors on se trouva dans la nécessité d'augmenter la taxe au point que, sous les successeurs du prince Brancovan, la taxe sur chaque animal monta jusqu'à 76 aspres, Enfin les besoins étant devenus encore plus pressants, on leva cette imposition deux fois l'an et on l'augmenta jusqu'à 152 aspres ; de là il arriva que non seulement les pauvres furent privés de l'utile et douce

---

1. Un aspre vaut six deniers, monnoye de France.

subsistance que leur fournissoient leurs troupeaux, mais même que les ecclésiastiques, les nobles et tous les habitans, qui avoient des possessions, ne pouvoient cultiver les terres ; de là s'ensuivit une si grande disette que la plus grande mesure de blé coutoit dix talairs [1] ; celle de millet et de blé de Turquie, huit ; les bêtes à cornes, dix et quinze talairs ; la hocque de viande, trois aspres, la hocque de beurre, dix ; ce qui fit que, dans le tems de la guerre, la disette des vivres étant encore devenuë plus grande, il étoit impossible d'exécuter les ordonnances impériales ; bien plus, les habitans se dispersoient parce que, faute d'animaux, les pauvres paysans se trouvoient dans la nécessité de quitter leurs demeures. Quoique les derniers princes nos prédécesseurs eussent fait tous leurs efforts pour abolir ce tribut, il ne leur avoit pas été possible de conduire leurs desseins à une heureuse fin. Le prince Nicolas Alexandre, d'heureuse mémoire, notre seigneur et père, n'avoit jamais perdu de vûë ce projet, et, dans l'espérance que nous pourrions un jour être élevés au gouvernement, il nous communiquoit ses vûës et ses projets, et nous faisoit une vive peinture des malheurs qu'attiroit après soi cette imposition pernicieuse, afin de nous engager, en cas que, par la faveur du ciel, nous fussions élevés au gouvernement, à tenter tous les moyens possibles pour détruire une contribution si contraire au bien de la Province.

Dieu nous ayant découvert les voyes convenables pour exé-

---

1. Un talair vaut à peu près cinquante-cinq sols, monnoye de France.

cuter ce projet, nous avons ordonné que le vaccar iseroit pour toujours suprimé.

Article x. *De la contribution sur chaque arpent de vigne, appelée vulgairement Pogonarit.* Ce tribut que payoient chaque année les possesseurs d'arpens de vigne a été pareillement établi pour fournir aux nécessités de la Province, mais ne fournissant pas une somme assés considérable, quand il s'agissoit de faire quelque grande dépense pour les besoins de l'État, loin de lui être de quelque utilité, il lui étoit très préjudiciable. En effet, avant l'établissement de ce tribut, il y avoit une si grande quantité de vins que tout le monde pouvoit en avoir suffisamment ; d'ailleurs les monastères et tous les habitans trouvoient dans la vente de leurs vins une ressource utile pour le soûtien de leur famille. Mais la contribution du pogonarit, jointe aux dépenses que les vignes exigent de ceux qui les cultivent, obligea les habitans à abandonner les travaux nécessaires à leur culture, ce qui fit qu'on abandonna la moitié des vignes et que les autres qu'on ne cultiva qu'avec négligence perdirent presque toute leur fertilité ; de là survint une extrême disette de vins, et le prix en devint exorbitant ; la hocque de vin se vendoit 30 aspres, et avant cet impôt elle n'en coutoit que deux.

Cette contribution fit encore beaucoup de tort au Trésor public en ce que les pauvres, pour ne pas payer le pogonarit qu'on exigeoit d'eux, quoiqu'ils ne cultivassent pas leurs vignes, quittoient leurs établissemens, pour se transporter dans d'autres lieux. C'est pourquoi, pour nous conformer aux avis de feu notre seigneur et père le prince Nicolas Alexandre, et pour faire connoître que rien ne nous touche plus vivement que le bien public, nous avons, de l'avis de notre conseil, aboli cette pernicieuse contribution.

ARTICLE XI. *En faveur de ceux qui ont des possessions dans cette Province*. Il nous a paru injuste que les paysans, qui tiroient leur subsistance des possessions et des terres appartenantes aux monastéres, à la Noblesse ou aux autres habitans quittassent les possessions de l'un pour entrer dans celles de l'autre. Car de là il s'en suivoit que certains propriétaires et terriers avoient dans leur bien grand nombre de paysans, tandis que les posséssions de quelques autres restoient désertes et sans culture. Pour obvier à cet inconvénient, il nous a paru équitable d'ordonner que tout habitant, établi dans la possession d'autrui, demeureroit au service de son maître, travailleroit pour lui un certain nombre de jours pendant le cours de l'année et lui payeroit, comme il est d'usage, le dixième du revenu.

ARTICLE XII *qui ordonne que les habitans payeront le tribut dans le lieu où ils demeurent*. Comme les habitans d'un bourg ou village, quand il s'agissoit de payer le tribut, assûroient, pour se soustraire au payement, qu'ils étoient sujets à un autre bourg ou village, et, quoiqu'établis dans un district, disoient qu'ils payoient dans un autre : ces mauvais prétextes causant beaucoup de confusion et donnant lieu aux burgraves de faire de sourdes rapines, par des répartitions injustes, qu'ils faisoient sur les autres habitans, nous avons expréssement défendu une pareille manœuvre, et avons, en conséquence, ordonné que quiconque seroit établi dans un bourg ou village y payeroit le tribut, et non ailleurs.

Article xiii. *De la contribution annuelle, payable à quatre trimestres (Discours du Clergé et de la Noblesse).* Comme nous avons remarqué que les reglemens faits pour lever les contributions, loin de nous être utiles, attiroient, avec un grand désordre, la perte de la Province, nous nous sommes plusieurs fois assemblés devant Son Altesse Serenissime pour trouver quelques moyens de faire lever la contribution suivant une méthode équitable et utile, afin de nous mettre par là en état d'exécuter les mandemens de l'Empereur, et de satisfaire à toutes les nécessités et charges de la Province.

A ces fins, notre serenissime prince Constantin, éclairé des lumières du Ciel, a, du consentement de son conseil, établi quatre trimestres par chaque année, pour faire les répartitions et les collections du tribut qui sera payé par tête, suivant le pouvoir de chacun; un an après ce reglement, nous avons reconnu qu'on a levé les deniers publics sans aucune vexation des pauvres, que tous les habitans commençoient à se trouver mieux et plus stables dans leur établissement, que les mandemens de l'empereur étoient exécutés avec facilité, que les autres affaires publiques se faisoient dans un très bon ordre, et enfin que le nombre des peuples augmentoit.

A la vûë de tant d'avantages, nous avons eû recours à la clémence de notre Prince, nous l'avons prié d'abolir tous les reglemens qu'on avoit établis jusqu'à présent pour la levée du tribut, d'établir, non pour un tems, mais pour toujours que le tribut se payeroit désormais quatre fois l'an seulement; sçavoir, une fois par chaque trimestre. Son Altesse Serenissime, après avoir favorablement écouté nos prières, a confirmé ce juste reglement et, pour le revétir de l'autorité nécessaire, elle y a fait aposer le sceau de sa Principauté.

Et nous, pour empêcher que qui que ce soit, national ou étranger, donne aucune atteinte à ces reglemens, dictés pour la juste administration de la Province et pour l'utilité publique, et afin que quelqu'un ne soit assés hardi pour rapeller le vaccarit et le pogonarit, nous déclarons que quiconque oseroit faire de pareilles entreprises, soit regardé comme un rebelle et comme ennemi de la patrie. En foi de quoi nous avons signé de notre propre main toute cette présente constitution [1].

L'an 1741, le 1er de septembre, le serenissime prince Constantin ayant été élevé au gouvernement de la Moldavie, cette constitution fut acceptée dans une assemblée de tous les ordres de la Province, et soussignée par les États ecclésiastique et séculier, excepté seulement l'article second, touchant l'élection des procureurs des monastères, lequel article n'a point encore été exécuté [2].

Juin ou *juillet* 1740. — Jean-Claude Flachat visite Buca-

---

1. Ici se trouve la « liste de ceux qui ont signé cette constitution en Valachie ». Comme les signataires n'y sont désignés que par le nom de leur dignité, nous croyons devoir la supprimer.

2. Même observation que dans la note précédente.

rest et est admis à la Cour du Prince. Dans un ouvrage qui se recommande autant par l'abondance et la justesse des observations que par la sage appréciation des hommes et des choses, Flachat nous a laissé sur Constantin Maurocordato des détails d'un grand intérêt, que nous n'hésitons pas à insérer ici, d'autant plus que le livre dont ils sont tirés n'est pas très commun [1].

« Nous quittâmes le Danube quelques jours après, dans un village voisin de Nicopolis. Nos Grecs y prirent des chariots et une voiture, parce qu'ils avoient beaucoup de marchandises qu'ils avoient achetées pour le prince de Valachie, et dans l'espace de trente-six heures nous arrivâmes à Bochorest. C'est une ville ouverte assez considérable ; elle est située dans une plaine fertile en grains et en pâturages, couverte d'arbres fruitiers. On y compte plus de trois cents églises; il n'y en a point qui ne tienne à un couvent de religieux grecs. Ce sont des monuments de la piété des vaïvodes ou souverains du pays, qui ont voulu, par ces édifices, éterniser leur mémoire.

« Le prince Constantin aspire à cette célébrité par un moyen différent; bien des gens penseront que son choix

---

1. En voici le titre : OBSERVATIONS SUR LE COMMERCE ET SUR LES ARTS d'une partie de l'Europe, de l'Asie, de l'Afrique et même des Indes orientales, par JEAN-CLAUDE FLACHAT, directeur des Établissements levantins et de la Manufacture royale de Saint-Chamond, associé de l'Académie des Sciences, Belles-Lettres et Arts de Lyon. A Lyon, chez Jacquenod père et Rusand, libraires, grande rue Mercière, au Soleil. MDCCLXVI.— Deux volumes in-12.

prouve son discernement et sa bienfaisance. Il y a déjà assez de temples, chaque rue en a plusieurs; il lui paroissoit inutile d'en augmenter le nombre. Le plus bel édifice en ce genre n'auroit pu lui être glorieux que dans sa capitale. Les moines, charmés de sa libéralité, auroient quelque temps chéri sa mémoire; le peuple, amateur de la nouveauté, auroit vanté sa piété; les étrangers auroient parlé de son bon goût, si l'artiste dont il se seroit servi avoit secondé ses vues. Ne craignons pas de le dire, il auroit eu le mérite de notre ancienne Noblesse, qui croyoit avoir satisfait à toutes sortes de devoirs, en bâtissant une église et un couvent, dont toutes les murailles perpétuoient en même temps et leur nom et leurs orgueilleuses prétentions sur l'estime publique : faible avantage, que l'amour propre grossissoit à leurs yeux. Le vaïvode dont je parle s'appliquoit fort sérieusement à remplir les vues de la Providence. Souverain d'un peuple nombreux, il se croyoit obligé d'en être le père, et de travailler solidement à son bonheur; et, sans négliger la religion, qu'il savoit devoir en être le principe, il ne s'occupoit pas moins à les faire vivre dans cette abondance qui n'autorise jamais l'inaction, parce qu'elle cesse avec l'industrie qui devroit l'entretenir.

« Le peuple, en général, peut être accusé d'ingratitude. Il semble rougir de parler sans cesse des plus signalés bienfaits, quand il les tient de son Prince. Son administration n'est jamais de longue durée; elle se relâche presque aussitôt qu'elle se familiarise avec son objet, et vient à s'éteindre, si elle n'est soutenue tous les jours par de nouveaux miracles..... C'est pourquoi les grands hommes ont toujours préféré à de fastueux et inutiles trophées des établissements moins éclatants et plus avantageux, qui perpétuent jusqu'aux siècles les plus reculés leur gloire dans tout son éclat, par une suite continuelle de bienfaits : et c'est l'objet que le vaïvode dont je parle s'est proposé, dans la construction d'un bejestin. C'est un grand bâtiment quarré; il y a tout autour des boutiques comme sont les halles. Elles ne pourront être occupées que par les marchands étrangers, valaques, grecs, turcs ou hongrois : mais aucun d'eux n'y peut fixer sa résidence ; il vend les marchandises qu'il a apportées, et on l'oblige d'en sortir d'abord qu'il a consommé sa vente. S'il veut s'établir dans la ville, le Directeur est chargé de l'aider à faire son établissement. La libéralité du Prince est proportionnée au talent plus ou moins grand qu'il a montré pendant son séjour dans le bejestin, qui ne désemplit pas.

« C'est ainsi que le vaïvode s'applique à faire fleurir le commerce et les arts, en recompensant les artistes. Mais l'ardeur de ses sujets ne répond point à sa magnificence. La culture de leurs champs leur fournit les choses nécessaires à la vie; ils s'en contentent par indolence ou par habitude. M. Andronaqui, son premier secretaire, homme de génie, protecteur déclaré des artistes et des gens de lettres, parce qu'il s'appliquoit lui-même continuellement à l'étude, m'a dit plusieurs fois que le Prince s'étoit lassé de faire des efforts inutiles pour les rendre industrieux et leur donner du goût pour le commerce. Il avoit prévenu le Prince en ma faveur, et j'eus l'honneur de lui être présenté par lui. Il me reçut avec cette bonté qui pénètre l'âme de la plus vive reconnaissance et que l'on n'oublie jamais. Il parloit parfaitement l'italien et l'allemand, et il entendoit fort bien le françois, quoiqu'il eût de la peine à s'expliquer. Il me fit mille questions sur mes voyages; elles annonçoient moins un Prince curieux qu'un grand homme qui avoit de la satisfaction à s'instruire. Je répondois aux questions qu'il me fit sur nos manufactures avec cette franchise que l'amour de la patrie excusoit. Pourquoi craindrois-je de le dire? je croyois rendre à la France la justice que les peuples voisins ne peuvent lui refuser. Le Vaïvode et les seigneurs de la Cour en convenoient avec moi, parce qu'ils avoient eu le moyen de s'en convaincre ou par la lecture, ou par nos ouvrages. Le Vaïvode témoignoit du regret de n'avoir pas des François à gouverner. Il eût été capable de former et d'exécuter le projet qui a été si glorieux au czar Pierre, si la politique lui eût permis de s'absenter d'un pays où il est tributaire du Grand-Seigneur, dont il dépend absolument, et si ses sujets n'avoient pas montré une incapacité ou une répugnance décidée à le seconder dans ses vues.

« Que l'on ne croie pas que l'éloge que j'en fais soit dicté par une aveugle reconnoissance ou par une basse flatterie, dont on n'imagine pas devoir rougir, quand on loue des têtes couronnées. J'aurois mille choses à alléguer qui prouveroient toutes qu'il est au-dessus des louanges qu'on peut lui donner. M. Riso, connu à Bochorest sous le nom de seigneur Portaro, venoit de faire par son ordre les observations qu'il auroit voulu pouvoir aller faire lui-même en Allemagne, en Hollande, en Angleterre, en France et en Italie. Pouvois-je attribuer à quelque motif l'accueil plein de bienveillance que j'en reçus, et les offres qu'il me fit faire de m'attacher à son service avec le titre et les appointements de secrétaire? Je ne m'étois fait annoncer que comme artiste et négociant.

« J'eus l'honneur d'être présenté aux deux princes ses fils. Il auroit été enchanté qu'ils eussent voulu apprendre la langue françoise et l'italienne. Je jouois un peu de la flûte, et je m'aperçus que notre musique françoise leur arrachoit ces suffrages qui partent d'un cœur ému ; et, quoique les morceaux italiens que j'exécutois fussent toujours applaudis et fort admirés, ils en revenoient à nos airs, dont le pathétique et la douceur avoient produit dans eux une sensation délicieuse, que la vivacité et le brillant des ariettes italiennes ne pouvoient faire oublier. Ce petit talent, quoique je ne l'eusse pas dans un certain degré, me fit rechercher de presque tous les jeunes seigneurs de la Cour. Leurs concerts orientaux ne servoient plus qu'à leur faire envier ceux que nous avons dans la plupart des grandes villes d'Europe, sur l'idée que je leur en donnois. Ils se seroient sans doute déterminés à faire venir des musiciens, s'ils n'avoient eu des préjugés à combattre ou beaucoup d'obstacles à surmonter.

« Je parcourus toute la ville avec M. Andronaqui. Il étoit trop éclairé et il avoit trop de goût pour penser que je m'arrêterois à admirer des maisons basses, sans régularité, des rues inégales et peu larges, des églises d'une architecture très commune, et des couvents qui n'avoient tout au plus de remarquable que leur grandeur ; mais toutes nous donnoient occasion de disserter.

« Il me mena à la maison de plaisance du Prince. Elle se ressent, ainsi que son palais, de sa première destination. C'étoient des couvents, que les souverains ses prédécesseurs ont un peu fait embellir. La plupart de nos hôtels de second ordre ont beaucoup plus d'apparence, et nous n'en avons guère qui ne soient aussi bien meublés. Nous suivîmes le cours de la Dombovissa. Elle est fort rapide et l'eau n'y manque jamais. Il y a un très-grand nombre de moulins. Leur méchanique n'a rien de singulier. Je n'en parle même que parce qu'ils donnèrent occasion à M. Andronaqui, en me faisant voir ceux qui sont à la porte du château, de me dire que les jardins étoient dans un très-mauvais état, que tous les jets d'eau étoient détruits, et qu'on n'avoit trouvé personne dans le pays qui eût osé entreprendre de les rétablir, quoique le Prince n'y eût rien épargné. Je m'offris à donner le plan d'une pompe, qui non seulement feroit aller les jets d'eau, mais encore qui conduiroit l'eau dans tous les appartements où l'on voudroit en avoir. Je parlois avec un homme qui avoit des connaissances en ce genre. Il fut satisfait de l'idée que je lui en donnai. Cette conformité de goût fut encore une raison de plus qu'il eut pour s'attacher plus particulièrement à moi. Je compris qu'il avoit rendu compte au Prince de nos entretiens, par la réception qu'il me fit le lendemain ;

il m'honora de ses ordres, et je me mis ce jour-là même à lui tracer le plan de ma pompe… on en parut très content, et l'on m'assura qu'on penseroit incessamment à la faire exécuter. Je prévis qu'elle ne le seroit pas si-tôt, parce qu'il falloit faire venir des ouvriers d'Allemagne, ou des meilleures villes de la Hongrie. Ce petit succès, auquel je devois m'attendre, me fit honneur et m'enhardit.

M. Andronaqui me retenoit chez lui le plus longtemps qu'il pouvoit. Il lui étoit aisé de m'avoir, je ne m'en éloignois qu'à regret ; il m'avoit bientôt habitué par ses bontés à respecter et à rechercher en lui moins l'homme d'État qu'un savant et un parfait ami. Nous allions de côté et d'autre pendant le jour, et nous passions souvent une partie de la nuit dans son cabinet. Son appartement m'auroit lui seul donné une haute idée de son mérite, si j'avois moins été dans le cas d'apprécier son esprit et son cœur ; j'y retrouvois partout l'artiste et l'homme de goût. Sa bibliothèque étoit nombreuse et bien choisie ; il avoit plusieurs tableaux de prix, quelques morceaux de sculpture admirable, quantité d'outils de toute espèce et plusieurs pièces d'une méchanique singulière qu'il avoit fait venir d'Allemagne ou d'Angleterre. Je crois faire son éloge quand je dirai qu'il étoit savant sans préjugé et sans partialité. Il parloit toutes les langues de l'Europe ; il en connoissoit les meilleurs auteurs ; il s'appliquoit à se les rendre familiers. J'étois surpris du progrès qu'il avoit fait dans les sciences. Il m'engagea à lui communiquer mes observations [1]….

---

1. FLACHAT, *Observations sur le commerce*, etc., I, pp. 278-289.

« Le Prince, ayant examiné mes observations, voulut m'attacher à son service : il me combloit de bienfaits, et je ne doutois point qu'il n'assurât ma fortune. J'en avois déjà des garants bien flatteurs ; mais on m'avoit si longtemps parlé de Constantinople, j'avois si fort envie d'aller ensuite à Jérusalem au grand Caire, et de passer à Pondichery, ou je voulois m'établir, que je ne pouvois m'y résoudre. Un docteur grec nommé Michel qui étoit venu avec nous de Vienne, acheva de me décider. Il avoit été averti que le Prince venoit de donner du mécontentement à la Porte, dont il étoit tributaire...., et il étoit presque probable qu'il seroit déposé. Je craignis d'avoir part à sa disgrâce, ou du moins je ne voulus pas en être témoin. Je feignis donc d'avoir des ordres qui m'appelloient à Constantinople. Je devois partir avec le docteur, et le jour de notre départ étoit fixé. Je le voyois néanmoins approcher avec regret, parce que j'allois m'éloigner d'un Prince à qui chacun croyoit devoir rendre des hommages, que l'affection et la reconnoissance animoient plus qu'un froid et timide respect. Lorsque j'allai recevoir ses derniers ordres, il m'assura que je trouverois toujours les mêmes avantages à sa Cour, si jamais je voulois me dévouer à son service. Je partis comblé de ses bienfaits, plein de ces sentiments qui n'honorent pas moins celui qui les inspire que celui qui les porte gravés dans son cœur. Je ne devois guere moins à M. Andronaqui ; nous fûmes également touchés de notre séparation, et nous n'avons cessé de nous écrire qu'au moment où la bonté de son cœur l'a forcé de suivre son Prince à Ténédos, où il n'a jamais cessé d'être avec lui, et de lui donner des preuves de son zèle et de son attachement, sans doute plus touchantes au milieu des rochers de cette isle que dans son palais à Bucarest[1]....

« M. Antoine, un des sous-secrétaires du Prince, avoit voulu m'accompagner. Il nous suivit jusqu'à Olteniţa, petit village à deux journées de Bucarest. C'étoit lui qui m'avoit averti de ce qu'il prévoyoit devoir incessamment arriver au Prince. Il me pria instamment alors de lier correspondance avec lui, et me conseilla de me fixer à Constantinople, si mon voyage en Terre sainte n'étoit pas indispensable par quelque circonstance qu'il pouvoit ignorer. Il m'embrassa les larmes aux yeux, en me disant à l'oreille de ne jamais songer à revenir : Mes enfants, ajouta-t-il, errent comme vous loin de leur famille ; je ne sais ce que la fortune leur prépare. J'ai eu le malheur de me fixer à Bucarest : le Prince mérite mon respect et tout mon attachement; mais, dans une cour si orageuse, tout est flatteur, il n'y a rien de réel : j'y ai vieilli ; mon sort n'est pas meilleur; il ne m'en reste que des regrets. Le Prince vous a paru dans un état florissant; il est en butte à plus de revers que vous et moi : et vous ne tarderez peut-être pas à le voir dans l'humiliation à Constantinople, si vous vous y arrêtez, tout digne qu'il est de l'élévation de son rang[2]. »

1743. — L'abbé Desfontaines dédie au prince Constantin sa traduction de Virgile. Il y a, dans l'épître dédicatoire,

---

1. FLACHAT, *Observations*, etc., I, pp. 342-344.
2. FLACHAT, *Observations*, etc., I, pp. 350-351.

quelques passages intéressants que je crois utile de reproduire :

« L'amour singulier de Votre Altesse pour les lettres, son génie, son érudition, son goût, l'estime qu'elle fait des bons écrivains françois, le soin qu'elle prend de se procurer à grands frais tous leurs ouvrages, enfin son inclination particulière pour la France, conforme à celle de la Sublime Porte, m'ont engagé à lui demander la permission de mettre son illustre nom à la tête de ma traduction des œuvres de Virgile. La lettre qu'elle m'a fait la grace de m'écrire à ce sujet, en me donnant une haute idée de sa politesse et de ses lumières, m'a fait connoître que les qualités de son cœur étoient encore au-dessus de celles de son esprit.

« Lorsque je considère, Monseigneur, les lois admirables que vous avez faites pour le bonheur de vos peuples, et la sagesse avec laquelle vous les gouvernez, je ne suis point étonné de la protection particulière que vous accordez aux sciences et aux talens, et de votre zèle pour faire fleurir les lettres dans les pays soumis à votre autorité. Vous êtes persuadé, Monseigneur, que le sçavoir et le génie sont ce qui illustre le plus une nation, et ce qui contribue principalement à la rendre florissante; que les lettres forment les hommes, qu'elles perfectionnent la raison et les mœurs, et qu'elles apprennent également à commander et à obéir; que l'esprit cultivé fait naître les arts ou en hâte le progrès, et conséquemment celui du commerce, et attire imperceptiblement chez une nation polie, savante et industrieuse, les richesses des nations étrangères. C'est donc en suivant non-seulement votre goût particulier, Monseigneur, mais encore les conseils d'une solide politique, ignorée de ceux qui ne pensent point, et qui distinguent mal à propos les services rendus à l'État de ceux qu'on rend aux sciences et aux arts, que vous vous efforcez de les faire goûter à vos sujets et que votre exemple et vos récompenses les encouragent à les cultiver.....

« La reconnoissance m'a encore engagé, Monseigneur, à vous rendre cet hommage. Avant que j'eusse eu l'honneur d'être prévenu par un de vos secrétaires d'État, qui m'écrivit la lettre la plus obligeante, vous me faisiez déjà celui de lire mes écrits : vous aviez donné ordre de les rechercher et de vous les envoyer, et chaque semaine vous faisiez traverser des pays immenses à ma feuille périodique, consacrée à l'entretien du goût et à l'éloge des bons écrits. Dès lors, je formai la résolution de me glorifier de ces faveurs aux yeux de ma nation, par un remercîment public, et d'offrir à Votre Altesse celui de mes ouvrages qui m'a le plus coûté d'application, et que je crois le plus digne de vous être présenté.

« Dans un pays où tant de langues ont cours, où la langue françoise, regardée comme une langue sçavante, est préférée à toutes les langues modernes, est cultivée par les Nobles, ainsi que le latin et le grec littéral, où l'on étudie les grands modèles de l'antiquité, où enfin, grace à Votre Altesse, toutes les belles connoissances et tous les talens sont en honneur, quelle gloire pour moi, si mon travail est estimé jusque dans une région si éloignée, et s'il a le bonheur de plaire à un Prince, digne de régner sur toute la république des lettres ! »

29 *juin* 1743. — Jean Maurocordato, fils de Nicolas, ayant noué des relations avec un cheik nommé Ali, très influent auprès du grand vizir, obtint par son intermédiaire la principauté de Moldavie, que gouvernait alors son frère aîné, Constantin. Il choisit pour capi-kékhayas à Constantinople Georges Ramadan et Nicolas Critias [1]. Le chroniqueur A. C. Hypsilanti, auquel nous empruntons ces détails, assigne par erreur à cet évènement la date de 1742. Mais Dapontès, qui ne fut pas étranger au succès de ce complot de famille, donne la date du mercredi 29 juin 1743 (anc. st.) comme étant celle de la nomination du prince Jean. Il raconte, dans son *Jardin des Grâces,* que, ne pouvant obtenir de Constantin l'avancement qu'il désirait, il avait quitté Jassi et s'était rendu à Constantinople, avec l'intention de passer de là à Scopélos pour s'y fixer. Mais laissons-lui la parole :

Κ' ἐπῆγα μὲ ἀπόφασιν νὰ ἀποχαιρετήσω
τὸν μπεγζαδὲ τὸν Γιάγκουλο, ἀπέχει νὰ κινήσω,
τὸν φίλτατον πατέρα σου, τέκνον μου φίλτατόν μου,

---

[1] Voy. Τὰ μετὰ τὴν ἅλωσιν, p. 351. — NICOLAS CRITIAS naquit à Brousse. Il fit ses études à Constantinople et devint grand ecclèsiarque de la grande Église. En 1739, il succéda à Nathanaël Clonaris dans la direction de l'École patriarcale, où il enseigna avec éclat pendant douze ans. On possède de lui plusieurs ouvrages. Il traduisit en arabe la logique de Corydaleus et la présenta au grand vizir, qui lui assigna une pension (Voy. C. SATHAS, *Philologie néo-hellénique*, p. 476; C. DAPONTÈS. pp. 190-191). Critias mourut au mois de mars 1767.

ὡς ταὐθεντός μου ἀδελφὸν καὶ φίλον ἐδικόν μου·
ὁ μπεγζαδὲς μ.'ἐμπόδισε, καὶ, γιὰ νὰ μ.'ἐμποδίσῃ,
ὅλο του τὸ μυστήριο μὲ εἶχεν ἐξηγήσῃ,
πῶς ὀργανίζει δηλαδὴ, ζητεῖ τὴν Μπογδανίαν,
κ'ἔλαβε καὶ ὑπόσχεσιν, ἢ τὴν δραγουμανίαν·
κ'ἐκεῖ ὁποῦ ἐξώδιασα τόσον καιρὸν ματαίως
ἂς ξοδιάσω καὶ γι'αὐτὸν σαράντα μέραις ἕως·
ὅτι καὶ εἰς τὸν τόπον σου, εἶπεν, ἂν πάγῃς, στέλνω
κἄκι ἐξεπίτηδες, καὶ ἀπ'ἐκεῖ σὲ φέρνω.
Καὶ ὄντως ἔτζι ἔγεινε· καὶ μετὰ τὰς σαράντα
ἐγείνηκε Μπογδάνμπεης, ὁ δυστυχὴς 'ς τὰ πάντα,
τὸν ἀδελφόν του ἔβγαλε καὶ μεγαλήτερόν του,
διὰ πολλὴν πτωχείαν δὲ, καὶ ἀπὸ τὸν καϊμόν του·
ἔχων ὁ κὺρ Νεόφυτος ἐκείνην τὴν χρονίαν
θρόνον τὸν πατριαρχικὸν, καὶ ὄντως κατ' ἀξίαν,
ἀπὸ γεννήσεως Χριστοῦ εἰς χρόνους τοὺς χιλίους
καὶ τρεῖς καὶ τεσσαράκοντα ὁμοῦ κ'ἑπτακοσίους,
ἀνήμερα τὴν ἑορτὴν τῶν θείων Ἀποστόλων,
τετράδῃ ἡμέρα ἤτονε, μ.'εὐχαριστίαν ὅλων.
Καὶ τὴν μεγάλην μ.'ἔδωκεν εὐθὺς γραμματιτζίαν,
καὶ ὕστερα μετὰ καιρὸν καὶ τὴν καμιναρίαν [1].

1744. — Le prince Constantin Maurocordato est nommé prince de Valachie, trois mois avant l'expiration de l'année pour l'intégrité de laquelle un renouvellement en faveur de Michel Racoviţa avait été accordé, moyennant payement de la

---

[1]. Dapontès, *Jardin des Grâces*, v. 255-278 du ch. II, dans le troisième volume de ma *Bibliothèque grecque vulgaire;* Paris, 1881.

somme demandée. Ce trimestre fut le sujet de querelles et de contestations. Les partisans de Michel eurent recours à Hayatizadé, médecin en chef du Sultan, et l'emportèrent sur le prince Constantin, de sorte que Racoviţa continua de régner trois mois encore et encaissa les recettes habituelles [1]. Sa révocation eut lieu le 28 mai 1744; elle était motivée par les criantes exactions dont il s'était rendu coupable. Non content d'avoir rétabli le văcărit, précédemment supprimé par la constitution de Constantin Maurocordato, il avait ajouté un cinquième quartier d'impôt aux quatre qui existaient déjà [2].

27 *juillet* 1748. — Grégoire Ghica était depuis quelques mois seulement prince de Moldavie, quand, grâce à une forte somme d'argent et à l'entremise du banquier arménien Agop, il décida Suleyman, khasnadar du kislar aga, à le créer prince de Valachie et à donner la Moldavie à Constantin Maurocordato. Il négocia cette permutation sans égard pour sa parenté avec Maurocordato et l'amitié (plutôt feinte que sincère) qu'il lui témoignait. Constantin avait régné trois ans et trois mois [3]. Il fut transféré en Moldavie.

1749. — Constantin Maurocordato était depuis dix-huit mois prince de Moldavie, lorsque le grand vizir lui demanda, à titre de renouvellement, une somme de trois cents bourses. Constantin refusa. Ses capi-kékhayas lui écrivirent de payer,

---

1. A. C. Hypsilanti, Τὰ μετὰ τὴν ἅλωσιν, p. 352.
2. Engel, *Histoire de Valachie*, p. 21.
3. Hypsilanti, *loc. cit.*, p. 363. Cf. de Hammer, XV, 173.

s'il ne voulait pas éprouver de désagréments. Il ne se laissa pas persuader. En conséquence, le grand vizir le déposa, nomma prince de Moldavie Constantin, fils de Michel Racoviţa, et exila Constantin Maurocordato à Lemnos, où il fut mis dans une prison en forme de puits. Pour obtenir sa liberté et l'autorisation de revenir chez lui, il fut obligé de payer les trois cents bourses que le grand vizir avait demandées [1].

1756. — Matthieu Ghica, prince de Moldavie, fut déposé. Il eut pour successeur Constantin Racoviţa, qui avait gouverné la Valachie pendant deux ans et huit mois, et cette dernière province fut accordée, pour la cinquième fois, à Constantin Maurocordato [2].

1757. — Constantin Maurocordato vendit sa maison de Balata au juif Zeleboni, premier fournisseur de l'odjac des janissaires. Antérieurement, il avait déposé les livres de son aïeul et ceux de son père chez un marchand anglais, nommé Baker, en nantissement de l'argent qu'il lui devait [3].

1758. — Le Sultan ayant rencontré, aux portes de Constantinople, le calaraş ou courrier du prince de Valachie, lui

---

1. Hypsilanti, loc. cit., p. 364.
2. Hypsilanti, loc. cit., p. 372.
3. Hypsilanti, loc. cit., p. 375. Cette riche bibliothèque ne fut pas aliénée entièrement, comme on pourrait le croire. M. le prince G. Maurocordato possède une certaine quantité de livres qui en proviennent ; quant à ceux que l'on mit en vente, ils furent acquis par un prince Brăncovanu et passèrent, par la suite, dans la bibliothèque de Kronstadt, en Transylvanie. Ce renseignement m'a été communiqué, le 11 mai 1881, par M. le prince G. Maurocordato, qui le tient lui-même de feu son père.

prit les lettres adressées à Constantin Maurocordato par ses capi-kékhayas ; il se les fit traduire et, comme il y était question du khan des Tartares et d'autres personnages, le Sultan s'en montra fort irrité et donna l'ordre de déposer Constantin [1].

Ce dernier étant arrivé à Constantinople, peu de temps après, fut mis en prison au château des Sept-Tours. Le Sultan Moustafa, qui était excessivement curieux et voulait tirer toutes choses au clair, enjoignit à Constantin de lui envoyer par écrit, de sa prison, un rapport sur l'état de la Valachie. Constantin fit le rapport demandé, dans lequel il déclarait que les hauts fonctionnaires recevaient annuellement, en sus de ce que leur accorde la règle, mille bourses tant en présents qu'en espèces. Il y ajoutait que Ali, khasnadar du kislar aga, entre les mains duquel étaient les affaires de l'empire, avait créé deux princes en Moldavie : Scarlatos Ghica et Jean Théodore Callimachi, et un prince en Valachie : le même Scarlatos Ghica ; enfin que le susdit Ali touchait aussi de

---

1. Hypsilanti, *loc. cit.*, p. 337. — Voici comment de Hammer raconte ce fait : La disgrâce de Constantin Maurocordato « avait été précédée de celle de son correspondant de Constantinople, le médecin de la cour Aarif efendi. Dans une de ses fréquentes promenades hors de la capitale, le Sultan rencontra un des kalaraches ou courriers du prince Valaque, qui venait de quitter cette ville et retournait à Bukarest. Moustafa l'arrêta et examina son portefeuille ; ayant trouvé, au nombre des dépêches qu'il contenait, une lettre de son médecin, qui réclamait un présent du prince et se plaignait de l'insuffisance de ses appointements, le Sultan le révoqua sur-le-champ et donna sa place au savant Rafii efendi. Le prince de Moldavie, Scarlato Ghica, succéda à Maurocordato dans le poste de voïévode de Valachie (tome XVI, pp. 38-39) ».

l'argent sur les affaires monacales, etc. Toutes ces révélations mirent le Sultan en fureur contre Ali [1].

1760. — Constantin Maurocordato sortit des Sept-Tours [2].

1761. — Jacques Rizos vint de Valachie et présenta l'abdication de Scarlatos Ghica, dans l'espoir que la principauté serait accordée à son gendre (à lui Rizos), Grégoire Ghica [3] grand drogman de la Sublime Porte. Le Sultan, sur l'exhortation du moufti Véli effendi, proposa au grand vizir de nommer hospodar Constantin Maurocordato. Le grand vizir répondit au souverain : « Je n'ai personne à proposer, cependant je n'accorde pas mon suffrage à Constantin. S'il a bien gouverné jadis, c'était grâce à ses courtisans ; mais, aujourd'hui, il ne les a plus, car les uns sont morts et les autres l'ont abandonné ! » Jacques Rizos, voyant que son gendre n'était pas créé prince, remit une lettre de Scarlatos, par laquelle celui-ci redemandait la principauté ; mais il ne fut pas écouté. De son côté, le Sultan ayant supposé que le grand vizir avait manifesté de l'antipathie contre Constantin, à l'instigation

---

1. HYPSILANTI, *loc. cit.*, pp. 377-378.

2. HYPSILANTI, *loc. cit.*, pp. 384.

3. Grégoire Ghica, fils d'Alexandre et neveu de Grégoire, succéda en 1758, à Jean Callimachi, dans la charge de grand interprète de la Porte. En 1764, il fut nommé prince de Moldavie et gouverna cette province pendant deux ans et neuf mois. En 1768, il fut élevé à l'hospodorat de Valachie, et, le 7 octobre 1769, la Porte étant alors en guerre avec la Russie, des troupes moscovites entrèrent à Bucarest, qu'ils mirent au pillage, firent prisonnier le prince Grégoire et l'envoyèrent à Pétersbourg. De 1772 à 1777, il régna pour la seconde fois en Moldavie (ÉP. STAMATIADIS, *Biographies des grands interprètes*, pp. 127-128).

d'Ali, fit exiler celui-ci à Chypre et donner la Valachie au prince Constantin [1].

1762. — L'ouléma Tchalcadjizadé remit au Sultan un rapport où il blâmait l'administration de Constantin Maurocordato, prince de Valachie, rapport dont un boyard valaque émigré et parent de Brăncovanu lui avait fourni les éléments. Le Sultan en ayant fait part au grand vizir, celui-ci lui répondit : « Je n'ai pas présenté Constantin, pour ne pas être obligé de m'expliquer sur sa façon, bonne ou mauvaise, de gouverner. Je sais seulement que, conformément à mes ordres, il a payé beaucoup d'anciennes dettes aux Turcs, aux Chrétiens (Grecs et Arméniens) et aux Juifs. Et à ce propos, je l'avais prévenu que, si quelqu'un portait plainte au divan pour une affaire pareille, je le condamnerais, à sa honte, à payer ses créanciers. » Sur ces entrefaites, Arabakis informa la Porte que les boyards valaques avaient pris la fuite, après avoir volé la recette de l'impôt sur le gros bétail (văcărit), et il demandait un firman pour les faire revenir (or il n'en était pas ainsi, mais ces boyards apportaient à Constantinople une requête dans laquelle Constantin était accusé d'avoir prélevé une somme de dix mille bourses dans le pays en l'espace de dix-huit mois). Le firman fut accordé, mais deux de ces boyards (les principaux) ne furent pas arrêtés et se rendirent à Péra, où, par l'entremise du Valaque précité, ils remirent leur requête à Tchalcadjizadé, qui la fit

---

[1] Hypsilanti, *loc. cit.*, p. 389.

parvenir au Sultan. Celui-ci donna aussitôt ordre à Arabakis de lui écrire le motif de la fuite des boyards. Arabakis écrivit ce qu'il avait déclaré de vive voix, donnant pour cause le vol du văcărit. Le Sultan, irrité, le fit envoyer aux galères comme menteur, et donna ordre au grand vizir de déposer Constantin, afin d'encaisser les dix mille bourses. « Je ne crois pas, fit observer le grand vizir, qu'il ait perçu une somme aussi considérable; d'ailleurs, sur ce qu'il a touché, il a pris pour les besoins du pays et pour l'acquittement de ses anciennes dettes, et, s'il lui reste quelque chose, il va le cacher, aussitôt informé de l'emprisonnement de son capi-kékhaya. » On décida donc de faire sortir du bagne le chargé d'affaires du prince Constantin, et Nicolas Soutzos, capi-kékhaya du prince Callimachi, que le grand vizir y avait fait mettre pour avoir dit du mal de lui et s'être vanté de n'avoir pas besoin de son intervention pour créer Callimachi prince de Valachie. Soutzos avait même promis au Sultan, par l'entremise de Tahir, trente bourses, à titre de rançon, et c'est pour cela que, quand le grand vizir avait proposé au Sultan l'élargissement d'Arabakis, le souverain avait à son tour proposé la mise en liberté de Nicolas Soutzos [1].

1763. — Après avoir recouvré leur liberté, Arabakis et Nicolas Soutzos demandèrent au kékhaya-bey des lettres de recommandation du grand vizir, afin de faire cesser la discussion qui s'était élevée dans les deux principautés au sujet

---

1. HYPSILANTI, *loc. cit.*, pp. 394-395.

de leur emprisonnement, discussion qui mettait obstacle à la perception des impôts. Informé de cela, le grand vizir répondit qu'il valait mieux faire un renouvellement, sans que les princes payassent les sommes habituelles, qu'ils donneraient en temps convenable. Le renouvellement eut donc lieu; mais, tandis que celui de Callimachi était sincère, celui de Constantin n'était que simulé. On chargea bien l'iskemné-agassi de le porter à Bucarest, mais en route, dans le voisinage d'Andrinople, on lui fit tenir un hatti-chérif par lequel le Sultan déposait Constantin.

Le grand vizir, qui souffrait du diabète, ne voulut proposer personne pour le trône de Valachie. Tahir en profita pour y faire élever Constantin Racoviţa (mars 1763). Aussitôt après sa nomination, les capi-kékhayas du prince Constantin, Arabakis et Alexis Missoglou, furent jetés dans la prison du Mouhzyr aga.

Arrivé à Bucarest, l'iskemné-agassi mit tout sous scellés au palais, mais il ne trouva pas une obole. Constantin fut, par son ordre, transféré dans une autre demeure. Il n'avait pas de quoi manger; les boyards le nourrissaient, et ils lui donnèrent quelque argent pour ses frais de voyage [1].

Constantin, à son arrivée à Constantinople, fut de nouveau mis en prison aux Sept-Tours. Ses boyards, savoir Arabakis, les deux frères Manos, Manuel et Georges Balabanis, fils du médecin Mikhalakis, Alexandre, fils du postelnic Cons-

---

1. HYPSILANTI, *loc. cit.*, p. 395.

f

tantin, et Photius, médecin du Prince, furent enfermés dans le four du Bostandji-bachi; et on leur demanda compte des dix mille bourses [1].

1764. — Les susdits boyards sont toujours détenus. Georges Stavrakoglou [2] les tire de prison et promet au Sultan de lui faire payer par les boyards valaques sept cents bourses, indépendamment de celles qui lui étaient déjà dues [3].

1769. — Constantin Maurocordato remplace en Moldavie Grégoire Callimachi. La Porte est en guerre avec la Russie. Le général Stofeln écrivit aux boyards de Jassi : « S'il se trouve à Jassi des blessés turcs, cela ne tire pas à conséquence; mais, s'il y a des hommes capables de combattre, dites-leur de se retirer ou de faire leurs préparatifs pour se mesurer avec moi, car je vais aller prendre mes quartiers d'hiver dans votre ville. » Constantin était alors à Jassi avec trois pachas et une assez nombreuse armée destinée à la défense du pays; il s'y trouvait, en outre, beaucoup de réfugiés de Hotin. Les boyards montrèrent la lettre de Stofeln au Prince, qui l'envoya à son capi-kékhaya Antiochus Mourouzi, au camp impérial ottoman, pour qu'il la montrât au grand vizir. Quand celui-ci en eut pris connaissance, il envoya l'ordre de combattre aux pachas présents à Jassi, ce à quoi Constantin les engageait de son côté. Les pachas

1. HYPSILANTI, *loc., cit.*, p. 396.
2. Voyez sur ce personnage, mon *Recueil de Poèmes historiques en grec vulgaire* (Paris, *Leroux*, 1877), pp. 191-235.
3. HYPSILANTI, *loc. cit.*, p. 398.

dirent oui, mais le lendemain ils abandonnèrent la ville, et Constantin se vit, malgré lui, forcé de les suivre. Quand, après plusieurs étapes, il arriva à Tomarovo (ville située au confluent du Prut et du Danube), il se trouvait dans un grand dénûment, ayant à peine un cheval à sa disposition, sans vêtements de rechange, sans escorte et sans argent, car, sur les cents bourses que le Sultan lui avait prêtées à Constantinople, lors de son départ pour la Principauté, il en avait donné quatre-vingts à un certain Tcherkès-bey, qui était à Jassi sous le règne de Callimachi, laissant à peine de quoi subsister à sa femme et à son fils Jean, restés à Constantinople. Pour se justifier, il écrivit à la Porte que les boyards moldaves étaient des traîtres (ce qui, du reste, était vrai, car, avant la guerre, un émissaire moscovite nommé Germain avait été spécialement chargé d'appeler à la révolte les Moldaves et les Valaques ; il parvint à séduire l'archimandrite d'Argeș et, par son entremise, gagna un certain nombre de boyards à la cause de la Russie).

Les Turcs étaient à peine sortis de Jassi que le général y arriva, venant de Hotin ; les habitants le reçurent au son des cloches. Le grand vizir, ayant appris cette nouvelle par Constantin la tint secrète et recommanda à Antiochus Mourouzi de ne pas la divulguer. Il agit de la sorte parce qu'il ne possédait aucun moyen de préserver Jassi d'une occupation russe.

Constantin reçut l'ordre de se rendre à Galați, avec plusieurs pachas et officiers supérieurs ottomans. Cependant un corps de troupes russes de quinze cents hommes, sous le commandement du lieutenant-colonel Fabricius, se présenta, le 20 novembre devant Galaţi, avec de l'artillerie. Les Russes bouleversèrent les retranchements ennemis, tuèrent aux Turcs douze cents hommes, mirent le reste en fuite, s'emparèrent de cinq canons, et firent prisonnier le prince Constantin, qui était malade au monastère de Notre-Dame de Galaţi. Une fois prisonnier, Constantin ne cessait de répéter aux Russes : « Les Turcs viendront demain et vous chasseront d'ici comme des chiens ! » Ces paroles irritèrent tellement un officier moscovite qu'il frappa le Prince d'un coup d'épée à la tête. La gangrène se mit à la blessure qui en résulta, pendant le trajet de Galaţi à Jassi, et Constantin mourut en arrivant dans la capitale de sa principauté.

Les Russes lui rendirent les honneurs funèbres convenables à son rang, c'est-à-dire ceux auxquels ont droit les princes qui meurent sur le trône[1].

---

1. Hypsilanti, *loc. cit.*, p. 445 et pp. 449-450.

APPENDICE

ÉPITAPHE DE PULCHÉRIE TZOUKI, SECONDE FEMME DE NICOLAS MAUROCORDATO, DÉCÉDÉE LE 18/29 MAI 1716, A BUCAREST, ET INHUMÉE DANS LA CATHÉDRALE DE CETTE VILLE.

Τύμβος Πουλχερίης, τῆς εὐγενέων ἀπὸ ῥίζης,
δόμνας Νικολάου κράντορος Οὐγγροβλάχων,
λαμπρὸν ἐπ'εὐσεβίῃ σχούσης κλέος ἠδ' ἀρεταῖσι
κἂν πλείσταις ἄλλαις ἀγλαίαις χαρίτων·
νῦν δὲ θανούσης κόσμος ἔχει βίον, ἤθεα τῆσδε
ἔργων καὶ βιοτῆς δεῖγμα φαεινότατον·
ἀλλ' ὦ κἂν βιότῳ, πανόλβιε, καὶ μετὰ πότμον
οὐρανόθεν φρούρει σὸν πόσιν ἠδὲ τέκνα.

A cette épitaphe, gravée sur la tombe de Pulchérie Tzouki, nous en joindrons une autre composée en l'honneur de la même princesse par Démétrius Georgoulis Notaras. Elle se trouve à la page 161 d'un manuscrit petit in-folio contenant une série de lettres de Nicolas Maurocordato, et appartenant à M. le prince Georges Maurocordato ; elle renferme plusieurs particularités qu'il importe d'autant plus de recueillir que c'est peut-être le seul document qui nous les fasse connaître.

Νικόλεω κλειτοῦ ἐπέβην θαλάμοιο ἐοῦσα
παρθενικὴ νέον ὡς ἐκ καλύκων τε ῥόδον·
πεντάκις ἀγλαά μευ κόλπος γ' ἀπέθηκατο ἄνθη,
Ἄτροπος ἀλλὰ μίτον τέμνε μοι ἀρτιτόκῳ·
Βυζαντία ἔην τὸ γένος μὲν, Μολδαβίης δὲ
δεσπότις, ἰσοπέδου τε Βλαχίης δόμνα.
Λάϊνον ἱμερόεις τὸν ἔχωσε τάφον πόσις ὧδε
Πουλχερίη στενάχων κουριδίη ἀλόχῳ·
ψυχὴν δ' οὔτι ἔχει ὅδε ἀδέματον τάφος, ἀλλὰ
Χριστὸς ἐδέξατο τὴν αἰθέρι ὑψορόφῳ.

ÉPITAPHE DE THOMAS MAUROCORDATO, FILS DE NICOLAS ET DE PUL-
CHÉRIE, NÉ LE 18/29 MAI 1716, ET MORT AGÉ DE 40 JOURS

Δεκὰς τετραπλῆ ἡμερῶν μου πᾶς βίος,
κεῖμαι δὲ παρ' σοι, μῆτερ ὦ παμφιλτάτη,
Θωμᾶς ἐκλήθην σῆς τελευτῆς ἡμέρᾳ·
κεῖνος βραχύς μοι, ἄφθιτον σὺν σοὶ δ' ἔχω.

(Dans la cathédrale de Bucarest.)

ÉPITAPHE DE MARIE MAUROCORDATO, FILLE DE NICOLAS
ET DE PULCHÉRIE, FEMME DE JEAN SCARLATOS

Νικόλεω κράτορος φίλον ἔρνος Πουλχερίης τε,
λαμπροτάτη Μαρία λαμπροτάτων τοκέων,
Ἰωάννου Σκαρλάτου δάμαρ ἀρχιταμίου,
ἐννεακαιδεκάτης γ᾽ εἴασα τόνδε βίον
ἑξάκις ἑπτὰ σὺν ἀκοίτῳ μησὶν δὲ βιοῦσα
κεῖμαι γειναμένη ἐννεὰ τῷδε τάφῳ.

(Dans le monastère de Văcăreștĭ.)

ÉPITAPHE DE NICOLAS MAUROCORDATO

Ὁρῶν σε, τάφε, δειλιῶ σου τὴν θέαν·
κεύθεις γὰρ ἔνδον Νικόλαον, ἡγέτην
πρὶν Μολδαβίης, εἶτα Οὐγγροβλαχίης·
τὸν τόνδε ναὸν τοῦ τριηλίου φάους
θείως καθιδρύσαντα ἐξ αὐτῶν βάθρων,
τὸν πάνσοφόν τε καὶ φρονήσεως θρόνον,
τὸ τῶν σοφῶν ἔσοπτρον ἀμφὶ τοὺς λόγους,
οὗπερ τὸ φῦλον εὐκλεὲς ἐκ Σκαρλάτων·
Τοκεὺς δὲ Ἀλέξανδρος, ὃς τῶν Ὀτμάνων
τῆς βασιλείας ἐξ ἀπορρήτων ἔην·
ἀλλ᾽ ὅν γε Μοῦσαι ὕστερον στέφει κλέους,
ὁ μαρμάρειος νῦν στέφει τοῦτον λίθος

βουβῶνος ἐκθανόντα πανδείνῳ πάθει,
ἠδ' ἄλγος λιπόντα οὐ φορητὸν υἱέσι,
ἠδ' αὐτῇ συνεύνῳ συγγενῶν τε πληθύϊ·
ὃν ὀλβήσομεν πάντες ἀξιοχρέως,
τὸν παντεπόπτην ἀξιοῦντες δεσπότην
τὸ πνεῦμα αὐτοῦ ἐν χλόης τάξαι τόπῳ.
αψλ', μαιμακτηριῶνος τρίτη ἱσταμένου.

(Dans le monastère de Văcăreștĭ.)

INSCRIPTION PLACÉE AU-DESSUS DE LA PORTE DE LA CHAPELLE DE SAINT NICOLAS, AU MONASTÈRE DE VACARESTI

Ὁ ναὸς οὗτος Νικολάου Μυραίων
λαμπρῶς ἐτύχθη δαψιλαῖς ἐν δαπάναις
τῷ Κωνσταντίνῳ, κοιράνῳ Οὐγγροβλαχίης
πέλοντι νῦν γε, καὶ προτοῦ Μολδαβίης,
υἱῷ ποθεινῷ Νικολάου πανσόφου,
τετρασόφου πατρὸς τετρασόφῳ γόνῳ·
ὅνπερ τὸ πρόσθεν Νικόλαος ὁ κράτωρ
κτίζειν ἔμελλεν ἁγίῳ ὁμωνύμῳ·
πότμος δὲ μάρψας τόνδ' ἀνέστειλε πόθου·
ἀνθ' ὧν ὁ παῖς τε καὶ διάδοχος θρόνου
ἐκ βάθρων δόμησε, κάλλυνέν τε πλουσίως,
προαύλιόν τε τειχίσας ἐν πλαισίῳ,
ἐπιστατοῦντος Βηθλεὲμ δ' Ἀνανίου,
τοῦ προστατοῦντος τῆς μονῆς τῆς ἐνθάδε.
ἔτει αψλϛ', αὐγούστου.

ÉPHÉMÉRIDES DACES

OU JOURNAL DE LA GUERRE DE QUATRE ANS ENTRE LES TURCS ET LES AUSTRO-RUSSES

(1736-1739)

COMPOSÉ D'APRÈS LES LETTRES ORIGINALES
ET LES DÉPOSITIONS DES BOYARDS DE LA PRINCIPAUTÉ DE VALACHIE
TÉMOINS OCULAIRES DES ÉVÉNEMENTS

SOUS LE RÈGNE

DU PRINCE JEAN CONSTANTIN MAUROCORDATO
FILS DE NICOLAS

PAR

CONSTANTIN DAPONTÈS
DE L'ILE DE SCOPÉLOS
DEUXIÈME SECRÉTAIRE DE SON ALTESSE ET CONSUL D'ANGLETERRE

RÉCIT

DE TOUS LES ÉVÈNEMENTS QUI ONT EU LIEU DEPUIS
LE COMMENCEMENT JUSQU'A LA FIN

DE LA GUERRE DES TURCS

CONTRE LES RUSSES ET LES ALLEMANDS

(1736-1739)

Questions qui entravaient la conclusion de la paix entre la Turquie et la Perse. — La mort du roi de Pologne devient une source de guerres. — Les Turcs, malgré leur désir de marcher contre les Allemands, en sont empêchés par leur guerre avec la Perse. — Arrivée du khan en Moldavie; l'expédition contre la Perse a lieu à son instigation. — Lettres que les grands du Daghestan adressent au khan. — Lettres de la Russie à la Porte; réponse qu'elles reçoivent. — Les guerres qui désolaient l'Europe se terminent par un échange de territoires. — La marche des Russes contre les Turcs est attribuée à des causes diverses.

Tandis que les princes de l'Europe jouissaient d'une paix profonde, la guerre allumée depuis tant d'années entre la Turquie et la Perse redoublait d'acharnement, et, malgré les efforts respectifs des belligérants pour mettre un terme aux hostilités, ils ne pouvaient y réussir, tant le nombre et la diversité des questions pendantes entravaient toute solution.

Sur ces entrefaites, Auguste III [1], roi de Pologne, vint à mourir. Sa mort fut une source de douloureux évènements : elle transforma en champs de bataille la Lithuanie, Dantzig, la Russie, l'Ukraine et d'autres parties de la Pologne, presque toute l'Italie, et la frontière allemande du Rhin [2]. L'Empereur éprouva dans cette guerre des pertes considérables. La Porte ottomane, connaissant la faiblesse de l'Autriche, cherchait tous les moyens de l'attaquer. Mais, réfléchissant aux péripéties que pouvait amener une pareille résolution, ayant surtout à soutenir une guerre sanglante contre la Perse, les hommes qui occupaient le pouvoir différèrent leurs projets.

---

1. Il y a dans le texte Auguste III, sans doute par suite d'une inadvertance de Dapontès. Auguste II mourut en 1733.

2. C'est à la guerre dite de la *Succession de Pologne* que Dapontès fait ici allusion. Résumons la situation en quelques lignes. Le trône de Pologne était vacant. Deux compétiteurs étaient en présence. L'un, Auguste III, électeur de Saxe, préconisé par l'Autriche qui voulait une Pologne assez forte pour s'en faire une alliée contre les Turcs ; l'autre, Stanislas Leszczinski, beau-père de Louis XV, qui se croyait engagé d'honneur à le soutenir. Quant à la Russie, le candidat lui était assez indifférent, pourvu qu'il ne fût ni un prince puissant, ni un client de la France. Elle devait donc nécessairement se rallier à la candidature d'Auguste III et faire cause commune avec la maison d'Autriche. Cependant Stanislas Leszczinski se rendit secrètement à Varsovie, où soixante mille nobles se déclarèrent en sa faveur sur le champ d'élection ; quatre mille seulement protestèrent. L'armée russe envahit immédiatement le territoire polonais, et les mécontents proclamèrent roi Auguste III. Stanislas se retira dans la forteresse de Dantzig, où il fut assiégé par le maréchal Münich. Malgré un secours de deux mille hommes que la France lui envoya, Dantzig dut capituler, et Stanislas s'enfuit déguisé en paysan. Finie en Pologne, la guerre de la succession commença sur le Rhin et en Italie, cette fois avec l'Autriche. Les Français soulevèrent contre elle les électeurs de Cologne, de Mayence, de Bavière et du Palatinat ; ils prirent Kehl et Philipsbourg, et lui enlevèrent le duché de Parme et le royaume de Naples. Une armée russe, forte de vingt mille hommes, envoyée au secours de l'Empereur, avait opéré sa jonction avec les troupes autrichiennes, entre Heidelberg et Ladenbourg, à deux milles des avant-postes français, quand la paix de Vienne intervint. Vengée des Autrichiens, la France voulait aussi laver l'affront que les Russes lui avaient infligé devant Dantzig, et ce fut surtout dans cette intention qu'elle poussa la Porte à leur faire la guerre, dont, comme nous le verrons par la suite, l issue fut aussi funeste pour eux que pour les Impériaux.

Cependant, l'entrée des Russes en Pologne, comme contraire aux traités, produisit une grande confusion; et l'on commença à faire d'assez nombreux préparatifs dans des forteresses et des camps turcs et tartares.

Voilà quelle était la situation, lorsque le khan de Crimée, Caplan Ghiraï [1], fils de Hadji Sélim Ghiraï [2], vint en Moldavie, à proximité des frontières de Pologne. Ce fut à l'instigation de ce prince, qui avait traversé les Portes de Fer par le Daghestan, qu'eut lieu l'expédition contre la Perse.

Une partie des grands du Daghestan envoyèrent des suppliques, dont les réponses, conçues en termes bienveillants, furent remises au khan, accompagnées de présents et de distinctions impériales.

La cour de Russie envoya des lettres relatives à ce mouvement; elle y manifestait son mécontentement et protestait avec énergie, en disant que la conquête du Daghestan indiquait la rupture de la paix, puisque ce pays était depuis si longtemps soumis à l'empire russe. La Porte répondit que, les habitants du Daghestan étant indépendants et de plus ses coreligionnaires, elle avait sollicité leur alliance; que son but principal consistait à traverser leur pays pour marcher contre l'ennemi; que, sur les instances du khan et grâce aux attestations vraisemblables par lui fournies, ne voulant pas perdre une pareille occasion de vaincre la Perse, persuadée d'ailleurs qu'en traversant le Daghestan du côté de l'est ses armées incommoderaient l'ennemi et le réduiraient entièrement, connaissant en outre la guerre des Russes, et leurs démêlés avec la Pologne, elle avait cru qu'ils se borneraient à formuler leurs plaintes par écrit, et [elle ajoutait] que sa détermination avait

---

1. Après avoir été khan deux fois déjà, Caplan Ghiraï reprit le pouvoir pour la troisième fois le 25 octobre 1730, et fut destitué le 6 septembre 1736.

2. Hadji Sélim Ghiraï fut quatre fois khan, et mourut le 22 décembre 1704.

eu pour conséquence l'entrée du khan dans le Daghestan [1].

Telle était la situation, lorsque la paix, préparée sous main, devint tout à coup notoire, et la guerre qui désolait l'Europe se termina par des traités stipulant la cession de différents territoires en Italie et celle du duché de Lorraine. A la suite de ces évènements, les armées moscovites qui se trouvaient dans le pays des Cosaques, en Pologne et en Ukraine, furent toutes dirigées contre l'Empire ottoman et les Tartares.

On attribue ce mouvement à différentes causes. Quant aux Russes, ils allèguent pour motif les pillages et les rapts commis par les Tartares.

On conjecture pourtant qu'il est dû tant à des idées enracinées de vieille date et aux résolutions du conseil qu'au désir d'éloigner du Daghestan le khan des Tartares; car cette contrée pourrait bien devenir le théâtre d'une foule de calamités, attendu que le royaume d'Astrakan et le pays des Cosaques sont limitrophes.

---

1. Les évènements dont parle ici Dapontès sont longuement racontés par de Hammer (tome XIV, pages 311 et suiv.), et l'abbé Laugier (*Histoire de la paix de Belgrade*, I, pp. 16-19) fait à ce sujet les réflexions suivantes : « La guerre continuait entre les Turcs et les Persans. Ces derniers remportèrent une grande victoire près d'Érivan. La Porte, qui vit ces ennemis pénétrer en Géorgie, ordonna au khan des Tartares de marcher au secours de cette province. Les Tartares furent obligés, pour s'y rendre, de passer sur les terres de Moscovie. Le résident de la Czarine à Constantinople en fit des plaintes au grand vizir qui méprisa son mécontentement. On fut ravi à Pétersbourg que la Porte donnât un prétexte si plausible aux hostilités qu'on préparait contre elle. Les Tartares, en traversant la Cubardie, y commirent quelque désordre. La cour de Russie fit de nouvelles représentations, qui ne furent pas mieux écoutées. Ce nouveau grief fit hâter la marche des troupes que le comte de Münich avait ordre d'assembler près d'Azoff.»

Retour du khan. — Prise d'Azov par les Russes. — Expédition du grand vizir; le kékhaya est investi du pouvoir de lier et de délier. — Le Sultan et ses conseillers inclinent vers la paix. — Les Allemands rompent leurs traités avec les Turcs et divisent leurs forces. — Un parlementaire allemand est envoyé au pacha de Niš avec un message. — Prise de Razda Palanka par les Allemands. — Le pacha mande près de lui le parlementaire allemand. — Prise de Svirli Banja Palanka. — Prise d'Aladja-Hissar. — Prise d'Aleksinac. — Le pacha forme le dessein de faire décapiter le parlementaire. — Les Allemands envoient un autre parlementaire demander les clefs de la forteresse.

INFORMÉ de la marche soudaine des Russes contre la Crimée, le khan rebroussa chemin. Les armées moscovites mirent le siège devant Azov, et s'emparèrent de cette place au bout de quarante jours, en mai 1736 [1]. Cet évènement produisit une grande confusion à la Porte; des conférences furent tenues sans délai; on fit des préparatifs tant sur terre que sur mer, et l'on donna ordre de rassembler des troupes de toutes parts.

Silicdar Mechmet Pacha, alors grand vizir, prit le commandement des armées impériales, et l'autorité presque tout entière ainsi que l'exécution des affaires les plus indispensables furent confiées au kékhaya Khalissa Osman. Les troupes ottomanes, dont le nombre allait chaque jour croissant, se rendirent à Isaccea [2], ville située sur le Danube, et y établirent leur camp.

La décision secrète que prirent le Sultan et ses conseillers

---

1. Azov fut pris par le général Lasci, le 3 mai 1736 (DE HAMMER, XIV, 363). Il avait été investi, dès le 26 mars, par le général Münich, à la tête de quatre-vingt mille Russes et de soixante mille Cosaques (Cf. LAUGIER, *Histoire de la paix de Belgrade*, tome Ier, p. 21).

2. Isaccea, ville de la Dobrudja, située sur le Danube, entre Măcin et Tulcea.

consistait à trouver le moyen d'arranger le différend et de rétablir la paix. C'est pour cette raison que les préparatifs militaires étaient poussés avec si peu d'énergie et que les choses traînaient en longueur.

Sur ces entrefaites, les Allemands, pensant bien que, après la prise d'Azov par les Russes, évènement ci-dessus mentionné, la guerre ne pouvait manquer d'être déclarée aux Turcs et aux Tartares ; d'un autre côté, pleins d'espoir en la puissance moscovite, et voyant alors l'occasion si longtemps convoitée de conquérir une autre portion du territoire ottoman, cédant aussi à un sentiment de vanité, les Allemands, dis-je, rompirent brusquement leurs traités de paix avec les Turcs, avant l'expiration du délai, et déclarèrent la guerre [1]. Ils répartirent aussitôt leurs troupes de la façon suivante : un corps d'armée fut dirigé contre la Bosnie [2], et un autre reçut ordre d'aller assiéger Niš [3]. Le général de Wallis [4] fut chargé, avec le géné-

---

1. Ce fut le 12 juillet 1737, suivant de Hammer, que l'armée principale, sous les ordres du Prince de Lorraine et du feld-maréchal Seckendorf, franchit la frontière ottomane, entre Jagodina et Parakin (tome XIV, page 392).

2. Ce corps d'armée était commandé par le feld-maréchal prince de Hildburghausen.

3. Cette armée, principalement dirigée contre la Serbie, était commandée par le Prince de Lorraine et le feld-maréchal Seckendorf. Sous les ordres de ce dernier, les feld-maréchaux Philippi et Khevenhüller, les généraux Schmettau et Wurmbrand commandaient des divisions séparées. Sept lieutenants-généraux et dix majors-généraux placés sous leur commandement immédiat étaient à la tête de deux cent quarante-neuf escadrons de cavalerie, de quatre-vingt-dix bataillons d'infanterie, de quatre-vingts bataillons de grenadiers et de cinquante mille hommes de milices irrégulières.

4. Le comte Georges Olivier de Wallis était fils du général d'artillerie de ce nom, qui mourut devant Mayence le 6 septembre 1689. Né en 1671, le comte Olivier, d'abord page de l'empereur Léopold, entra au service, obtint un régiment en 1704, et assista, en qualité de colonel, au siège de Turin, en 1706. Plus tard, nous le retrouvons dans le royaume de Naples, où il s'empara des fortifications de Pescara ; en 1708, il obtient le grade de général major, et, en 1716, le titre de feld-maréchal-lieutenant et de conseiller aulique au ministère de la guerre. Ses exploits en Sicile et la prise de Messine, en 1719, lui attirent de nouvelles faveurs. Nommé gouverneur de la ville et de la citadelle de Messine, grand maître général de l'artillerie, com-

ral Ghillany [1], de soumettre la Valachie ; en conséquence, de Wallis se rendit à Argeș [2], et Ghillany à Cîmpulung [3]. Dans cette affaire, les Allemands agirent sans réflexion, en divisant leurs forces en plusieurs corps, sans attendre la tournure que les évènements allaient prendre.

Les troupes ottomanes, qui défendaient la forteresse de Niš [4], se trouvant dans l'impossibilité de résister aux Impé-

---

mandant de toutes les troupes de Sicile, il ne quitte ce pays qu'en 1733, pour prendre part aux observations de la guerre sur le Rhin, dans l'Italie septentrionale et finalement en Hongrie sous les ordres du grand duc de Toscane. Cette campagne ne fut guère, comme nous le verrons par la suite, signalée que par des revers pour les Impériaux. Cependant la conduite de de Wallis fut appréciée et on lui donna le commandement des troupes alors rassemblées en Hongrie. Nous aurons plus d'une fois occasion de parler de lui. De Wallis mourut dans sa soixante-douzième année, en 1743, à Neukirchen.

1. Nous n'avons pu, malgré les recherches auxquelles nous nous sommes livré, trouver de détails biographiques sur Ghillany ; nous ne sommes pas même très sûr de bien orthographier son nom.

2. Ici le manuscrit A ajoute : *et de là à Craiova et à Calafat*. Argeș est le chef-lieu du district d'Argeș, sur la rivière du même nom. — Calafat, sous-préfecture du district de Dolj et port sur le Danube. — Craiova, chef-lieu du district de Dolj, capitale de la Petite Valachie ou Olténie.

3. Après *Cîmpulung*, le manuscrit A ajoute : *et en Moldavie*. — Cîmpulung est aujourd'hui le chef-lieu du district de Muștel, en Valachie ; sa population est d'environ dix mille habitants. Située dans les montagnes, cette ville est considérée comme la plus ancienne de la Roumanie ; elle fut la première capitale de la Valachie, sous Radu le Noir (XIIIe siècle). La cathédrale fut bâtie par ce même prince, restaurée en 1635 par Matthieu Bassarab, et renversée par un tremblement de terre en 1819. Elle a été reconstruite en 1852. On y voit un portrait de Radu vêtu d'un long habit brodé d'or et d'argent, avec une pelisse hongroise formant pardessus. C'est sur une butte, aux portes de la ville, que se trouve l'ancien couvent catholique des Franciscains, fondé par Radu le Noir, à la prière de la princesse Marguerite, sa femme. Schmettau *(Mémoires secrets de la guerre d'Hongrie*, p. 30) raconte ainsi l'attaque de ce monastère par le général Ghillany : « Le 29 juillet [1737], de Wallis fait savoir que les houssards sous les ordres du général Ghuilany avaient été envoyés pour tâcher d'enlever le prince de Moldavie, et que ces houssards s'étaient fort distingués à la prise du couvent de Campolungo (= Cîmpulung), où les Turcs s'étaient assez bien défendus ; qu'il y en avait un de tué, deux de blessés et cinquante de prisonniers.»

4. Niš, ville de Bulgarie, dans l'ancien éyalet et liva du même nom. Environ seize mille habitants. Siège d'un métropolitain grec.

riaux, se consultaient sur le parti à prendre, lorsqu'arriva un parlementaire allemand, porteur de lettres pour le pacha, qui était Kouprouloglou Achmet Pacha [1]. Ces lettres causèrent beaucoup de joie à toutes les personnes présentes, et le bruit se répandit dans la multitude que cette joie provenait de ce qu'il était dit dans le message que les Allemands ne violeraient pas les conventions.

Cette nuit-là, après l'arrivée du parlementaire, le pacha reçut la nouvelle que les Allemands avaient pris et saccagé Razda Palanka [2], à huit heures de Niš, et qu'ils avaient fait prisonniers le commandant et le cadi. Profondément troublé par cette nouvelle, le pacha manda immédiatement le parlementaire et lui dit : « Quels sont ces faits ? On m'a écrit une chose et il en arrive une autre ! » Le parlementaire opposa les dénégations les plus formelles, déclarant que le général n'avait pas été instruit de ces actes, dont les auteurs devaient être des voleurs.

Le lendemain matin, le pacha vit arriver chez lui deux hommes qui lui déclarèrent que les Allemands avaient pris et pillé Svirli Banja Palanka [3], à six heures de Niš, et qu'eux seuls avaient réussi à se sauver. Mandé derechef, le parlementaire nia de nouveau et de la façon la plus catégorique.

Moins de quatre heures plus tard, on reçut la nouvelle de la prise d'Aladja-Hissar [4], à quatre heures de Niš.

1. Suivant de Hammer (tome XIV, page 392), le gouverneur de Niš se serait appelé Yaya Pacha.
2. Razda Palanka doit se confondre avec Razanj ou Raznje, bourg situé dans le district d'Aleksinac, à moitié chemin de cette ville à Paracin.
3. Svirli Banja doit être Aleksinacka Banja, bourg situé sur la rive gauche de la Moravica, au nord-est d'Aleksinac. Cf. de Hammer (XIV, 392), qui appelle cette localité *Bania* tout court.
4. Aladja-Hissar est le nom turc de la ville de Kruševac, en Serbie, chef-lieu du district de Kruševac, et située sur la rive gauche de la Resina, affluent de la Morava bulgare.

Le lendemain, on reçut celle de la prise d'Aleksinac [1], située à deux heures et demie de Niš.

Ce que voyant, le pacha et les officiers supérieurs résolurent de faire décapiter le parlementaire ; mais, changeant d'idée, ils le laissèrent partir, et reçurent en échange tous les Turcs qui avaient été faits prisonniers.

Les Allemands envoyèrent un autre parlementaire et firent savoir au pacha que, s'il consentait à donner pacifiquement les clefs de la forteresse, ils lui laisseraient tous ses biens, de même qu'aux notables, et qu'on ne ferait de tort à personne. Ils ajoutaient qu'on lui donnerait des voitures pour charger et emporter ce qu'il possédait, et que, dans le cas où ils essuieraient un refus, ils prendraient la forteresse et exigeraient de lui le remboursement de toutes les dépenses qu'ils avaient faites. Le pacha renvoya le parlementaire, après l'avoir entendu, et le chargea de dire aux Allemands qu'il ne livrerait pas la place sans avoir combattu. Cette réponse lui fut suggérée par la conviction que l'ennemi était peu nombreux.

1. Petite ville de Serbie, chef-lieu du district de ce nom.

Reddition de Niš ; le pacha et les autres Turcs emportent leurs effets et, avec une garde composée de quelques Allemands, ils se rendent à Sofija. — Après la prise de Niš, les Allemands vont mettre le siège devant Vidin. — Ils envoient un parlementaire au commandant de cette place pour lui demander les clefs de la ville ; les Vidiniotes le renvoient chargé de coups. — Profonde humiliation que subit l'orgueil des Allemands. — Le prince Constantin fait connaître par lettres aux pachas les ruses et les projets des Allemands. — Deux généraux franchissent les frontières de la Valachie ; lettre menaçante adressée au Prince. — Le Prince, n'ayant pas une armée suffisante pour tenir tête à l'ennemi, prend le parti de quitter Bucarest. — Le Prince laisse des caïmacams, quitte Bucarest, et se rend à Văcăreștĭ avec toute la cour. — Départ des princesses pour Constantinople. — Le Prince nomme grand spathar le grand logothète Dudescu, et grand logothète le grand vestiar Ramadan. — Le Prince quitte Văcăreștĭ et se rend à Copăcenĭ, puis à Doian. — Le quartier-maître de Ghillany arrive à Cotrocenĭ pour préparer les subsistances.— Le bruit s'étant répandu que Ghillany se proposait d'envoyer des troupes contre le Prince, celui-ci quitte Doian et se rend à Oltenița. — Le fils de la comtesse arrive à Cotrocenĭ ; le Prince quitte Oltenița et va camper à l'embouchure de l'Argeș. — Des Catans qui furent envoyés au palais ; actes de pillage qu'ils commettent ; Gilani arrive à Cotrocenĭ, il en repart au bout de quelque temps. — Le Prince demande à la Porte l'envoi de troupes et de firmans.—De Suleyman aga.—Le Prince, ayant appris que Ghillany se proposait de l'attaquer, passe à Turtucaia. — Retour du grand logothète et du grand spathar à Bucarest. — Lettres que les caïmacams envoient au Prince. — Retour du Prince à Oltenița ; arrivée de Skemnedji Moustafa aga et d'Ibrahim Pacha, envoyés du camp impérial turc. — Arrivée du lieutenant-colonel à Bucarest ; il se retire, emmenant avec lui l'archevêque et les boyards. — Ibrahim Pacha entre en Valachie ; son entrevue avec le Prince ; ils se rendent tous deux à Bucarest. — Le Prince et le pacha arrivent à Bucarest avec les troupes.

Mais, quand l'armée allemande (qui se composait, dit-on, d'environ soixante mille hommes) fut arrivée et eut commencé le siège de Niš, le pacha, voyant une si grande multitude de troupes, se consulta avec les officiers supérieurs et résolut de capituler. Les assiégés informèrent donc le feld-maréchal et le prince, gendre de l'empereur, qu'ils rendraient la forteresse, à condition qu'on leur donnerait, conformément aux conventions, des voitures pour emporter leurs bagages. Les Allemands l'ayant promis, les Turcs leur remirent les clefs de la place, le 10 juillet 1737, en demandant trois mille voitures et deux mille chevaux [1]. On ne leur envoya toutefois que deux mille cinq cents voitures et quinze cents chevaux. Après cinq jours consacrés au chargement de tous leurs effets, les Turcs se rendirent dans la plaine voisine de la forteresse. Ils y restèrent huit jours, campés sous leurs tentes et faisant journellement des transactions avec les Allemands le plus librement du monde.

Plus tard, on leur donna une garde composée de deux mille Allemands et de mille Catans; car le pacha craignait d'être exposé aux vexations des Heiduques. Ils partirent ensuite pour Sofija [2]. Le bruit courut que les Turcs avaient tué les trois mille Impériaux préposés à leur garde, ainsi que nous venons de le dire.

Enorgueillis de leur succès et pleins de confiance en eux-mêmes, les Allemands ne laissèrent à Niš qu'une faible garnison, et, avec le reste de leurs troupes, ils allèrent mettre le

---

1. Ce fut l'interprète secrétaire du conseil aulique, M. de Theyls, qui somma de se rendre le gouverneur de Niš. Suivant de Hammer, cette sommation n'aurait été faite que quinze jours après l'entrée de l'armée allemande sur le territoire ottoman, c'est-à-dire le 27 juillet, tandis que Dapontès met la date de reddition au 21 juillet (10, *style grec*). Quoiqu'il en soit, sept officiers turcs vinrent apporter les clefs des trois portes de la ville, celles de Belgrade, de Constantinople et de Vidin. On trouva dans la place cent trente-cinq canons, cinquante mortiers et une immense quantité de vivres et de munitions. Cf. DE HAMMER, tome XIV, 392.

2. Ville de Bulgarie, chef-lieu de l'ancien liva du même nom, dans l'éyalet de Niš, non loin des bords de l'Isker. Au moyen âge, les Grecs n'accentuent pas Σόφια mais Σοφία. Dans un petit *Itinéraire* inédit de la fin du XVIe siècle, que j'ai en ma possession et qui a pour auteur un certain GEORGES DE VARNA, la ville de Sofija est appelée à plusieurs reprises *Triaditza*, ainsi, folio 27 recto, on lit : τὴν αὔριον ἤγουν τὴν τρίτην τοῦ ἰουνίου μηνὸς, ἐμπήκαμεν εἰς τὴν Τριάδιτζαν, τὴν κοινῶς λεγομένην Σοφίαν, etc. Sofija compte environ vingt-cinq mille habitants ; elle est le centre d'un commerce considérable et le siège d'un métropolitain grec relevant du patriarcat de Constantinople. Son nom lui vient de la femme de Justinien, Sophie, qui la fit restaurer.

siège devant Vidin [1]. Quand ils furent près de cette ville, ils envoyèrent un parlementaire à Mechmet Pacha, commandant de la forteresse, et lui firent savoir que, s'il rendait la place, on lui accorderait la permission de sortir avec tout son avoir et toutes ses troupes, comme cela s'était pratiqué à Niš. S'il refusait, il s'en repentirait, mais trop tard. Instruit des prétentions des Allemands, et songeant à leur orgueil et à leur faiblesse, non seulement le pacha ne tint aucun compte de leurs paroles, mais encore il fit bâtonner le parlementaire, puis le chassa honteusement, abreuvé d'outrages et dans le plus pitoyable état.

Cependant, comme l'homme propose et que Dieu dispose, Dieu qui résiste aux superbes, l'orgueil des Allemands fut abaissé et leurs armées écrasées. Ainsi, celles qui étaient venues assiéger Vidin furent complètement exterminées en quelques jours; celles qui avaient été dirigées contre la Bosnie périrent misérablement, et, comme nous le dirons plus loin, les Allemands rendirent Niš sans combat, à leur grande honte et déshonneur.

Instruit, grâce à de grosses dépenses et par des correspondants dignes de foi, des intrigues et des desseins que tra-

---

[1]. Ville de Bulgarie, chef-lieu de l'ancien éyalet et du liva du même nom, sur le Danube, en face d'une île. Elle compte environ vingt mille habitants et est le siège d'un métropolitain grec relevant du patriarcat de Constantinople. Cette ville est désignée dans les auteurs grecs du moyen âge par les noms de Βενδωνὶς, Βερνικάκιον, Οὐϊμινάκιον. Cette dernière dénomination, qui correspond au latin *Viminacium*, est due à une erreur historique. La ville romaine à laquelle Vidin a succédé est *Bononia*. Les Byzantins l'ont encore appelée Βυδένα, Βοδένα, Βυδινὸν, et Βιδύνη. Dans la très curieuse pièce que Philé a consacrée au récit des exploits de Michel Glabas (MANUELIS PHILÆ *Carmina*, éd. Miller, II, p. 251), nous lisons les deux vers suivants :

Καὶ πάλιν αὐτὴν λαμβάνει τὴν Πρεσθλάβαν,
Λωρτζὸν σὺν αὐτῇ, Τζερθενὸν καὶ Βυδίνην.

Ajoutons que, sur la pièce à laquelle nous empruntons ces deux vers, il y aurait à écrire un commentaire géographique des plus intéressants.

maient les Allemands, le prince Constantin en informait d'avance par de fréquents bulletins les officiers supérieurs et le kékhaya Osman [1]; il leur faisait savoir que les Allemands, avec leurs préparatifs et tous leurs mouvements de troupes, ne visaient qu'à une rupture avec les Turcs, et qu'ils se proposaient de franchir les frontières, et de pénétrer en Valachie. Voilà pourquoi il envoya à deux reprises le vameş Georgakis à Isaccea, où se trouvait le camp impérial, d'abord pour exposer plus clairement et dépeindre sous de vives couleurs les manœuvres des Allemands, ensuite pour obtenir la permission de faire partir sa maison princière pour la capitale. Une fois déjà, il avait sollicité cette permission, sans l'obtenir. Ce ne fut pas sans difficultés qu'elle lui fut ultérieurement accordée et qu'on lui envoya un firman, et un aga chargé d'accompagner et de protéger les princesses pendant la durée du voyage. Cependant, ceux qui étaient au pouvoir n'ajoutèrent aucunement foi aux véridiques messages du Prince, car le kékhaya Osman se faisait une autre idée des affaires et puisait des inspirations différentes auprès de Talman, alors ambassadeur de l'Empereur à la Porte ottomane [2].

Toutefois, le 2 juillet 1737, le Prince apprit tout à coup que les frontières avaient été franchies du côté d'Argeş par le général de Wallis, et du côté de Cîmpulung par Ghillany, comme nous l'avons dit plus haut. Il reçut en même temps de de Wallis une lettre dans laquelle ce général l'invitait impérieusement à mettre le pays sous la suzeraineté de l'Empereur, et à verser

---

1. Cet Osman était déjà kékhaya en l'année 1710. Son nom est plusieurs fois mentionné par A. Comnène Hypsilanti dans son ouvrage intitulé Τὰ μετὰ τὴν ἅλωσιν. Voir pp. 277, 283 et 285.

2. Antérieurement déjà, en novembre 1733, Talman avait su se concilier assez la confiance des hommes d'État ottomans, et notamment du kékhaya, pour être invité à prendre part à une conférence relative aux affaires de la succession de Pologne. Cf. de Hammer, XIV, 317.

deux cents bourses ; il signait : *Prince des deux Valachies*. La nouvelle de la réception de cette lettre remplit tout Bucarest de trouble et de confusion, et fit faire des sottises de plus d'une sorte aux gens qui n'approfondissaient pas les choses, mais se contentaient de les observer superficiellement. A cette occasion aussi, le Prince eut avec ses familiers et les boyards indigènes qui étaient présents (car la plupart se trouvaient à la campagne pour percevoir l'impôt sur le bétail) des conférences relatives à la conduite à tenir. Les avis furent partagés.

Telle était la situation des affaires, lorsque le Prince, dans la prévision qu'il pouvait tomber entre les mains des Allemands, comme cela était arrivé à son père, de glorieuse mémoire [1], jugea sagement nécessaire de s'éloigner. Il n'avait auprès de lui absolument aucunes troupes pour se défendre, dans le cas où il aurait été attaqué par l'ennemi ; il ne possédait qu'une centaine d'Albanais ; ces hommes s'enfuyaient de Bender [2] et traversaient la Valachie pour regagner leur pays, lorsque le Prince s'était vu contraint de les garder à sa solde, pour parer aux éventualités. Il avait souvent prié les pachas du camp turc de lui envoyer quelques troupes, pour veiller, dans une épo-

---

1. Le prince Nicolas Maurocordato fut, effectivement, fait prisonnier, lors de la guerre de 1716 entre l'Autriche et la Turquie. Les Impériaux, s'étant emparés de Bucarest, par un coup de main, le 25 novembre 1716, surprirent le prince Nicolas dans sa chambre à coucher, et l'envoyèrent prisonnier à Hermannstadt. Le prince Constantin, alors âgé d'environ cinq ans, partagea la captivité de son père. Après une détention de dix mois à Hermannstadt, les prisonniers furent transférés à Karlsburg, et ne recouvrèrent leur liberté qu'à la suite du traité de paix signé à Pozarevac (Passarowitz), le 21 juillet 1718. Cf. C. Dapontès, Σημειώσεις εἰς τὸν βίον Κωνσταντίνου Μαυροκορδάτου, p. 337 du premier volume des *Éphémérides daces*.

2. Bender, ville de Russie, aujourd'hui capitale de la Bessarabie, sur le Dniester. Elle compte environ douze mille habitants, pour la plupart Juifs et Arméniens. Cette ville est célèbre par le séjour que Charles XII y fit, après sa défaite de Poltava (1709). Elle était, sous la domination turque, la résidence du pacha de la province. Il n'est peut-être pas inutile de rappeler que Bender s'appelle en roumain *Tighina*.

que si troublée, à la garde de la Valachie, mais il n'avait pu réussir à se faire écouter.

Il chargea d'un message et d'une commission, pour le général de Wallis, Constantin le Zagorien [1], second logothète, et le lui envoya, afin qu'il essayât, s'il était possible, d'arranger les choses pour le bien du pays, et d'empêcher le pillage et les dévastations. Après quoi, le Prince prit la résolution de se rendre immédiatement au monastère de Văcăreștĭ [2].

1. CONSTANTIN XYPOLYTOS, fils de Georges, était originaire de Sotira (village du Zagora, Thessalie). D'abord premier secrétaire (ἀρχιγραφεὺς) de Nicolas Maurocordato, il fut encore, sous le règne du prince Constantin, agas, comis et conseiller intime. En 1735, il proposa au prince Constantin pour second secrétaire Dapontès, qui était alors en train de terminer ses études à Bucarest, et auquel il fit même épouser sa fille. Voici ce que Dapontès dit à ce sujet dans son *Jardin des Grâces* (chap. I, vers 151 et suivants):

Τότε ὁ ἐκ τῆς Ζαγορᾶς ἄρχοντας Κωνσταντῖνος
τοῦ Κωνσταντίνοβοδα πιστὸς μ'ἐμήνυσεν ἐκεῖνος
μὲ στόμα τοῦ κὺρ Σεραφείμ, τοῦ Δρύστρας διακόνου,
τοῦ πατριάρχου ὕστερον μετὰ πολλοῦ τοῦ χρόνου,
νὰ πάγω εἰς τὴν Μπογδανιὰ γιὰ τὴν γραμματιτζίαν,
τώκαμε δὲ αὐτὸς αὐτὸ διὰ γαμπροῦ αἰτίαν·
μὲ εἶδ' ἐκεῖ εἰς τὴν Βλαχιὰ καὶ εἶχα τοῦ ἀρέσει,
καὶ δι' αὐτὸ εἰς τὸν σκοπὸν ἐτοῦτον εἶχε πέσει.
τὸν κίνησε καὶ ὁ ῥηθεὶς, καθὸ συμμαθητής μου,
καὶ γνώστης τῆς ὀλιγοστῆς ἐκείνης προκοπῆς μου.

Dapontès raconte *(Catalogue historique,* pp. 181-183) que Constantin Xypolytos quitta Bucarest, pour retourner dans son pays, le mercredi 17 février 1737, et qu'il mourut en route. Il y a certainement là une erreur de date, puisque, au mois de juillet de cette même année, il remplissait encore les fonctions de second logothète, ainsi qu'il résulte du présent passage des *Éphémérides daces;* enfin, deux ans plus tard (19 août 1739), nous voyons le prince Constantin Maurocordato l'élever à la dignité de grand comis. Dapontès, qui écrivit son *Catalogue historique* dans sa vieillesse, a fort bien pu se tromper de quelques années. Ajoutons que, en 1736, Dapontès fit imprimer, à Bucarest, un livre contenant les messes de S. Charalampous, de Ste Matrone et de S. Spyridion, aux frais et dépens de Xypolytos (ἀναλώμασι καὶ δαπάνῃ τοῦ τιμιωτάτου καὶ λογιωτάτου δευτέρου λογοθέτου τῆς ἐκλαμπροτάτης αὐθεντίας κυρίου Κωνσταντίνου Γεωργίου Ξ : τοῦ ἀπὸ Σωτῆρος τοῦ Ζαγορᾶ, ἵνα δίδωται δωρεάν· ἐπιμελείᾳ καὶ διορθώσει Κωνσταντίνου Δαπόντε, ἀναγνώστου, τοῦ ἐκ νήσου Σκοπέλου· ἐν τῇ κατὰ τὸ Βουκουρέστιον ἁγιωτάτῃ μητροπόλει, ἐν ἔτει τῷ σωτηρίῳ ͵αψλϛ', παρὰ τοῦ αἰδεσιμωτάτου ἐν ἱερεῦσι Στόϊκα Ἰακωβίτζη τοῦ τυπογράφου). Cf. A. P. VRÉTOS, *Catalogue,* Ire partie, n° 184, p. 68.

2. Văcăreștĭ est un monastère situé aux portes de Bucarest, du côté du sud. Cons-

Il eût désiré laisser [à Bucarest], selon la coutume, des caïmacams pris parmi les boyards de première classe, mais ceux-ci n'y consentirent pas. Il créa donc caïmacams l'ex-grand postelnic Dimitrașcu Caradja [1], le vameș Jean Slătineanu, le grand medilnicer Étienne Dudescu et le colonel Pascalis ;

truit, en 1722, par Nicolas Maurocordato, il est, depuis quelques années, transformé en prison. Voir une note curieuse sur ce monastère dans A. COMNÈNE HYPSILANTI, page 548. Nous croyons qu'il n'est pas hors de propos de citer ici un passage de l'ouvrage de Flachat *(Observations sur le Commerce et sur les Arts d'une partie de l'Europe, de l'Asie, de l'Afrique, etc.*, Lyon, M.DCC.LXVI ; 2 volumes in-12) relatif à l'état du monastère de Văcărești, vers 1760, c'est-à-dire une vingtaine d'années après l'époque à laquelle se passent les faits relatés dans les *Éphémérides daces* : « Vackarest est à deux grandes lieues de Bochorest ; et c'est le seul endroit qui m'ait paru mériter quelque attention. C'était autrefois un grand château. Les Princes l'ont donné à des moines, à la condition que les passants y seraient reçus. On ne s'y présente guère sans un passeport du vaïvode. Ce serait s'exposer à une réception peut-être désagréable. Aussi les caravanes ont-elles grand soin de s'en munir. Je ne ferai point la description de ce couvent. Il ressemble plus à des casernes qu'à un monastère. Je n'y ai vu de remarquable qu'un portique qui règne tout autour de la cour et qui y forme deux belles galeries. Leur église est la plus belle que je connaisse aux Grecs. On y montre quelques tableaux passables. On observe chez ces religieux une exacte frugalité. Nous nous en ressentîmes. Nos chambres répondirent au repas qu'on nous fit faire. Je pense que les chevaux se trouvèrent mieux, dans les vastes écuries où ils furent enfermés, que nous sur les sofas, où nous eûmes beaucoup à souffrir des insectes. Mon voyage en Esclavonie m'avait habitué aux mauvais gîtes. Celui-ci me paraissait délicieux en comparaison de ceux que j'avais eus dans ce pays-là. Platarest et Negoïse, autres couvents où nous nous arrêtâmes, nous le firent encore regretter. Nous fûmes contraints d'avoir recours aux provisions que nous avions faites, parce qu'on n'avait que du pain noir à nous vendre. Tout ce pays serait beau et fertile, s'il était cultivé ; mais les guerres fréquentes et les courses des brigands font déserter les habitants (tome I, pp. 348-349).» Văcărești était placé sous l'invocation de la sainte Trinité, et dépendait du Saint-Sépulcre *(Catalogue historique,* p. 185).

1. Ici le manuscrit *A* donne en marge la note suivante relative à Démétrius Caradja : *Il fut grand postelnic et capi-kékhaya d'Antiochus Cantemir ; il mourut en décembre 1737, à Constantinople, chez Chrysoscoulos Vlastos, à Péra, et fut enterré dans l'église de Saint-Démétrius, de Tataoula.* — Sur Tataoula et son église de Saint-Démétrius, on peut consulter avec fruit l'ouvrage de S. D. BYZANTIOS, *Constantinople, ou Description topographique, archéologique et historique de cette capitale* (tome II, pp. 29 et suivantes). Bornons-nous à dire que, d'après Byzantios, le nom de Tataoula viendrait des *Stabula* ou écuries, que les Génois possédaient au moyen âge, dans ce quartier du faubourg de Kassim-Pacha.

puis, après les avoir revêtus de caftans, conformément à l'usage, il partit le même jour, à neuf heures, avec toute sa maison et sa suite, accompagné des boyards indigènes qui étaient présents, précédé des queues de cheval et de l'étendard [1]; mais, n'ayant pas tardé à s'apercevoir de l'indiscipline et de la défection des séimènes et des slujitorĭ, il commanda de partir seulement aux mercenaires, avec les séimènes présents au corps, et d'emmener les canons qui se trouvaient en Valachie, pour qu'ils ne tombassent point aux mains des ennemis; puis, il se rendit à Văcăreștĭ.

3 *juillet* 1737. — Le lendemain dimanche, à l'issue des matines, le Prince fit partir pour la capitale les princesses et tout le personnel de sa maison. Quant à lui, il resta à Bucarest, n'épargnant rien pour retenir auprès de sa personne les boyards qui n'avaient pas émigré, et tirant la corde tant qu'il pouvait, afin de faciliter une affaire qu'il s'efforçait de conclure de différentes façons et par mille procédés.

Cependant les ordres donnés de Văcăreștĭ par le Prince commençaient à ne plus avoir d'autorité, ses lettres aux caïmacams restaient sans effet; les routes étaient interceptées, les convois de subsistances coupés, de sorte qu'il fallait se nourrir avec ce que l'on avait sous la main; les gens de la suite du Prince se trouvant réduits à la même extrémité, Son Altesse s'était vue dans la nécessité de donner une somme d'argent au grand serdar Radu Comăneanu et au capitaine Joannitza pour aller acheter des vivres à Giurgiu [2]. Témoin d'un tel état de choses, sachant aussi que le bruit courait de l'arrivée certaine des ar-

---

1. L'étendard ou drapeau de la Principauté de Valachie avait environ une aune carrée; il était en soie rouge, et représentait d'un côté saint Georges et de l'autre un aigle tenant une croix dans son bec. Cf. Photinos, t. III, p. 518.

2. Giurgiu, habituellement appelé Giurgevo, chef-lieu du district de Vlașca. Port sur le Danube; environ vingt mille habitants.

mées impériales, voyant enfin de toutes parts le désordre et presque la révolte, ainsi que les sottises et la désertion d'un nombre considérable de personnes, désireux de faire traîner les choses, le Prince se concerta avec Mgr Étienne, métropolitain de Valachie, et les boyards présents, et résolut de nommer grand spathar (car la frayeur avait fait fuir à Constantinople le grand spathar Michalakis) le grand logothète Constantin Dudescu [1], comme capable de remplir ce poste dans ces temps troublés. Il lui fit jurer fidélité, le revêtit d'un caftan, et donna sa charge au grand vestiar Constantin Ramadan.

5 juillet 1737. — On décida ensuite, d'un commun accord, que le Prince devait se retirer du côté de Giurgiu, attendu qu'il n'avait pas, comme il a été dit, d'armée ottomane auprès de sa personne. En conséquence, le 5 juillet, il prit part à un grand festin avec tous les boyards présents, et, après le repas, il quitta Văcăreștī, et se rendit à Copăcenī [2], où il logea. Le lendemain, il atteignit Doian [3], village situé à cinq heures de Bucarest et à deux heures de Giurgiu. Il y manda le cadi et les notables de Giurgiu pour les consulter sur les mesures à

---

1. Constantin Dudescu fut honoré des plus grandes dignités. Il remplit successivement les fonctions de spathar, de logothète, de vornic et de ban. C'était un homme doué d'une intelligence supérieure, aux manières distinguées, de haute taille. Quand Dapontès, devenu moine, alla, porteur d'une parcelle de la vraie croix, quêter à Bucarest, pour la reconstruction de son couvent de Xiropotamos, Constantin Dudescu lui donna cinq cents piastres, et, pris sans doute du dégoût des grandeurs, fit vœu, en présence de la précieuse relique, d'embrasser la vie religieuse et d'accompagner Dapontès au mont Athos. Empêché pour un temps de mettre son projet à exécution, il le réalisa cependant par la suite, et prit, avec le froc, le nom de frère Clément. Il était déjà mort, quand Dapontès écrivit, vers 1784, son *Catalogue historique*. « Jamais, dit le même écrivain, jamais on ne reverra un boyard valaque ou moldave pareil à lui (C. Dapontès, *Catalogue historique*, p. 199). »

2. Copăcenī, village du district d'Ilfov, arrondissement de Sabar.

3. Doian, ou Doienī, bourg de la Dobrudja, à peu de distance du Danube, entre Hîrsova et Măcin. Dapontès écrit Δάγιαν, et Mélétius (*Géographie*, III, 47), plus conformément à la prononciation valaque, Ντα̃γιάν.

prendre, leur tâter le pouls et sonder leurs intentions. Ils répondirent à son appel, et, dans la conférence qui eut lieu, l'on apprit qu'ils se proposaient, aussitôt l'apparition d'armées allemandes dans ces quartiers, d'abandonner la ville sans combat et sans résistance, et de passer en face à Roustchouc.

Dans la crainte du danger et aussi pour ne pas engager sa responsabilité, le Prince s'abstint d'aller à Giurgiu, quoique tout le monde l'exhortât à s'y rendre, et il resta à Doian. Ayant sollicité près des autorités de Giurgiu l'envoi d'un secours de troupes, sans pouvoir l'obtenir, il se vit contraint d'attendre à Doian la tournure que les évènements allaient prendre.

7 *juillet* 1737. — Les caïmacams mandèrent que le quartier-maître des Catans était arrivé au monastère de Cotroceni [1], avec ordre du général Ghillany de préparer des subsistances pour l'armée impériale, qui allait venir à Bucarest. L'énorme quantité qu'il en exigeait permettait de croire que l'on attendait cinq ou six mille hommes. Le bruit courait, ajoutaient-ils, que, dès son arrivée à Cotroceni, le général enverrait une armée attaquer le Prince et assiéger Giurgiu. L'ex-postelnic Dimitraşcu Caradja, qui arriva sur ces entrefaites, attesta l'existence de ce bruit, et des lettres vinrent confirmer celles que l'on avait reçues précédemment. Cette nouvelle effraya tout le monde, et, pour ne point exposer le Prince à tomber entre les

---

1. Cotroceni, monastère situé sur le plateau du même nom, près de Bucarest, fondé par Serban Cantacuzène, en 1679. Placé sous le vocable de l'Assomption de la Mère de Dieu, il fut consacré aux vingt couvents du mont Athos, comme en fait foi la charte de fondation. Le *Catalogue historique* de Dapontès, auquel j'emprunte ces détails, vante la richesse et la beauté de ce monastère, et dit qu'il possédait vingt bourses de rente. « Il y a dix ans, ajoute-t-il, qu'il est administré par un moine de Xiropotamos, originaire de l'île de Scopélos, et nommé Ignace, qui envoie chaque année un tribut de cinq bourses à la Sainte Montagne (page 157). » Cotroceni est aujourd'hui la résidence d'été du Prince de Roumanie.

mains de ceux qui le poursuivaient, on jugea prudent de ne pas entrer dans la place de Giurgiu. Son Altesse créa caïmacam le grand vornic Constantin Crețulescu, vieillard aussi sage qu'expérimenté, et l'envoya à Bucarest ainsi que le métropolitain de Valachie, avec mission de se joindre tous deux aux autres caïmacams pour voir l'issue de cette affaire et si le bruit en question était fondé.

Le Prince partit, vers le soir, pour Oltenița [1] avec le spathar et le logothète, ainsi que sa suite, laissant à Doian les bagages et les canons. Il donna l'ordre le plus formel de transporter ces canons à Giurgiu, afin qu'on les gardât dans la forteresse et qu'ils ne tombassent point entre les mains des ennemis. Mais les ordres du Prince ne reçurent pas d'exécution, et il ne fut pas plus tôt parti pour Oltenița que l'on transporta ces canons à Bucarest.

8 *juillet* 1737. — Le Prince arriva à Oltenița.

11 *juillet* 1737. — Il y était depuis trois jours, lorsque, le 11 du mois, à trois heures de nuit, le grand spathar reçut de son frère Étienne Dudescu, medilnicer, une note dans laquelle ce fonctionnaire l'informait que, le 10 juillet, le fils de la Comtesse était arrivé avec les Catans au monastère de Cotroceni, et qu'il y attendait Ghillany avec le reste des troupes impériales. A cette nouvelle, le Prince quitta Oltenița et alla camper sur le bord du Danube, à l'embouchure de la rivière d'Argeș [2]. Il n'était accompagné que du spathar et d'un très petit nombre de personnes, car la plupart des séimènes et des gens de sa suite n'avaient pas sitôt appris l'arrivée des Catans

---

1. Oltenița, ville de quatre mille habitants, sur le Danube, au confluent de l'Argeș, dans le district d'Ilfov. Elle sert de port à Bucarest et c'est là que débarquaient les hospodars phanariotes lorsqu'ils arrivaient de Constantinople pour prendre possession du trône de la Principauté. Oltenița est située vis-à-vis de Turtucaia.

2. Cette rivière prend sa source au mont Albino, dans le district d'Argeș, et se jette dans le Danube à Oltenița.

à Cotrocenï qu'ils s'étaient enfuis dans toutes les directions. Le Prince agit ainsi dans l'intention de passer à Turtucaia [1], au cas où il se produirait une attaque inopinée, et il y avait sur la rive du Danube des bateaux tout prêts pour opérer le passage [2].

Arrivé, comme nous l'avons dit, à Cotrocenï avec un assez bon nombre de troupes, le fils de la Comtesse envoya soixante-dix Catans à Bucarest dans le palais du Prince. Les uns fermèrent les portes de cet édifice et s'y installèrent ; les autres allèrent se promener à travers le bazar, ouvrant les maisons et les boutiques des marchands turcs, et pillant tout ce qui s'y trouvait. S'étant emparés de cinq passants turcs et leur ayant lié les mains, ils retournèrent à Cotrocenï, sans avoir molesté aucun chrétien.

Ils étaient depuis quelques jours à Cotrocenï, lorsque Ghillany y arriva, à la première heure de la nuit, avec six cents Catans et Allemands. Le matin, les boyards qui étaient à Bucarest se rendirent auprès de ce général et lui présentèrent, bien malgré eux, leurs hommages avec soumission et bienveillance. Le lendemain, il quitta Cotrocenï avec ceux qui l'accompagnaient, et ils retournèrent où ils étaient précédemment.

Cependant, antérieurement au départ des Catans de Cotrocenï, le Prince, qui se trouvait, comme nous l'avons dit, à Ol-

---

1. Turtucaia, en bulgare *Tutrokan*, ville de Bulgarie, située sur le Danube, entre Roustchouc et Silistrie, en face d'Oltenița. Les Roumains forment aujourd'hui la majorité de la population. Turtucaia compte environ cinq mille habitants, et est palanquée.

2. Flachat, qui passa le Danube en ce même endroit, une vingtaine d'années plus tard, nous a laissé à ce sujet les renseignements suivants : « Nous passâmes le Danube auprès de Totroquay, gros village situé sur une colline. Ce fleuve a près d'un mille de largeur en cet endroit ; il y est néanmoins très profond. On croirait voir un lac, lorsque le temps est calme ; mais il est très dangereux de s'y trouver au moment où certain vent s'élève ; il forme des lames d'eau que le bateau ne saurait rompre ; ce qui en fait périr un grand nombre (tome, I, p. 353). »

teniţa, pensant que ce serait un déshonneur pour la Porte ottomane s'il tombait aux mains des ennemis, jugea prudent de passer la nuit dans les bateaux sur la rive opposée du Danube, et de se tenir, durant le jour, à Olteniţa.

Pendant ce temps-là, il envoya successivement, par le Danube, des courriers et d'autres messagers, puis, en dernier lieu, le grand secrétaire Dimitraşcu Soutzos, au camp impérial turc pour y faire connaître la triste situation des affaires et le danger dont il était menacé, si des secours du camp ne lui arrivaient pas à temps. Il demandait aussi quelques sauf-conduits, la nomination par firman de Tegmour Suleyman aga, gédicli zaïm (qui était venu, longtemps auparavant, en Valachie, en qualité de commissaire aux subsistances que le Prince avait reçu ordre d'expédier au camp impérial turc), au grade de serdar, l'envoi de munitions et d'artillerie, enfin, de tout le matériel nécessaire pour tenir campagne.

17 juillet 1737. — Le Prince en était là, lorsque la femme du grand spathar Marias, fille d'Antiochus Cantemir, et les caïmacams firent savoir que, le dimanche 17, le général Ghillany était arrivé, comme nous l'avons dit ci-dessus, et qu'il avait aussitôt dirigé une partie de ses troupes sur Ciocăneştĭ [1], localité voisine du Danube, à quatre heures de Silistrie [2], et une autre partie sur Olteniţa, pour s'emparer du Prince. Ce fut alors que celui-ci se rendit précipitamment à Turtucaia, sur l'autre rive du fleuve, accompagné d'un très petit nombre de

---

1. Village du district d'Ilfov, arrondissement de Snagov.
2. Ville de Bulgarie, bâtie sur le bord du Danube, dans l'ancien éyalet du même nom, liva de Roustchouc. Silistrie est habituellement appelée par les Grecs Δρύστρα ou Δρύστα (Mélétius, t. III, p. 47) et quelquefois Δορόσταινα, Δορόστολον, Δουρόστολον, Δουρόστορον, Δουρόστο, Τριστή. En latin du moyen âge, elle se nomme *Durostorum*, en roumain *Dorstor*, en turc *Silistra*, et en bulgare *Drstr*. Elle compte environ vingt mille habitants, et est le siège d'un métropolitain grec, relevant du patriarcat de Constantinople, et ayant le titre de ὑπέρτιμος καὶ ἔξαρχος παντὸς Παραδουνάβεως.

Grecs de sa suite; il logea chez Amet Vodă. Il était deux heures de nuit.

Le matin, Constantin Ramadan, grand logothète, le grand spathar, le petit nombre de séimènes et de mercenaires demeurés fidèles, ainsi que les employés de la spatharie, partirent, avec la permission du Prince, et retournèrent à Bucarest.

20 *juillet* 1737. — Radu Comăneanu, clucer d'aria, Thomitza, second postelnic, fils du grand vornic, Constantin, fils d'Asan, cămăraș, et deux itchoglans du Prince, arrivèrent chez Son Altesse, de la part des caïmacams, avec des lettres pleines de détails sur la situation du général; on mandait que cette situation n'était pas celle que l'on disait et où il se vantait d'être; mais que, bien au contraire, il était en proie à une frayeur extrême, et redoutait d'être surpris par les armées ottomanes. En outre, on priait instamment le Prince de revenir sur l'autre rive du Danube, en territoire valaque; car, s'il abandonnait les habitants, il serait cause que la Porte ottomane ravagerait le pays.

23 *juillet* 1737. — Après avoir pris lecture de ces lettres et reçu confirmation de leur contenu, le samedi 23, le Prince regagna le territoire valaque et retourna à Oltenița, accompagné de Soliman aga et de quelques Turcs qu'il avait réunis (quand, à son retour de Bosnie, Skemnedji Moustafa aga était revenu de Nicopolis [1] par le Danube, et avait dit au Prince que, le 10 juillet, les Allemands s'étaient rendus maîtres de Niš, comme nous l'avons raconté).

Sur ces entrefaites, Constantin, secrétaire des capi-kékhayas, arriva du camp avec des lettres de ces fonctionnaires

---

1. Nicopolis, en turc *Nigebolu*, ville de Bulgarie, située sur le Danube, en aval du confluent de l'Osma, dans l'ancien éyalet et le liva de Vidin; elle renferme environ dix mille habitants. Pour la distinguer des autres villes du même nom, on l'appelle communément *Nicopolis ad Istrum*.

pour le Prince; ils informaient Son Altesse que les pachas avaient accueilli toutes ses demandes et fait partir Ibrahim, pacha à deux queues, avec mille Bosniaques.

Le dimanche 24 juillet 1737, au point du jour, le lieutenant-colonel Barkocki arriva à Bucarest, à la tête de plus de deux cents Allemands et Catans. Il entra dans le palais du Prince, en ferma les portes, manda l'archevêque et les boyards de première classe, [notamment] le grand vornic, le grand logothète et le grand spathar. Il s'entretint longuement en particulier avec eux, puis il les consigna entre les mains de soixante-dix Catans, qui partirent sur-le-champ, avec ordre de les conduire à Tîrgovişte¹. Quant à Barkocki, il passa cette nuit-là dans le palais, et, au petit matin, il prit, avec toutes ses troupes, le chemin de Tîrgovişte, où l'avait précédé le général. Celui-ci s'était installé dans la métropole de cette ville, après avoir, comme il a été dit, quitté Cotrocenï.

Ibrahim Pacha arriva aussi en Valachie et se rendit au monastère de Negoieştï²; d'Oltenița, le Prince s'y rendit également et y eut une entrevue avec le pacha. Ils y passèrent la journée et partirent le lendemain pour Bucarest.

Le 25 juillet, le Prince et le pacha arrivèrent à Bucarest avec les troupes ottomanes : les milices bosniaques, dont il a été question ci-dessus. Ils investirent le bazar et pénétrèrent dans le palais. Les Turcs firent prisonnier un volontaire et le

---

1. Tîrgovişte, ville de Valachie, chef-lieu du district de Dimbovița, près de la rivière du même nom. Elle fut, avant Bucarest, la capitale de la Principauté. M. Frunzescu (*Dictionariu topographicu*, s. v. Vesta) dit que, de 1383 à 1716, les princes valaques ne passèrent à Tîrgovişte que l'été. En 1716, Constantin Bäsärab, qui, comme ses prédécesseurs, passait habituellement les hivers à Bucarest, établit définitivement dans cette ville le siège du gouvernement. A partir de cette époque, Tîrgovişte se dépeupla peu à peu, et aujourd'hui sa population, qui atteignit quarante mille habitants, dépasse à peine six mille âmes.

2. Negoieştï, monastère situé près de la ville du même nom, dans le district d'Ilfov.

conduisirent au palais. Le Prince donna ordre de le mettre en prison, mais, au moment où les Turcs lui faisaient franchir la porte du palais pour le conduire en prison [1], ils le mirent en pièces à coups de fusil et d'épée. Ensuite, le Prince quitta le palais en compagnie du pacha, et ils se rendirent ensemble au Kiosque [2] du prince Nicolas, le feu père de Son Altesse. On y creusa des retranchements, et ils y campèrent avec toutes les troupes.

1. Je suis ici la leçon du manuscrit *A*, celle du manuscrit *M* étant évidemment erronée, puisqu'il donne le mot κούρτην, au lieu de πουσκαρίαν.

2. Je traduis par *kiosque* le mot du texte ροισόρι, du roumain *foişor*, que De Chiac, dans son *Dictionnaire d'étymologie daco-romane*, fait venir du magyar et interprète par *corniche, balcon, galerie, pavillon, guérite, parvis;* — folyosó, *corridor, galerie*. Voir aussi Hîsdău, *Cuvente den bâtrîni*, page 280, et supp., p. xciij.

AOUT 1737

Défaite des Allemands à Vidin. — Des canons, des munitions, et autres choses envoyées du camp ottoman à Bucarest. — Des troupes qui allaient en escarmouche contre les Catans, et d'André Diniacou. — Pavlakis arrive de Constantinople avec de l'argent pour le Prince. — Des têtes que les Turcs rapportaient et qui étaient envoyées au camp. — Arrivée du khasséki. — Fuite des milices bosniaques. — Frayeur que nous avait inspirée à tous le bruit de l'arrivée de Ghillany. — Comme quoi aucun boyard indigène, sauf Brătăşanu qui était malade, ne se trouvait avec le Prince. — Arrivée de Mestan aga. — Arrivée de Devoglou.— Le Prince et le pacha font leur entrée à Bucarest avec toute l'armée.

Le 9 août, on apprit la défaite des Allemands qui assiégeaient la forteresse de Vidin, et des réjouissances furent données à cette occasion.

On fit partir de Bucarest pour le camp impérial ottoman un général d'artillerie, des porteurs d'eau, et six courriers du vizir, pour les employer, le cas échéant ; on y expédia également trois canons, des munitions, des tentes et d'autres objets nécessaires en campagne. Tous ces envois furent faits par Abdullah Pacha Mousounoglou, alors grand vizir. Son prédécesseur, Mechmet Pacha, surnommé le Borgne, était mort dans l'exil, à Négrepont. Quant au kékhaya Khalissa, il avait été étranglé, à cause, disait-on, de la prise d'Ozou [1] et de sa mauvaise administration.

Une fois arrivées en Valachie, les troupes ottomanes ne cessaient de solliciter journellement la permission de marcher

---

1. Ozou est la même que Oczakov ou Oczakou, ville russe située à l'embouchure du Dniéper. Ce serait, suivant le géographe Mélétius (tome II, page 58), l'Ἀξιάκη des anciens.

contre les Catans, qui étaient à Tîrgovişte avec le général. Voyant qu'on ne pouvait plus les retenir, le Prince et le pacha leur accordèrent cette permission. Les Turcs dirigèrent donc contre les Catans des escarmouches, d'où ils ne manquaient jamais de revenir tantôt avec des têtes, tantôt avec des prisonniers, parmi lesquels il se trouvait des Valaques. Un jour, outre deux Catans et un volontaire, ils ramenèrent un Grec de l'île de Paros, nommé André [1], qu'un janissaire, qui lui en voulait, avait arraché d'un ermitage dépendant du monastère de Radu Vodă [2]. Après l'avoir ceint d'une épée, coiffé d'un chapeau, et garrotté comme un Catan, il l'amena devant la tente du pacha, en présence du Prince. Ceux-ci firent tout leur possible pour protéger cet infortuné et l'arracher des mains du soldat turc, car l'injustice apparaissait clairement, attendu que le malheureux était marchand; mais le janissaire, le tirant violemment, le fit sortir de la tente et l'égorgea de ses propres mains, sous les yeux du Prince et du pacha.

Les troupes turques étaient arrivées à un tel degré de fureur, que, dans le cas où le Prince et le pacha auraient voulu protéger le Grec et empêcher sa mort, elles avaient l'intention bien arrêtée de les tuer l'un et l'autre, ainsi que tous les chrétiens qui se trouvaient avec Son Altesse.

Sur ces entrefaites, Pavlakis arriva de Constantinople; il apportait au Prince des fonds pour ses dépenses, car tout ce

---

1. André Dinïacou, suivant le sommaire. Voir page 28.

2. Le monastère de Radu Vodă, à Bucarest, fut bâti en 1570, par le prince Alexandre II. Brûlé, en 1595, par les Turcs, qui fuyaient devant Michel le Brave, il fut restauré, en 1614, par Radu, fils de Mihna. Celui-ci consacra de nouveau l'église et le couvent à la Très Sainte-Trinité. « Le frontispice portait une inscription où étaient relatés plusieurs faits héroïques dont l'église avait été le théâtre. Cette inscription a été grattée par les higoumènes grecs, lorsqu'ils réparèrent l'église, en 1859 (É. Isambert, *Itinéraire de l'Orient*, Ire partie, p. 949). »

que Son Altesse possédait d'argent avait été consacré à l'entretien des troupes ottomanes.

11 août 1737. — Les Turcs apportèrent au camp neuf têtes qu'ils avaient coupées, en escarmouchant contre les Allemands et les Catans, dans les alentours de Tîrgoviște, et ils reçurent une gratification du Prince et du pacha. Quant aux têtes, elles furent envoyées au camp impérial et remises au grand vizir, qui fit cadeau de caftans et d'aigrettes à ceux qui les avaient apportées.

13 août 1737. — Un khasséki, nommé Hadji Sélim aga, fut envoyé du camp impérial turc pour faire la police des armées.

15 août 1737. — Cinq cents irréguliers bosniaques s'enfuirent du camp, à la nouvelle de l'envahissement de leur pays par les armées allemandes.

La fuite de de ces troupes mit le Prince et le pacha dans un grand embarras, car le bruit courait que le général n'allait pas tarder à arriver de Tîrgoviște, avec son armée, pour saccager Bucarest et faire prisonniers le Prince et le pacha. Cette nouvelle nous avait tous plongés dans une grande frayeur, et nous passions la nuit sans dormir, afin de nous tenir en garde contre une surprise de l'ennemi. Brătășanu était le seul des boyards indigènes qui fût présent, et encore n'était-il resté que pour cause de maladie.

Telle était la situation, lorsque, le 19 août 1737, arriva de Silistrie, envoyé par ordre de Mémich Pacha, un chef de volontaires, nommé Mestan aga, avec trois cents hommes. Il alla loger dans le monastère de Saint-Georges [1], à Bucarest.

---

1. Il existe deux monastères de Saint-Georges, à Bucarest. D'après M. Frunzescu (*Dict.*, p. 73), le monastère de Saint-Georges le Vieux fut construit en 1493 ; il fut, pendant trente ans, le siège de la métropole et subit, à diverses époques, d'importantes réparations. Saint-Georges le Neuf ne fut fondé qu'en 1710 par le prince Antoine, et achevé par son successeur Constantin Brâncovanu.

Le lendemain, 20 août, il en arriva un autre, nommé Devoglou, avec deux cents hommes.

Le 21 août, le Prince et le pacha se rendirent à Bucarest avec toute l'armée. Le Prince reprit possession de son palais et de son trône; le pacha, lui, logea dans la métropole et y fit conduire les trois canons.

SEPTEMBRE 1737

Conférences successives sur les moyens à prendre pour chasser les ennemis de la Valachie. — Arrivée du premier valet de chambre avec des lettres pour le Prince. — D'un parti de troupes qui apporta trois têtes. — D'un autre parti de troupes qui apporta trois autres têtes, et de la rixe qui eut lieu. — Du Turc décapité que l'on trouva près de la résidence de l'agas. — De l'envoi des troupes contre l'ennemi. — Du messager qui apporta la nouvelle de la fuite de Ghillany. — Les troupes, après avoir incendié Tîrgovişte, reviennent chargées de butin. — Envoi du grand postelnic au camp ottoman, et arrivée de Mourtaza Pacha à Bucarest avec les troupes. — Arrivée des bataillons de volontaires agalari. — Arrivée du sultan. — Arrivée [des troupes] des trois éyalets.

Après leur arrivée à Bucarest, le Prince et le pacha eurent ensemble de nombreuses conférences relativement aux mesures à prendre ; à cet effet, tantôt le pacha venait au palais, tantôt le Prince se rendait à la métropole, pour aviser aux moyens de chasser l'ennemi et de l'expulser complètement du territoire valaque. Telle était la situation des affaires, lorsqu'arriva le premier tchocadar de Mechmet bey, capidji-bachi, fils du grand vizir, avec des lettres de félicitation pour le Prince, ayant trait à la promotion de son père. On y faisait également l'éloge tant du courage que des fidèles et empressés services de Son Altesse, et on lui enjoignait d'envoyer des troupes à Tîrgovişte, pour livrer combat aux Allemands et aux Catans qui s'y trouvaient, et les en chasser. Encouragés par ces lettres, le Prince et le pacha commencèrent à préparer des troupes et à les diriger sur Tîrgovişte [1].

---

1. Ici le manuscrit *A* insère ce qui suit : *Le 4 septembre, on apprit que les Turcs*

Le 5 septembre, il arriva un parti de troupes, qui était allé du côté de Tîrgovişte; il apportait trois têtes. Le Prince lui donna une gratification de vingt florins.

Le lendemain, il en arriva un second qui apporta trois autres têtes. Au premier, le Prince fit cadeau de caftans et d'aigrettes; au second, d'aigrettes et de florins seulement. Cette différence jeta la discorde parmi les soldats, car tous réclamaient des caftans. L'affaire aurait pris des proportions plus graves, si leurs chefs n'eussent pénétré au milieu d'eux, pour les séparer et les apaiser.

Le 7 septembre, au matin, on trouva près de la porte de la résidence de l'agas Constantin, le second logothète ci-dessus mentionné[1], le cadavre d'un Turc, sans tête. Les soldats n'eurent pas sitôt appris ce fait qu'un grand nombre d'entre eux mirent l'épée à la main, et coururent chez l'aga pour lui faire un mauvais parti. Mais il prit les devants et alla, en toute hâte, chercher un refuge au palais; il s'y enferma dans la chambre du khasséki-aga, et échappa ainsi à la mort. Les soldats, ne le trouvant pas, firent main basse sur son mobilier, ses chevaux, ses armes, et tout ce qu'ils rencontrèrent dans sa demeure.

Dans les nombreuses conférences qui furent tenues relativement à la marche à suivre, on décida d'envoyer les troupes à Tîrgovişte pour attaquer l'ennemi, et, le 8 septembre, trois mille hommes environ partirent en toute hâte.

Le 10 septembre, un tchocadar vint apporter au Prince la nouvelle que le général Ghillany, ayant appris que les Turcs marchaient contre lui, avait quitté Tîrgovişte avec ses troupes,

---

avaient complètement battu les armées allemandes qui étaient allées en Bosnie pour soumettre cette province, et qu'ils les en avaient chassées ainsi que des pays limitrophes.

1. Il s'agit de Constantin Xypolytos, sur lequel nous avons donné une notice, p. 17. Nous retrouverons encore le nom de ce personnage plus d'une fois mêlé aux évènements dont la Principauté était alors le théâtre.

et s'était dirigé vers Cîmpulung. A cette occasion, on tira au palais des salves d'artillerie et de mousqueterie. Quant au tchocadar, le Prince lui fit cadeau d'une pelisse.

Le 12 septembre, les troupes ottomanes revinrent de Tîrgovişte. Qui pourrait énumérer ce qu'elles en rapportèrent d'objets précieux et autres? Arrivées dans cette ville, sous l'empire d'une violente colère et sans avoir rencontré d'Allemands ni de Catans, elles tuèrent et massacrèrent les habitants, s'approprièrent leur avoir, pillèrent et incendièrent les saints monastères, saccagèrent les églises, notamment la vieille et illustre cathédrale[1], où elles trouvèrent enfouies sous terre, dans une cachette, plus de quatre-vingts caisses, qui, sans parler du numéraire, étaient remplies de diverses choses précieuses d'une grande valeur, telles que joyaux, perles fines, vêtements brochés d'or, et une foule d'autres choses, car tout était la propriété de boyards et de marchands. Les Turcs prirent ces caisses et s'en partagèrent le contenu; ils expédièrent dans leurs patries, voisines du Danube, des voitures chargées de livres; enfin, ils mirent le feu à Tîrgovişte, et incendièrent la ville tout entière, [notamment] le Palais du Prince[2] et la cathédrale. Les Turcs revinrent ensuite à Bucarest, et vendirent au bazar les vases sacrés et différents autres objets.

---

1. Construite en 1515, par Neagoie Băsărab, l'église métropolitaine de Tîrgovişte était anciennement citée comme une des plus belles de la Valachie. Elle est surmontée de neuf tours de différentes grandeurs. On y remarque plusieurs tombeaux, entre autres celui du métropolitain Étienne († 1667), qui gouverna pendant vingt ans l'église de Valachie, et à qui l'on doit l'impression des premiers ouvrages en langue roumaine ; et celui de la famille Cantacuzène, où fut inhumé d'abord le spathar Michel Cantacuzène, en 1712.

2. Par l'expression *Palais du Prince*, en grec Αὐθεντικὴ Κούρτη, il faut entendre l'*église princière*, en roumain Curtea domneasca, fondée par Cercel. Après avoir été souvent restaurée, elle fut entièrement détruite par le grand incendie et le tremblement de terre de 1747, sous Grégoire Ghica. Ce prince la fit reconstruire à ses frais dans l'état où elle est aujourd'hui (É. Isambert, *ibid.*, p. 956).

Après le sac de Tîrgoviște, les troupes, chargées d'un butin aussi considérable, ne rentrèrent pas au complet à Bucarest; la plupart des soldats regagnèrent leurs foyers, d'autres se dispersèrent, et une faible partie revint à Bucarest. A la suite de ces désertions, les troupes ne se trouvant plus en nombre suffisant dans la localité pour repousser une surprise de l'ennemi, qui s'était retiré à Cîmpulung, comme nous l'avons dit plus haut, le Prince, d'accord en cela avec le pacha, jugea prudent d'envoyer au camp impérial turc un de ses boyards, porteur de lettres destinées au grand vizir et aux pachas qui l'accompagnaient, pour les prier de diriger des troupes sur la Valachie. Cette mission fut confiée au grand postelnic Manolakis, car, quoiqu'il fût allé avec les autres à Constantinople, il était revenu plus tard près du Prince. Ce fonctionnaire dépeignit la triste situation des affaires en Valachie, et remit les lettres du Prince et du pacha. Les officiers supérieurs firent aussitôt partir Mourtaza, pacha d'Ak-Séraï [1], avec quinze cents miri-levends du redjeb. Il arriva à Bucarest, le 23 septembre, et le Prince et le pacha allèrent au-devant de lui avec une escorte. Le 26 du même mois, le Prince lui rendit visite, et le pacha lui fit cadeau d'un cheval noir [2].

Indépendamment de Mourtaza, les officiers supérieurs dirigèrent sur Bucarest tous les bataillons de serdenguetchtis qui se

---

1. Ak-Séraï, ville de la Turquie d'Asie, dans l'éyalet de Caraman, liva de Nigdé.

2. Ici le manuscrit A ajoute ce qui suit : *Le même jour, le nouveau khan Mengli Ghiraï et Gentz Ali Pacha, sérashier de Bender, partirent du camp ottoman, pour aller s'emparer d'Ozou. Cependant, comme ils n'avaient qu'un petit nombre de troupes, que l'hiver était proche, et que les Russes étaient nombreux, ils ne purent rien faire. Bien plus, les Turcs, vaincus, battirent en retraite, et ledit khan prit ses quartiers d'hiver à Ak-Kerman, place située à l'embouchure du Dniester.* — On a prétendu que Ak-Kerman était l'ancienne ville de Tyra; cette localité s'appelle en grec Λευκόπολις, Λευκοπολίχνη, Ἀσπρόκαστρον; en latin du moyen âge, *Moncastrum;* en italien, *Moncastro;* en roumain, *Cetatea-Alba;* en magyar, *Neszterfehérvár.*

trouvaient à Giurgiu, et, le 27 septembre, il en arriva treize à Bucarest.

Le 30 septembre, Islam Ghiraï, fils de Devlet Ghiraï Khan[1], qui se rendait à Vidin, passa par Bucarest, avec son neveu, fils du sultan Deli. Il était à la tête d'une armée de quatre mille Tartares Boudjaclis et Nogaïs. Le Prince et les pachas se rendirent au-devant de lui avec une escorte.

Plus tard arrivèrent [les troupes fournies par] les trois éyalets d'Ozou, d'Adana et de Mérach [3].

---

[1]. Devlet Ghiraï, fils de Sélim Ghiraï, fut khan trois fois ; il cessa de régner le 17 décembre 1716.

[2]. Adana, ville de la Turquie d'Asie, chef-lieu de l'éyalet et du liva du même nom, sur le Séihoun, à 25 kilomètres de la mer. Elle compte environ quarante mille habitants, et est le siège d'un métropolitain grec, relevant du patriarcat d'Antioche.

[3]. Mérach, ville de la Turquie d'Asie, chef-lieu du liva du même nom, dans l'éyalet d'Adana.

OCTOBRE 1737

Conférences successives relativement à l'ennemi; expédition de Mourtaza Pacha avec les troupes et de l'agas Joannakis avec les séimènes. — Arrivée du grand logothète. — Départ du sultan pour Vidin. — Envoi de canons à Mourtaza Pacha. — Le grand logothète, sa femme et son fils meurent de la peste. — Prise de Niš par les Turcs. — Victoire de Mourtaza Pacha, et mort du lieutenant-colonel. — Récit relatif audit lieutenant-colonel. — Les troupes reviennent de Pitești avec des têtes et des prisonniers; le grand cămăraș Dimitrașcu est chargé de les conduire au camp impérial ottoman. — Du slujitor qui frappa le métropolitain de Bethléem; jugement du Prince à cette occasion. — Un itchoglan est atteint de la peste dans le palais; départ du Prince. Fuite du chef des cafetiers. — Incendie de Cîmpulung par les troupes turques, leurs pillages et leurs rapts. — Arrivée du métropolitain et de sa suite. — Arrivée du mouhourdar Moustafa aga avec les présents impériaux. — Mahmoud Pacha passe par Bucarest.

Après l'arrivée de Mourtaza Pacha, on tint chaque jour des conférences relativement à la situation[1]. A la vue de l'ennemi installé à Cîmpulung avec toutes ses forces, paisiblement retranché dans le monastère de la susdite localité et tirant ses subsistances des villages de ce cadilic, le Prince et les pachas se trouvaient dans une grande perplexité. Considérant que les ennemis étaient en sûreté dans le monastère, et protégés par des circonvallations, ils se consultaient sur les mesures à prendre, à savoir s'il y avait intérêt à ce que le Prince partît avec les pachas, ou seulement les pachas avec les troupes. Il fut en-

---

1. En marge de cet alinéa, le manuscrit *A* donne la note suivante: *Les ambassadeurs d'Angleterre et de Hollande, voyant qu'ils ne servaient à rien, demandèrent aux Turcs la permission de retourner à Constantinople; et, le 1ᵉʳ octobre, ils partirent pour Baba-Dagh.* — Baba-Dagh est une ville de Bulgarie, dans l'ancien éyalet de Silistrie, liva de Tulcea; elle renferme environ dix mille habitants.

fin décidé que le Prince resterait à Bucarest avec Ibrahim Pacha et une faible garnison, et que Mourtaza Pacha seul marcherait avec les troupes contre les ennemis. Ce dernier partit donc le 1ᵉʳ octobre avec tous les serdenguetchtis et les troupes, au nombre d'environ cinq mille hommes. Le Prince envoya aussi avec le pacha l'armée chrétienne et quelques boyards de seconde classe qu'on avait réunis; il leur donna pour chef l'ex-aga Joannakis, auquel il promit de le faire grand spathar, s'il revenait victorieux.

Après le départ des troupes, le grand logothète Constantin Ramadan, que le Prince avait précédemment envoyé porter un message au général, arriva à Bucarest; il était, non sans peine, échappé aux mains des Catans.

Le 2 octobre, le susdit sultan partit pour Vidin avec ses troupes tartares. Le Prince et le pacha, qui était resté à Bucarest, reconduisirent le sultan avec une escorte, et Son Altesse lui fit don de quatre cents florins.

Mourtaza Pacha, qui marchait contre l'ennemi, envoya, avant de l'avoir atteint, une lettre au Prince et au pacha, par laquelle il leur demandait deux canons, qu'on lui envoya immédiatement, le 4 octobre.

Le 5 octobre, le susdit grand logothète mourut de la peste et fut enterré à Cotroceni. Deux jours après, mourut également sa femme, Marie, fille du grand vornic Georges Crețulescu. Vingt ou vingt-cinq jours auparavant, leur fils unique, Démétrakis, avait succombé, lui aussi, à la même maladie.

Le 7 octobre, on reçut la nouvelle que Niš, assiégé par trois pachas, avait été pris le 22 septembre précédent [1]. Il s'était

---

1. La date de la reprise de Niš par les Ottomans donnée par Dapontès ne concorde pas avec celle qu'a fixée de Hammer (t. XIV, 403). D'après celui-ci, Niš aurait été reconquis le 18 octobre, tandis que, selon Dapontès, ce fut seulement le 18 octobre que l'on apprit à Bucarest la reddition de la ville, qui avait eu lieu le 3 du même mois, ou

écoulé quatre-vingt-dix jours environ depuis la prise de Niš par les Impériaux jusqu'à sa reprise par les Ottomans. Les Allemands qui s'étaient emparés de cette place sans effusion de sang, la rendirent sans effusion de sang, et, à cette occasion, il y eut des réjouissances.

Au même moment, on apprit aussi que Mourtaza Pacha, étant arrivé avec ses troupes à Pitești[1], à vingt heures de Bucarest, avait livré combat aux Allemands et aux Catans et remporté sur eux une éclatante victoire; qu'environ trois cents Allemands et Catans avaient été tués et plus de cent faits prisonniers. Le susdit colonel Barkocki fut tué dans l'action; c'était un jeune homme beau, riche, noble, et agréable à l'Empereur. On apporta au palais sa tête plantée au bout d'une pique; ses cheveux étaient liés et renfermés dans un sachet, à la mode allemande. On apporta aussi un drapeau rouge, que l'on tenait devant le Prince, non pas élevé en l'air, mais renversé. Son Altesse fit cadeau au messager d'une pelisse et d'une aigrette. Il y eut aussi des réjouissances à cette occasion.

Relativement au susdit colonel, on raconte une chose terrible, et bien digne d'être mentionnée. On rapporte que, le 29 août, fête de la Décollation de saint Jean-Baptiste, le général Ghillany se trouvant, comme nous l'avons relaté, à Tîrgoviște avec ses troupes, donna un grand banquet où prirent part le susdit offi-

---

le 22 septembre, suivant le calendrier grec. Il nous semble bien difficile d'admettre que Dapontès se soit trompé deux fois de date en trois lignes, lui qui est toujours si scrupuleux dans ces sortes de détails. Niš fut repris par l'ancien caïmacam Achmet Kouprouli, alors gouverneur de la Roumélie. Le général allemand Doxat, qui commandait cette place, se rendit à la première sommation. Dans la capitulation qu'il signa avec le commandant de l'armée turque, il stipula expressément le pardon des Grecs, des Albanais et des autres rayas insurgés, mais cette prévoyance ne put lui épargner une punition méritée, et il paya plus tard de sa tête son manque d'énergie. Cf. DE HAMMER, tome XIV, p. 403.

1. Pitești, sur l'Argeș, chef-lieu du district d'Argeș.

cier, qui était lieutenant-général, et tous les chefs de bataillon. Ils se divertissaient et buvaient à la santé des convives, comme c'est la coutume, lorsque le colonel, tenant à la main son verre plein, se leva et dit, de façon à être entendu de tout le monde : « Que le Dieu de sainteté me fasse la grâce, dans quarante jours, d'apporter la tête de Constantin, prince de Valachie, comme on apporta jadis celle du saint Précurseur ! » A ces paroles de malédiction les convives répondirent : « Ainsi soit-il ! » Que cela donne une idée des jugements de Dieu et de sa juste vengeance ! Exactement quarante jours après que cet insensé avait maudit le Prince, on apporta sa propre tête à Son Altesse, et ainsi sa malédiction se retourna contre lui. Sa tête orgueilleuse et le drapeau furent portés au camp impérial ottoman par Georges, capitaine des dorobans, qui fut, ainsi que les capi-kékhayas, gratifié d'une pelisse par le grand vizir [1].

---

1. Ce fait est certainement historique ; Dapontès en avait été très vivement frappé. Longtemps après, quand il composa son Βίβλος Βασιλειῶν, il l'y raconta en vers (tome II, p. 19). En voici quelques-uns tirés d'une copie exécutée par M. Manuel Gédéon et qui se trouve à la Bibliothèque du Parlement hellénique, à Athènes. Quant à l'original, il se conserve dans le monastère de Xiropotamos, au mont Athos :

Τὰ στρατεύματα Νεμτζῶν ἐν τῷ Τυργοβίστῳ ὄντας,
καὶ ὁ γκενεράλες δὲ τὸ συμπόσιον τελῶντας,
ἐν αὐγούστῳ τῷ μηνὶ εἰς τοῦ Βαπτιστοῦ τοῦ θείου
τὸν ἀποκεφαλισμὸν, ἕνεκεν νόμου Κυρίου,
ἐσθιόντων τε ἐκεῖ πάντων τῶν ὀφφικιάλων,
κ' εὐθυμούντων, ὡς εἰκὸς, καὶ μικρῶν τε καὶ μεγάλων,
τότε τοίνυν τότ' ἐκεῖ, ἀναστὰς ὁ κολονέλος,
εὐγενὴς καὶ εὐειδὴς, ἄσχημον ὅμως τὸ τέλος·
« ἄρχοντες, εἶπεν, ἐκεῖ ὁ θεὸς νὰ μ' ἀξιώσῃ
σὲ σαράντα μέραις, ναὶ (ἐκεῖ δὲ καὶ Βλάχοι τόσοι),
καὶ ἐγὼ τὴν κεφαλὴν πρίντζιπε τοῦ τῆς Βλαχίας
νὰ σᾶς φέρω, καὶ ἐδῶ νὰ ἔλθω μετ' εὐθυμίας,
ὡς ἐγέρθηκε ποτὲ τοῦ Προδρόμου ἡ τιμία,
ἧς τὴν μνήμην νῦν ἡμεῖς ἑορτάζομ' ἐν ὑγείᾳ ! »
καὶ τὸ ἄμεν φραγκιστὶ ἐκεῖ ὅλ' εἶχαν εἰποῦσι
καὶ τὸ βίβατ, καὶ εὐθὺς τὰ τουρέκια ἀπολοῦσι

Le 9 octobre, Ibrahim Pacha étant allé au palais faire visite au Prince, au bout d'une bonne heure, une foule de soldats, qui revenaient victorieux de Pitești, remplirent le palais, et chacun d'eux tenait à la main une pique où était fichée une tête d'Allemand ou de Catan; il y en avait à peu près cent trente. Ils amenaient aussi, dans des voitures, environ quarante prisonniers hongrois et allemands, indépendamment de ceux qui étaient entre les mains d'un grand nombre d'agas. Ceux-ci étant venus dans la chambre où étaient assis le Prince et le pacha, on distribua aux serdenguetchtis des caftans, aux néfers des aigrettes; quant aux blessés, ils reçurent, en outre, une gratification pécuniaire.

Ensuite, conformément à l'usage, le Prince chargea le grand cămăraș Dimitrașcu de porter au camp turc les têtes, écorchées et empaillées, et d'y conduire les prisonniers; le grand vizir fit présent d'un caftan à Dimitrașcu, et aux serviteurs de Son Altesse qui l'avaient accompagné, il donna une gratification de trois bourses.

Plus tard, le métropolitain de Bethléem[1] vint au palais et dit

καὶ τὰ τόπια μαζί, καὶ τὰ ὄργανα λαλοῦσι,
ὅτι πῶς εἰς τὴν εὐχὴν χάρηκαν νὰ μαρτυροῦσι.
Ταῦτα μὲν τότε αὐτὸς, ʼς ταῖς σαράντα δὲ ἡμέραις,
φρίξατε, ἀκροαταί, ἀδελφοί μου καὶ πατέρες,
φρίξατε εἰς ταῖς τρελλαῖς φαντασίαις καὶ τὸν τρόπον,
μὴ μεγαλορρημονεῖν μάθετε, υἱοὶ ἀνθρώπων·
ʼς ταῖς σαράντα, ναὶ, σωσταῖς ἔφεραν τὴν καυχωμένην
ἐδικήν του κεφαλήν, ʼς τὸ κοντάρι περασμένην,
μαζί μʼ ἄλλαις περισσαῖς ἑκατὸ καὶ πλειὸ λογιάζω,
εἰς τὸν πρίντζιπε αὐτὸν, τὸ μιλῶ κὴ ἀνατριχιάζω,
μὲ τὰ μάτια μου αὐτὰ, ἀδελφοί, ἐγὼ τὴν εἶδα
εἰς τὴν κούρτη, καὶ πολλοὶ ἄλλοι, πᾶσαν παρʼ ἐλπίδα,
δεύτερος γραμματικὸς τοῦ αὐθέντου Κωνσταντίνου
καὶ μαζὶ ὄντας ἐγώ, ἐπὶ τοῦ καιροῦ ἐκείνου.

1. Ce prélat s'appelait Ananias et était higoumène ou abbé du monastère de Văcărești, lequel était consacré au Saint-Sépulcre de Jérusalem. (Voir plus loin, à la date

au Prince que l'un des slujitorĭ de Son Altesse avait levé la main sur lui et l'avait frappé pour le motif suivant : le slujitor était allé au monastère de Saint-Savvas[1] et avait pris deux chevaux dans l'écurie, en disant qu'il les fallait pour le service des estafettes. Le métropolitain de Bethléem, qui se trouvait au monastère, était allé pour les lui arracher; mais le slujitor, soit qu'il ne le connût pas, soit qu'il fût ivre, et ayant ordre de prendre des chevaux où il en trouverait, avait levé la main et l'avait frappé. Au récit de cette agression, le Prince entra dans une grande colère et fit amener le slujitor en sa présence. Introduit, cet homme niait son audacieux attentat. Par ordre du Prince, il fut battu sans pitié dans la salle même du divan et condamné à être pendu. On le conduisait à la potence, lorsque le métropolitain de Bethléem, voyant que l'affaire avait pris une tournure si grave, fut saisi d'un vif repentir, et, tombant aux pieds du Prince, il le supplia, en pleurant à chaudes larmes, d'épargner la vie du slujitor. Le Prince refusait absolument de l'entendre, déclarant que ce n'était pas lui, mais la

---

du *5 juin 1739*, et C. Dapontès, *Catalogue historique*, p. 185.) Il ne sera pas inutile de faire remarquer ici que, en Valachie, les monastères sont ou *consacrés* (ἀφιερωμένα) ou *libres* (ἐλεύθερα). Les premiers sont dédiés aux sièges d'Antioche, d'Alexandrie, de Jérusalem ou aux grands couvents du mont Athos et du Sinaï. Les couvents sont régis par des abbés envoyés par les sièges ci-dessus nommés ; ils perçoivent les revenus et les transmettent aux sièges respectifs.

1. Le monastère de Saint-Savvas paraît avoir été le siège de la première école grecque établie à Bucarest. C'est un point que les historiens roumains n'ont pu cependant élucider jusqu'à ce jour. Le plus ancien document relatif à cette école que M. Misaïl ait rencontré ne remonte qu'à l'année 1761 (Voy. *Buletinulŭ Instructiunei publice*, I (1866), 53). Mais les documents grecs que nous avons entre les mains nous permettent de fixer à une date beaucoup plus ancienne la fondation de cette école. Selon le Λόγιος Ἑρμῆς (année 1820, p. 111), il existait déjà, en 1690, à Bucarest une école grecque dirigée par Théodore Siméonos de Trébizonde ; en 1698, cette école prit le nom d'Académie Princière, et avait pour directeur Sébastos Kyminitès de Trébizonde, le même qui publia, au mois de juin 1701, à l'imprimerie du monastère de Snagov, un Ἑορτολόγιον. dont la bibliothèque de l'École des langues orientales possède un des rarissimes exemplaires.

justice qui punissait le coupable. Cédant enfin, mais non sans une grande difficulté, aux prières que lui adressa son père spirituel, le métropolitain de Myre [1], le Prince accorda la grâce du slujitor.

Le 12 octobre, un petit itchoglan fut atteint de la peste dans le palais ; aussitôt le Prince quitta sa demeure, et se rendit chez le pacha, à la métropole, où il passa la nuit.

Le lendemain matin, quelques heures après son retour au palais, les séimènes amenèrent au Prince le grand cafetier Joseph (originaire de Géorgie et fait esclave, cet homme avait été racheté par feu le père de Son Altesse) qui s'était enfui, et que le prince Grégoire renvoyait garrotté.

Le lendemain, c'est-à-dire le 14 octobre, on reçut la nouvelle que, Mourtaza Pacha étant arrivé à Cîmpulung avec ses troupes et ayant remporté sur l'ennemi l'éclatante victoire de Pitești (à huit heures de Cîmpulung), comme nous l'avons dit plus haut, les Turcs étaient retournés à Cîmpulung, l'avaient livré aux flammes et, après avoir fait main basse sur des objets de grand prix appartenant à des boyards et à des marchands, avaient emmené en esclavage une multitude de jeunes garçons

---

1. Ce métropolitain de Myre s'appelait Néophytos. Originaire de l'île de Crète, et célèbre pour son érudition, il devint précepteur des enfants de Constantin Maurocordato, et, grâce à la protection de ce prince, il fut nommé, en 1738, métropolitain de Hongro-Valachie, après la mort d'Étienne, arrivée, comme nous le verrons plus loin, le 23 septembre 1738. A la date du 26 novembre de cette même année, Dapontès nous racontera l'intronisation de Néophytos. (Voy. Cipariu, *Acte si Fragmente latine romanesci pentru istori'a besericei romane*; Blasiu, 1855; in-8°, pp. 227 et 232. Voir aussi le *Catalogue historique* de Dapontès dans le troisième volume de la *Bibliotheca græca medii œvi* de M. Constantin Sathas, p. 103.) Il existe, en l'honneur de Néophytos, une épigramme de Manassès Héliade, dans un très curieux carnet que ce savant professeur nous a laissé écrit de sa main et que M. C. Sathas déclare avoir en sa possession (*Philologie néo-hellénique*, p. 481, p. 515). — Myre, vulgairement appelée Stroumita (cf. Mélétius, *Géographie*, t. III, p. 177), est une ville de la Turquie d'Asie, dans l'éyalet d'Aïdin, à quelque distance de la mer. Elle avait anciennement sous sa dépendance trente-six évêchés.

et de jeunes filles, et s'étaient livrés, dans le pillage de cette localité, aux mêmes excès qu'à Tîrgoviște. Le Prince délivra des mains des soldats tous les prisonniers, filles et garçons, que l'on ne pouvait voir sans gémir et être profondément touché de compassion.

Le 15 octobre, le métropolitain [1] arriva à Bucarest ; il avait échappé par la fuite aux mains des Allemands et des Catans. Avec lui arriva la fille de Constantin Brăncovanu, nommée Élisabeth, femme du grand vornic ; son mari ne l'accompagnait pas, car il était, ainsi que les autres prisonniers, soumis à une surveillance très sévère. Arrivèrent aussi l'ex-grand ban Manolakis, avec sa femme, nommée Balassa, fille, elle aussi, de Brăncovanu, et un grand nombre d'autres personnes. Ce Manolakis avait quitté Bucarest, à l'époque où le Prince en était parti avec les princesses et toute sa maison pour gagner les montagnes ; il n'avait pas été seul à fuir ; Bucarest presque tout entier : boyards, marchands et tous ceux qui avaient la faculté de prendre la fuite, avaient fait comme lui, car ils redoutaient l'arrivée des Turcs, persuadés que ceux-ci venaient ravager la Valachie et réduire ses habitants en esclavage.

Le métropolitain, s'étant rendu au palais pour présenter ses hommages au Prince, ne portait pas la crosse, suivant la coutume, dans la crainte peut-être que Son Altesse eût cessé de le reconnaître comme métropolitain du pays, à cause du long abandon dans lequel il avait laissé son siège archiépiscopal. Mais le Prince, comme imitateur du très doux David, et parce qu'il avait pris sur ses épaules le fardeau de tous (car c'est une vérité que si Son Altesse ne se fût pas trouvée là, les habi-

---

1. Il s'agit ici du métropolitain de Hongro-Valachie, Mgr Étienne, qui, nous le verrons plus loin, mourut de la peste, le 23 septembre *(style grec)* 1738. Voir aussi plus haut, page 20, à la date du 3 juillet 1737. Il avait auparavant occupé le siège épiscopal de Buzău.

tants n'auraient pas manqué d'être rigoureusement châtiés par la Porte comme rebelles, et tous réduits en esclavage, chose que les pachas avaient résolu de faire et qu'empêcha le Prince), lui rendit la crosse, et ensuite ils entrèrent dans l'église, où l'on célébra la sainte messe.

Le 25 octobre, le mouhourdar, Moustafa aga [1], arriva du camp (il avait été antérieurement envoyé comme ambassadeur pour féliciter Frédéric, roi de Pologne); il apportait les présents du Sultan à l'occasion de la récente victoire : à savoir, trois caftans et trente bourses. Colonels, majors, chefs de serdenguetchtis, commandants, se rendirent tous au-devant de lui; le Prince y envoya aussi le susdit grand cămăraș Dimitrașcu, devenu grand paharnic (car, après son retour du camp, où il avait été porter les têtes, comme nous l'avons dit, il fut honoré de cette dignité), avec toute l'escorte princière, et ainsi Moustafa entra à cheval dans le palais. Devant lui marchait à pied un de ses hommes, portant les caftans sur ses bras, conformément à l'usage. Les deux pachas qui se trouvaient au palais (car Mourtaza Pacha était revenu de Pitești) descendirent avec le Prince jusqu'au bas de l'escalier, et, s'étant avancés à la rencontre de l'aga, qui avait mis pied à terre, ils se prosternèrent devant les firmans et les caftans, puis, après les avoir baisés, les pachas d'abord et le Prince ensuite, ils montèrent dans la salle du grand divan. Là, en présence des agas, des boyards, des pachas et du Prince, tous debout et rangés par ordre, Moustafa lut les firmans impériaux. On y louait l'empressement et la fidélité que le Prince et les pachas avaient mis dans l'accomplissement de leur devoir; il les revêtit ensuite d'un caftan, et l'on célébra des réjouissances. Le grand paharnic revêtit aussi l'aga

---

1. De Hammer nomme ce personnage Mounif Moustafa effendi et ajoute qu'il fut envoyé près de Frédéric-Auguste III, en l'année 1737 (voy. t. XVII, p. 164).

d'une fourrure de zibeline, de la part du Prince. Les trente bourses furent distribuées en gratifications aux pachas, aux colonels, aux chefs de serdenguetchtis, aux vainqueurs et aux blessés. On donna, en outre, une solde aux miri-levends du redjeb.

Ces jours-là, Mahmoud Pacha, d'Elbassan [1], arriva à Bucarest, venant d'Ozou, qu'il avait quittée après la prise de cette place par les Russes. Le Prince l'accueillit avec toute la bienveillance qui lui était due, et lui fit des présents. Au bout de deux ou trois jours, Mahmoud Pacha partit pour sa patrie, après avoir à son tour fait des cadeaux au Prince [2].

---

1. Elbassân, ou Ilbassán, l'Albanopolis des Grecs, ville de la Turquie d'Asie, située en Haute-Albanie, dans l'éyalet de Roumélie, liva d'Ochrida, à une petite distance de la rive droite de l'Ichcoumbi ; elle compte environ dix mille habitants.

2. A la fin du chapitre comprenant le mois d'octobre 1737, on lit, dans le manuscrit *A*, les deux alinéas suivants : « Considérant les hostilités des Austro-Russes, et « convaincus qu'il était impossible d'arriver à s'entendre, les Turcs envoyèrent à leurs « plénipotentiaires l'ordre de quitter Niemirov, disant qu'ils ne voulaient pas de la « paix. Les plénipotentiaires partirent, et arrivèrent au camp, le 23 du même mois, « sans avoir rien fait.

« Ce fut alors que le grand vizir reçut un hatti-chérif impérial lui enjoignant de di- « riger une armée sur Ozou pour reprendre cette place. Il y envoya le khan des Tar- « tares et Gentz Ali Pacha, qui ne purent rien faire et revinrent après avoir perdu « leur armée. » — Les Turcs se présentèrent, le 4 novembre, devant Ozou ; mais, dès le 9, ils furent contraints de lever le siège, après avoir perdu plus de vingt mille hommes, dont la moitié étaient morts de maladie (voy. DE HAMMER, t. XIV, p. 390).

NOVEMBRE 1737

Arrivée de troupes. — Arrivée des sultans. — Révolte des troupes. — Marche des sultans. — Expédition de Mourtaza Pacha. — Un messager arrive de Craiova. — Mission de Joannitza. — Arrivée de Véli aga. — Il se rend au palais. — Marche d'Ibrahim Pacha. — Argent que l'on envoie à Mourtaza Pacha. — Firmans expédiés dans les districts riverains du Danube, au sultan et à Mourtaza Pacha. — Catans envoyés d'Albeștĭ. — Du soldat qui fut étranglé.

Après ces victoires et ces brillants faits d'armes, le Prince conférait chaque jour avec les pachas et ledit aga, réunis au palais, relativement à l'expédition contre l'Olt [1]. Les troupes qui se trouvaient à Bucarest n'étant pas aptes à l'entreprendre à cause de leur petit nombre (car, après la victoire de Piteștĭ, l'armée s'était dispersée, pillant et dévastant), le Prince et les pachas écrivirent à ce sujet à la Porte, et, par ordre du Sultan, vingt-quatre bataillons furent envoyés des bords du Danube rejoindre Mourtaza Pacha et les troupes de Bucarest. Cette armée devait franchir l'Olt et marcher sur le banat de Craiova, comme on le dira plus loin, s'en emparer, purger entièrement le pays d'Allemands et de Catans, et réunir Craiova à la Valachie, comme auparavant.

Les bataillons arrivèrent le 1ᵉʳ novembre.

Le 4 novembre, Khalim Ghiraï sultan, fils de Sadet Ghiraï

---

[1]. Olt, en latin *Aluta*, en grec Ἀλούτας, rivière qui prend sa source en Transylvanie, et se jette dans le Danube entre Islaz et Turnu Măgurele, après un parcours de plus de 370 kilomètres.

Khan¹, arriva avec deux de ses frères, et à la tête d'une armée de dix mille Tartares Boudjaclis et Nogaïs. Il venait du camp, avec ordre du Grand Seigneur de se joindre aux troupes ottomanes pour marcher contre Craiova. Le Prince, les pachas, le susdit aga² et les autres agas se rendirent à sa rencontre et lui firent une réception semblable à celle que l'on avait faite aux sultans venus antérieurement. Les Tartares, furent, en raison de leur grand nombre, logés au Kiosque, à trois quarts d'heure de Bucarest³.

Le 7 novembre, le Prince allant faire visite à Mourtaza, vit, en approchant de la résidence de ce pacha, une multitude de soldats qui poussaient des cris dans la cour et faisaient un vacarme effroyable. Voulant mettre un terme à ce tumulte, le pacha sortit de chez lui et descendit au bas de l'escalier, dans l'espoir qu'à sa vue ils seraient pris de honte, mais cela ne les fit pas tenir tranquilles. Ce que voyant, le Prince retourna au palais. Voici quelle était la cause de ce tumulte. Quand fut décidée l'expédition contre Craiova, on jugea bon de faire partir de nouveau Mourtaza Pacha avec les troupes, mais ce général, mécontent, poussa à la révolte quelques agas, qui prétextèrent ne pas vouloir se mettre en route sans être accompagnés des troupes qui avaient reçu ordre de demeurer à Bucarest pour la garde du pays, et cela pour que Mourtaza Pacha pût rester⁴.

Cependant le même jour, conformément à la décision, les

---

1. Sadet Ghiraï succéda à Cara Devlet Ghiraï, à la fin de l'année 1716, et fut destitué le 16 octobre 1724.

2. Le mouhourdar Moustafa aga.

3. En marge de cet alinéa, le manuscrit *A* ajoute ce qui suit : « Le camp impérial « ottoman resta à Cartal jusqu'au 5 novembre. Le 6 du même mois, le silicdar aga « du Sultan, fils de Baltadji Mechmet Pacha, ex-grand vizir, apporta au grand vizir « Mousounoglou un hatti-chérif lui ordonnant de revenir sans retard à Constanti- « nople. »

4. En marge de cet alinéa, le manuscrit *A* ajoute : « Le même jour, le grand vizir

sultans partirent avec les troupes pour le pays d'au-delà de l'Olt.

Le lendemain 8, Mourtaza Pacha, malgré ses nombreux efforts pour rester, se mit en route avec toutes les troupes. Le Prince fit partir avec lui son armée et l'agas Joannakis, devenu grand spathar (car, au retour de ce fonctionnaire, après la victoire de Pitești, le Prince l'avait, suivant sa promesse, honoré de cette dignité).

Le 13 novembre, un jeune boyard arriva de Craiova, avec des lettres de l'évêque de Rîmnic [1], et de tous les boyards de cette localité, adressées au Prince; ils y exprimaient leur vive satisfaction d'être trouvés dignes d'avoir de nouveau Son Altesse pour prince et seigneur, et ils disaient que, courbant la tête, ils acceptaient avec joie et ravissement la suzeraineté de Son Altesse, qu'ils formaient des vœux et faisaient des prières pour qu'il ne se reproduisît plus de pillage et d'enlèvements de personnes, ce qui amènerait le bouleversement et la ruine complète du pays. La lecture de ces lettres causa au Prince une vive joie; il conféra au jeune boyard la dignité de postelnițel et lui fit même présent d'un caftan, quoique ce ne fût pas la coutume.

Le 16 novembre, il envoya le cherbedji Joannitza avec le capitaine Préda et cinquante séimènes réunir les gardiens des défilés afin qu'ils chassassent les Catans qui étaient à Perisanï.

Le 23 novembre arriva à Bucarest un aga, nommé Hadji Véli, colonel, originaire d'une ville appelée Aïdîn [2]; c'était un

---

« partit d'Isaccea avec le camp pour Constantinople. » Ici *le même jour* signifie le 6, car cette note fait suite à la précédente. Voir plus loin, à la date du *5 décembre 1737.*

1. Le siège épiscopal de Rîmnic était occupé en 1737, par un prélat appelé Clément, qui fit imprimer, en 1734, divers livres liturgiques cités par M. Iarcu *(Bibliografia cronologica romana;* Bucarest, 1873, gr. in-8°, p. 10). La liste donnée par l'auteur des *Serbes de Hongrie* (p. 434) doit être rectifiée sur ce point.

2. Aïdîn-Guzel-Hissâr, ville de la Turquie d'Asie, chef-lieu du liva d'Aïdîn, dans l'éya-

homme riche et ami de la justice. Il venait du camp avec mille janissaires serdenguetchtis, pour passer l'hiver à Bucarest et veiller à la garde du pays.

Le lendemain 24, Hadji Véli vint au palais pour faire visite au Prince; il avait déployé une pompe si magnifique, s'était entouré d'une escorte si brillante et en si bon ordre, que les pachas même ne venaient pas au palais avec un semblable appareil. Il fit don au Prince d'un cheval tout enharnaché.

Le lendemain, 25 novembre, le Prince lui rendit sa visite.

Le 28 novembre, Ibrahim Pacha quitta Bucarest, par ordre du Sultan, et partit pour son pays, qui était en même temps son gouvernement. Le Prince et Hadji Véli aga le reconduisirent en grande pompe et avec de la musique, jusqu'à une heure de Bucarest; on avait préparé dans cet endroit un somptueux festin auquel ils prirent part. Après le dîner, ils s'entretinrent pendant quelque temps et se séparèrent. Le Prince fit don au pacha de mille piastres, d'une pelisse fourrée d'hermine, de deux beaux objets en or [1], d'un rădvan [2] capitonné d'étoffe d'or; il donna, en outre, à ses gens environ cinq cents piastres.

Ces jours-là, Mourtaza Pacha reçut, uniquement en récompense de la victoire qu'il avait remportée à Pitești sur les Allemands et les Catans (voir ci-dessus), dix autres bourses de Sa Hautesse (les précédentes lui venaient du camp impérial), car le grand vizir ayant mandé la nouvelle de ladite victoire au Sultan, celui-ci avait envoyé les dix bourses en question. Tegmour Suleyman aga, serdar, reçut mille piastres; Gentz Ali, major

---

let du même nom. Elle est le centre d'un commerce considérable et compte environ trente mille habitants.

1. Il y a dans le texte *deux* belle cose *en or* ou *dorées* (μπελακόζαις χρυσαίς). Quels sont ces objets, d'importation italienne, à en juger par le nom? C'est ce que nous n'avons pu réussir à déterminer.

2. Le *rădvan* est une espèce de voiture. Voir DE CIHAC, *Dictionnaire d'étymologie daco-romane*, page 303, et le glossaire à la fin du présent ouvrage.

des levends, mille piastres. Quant au Prince, il reçut une lettre dans laquelle on lui prodiguait les louanges et les appellations les plus flatteuses.

Des firmans sévères furent envoyés dans les districts riverains du Danube pour réprimer les pillages dont les habitants étaient victimes, et il y était enjoint de restituer tout ce qui avait été dérobé.

On envoya des firmans analogues au sultan tartare et à Mourtaza Pacha, afin que les armées tartares et ottomanes ne pillassent pas le pays d'au-delà de l'Olt.

Brătășanu, grand armaș, envoya d'Albeștï[1] une tête et quatre Catans que les gardiens des défilés avaient pris. Le Prince donna une gratification de quarante piastres par Catan, et de vingt pour la tête.

Véli aga fit étrangler un de ses hommes pour avoir attaqué un tchocadar du pacha et lui avoir volé de l'argent.

---

1. Village du district de Muștel, chef-lieu de l'arrondissement de Nucușoara.

DÉCEMBRE 1737

Du major envoyé à Bucarest. — Mission du capitaine des dorobans auprès du khan des Tartares. — Retour du camp impérial à Constantinople; déposition du grand vizir; Yegen Achmet Pacha lui succède. — Du Valaque qui fut pendu. — De deux janissaires qui furent pendus. — Arrivée du khasséki à Bucarest. — Retour de Mourtaza Pacha. — Des Albanais qui furent envoyés pour [protéger le pays contre] les Tartares. — De six enfants. — Soumission de Craiova; nomination du ban. — Arrivée du prince Jean à Bucarest. — Mort du patriarche d'Alexandrie. — Arrivée d'un aga avec un firman. — Arrivée du spathar.

Le 1er décembre 1737, Mahmoud l'Albanais, pacha à deux queues, envoya à Bucarest le major Isaac aga, avec deux cents Albanais.

Le 5 décembre, le Prince dépêcha au khan le capitaine des dorobans avec un aga du Sultan, qui se trouvait ici.

Telle était la situation des affaires à Bucarest, lorsque le grand vizir partit d'Isaccea, le 6 novembre. Il arriva le 5 décembre à la capitale [1].

Le Sultan se rendit au devant du sandjac-chérif jusqu'à Khan-Tchiftiliyi, avec le cheik-oul-islam, le caïmacam pacha, les cazaskiers, les oulémas, les grands fonctionnaires, et l'escorte d'usage. Quand on fut près du sandjac-chérif, le grand vizir Mousounoglou Abdoullah Pacha [2] descendit de cheval, et,

---

1. Suivant de Hammer (XIV, 405), le grand vizir ne serait pas arrivé le 5 décembre (16, suivant notre style), mais le 18.

2. Mousounoglou, ou Mouhsinzadé, Abdoullah Pacha avait été, trente-trois ans auparavant, nommé defterdar par les rebelles, lors de la révolte qui porta sur le trône le sultan Ahmed III. Depuis, il avait occupé différents emplois de finances et s'était

après s'être prosterné trois fois, baisa l'étrier du cheval de Sa Hautesse; le Sultan mit aussitôt pied à terre, et le grand vizir, prenant entre ses mains le sandjac-chérif, lequel était dans un coffret en nacre (car au retour il revient enfermé), sur un cheval pie (cette coutume de mettre le sandjac-chérif sur un cheval pie vient, dit-on, de ce que le Prophète avait de la prédilection pour les chevaux de cette robe), il le remit au Sultan. Celui-ci baisa le coffret, et le remit à son tour au nakib effendi, qui le plaça de nouveau sur le cheval. Le Sultan, étant ensuite monté à cheval, fit conduire un cheval tout enharnaché au grand vizir, qui le monta, et fit ainsi un court trajet en marchant de front avec le Sultan, et ce par ordre de Sa Hautesse et conformément à une ancienne coutume. Puis le Sultan laissa toute son escorte et se rendit à Daoud-Pacha, où un repas avait été préparé, le grand vizir arriva ensuite avec l'escorte et alla tout droit à la tente dressée à son intention; le caïmacam s'y étant rendu pour le saluer, le grand vizir lui fit, après quelques paroles grossières, l'affront de lui tourner le dos, et se mit à parler avec le silicdar de Sa Hautesse, qui était venu apporter des ordres. Le caïmacam pacha, ne voulant pas subir une pareille insulte, se retira sans saluer.

Le grand vizir prenait son repas avec le cheik-oul-islam et les autres grands fonctionnaires, lorsque le Sultan lui envoya un petit plat de salade, du khochaf[1] et du lait aigre[2], ce à quoi l'on

fait avantageusement connaître, en envoyant à la Porte la tête du rebelle égyptien Caïtasbeg. Gendre du grand vizir Ali Pacha de Tchorlou, et plus tard du grand vizir Ibrahim Pacha, ce vieillard avait rempli, dans plusieurs provinces, les fonctions de gouverneur, notamment trois fois à Niš. Lors de la nomination du grand vizir Esseïd Mohammed Pacha, il lui avait succédé dans la place de chambellan. Destitué le 18 décembre 1737, il mourut gouverneur de Bosnie, en 1748.

1. *Khochaf*, boisson préparée de raisins secs, ou de pistaches, ou de pommes, ou de poires, ou d'autres fruits cuits au sucre; on y ajoute quelquefois de l'eau de roses, de fleurs d'oranger, ou de l'essence de musc.

2. Le *lait aigre* ou ὀξύγαλον, ὀξύγαλα, ξοινόγαλον, etc. (le *ghiaourt* des Turcs), est

attribuait la signification du refroidissement qui régnait entre eux, et du mécontentement que causaient au Sultan les mouvements stratégiques du grand vizir, car les trois mets étaient froids. Tout en mangeant le lait aigre, le grand vizir dit que celui de Constantinople était excellent, et il paraît que le cheik-oul-islam lui répondit : « Certainement, et surtout quand c'est un très redoutable sultan qui l'envoie à un grand vizir! »

Le Sultan remonta ensuite à cheval et retourna au palais. Peu après, le grand vizir arriva en habit de voyage, c'est-à-dire vêtu d'un at-salvar en velours rouge, d'un antéri de satin blanc, et par dessus d'une pelisse de zibeline recouverte de satin blanc. Il était précédé du caïmacam pacha avec son escorte particulière, et suivi de l'aga des janissaires, du capitan pacha avec le reste de l'escorte, le cortège impérial et dix-huit superbes chevaux de main. Le Sultan qui se tenait dans l'Alaï-

---

mentionné pour la première fois chez les Grecs par Ctésias, puis par Strabon (VII, IV, 6), qui raconte que les habitants de la Chersonnèse Taurique τρέφονται καὶ τυρῷ ἱππείῳ, καὶ γάλακτι καὶ ὀξυγάλακτι. Les Byzantins donnaient au lait aigre l'épithète de δρου-θανιστὸν, expression que n'ont pu expliquer Du Cange ni Coray. Le δρουθανιστὸν ὀξύγαλον n'est autre chose que le lait caillé débarrassé de la partie aqueuse qu'il contient, au moyen du τορβᾶς ou τορμπᾶς, espèce de chausse à filtrer faite d'un tissu très peu serré. Une glose citée par Du Cange *(Glossarium med. et inf. græcitatis,* col. 1009) est ainsi conçue : Ντοὺκ, ὑδρόγαλα τὸ ἀπὸ τοῦ δρουθάνου. Ce dernier mot est le synonyme de τορβᾶς. Dans un des curieux poèmes en grec vulgaire de Théodore Prodrome, nous lisons ce vers : ἐπάρετε δρουθανιστὸν ὀξύγαλον, κυράδες (voy. ma *Bibliothèque gr. vulg.*, tome I, p. 116, vers 190). Le glossaire du dialecte de Trébizonde que M. Savvas Joannidis a publié à la fin de son Ἱστορία καὶ στατιστικὴ Τραπεζοῦντος (Constantinople, 1870; in-8º) nous fournit le verbe δουθανίζω, avec cette explication : ἀνακυκῶ ἐντὸς σκεύους τὸ γάλα, ὅπως διεξάξω τὸ βούτυρον. Il résulte de là que δρουθανίζω ayant, à Trébizonde, le sens de *baratter*, le δρουθανιστὸν γάλα serait le *babeurre*. Mais cette différence purement dialectale n'infirme en rien les explications que nous venons de donner. La partie la plus dense du lait caillé, celle qui reste dans le τορβᾶς (le *ghiaourt* turc), est appelée en Normandie *piquette* et constitue, en été, un vrai régal pour les paysans; ils conservent, en hiver, le lait caillé dans une tinette et on le désigne alors par le nom de *caudelée*. La *caudelée* se mange sous forme de potage.

Kiosque [1], avec les jalousies ouvertes, se leva, et, après avoir vénéré le sandjac-chérif, en présence de tout le monde, il descendit pour le recevoir au bas de l'escalier. Quant au grand vizir, on le conduisit sur-le-champ à Revan-Kiosque [2]. Après quoi le Sultan, étant entré dans l'arch-odassi, envoya le khasnadar [3] lui redemander le sceau. On livra ensuite le grand vizir au bostandji-bachi qui le mena à Fleria-Bachtchessi [4], sous les murs du Château des Sept-Tours [5]. On rapporte que, au moment où l'on allait le faire entrer dans le caïque, le Sultan lui aurait envoyé une fourrure de lynx qu'il portait,

---

1. L'Alaï-Kiosque est situé à l'angle de la muraille du sérail qui se trouve juste en face de l'entrée principale du palais du grand vizir ou Sublime Porte (Bab-Ali), Le Sultan avait coutume de s'y tenir pour voir défiler les troupes et les cortèges dans les cérémonies publiques.

2. Ce kiosque n'est autre, sans doute, que le kiosque d'Érivan. Voy. DE HAMMER, tome XIV, p. 244.

3. Selon de Hammer (XIV, 406), ce fut le silicdar que le Sultan chargea de cette mission.

4. Dans sa Βοσπορομαχία (2e éd., Venise, 1792; p. 106). Momars appelle, avec plus de raison ce nous semble, cet endroit FLORIA BACHTCHESSI. Voici le passage :

'Σ τὸ περιγιάλι κτίσθηκαν, κοντὰ εἰς τοὺς Κουλάδαις,
ζαλαχανᾶδες, μουμχανᾶς καὶ οἱ ταμπακχανᾶδες·
ἐκεῖθες εἶν' μακρὺ χωρὶο τὸ λέγουν Μακρυχώρι,
εἶν' πεδιάδ' εὐρύχωρος γιαλοῦ 'ς τὸ περιθώρι·
μπαρουτχανᾶδες πέτρινοι, μακρὰ ἀπὸ τὴν χώρα,
μπαροῦτι τὸ μπεηλίδικο ἐκεῖ φυλάττουν τώρα·
παρέκ' εἶν' Φλόρια Μπαχτζεσὶ, τερπνὴ τοποθεσία,
μ' ἕνα σαράϊ παλαιὸ, μπαχτξὲς, νερά του κρύα,
ἕνα λειβάδι ποῦν' μακρὺ λὲν Τζιρπιτζῆ τζαΐρι,
ποὺ ἔχει ρεῦμα καθαρὸν εἰς τοῦτο καὶ γεφύρι.

5. Le Château des Sept-Tours fut rebâti, en 1468, par Mahomet II, sur l'emplacement de l'ancien Cyclobion des Byzantins. Les Sept-Tours ont longtemps servi de prison d'État et furent témoins de bien des exécutions mystérieuses. Les janissaires y enfermaient les sultans qu'ils avaient détrônés, et les retenaient prisonniers, s'ils ne les mettaient à mort. Sept sultans ont péri de cette façon. Suivant un autre usage, bien connu dans les fastes diplomatiques, c'est là que les sultans envoyaient autrefois les ambassadeurs des puissances avec lesquelles ils se trouvaient en guerre.

et mille zermahboubs ¹, comme fiche de consolation. Le caïmacam, Yegen Mechmet, était monté à cheval pour retourner à la Porte et avait déjà fait quelques pas, lorsque les gens du palais le rejoignirent et le ramenèrent auprès du Sultan qui lui remit le sceau et le créa grand vizir ². C'est un homme sobre de paroles, grave, peu affable, ne déposant jamais l'air qui sied à son rang et à sa dignité. On a dit qu'on lui donnerait pour femme la sœur du Sultan, qu'avait épousée Abdoullah Pacha, vali d'Aïdîn. Le numéraire et tous les biens mobiliaires du banni furent confisqués au profit du trésor. On ne lui laissa que trois chevaux et trois vêtements.

Le capitaine des séimènes et les hommes de Véli aga ayant arrêté un voleur valaque dans le bazar, les levends du redjeb sortirent pour le défendre; mais, malgré cette démonstration, on le pendit, par ordre du Prince.

Véli aga fit pendre également, comme voleurs, deux janissaires de Choumla ³.

9 décembre. — Le khasséki Moustafa aga arriva de Giur-

---

1. A cette époque, le *zermahboub*, ou ducat fort, valait huit cent trente aspres; il y avait cent vingt aspres à la piastre.

2. Yegen Mechmet Pacha, d'abord kékhaya de Hafiz Achmet Kouprouli, lui avait succédé en qualité de caïmacam, lorsque celui-ci fut nommé gouverneur de Roumélie. Il fut élevé à la dignité de grand vizir, grâce à la toute puissante influence du fameux Kislar aga Elhadj Bechir. Le baïle de Venise, Contareni, disait de Yegen Pacha, dans un rapport adressé à la sérénissime République : « Ha gran opinione di se stesso « e crede che niun sia a lui pare nel conoscer gli affari » (DE HAMMER, XIV, 406). Il se mit en marche le 24 mars 1738, et, le 13 avril, il atteignit Andrinople. Il s'empara d'Orsova. Revenu à Constantinople le 24 octobre, il fut déposé, le 23 mars 1739, et envoyé en exil. Six ans plus tard, nous le retrouvons à la tête de l'armée turque dans l'expédition contre la Perse. Il fut tué ou, selon d'autres, mourut de chagrin le 14 août 1745, après la bataille de Mourad-Tépé, dans laquelle périrent vingt mille Turcs.

3. Choumla, ville forte de Bulgarie, sur la ligne du chemin de fer de Roustchouc à Varna; elle est entièrement construite en bois ; sa position à l'entre-croisement de cinq ou six routes importantes en fait un centre de commerce assez considérable. Elle compte environ quarante mille habitants.

giu, et Véli aga se rendit à sa rencontre. Le khasséki qui était à Bucarest quitta la ville.

Le Prince se rendit avec le dit khasséki et Véli aga au devant de Mourtaza Pacha, qui revenait de l'Olt.

Quelques bataillons d'Albanais et des hommes de Véli aga furent envoyés, avec Djanoglou, vatav des pages [1], dans la campagne, pour [la protéger contre] les Tartares.

Le Prince délivra six enfants des mains des Turcs.

Mechmet Pacha, séraskier de Vidin, ayant envoyé de Vidin à Craiova Toz Pacha avec les troupes, comme le Prince avait envoyé de Bucarest Mourtaza Pacha et le grand spathar, ainsi que nous l'avons dit plus haut, ils s'emparèrent de Craiova, et en chassèrent les Allemands et les Catans. Après que Craiova eut été prise par les armées turques et Toz Pacha créé gouverneur du pays, le séraskier pacha écrivit au Prince de nommer un ban à Craiova, conformément à la coutume anciennement en vigueur. En conséquence, le 14 décembre 1737, le Prince ayant nommé ban le grand serdar Radu Comăneanu, qu'il avait antérieurement envoyé à Craiova en qualité de gouverneur, et lui ayant fait remettre, suivant l'usage, un caftan et un bâton par Joannitza, bach-bouloucbachi des séimènes, il lui enjoignit de se rendre à Craiova et d'y prendre possession de sa résidence. Quelques

---

1. Ce fonctionnaire s'appelait aussi *Vatav du Divan*. Il avait sous ses ordres cent *copii* ou pages. Dans les solennités, il suivait immédiatement le Prince, dont il portait l'arc et le carquois, et tenait le drapeau de la Principauté. Derrière le vatav venaient tous les *copii* ayant à la main des banderoles rouges et jaunes, affectant la forme de deux langues. Cf. Photinos, Ἱστορία τῆς πάλαι Δακίας, III, p. 518. Ajoutons encore ce que dit de ce fonctionnaire le prince Démétrius Cantemir *(Descriptio Moldaviæ,* p. 86) : « Vatavul de copii, præfectus cubiculariorum spathariæ et divani : horum inspectionem habet, et ex eorum laboribus proventum. Mittuntur enim illi frequenter ad barones, quos e pagis ad se princeps voluerit, atque tum, si, quod consuetum est, baro cubiculario sex aureos dono dederit, vatav inde unum imperialem accipit. »

hobereaux de cette contrée-là, ne voulant point d'un ban nommé par Son Altesse, afin de ne pas être vassaux du Prince, et poussés par le mécontentement (quoique la plupart des boyards et l'évêque de Rîmnic eussent écrit au Prince que c'était avec plaisir qu'ils se soumettaient à lui et l'agréaient pour seigneur et maître, ainsi que nous l'avons relaté plus haut), prièrent le séraskier pacha de désigner un ban choisi parmi eux. Bien que, comme nous l'avons dit, le séraskier pacha eût écrit à Son Altesse d'en nommer un, cependant, à leur prière, il créa ban Matthieu Balazescu.

Le pays d'au delà de l'Olt se divise en cinq cadilics; il possède un siège épiscopal, celui de Rîmnic[1], qui, antérieurement à la conquête allemande, était suffragant de la métropole de Hongro-Valachie. L'Aluta, communément appelé Olt, rivière qui n'est pas des moins célèbres, forme la ligne frontière de la Valachie et du banat de Craiova.

15 *décembre*. — Mourtaza Pacha revint d'au delà de l'Olt à Bucarest avec toutes ses troupes.

16 *décembre*. — Le prince Jean[2] arriva à Bucarest, venant de Constantinople.

Cosmas, patriarche d'Alexandrie, s'endormit dans le Seigneur, et eut pour successeur Cosmas, de Pisidie[3].

---

1. Après le traité de Pozarevac (Passarowitz), en 1718, l'évêché de Rîmnic, ou Ribnica, fut rattaché à la métropole serbe de Karlovci (Carlowitz). Après l'évacuation de cette partie du territoire roumain par les Impériaux, il rentra dans la hiérarchie valaque. Voy. *Les Serbes de Hongrie* (Prague et Paris, 1873, in-8º), p. 434.

2. Le prince Jean Maurocordato, frère cadet de Constantin, alors prince régnant de Valachie, et fils comme lui de Nicolas Maurocordato. Plus tard, étant parvenu à supplanter Constantin, qui régnait en Moldavie, il fut nommé à sa place le mercredi 29 juin 1743 (Voir C. Dapontès, *Jardin des Grâces*, chap. II, vers 255-278).

3. Cosmas, de Pisidie, était originaire de l'île de Patmos; il mourut patriarche d'Alexandrie (Voir C. Dapontès, *Catalogue historique*, p. 87).

Il arriva un aga avec des firmans pour le Prince portant que l'armée serait aux ordres de Son Altesse.

Le 22 décembre, arriva aussi le grand spathar, échappé des mains du sultan tartare, qui l'avait retenu prisonnier à Slatina [1], où ce prince se trouvait avec dix mille hommes de troupes, demandant plusieurs centaines de bourses pour ne pas piller les pays situés sur les deux rives de l'Olt, car tel était son véritable dessein [2].

---

1. Slatina, chef-lieu du district de l'Olt, sur la rivière du même nom. C'est une petite ville de 5,550 habitants, avec neuf églises, dont la plus remarquable est celle dite de *Tonasca,* du nom de son fondateur. Slatina s'appelait anciennement *Salina* ou *Satina*, et le kral roumain Siméon y faisait sa résidence.

2. A la fin de ce chapitre, le manuscrit *A* ajoute ce qui suit : « Durant l'hiver, les « Français voulurent intervenir pour la conclusion de la paix entre les Turcs et les « Austro-Russes. Ils s'y décidèrent pour le motif suivant. Le kékhaya Osman, qui vi- « vait encore, voyant que les Russes avaient pris Ozou et les Allemands Niš, pensa qu'ils « pouvaient pousser plus avant. Il en parla à un gentilhomme français qui suivait le « camp, et adressa une lettre à l'ambassadeur de France à Constantinople pour le prier « d'écrire à son roi de tenter un raccommodement entre la Porte et les Austro-Russes. « L'ambassadeur de France accueillit la proposition et envoya aussitôt le susdit gentil- « homme en France avec des lettres pour le roi. Le souverain accueillit la proposition « et en écrivit à Vienne à l'Empereur qui l'accueillit également. Celui-ci en donna com- « munication à la tsarine de Russie qui l'accueillit à son tour, tout en demandant « que les ambassadeurs d'Angleterre et de Hollande fussent admis à l'examiner. »

JANVIER 1738

Le Prince ne donne pas de banquet. — Arrivée d'Athanase avec des lettres du général. — Arrivée d'Omer effendi avec des firmans. — Mort de deux levends. — Suleyman aga est fait pacha à deux queues. — Rixe qui éclata entre les troupes. — Départ de Mourtaza Pacha. — Véli aga est nommé pacha. — Départ de Rakoczi. — Nouvelle mission de Joannitza à Perisani. — Enlèvement d'une jeune fille par un major. — Georges, capitaine des dorobans, est envoyé à Constantinople avec de l'argent. — Arrivée de Dracos. — Joannitza est fait prisonnier. — Défense de vendre du vin. — Les officiers supérieurs turcs tiennent une conférence relative à la guerre.

1er *janvier*. — Le jour de la Saint-Basile, le Prince ne donna pas le grand festin qui avait lieu d'habitude ce jour-là.

3 *janvier*. — Athanase, troisième vestiar, neveu du medilnicer Pantazis, arriva à Bucarest, venant de Hermannstadt [1], avec des lettres de Lobcovitz, général commandant cette place. Ces lettres étaient adressées au Prince et au pacha. Il y était dit qu'un courrier extraordinaire, nommé Jean, venait de France; ce courrier était porteur de lettres très pressantes relatives à la présente situation des affaires et expédiées par la cour de France à son ambassadeur près la Sublime-Porte, le marquis de Villeneuve [2]. Ce courrier, l'Empereur l'avait fait conduire

---

1. Cette ville se nomme en serbe *Sibin*, en roumain *Sibiu*, en magyar *Nagy-Szeben*, en latin *Cibinium*. Au moyen âge, les Grecs appelaient Sibin Κιβίνιον et Ἑρμαννούπολις, ainsi qu'il résulte d'un passage de l'*Itinéraire* du Bulgare Georges de Varna, dont nous avons déjà parlé précédemment; voici ce passage : Περὶ τὴν ἑσπέραν ἀπηντήσαμεν ἐν τῇ ὁδῷ τὴν γυναῖκα Ἑβραίου τινὸς ἑτοιμόγεννην, ἥτις μᾶς εἶπεν ὅτι ἤρχετο ἀπὸ τὸ Κιβίνιον, ὃ καὶ Ἑρμαννούπολιν λέγουσι.

2. Après les mots *le marquis de Villeneuve,* le manuscrit *A* ajoute en marge « Ainsi qu'aux ambassadeurs d'Angleterre et de Hollande [qu'elle priait] d'intervenir

par un officier jusqu'à Cînenï [1], sur la frontière de Valachie, et le recommandait au Prince pour que celui-ci le fît passer sûrement en Turquie. Le Prince, qui avait expédié quelqu'un pour le chercher et l'amener à Bucarest, lui donna audience et l'envoya à Constantinople sous bonne escorte.

7 janvier. — Omer effendi, secrétaire du kékhaya, arriva avec des firmans pour le Prince et Mourtaza Pacha; ces firmans ordonnaient aux rayas de se rassembler sans crainte dans le pays et aux zapdjis d'empêcher les troupes de malmener les rayas, enfin que ceux des zapdjis qui refuseraient d'obéir fussent envoyés chargés de fers à Constantinople.

9 janvier. — Deux levends du déli-redjeb s'étant pris de querelle, l'un d'eux tua son camarade et le jeta dans un puits. Les autres, grâce à leurs recherches, retrouvèrent le cadavre, et, instruits de ce qui s'était passé par le meurtrier lui-même, ils le fusillèrent.

10 janvier [2]. — Tegmour Suleyman aga, gédicli zaïm (c'est

« en vue de conclure la paix, chose que ces ambassadeurs proposèrent au grand vi-
« zir. Celui-ci fit une réponse amicale et conciliante à l'ambassadeur de France ; mais
« aux autres il ne répondit d'abord autre chose, sinon que la Porte était préparée et
« pour la paix et pour la guerre. »

1. Cînenï est situé sur la frontière de Valachie, à l'endroit où l'Olt pénètre dans la Principauté; c'est le dernier relais de poste valaque, où vient aboutir la route directe de Curtea d'Argeș à Hermannstadt. Cînenï domine le fameux défilé de la Tour-Rouge (roumain *Turn Roș*, allemand *Rothenturm*, magyar *Voros Torony*), le site le plus sauvage de la chaîne carpatique.

2. En marge de cet alinéa, le manuscrit *A* ajoute : « Ces jours-là, on envoya à Vidin
« le prince Jean, fils de Rakoczi, qui avait été, il y a longtemps déjà, prisonnier à
« Vienne, mais qui, ayant eu l'adresse de s'enfuir, avait gagné la France, et de France
« était venu à Constantinople, en 1737. On lui avait assigné pour domicile, au Phanar,
« la maison de Manuel Kourcdjibachi, qui fut pendu. On se proposait, si cela était
« possible, de le jeter sur le territoire hongrois avec une armée turque assez nom-
« breuse. Quoique la Moldavie fût pour lors dans une situation pitoyable, pillée qu'elle
« était par les Catans et ravagée par une armée tartare et ottomane, les Turcs ne
« crurent pas devoir renoncer à un seul impôt et aux présents d'usage, et ils obligè-
« rent les habitants à payer en cinq mois le tribut de joyeux avènement de deux grands

ainsi que l'on appelle ceux qui ne sont dans l'obligation de prendre du service que quand le grand vizir se met personnellement à la tête de l'armée), reçut un firman qui le nommait pacha à deux queues et commandant d'une place en Valachie. Cette promotion fut obtenue grâce aux efforts du Prince, car, à dater du jour où l'incursion des Catans força le Prince à quitter Bucarest, il partagea ses adversités et lui donna des preuves d'un sincère attachement. Il reçut, le premier jour du baïram, le firman qui le créait pacha, et, le Prince s'étant rendu avec lui chez Mourtaza Pacha, on donna lecture du firman en présence des agas, et Suleyman fut revêtu d'une pelisse d'honneur. On tira ensuite une salve d'artillerie, et l'on reconduisit à son domicile le nouveau pacha avec une nombreuse escorte. Cette affaire fit grand honneur au Prince et lui valut beaucoup d'éloges.

12 janvier. — Une rixe très grave éclata, à Bucarest, entre les levends et les janissaires au sujet d'un fusil, et elle prit de telles proportions que les levends envahirent la résidence du khasséki aga dans l'intention de lui faire un mauvais parti, ce qui serait arrivé, s'il n'eût pas pris la fuite. Le tumulte fut très grand parmi ces troupes et il y eut beaucoup de sang versé. Ce ne fut pas sans difficulté que les deux pachas Mourtaza et Suleyman, ainsi que Hadji Véli aga accourus avec le Prince, apaisèrent l'affaire. Trois jours après, Suleyman Pacha donna un banquet aux levends et aux janissaires et les réconcilia ; c'est ainsi que se termina la rixe et que cessa la discorde qui les divisait. A cause de ces désordres, le Prince fit garder le palais pendant quelques jours par Véli aga et un certain nombre de ses hommes.

14 janvier. — Deux jours plus tard Mourtaza Pacha quitta

« vizirs et de quatre kékhayas ; chacun desquels consistait, pour le grand vizir, en
« trois cents chevaux, en subsistances et autres choses analogues. »

Bucarest par ordre du Sultan, et partit pour Vidin avec l'escorte d'usage.

15 janvier. — Le lendemain, Ḥadji Véli aga, voïvode de Pergame [1], fut fait pacha à deux queues; le firman de nomination fut lu au palais, en présence de Suleyman et des agas. On lui donna pour gouvernement l'éyalet de Mérach. On tira une salve d'artillerie et on le conduisit à son domicile avec une escorte

16 janvier. — Rakoczi étant allé faire visite au grand vizir, à Constantinople, et ayant obtenu la permission de partir, se mit en route pour Tcherna-Voda [2]. Le grand vizir lui envoya, par deux fois, vingt bourses pour ses frais de voyage. Rakoczi consigna par écrit dans sa capitulation (ou *acténamé*) la promesse de donner quarante mille piastres par an à la Porte, au cas où il serait placé sur le trône de Hongrie, par la puissante intervention de l'empire ottoman [3]. Il s'appelait Joseph, et était fils du roi de Hongrie [François Rakoczi], qui, après avoir été vaincu par l'empereur Charles VI, fut contraint de quitter la Hongrie et de se réfugier auprès du

---

1. Pergame, que les Turcs appellent *Berghama,* est une ville située dans l'éyalet de Khoudavendiguiâr, liva de Carassi, sur le Bakir-Tchayi. Elle fut conquise par les Turcs en 1360.

2. Tchervena-Voda ou Tcherna-Voda, en grec Μαυρόνερο, est un bourg de 1,500 à 2,000 habitants, sur la rive droite du Danube, non loin de Roustchouc, à l'extrémité du grand lac de Cara-Sou, qui a la même signification en turc que Tcherna-Voda en slave. Ce n'était, il y a quelques années, qu'un hameau de chétive apparence, peuplé en grande partie de Valaques. Il a acquis une certaine importance par suite de la construction du chemin de fer de Kustendjé qui en a fait, pendant quelque temps, la voie ordinaire des voyageurs se rendant de l'Occident à Constantinople par le Danube. Cet essor naissant a été beaucoup ralenti par l'établissement de la ligne plus directe de Roustchouc à Varna. Tcherna-Voda est la première station du chemin de fer de Roustchouc (Voy. ÉMILE ISAMBERT, *Itinéraire de l'Orient*, 1re partie; Paris, 1873; p. 995).

3. On peut consulter sur tous ces faits le livre de FESSLER, *Geschichte von Ungarn*, bearbeitet von Ernst Klein, V, 239. On trouvera dans cet ouvrage l'indication des sources.

roi de France [1]. Après être demeuré quelque temps dans ce pays [2], il se rendit à Constantinople, et fut envoyé par le gouvernement turc à Rodosto [3], où la Porte lui fournissait un subside [4] mensuel de sept bourses pour ses dépenses [5]. Ses deux fils, ledit prince Joseph et un plus jeune, furent faits prisonniers dans la lutte. On les conduisit en Allemagne, et, pour les empêcher de ressaisir plus tard la puissance souveraine [6] qu'avait possédée leur père, l'Empereur résolut de les mettre à mort. Mais l'Impératrice, émue de pitié, engagea l'Empereur à les faire eunuques. Ayant appris cela, ils prirent secrètement la fuite et se réfugièrent à la cour de France, où ils menèrent un train de vie vraiment royal. Désirant voir leur père, ils demandèrent la permission de partir et l'allèrent trouver à Rodosto. Après être restés quelque temps

---

1. Il se retira d'abord en Pologne. Ce ne fut que plus tard qu'il se rendit à Paris. Saint-Simon parle fort souvent de Rakoczi dans ses *Mémoires*.

2. L'Autriche ne voyait pas d'un bon œil le séjour prolongé de Rakoczi à la cour de France. Ce fut pour épargner des complications au pays qui lui avait accordé une si brillante hospitalité qu'il prit le parti de se rendre à Constantinople.

3. « La Porte ottomane, conformément aux stipulations du traité de Pojarevac (Passarowitz), lui assigna pour résidence le château de Rodosto, près de la mer de Marmara. Dans sa retraite, il ne renonça pas complètement à ses rêves d'ambition : il essaya, à diverses reprises, d'intéresser la France et la Sublime-Porte à sa cause; mais il n'y réussit pas. Pour charmer ses loisirs, il écrivit ses *Mémoires sur les Révolutions de Hongrie* qui furent publiés à la Haye, en 1732.... On sait que le nom de Rakoczi est resté attaché à une marche célèbre. On ignore qui en est l'auteur; ce qu'il y a de certain, c'est qu'elle était jouée souvent dans ses armées, et qu'elle est devenue pour les Magyars un chant national, la *Marseillaise* des révolutions. Toutes les fois que les libertés hongroises ont été étouffées, le gouvernement autrichien l'a rigoureusement interdite. Elle a été orchestrée dans notre siècle par Berlioz (Louis Léger, *Histoire de l'Autriche-Hongrie;* Paris, 1879; p. 331). »

4. Il y a dans le texte original ἔλεος, *aumône*.

5. Le chiffre des subsides accordés par la Porte à Rakoczi ne fut pas toujours le même. Après avoir subi une réduction, il fut reporté, au mois de janvier 1732, à soixante-quatorze piastres par jour. Voir De Hammer, XIV, 268.

6. Bien que proclamé par une diète voïvode de Transylvanie, et par une autre chef de la nation hongroise, Rakoczi ne prit cependant jamais le titre de roi.

dans cette ville, ils prirent congé de leur père, pour retourner en France faire leurs études. Ils y étaient, lorsque leur père mourut à Rodosto, vieux et plein de jours [1]. Lors de la déclaration de guerre à l'Allemagne, soit qu'il fût appelé par les Turcs, soit spontanément, Joseph se rendit à Constantinople.

21 *janvier*. — Les Catans qui étaient à Perisanï ayant volé l'argent du Prince et frappé le domestique d'un boyard, Son Altesse envoya de nouveau contre eux le cherbedji Joannitza, avec deux cents slujitorï.

25 *janvier*. — Le major des milices de Choumla ayant enlevé avec violence la jeune fille d'un séimène, celui-ci alla aussitôt raconter la chose à Suleyman Pacha, qui se déguisa, se rendit nuitamment chez le major, reprit la fille et la rendit à son père.

26 *janvier*. — Georges, capitaine des dorobans, fut envoyé à Constantinople avec cinquante bourses.

28 *janvier*. — Dracos, bach-capikékhaya [2], arriva de Constantinople.

29 *janvier*. — On reçut la nouvelle que les Catans avaient fait prisonnier le cherbedji Joannitza, et le Prince se concerta avec les pachas sur ce qu'il y avait à faire à cette occasion.

31 *janvier*. — Un janissaire en état d'ivresse tua un de ses camarades, et, à cause de ce meurtre, il fut fait défense de vendre du vin.

Dans une grande conférence où prirent part le vizir et tous

---

1. Il mourut subitement le 8 avril 1735.
2. C'est d'Alexandre Dracos Soutzos qu'il est ici question. Il fut, en effet, bach-capikékhaya du prince Constantin : ἐστάθη πᾶς καπικεχαγιᾶς Κωνσταντίνβοδα, dit C. Dapontès *(Catalogue historique,* p. 176). Voir plus loin, page 71, la notice que nous avons consacrée à ce personnage.

les hauts fonctionnaires de l'Empire, le Français Bonneval [1], devenu Caraman Pacha, conseilla de partager l'armée en trois grands corps, dont l'un serait dirigé sur Niš, l'autre sur Bender, et l'autre entrerait en Hongrie avec Rakoczi. Le vizir devait se rendre à Niš et ne pas marcher contre l'ennemi, mais

---

1. Le comte CLAUDE-ALEXANDRE DE BONNEVAL était issu d'une illustre maison du Limousin. Après avoir successivement servi dans la marine et dans l'armée de terre, il passa, à la suite d'une disgrâce, au service de l'Empereur. Il se distingua, en maintes occasions, par sa bravoure et son audace. Mais ce fut surtout dans la guerre de 1715, entre l'Autriche et la Porte, qu'il se signala. La victoire de Peterwardein fut en grande partie due à son intrépidité et à la résistance que le régiment qu'il commandait opposa à l'effort d'un corps nombreux de janissaires. Il fut blessé au ventre d'un coup de lance qui l'obligea de porter un bandage de fer le reste de sa vie. C'est cet exploit que Jean-Baptiste Rousseau célèbre dans son ode sur la bataille de Peterwardein :

> Quel est ce nouvel Alcide,
> Qui, seul, entouré de morts,
> De cette foule homicide
> Arrête tous les efforts?
> A peine un fer détestable
> Ouvre son flanc redoutable,
> Son sang est déjà payé !

Malgré sa valeur et ses talents militaires, Bonneval perdit bientôt, par sa franchise déplacée, les bonnes grâces et l'amitié du prince Eugène. Condamné à cinq ans de prison, à la suite d'une affaire avec le gouverneur des Pays-Bas, il s'enfuit à Venise, et de là il passa en Turquie, où il prit le turban en 1720. Devenu Achmet (et non Caraman) Pacha, il apprit à un corps de troupes ottomanes les exercices et les évolutions des armées européennes, et il enseigna aux Turcs à se mieux servir des bombes et de l'artillerie. Mais ses projets ne furent pas secondés par le Sultan, qui redoutait une révolte. Après avoir partagé la disgrâce du grand vizir Ali et été exilé à l'extrémité de la mer Noire, Bonneval reparut en 1737. Il donna alors quelques conseils, mais, bien qu'on recherchât souvent ses lumières, son crédit à la Porte ne fut jamais très considérable. Bonneval songeait à s'enfuir à Rome et à rentrer au service de la France, lorsqu'il mourut. Il fut enterré dans le cimetière du Tékié des derviches tourneurs qui se trouve à Péra, près du chemin de fer souterrain. Voici la traduction de l'épitaphe turque gravée sur son tombeau : AU NOM DU DIEU TOUT-PUISSANT, LUI SEUL EST ÉTERNEL. QUE DIEU TRÈS SAINT ET TRÈS PUISSANT FASSE MISÉRICORDE AUX FIDÈLES DES DEUX SEXES ET ACCORDE SON PARDON AU CHEF DES BOMBARDIERS, ACHMET PACHA. LE 11 REDJEB 1160 (19 juillet 1747). Son fils, Soliman aga (comte de La Tour), lui succéda comme topdji-bachi. Sur Bonneval et le rôle qu'il joua en Turquie, voy. DE HAMMER, t. XIV, pp. 197-198.

prévenir ses mouvements pour l'empêcher d'avancer, et, de Niš, faire parvenir des secours à Vidin et en Bosnie; le deuxième corps d'armée entrerait en Hongrie pour attaquer l'ennemi, afin de ne pas lui laisser le temps d'envahir le territoire ottoman; le troisième corps irait à Bender pour garder la forteresse; il ne devait pas se donner la peine de reprendre Ozou [1], mais s'opposer seulement aux progrès des Russes. Bref, la Porte devait uniquement s'efforcer de prolonger la guerre; de cette façon, on réduirait l'ennemi, car le manque d'argent mettait les Allemands dans l'impossibilité de continuer longtemps les hostilités.

1. Les Turcs avaient, comme nous l'avons vu plus haut (page 46, dernière note du mois d'octobre 1737), tenté de reprendre Ozou, mais inutilement.

FÉVRIER 1738

Suleyman Pacha délivre une jeune fille et une femme que détenaient les milices de Choumla. — Djéfer bey vole les chevaux du monastère de Văcăreștĭ. — Exposition des queues de cheval. — Mort du pacha d'Erzeroum. — Firmans ordonnant l'envoi de troupes en Anatolie.— Arrivée de Rakoczi à Tcherna-Voda.— Officiers qu'il envoie au Prince. — Retour de Michel. — Suleyman Pacha marche contre les Allemands qui étaient à Craiova. — Firman relatif aux voitures. — Nouman Pacha est nommé séraskier. — De l'impôt sur le bétail. — De Soutzos. — Mission de Photis à Bender. — Arrivée du résident de Rakoczi. — Des Catans qui saccagèrent Besdad. — Arrêt équitable de Véli Pacha.

1ᵉʳ *février*. — Une femme alla se plaindre à Suleyman Pacha que les levends lui avaient pris sa fille. Le pacha leur dépêcha un tchocadar, mais ils nièrent le fait. La nuit venue, le pacha partit et pénétra sous un déguisement dans le quartier des levends ; il y reprit la fille et une femme qui était depuis longtemps avec eux. Il rendit la fille à sa mère ; quant à la femme, le Prince l'envoya aux mines de sel, car elle était allée volontairement chez les levends.

Djefer bey, frère de Démir Pacha Mactoulkizilbach, quitta Bucarest. Il avait été envoyé avec cent vingt soldats pour veiller à la garde du pays ; il se rendait à Craiova, suivant l'ordre qu'il avait reçu. Étant passé par Văcăreștĭ, il y coucha, et, à son départ, il emmena quelques chevaux appartenant au monastère.

2 *février*. — Les queues de cheval furent arborées.

Damad Mechmet, pacha d'Erzeroum [1], mourut. On nomma à sa place Ghioul Achmet Pacha.

---

1. Erzeroum, ville de la Turquie d'Asie, chef-lieu de l'éyalet et du liva du même

On envoya en Anatolie des firmans ordonnant la mise en marche d'une armée de mille compagnies de deux cents hommes chacune.

10 février. — Rakoczi arriva à Tcherna-Voda.

14 février. — Marias, ex-général du père de Rakoczi, arriva à Bucarest, ainsi qu'un magnat nommé Michel, envoyés l'un et l'autre au Prince par Rakoczi. Marias avait ordre de se rendre à Hotin [1]; Michel était chargé de soumettre au Prince quelques propositions, de s'informer quelle était la situation en Transylvanie, puis de retourner près de Rakoczi. Le Prince leur fit à tous deux un bienveillant accueil.

18 février. — Michel quitta Bucarest pour retourner à Tcherna-Voda.

Informée par de nombreux avis que les Allemands et les Catans n'avaient pas complètement abandonné la Valachie, mais que sept régiments étaient encore disséminés aux frontières sur le territoire de la principauté, Son Altesse convoqua les pachas à une conférence pour aviser aux mesures à prendre. Il y fut décidé que Suleyman marcherait contre l'ennemi à la tête des levends et des séimènes indigènes, tandis que Hadji Véli Pacha resterait à Bucarest, en qualité de commandant de cette place. De cette façon, Suleyman Pacha partit (27 février) avec ladite armée, qui se composait d'environ deux mille hommes.

Un commissaire arriva de Constantinople, porteur d'un firman enjoignant de préparer six cents voitures à quatre bœufs, et de les envoyer à Bender.

Nouman Pacha fut nommé séraskier de Bender.

19 février. — L'impôt sur le bétail fut promulgué [2].

---

nom, au pied d'une montagne et non loin de l'Euphrate. Elle compte environ soixante mille habitants, et possède un métropolitain grec relevant du patriarche d'Antioche.

1. Hotin, en polonais Chocim, ville située sur le Dniester.
2. La date de cet alinéa et celle du suivant ne se trouvent que dans le manuscrit *A*.

23 *février*. — Le Prince créa Dracos Soutzos grand logothète [1].

[27 *février*.] — Photis fut envoyé à Bender près du séraskier, en qualité de capi-kékhaya. Quatre cents voitures [2] partirent en même temps que lui.

28 *février*. — Le lendemain, il arriva de Tcherna-Voda un homme nommé Adam Joppé, envoyé par Rakoczi pour occuper près du Prince le poste de résident, et écrire à son maître les nouvelles et tout ce qui arriverait pouvant l'intéresser. Précédemment le Prince avait envoyé Biazzo auprès de Rakoczi avec le même titre.

Quelques Catans, qui se trouvaient dans la Lovişte [3], ayant appris qu'à Besdad [4], village de la Dîmboviţa, il y avait un

---

1. DRACOS SOUTZOS, de Constantinople, aussi illustre par son origine que par son érudition, était profondément versé dans la connaissance des langues grecque, latine, turque et arabe; il avait composé un dictionnaire grec-turc, et il possédait une riche bibliothèque, dans laquelle se trouvaient peut-être les manuscrits de son ancêtre, Jean Soutzos, dont Du Verdier, seigneur de Vauprivas, donne le catalogue dans son *Supplementum epitomes Bibliothecæ gesnerianæ*; Lyon, 1585). Il remplit à la cour de Constantin Maurocordato de hautes fonctions de différente nature. Il fut père de cinq enfants, dont trois sont particulièrement connus : 1° Alexandre, grand chartophylax et grand sluger, qui fut pendu, par ordre du grand vizir, à la porte de sa maison du Phanar, sous prétexte qu'il avait pour concubine une esclave turque, mais, en réalité, parce qu'il travaillait à la restauration de Constantin Maurocordato, alors déposé; 2° Nicolas, grand drogman, qui fut décapité; 3° Michel, le cadet, qui fut nommé prince de Valachie en 1783 (Cf. C. DAPONTÈS, *Catalogue historique*, pp. 176-177). Dans un manuscrit récemment acquis par la bibliothèque du Parlement hellénique et qui n'est pas encore porté au catalogue, il existe des travaux dus à la plume de Dracos Soutzos (Voy. *Rapport du bibliothécaire*, M. T. J. PHILÉMON, daté d'Athènes, 22 décembre 1879, p. 30). La riche bibliothèque du couvent du Saint-Sépulcre, à Constantinople, possède deux lettres de Dracos Soutzos, adressées à Chrysanthe Notaras et datées l'une du 22 juillet, l'autre du 30 août 1714 (Voy. CONSTANTIN SATHAS, *Biblioth. græca medii ævi*, III, p. 532). N'oublions pas non plus de rappeler qu'il est l'auteur du poème en l'honneur de Constantin Maurocordato, publié dans le premier volume du présent ouvrage.

2. Le manuscrit *A* ajoute : « à quatre bœufs. »

3. Lovişte, nom d'un arrondissement du district d'Argeş, dont le chef-lieu est Suicĭ.

4. Besdad, village du district de Dîmboviţa, arrondissement de Ialomiţa.

marchand turc, pillèrent le village et tuèrent le marchand. Ils l'ont, dit-on, trouvé porteur d'une somme d'environ huit cents florins. Des partis de Catans ne cessent de ravager les cadilics de la Haute-Valachie.

Un des hommes de Hádji Véli Pacha ayant frappé d'un coup de couteau le părcălab [1] d'un village, sans cependant le blesser mortellement, Véli Pacha fit venir le coupable et lui enfonça dans le corps le même couteau aussi profondément qu'il avait été enfoncé dans le corps du părcălab.

---

1. Il y a dans le texte grec περκαλάμον; je crois qu'il serait préférable d'écrire περκαλάμπον, qui rendrait mieux la prononciation du mot valaque. Sur la dignité de părcălab, on peut consulter D. Cantemir, *Descriptio Moldaviæ*, p. 105. Voir aussi le glossaire à la fin du présent ouvrage.

MARS 1738

Le khan n'est pas reçu en Crimée par les Chirîn-beys.— L'armée quitte Jassi.— Combat que livrent aux Catans à Argeş les hommes du pacha ; leur victoire. — Suleyman Pacha attaque les Catans ; sa victoire. — De la lettre que Mahmoud Pacha envoie à Mechmet Pacha. — Mission du capitaine Anastase auprès du khan. — Des voitures qui se rendaient en Transylvanie. — Manifestes qu'envoie Rakoczi. — Véli Pacha est nommé serdar. — D'une femme dont le domicile fut violé par le bach-aga. — Le grand vizir quitte la capitale. — Repas que prend le Sultan à Daoud-Pacha. — Départ de l'aga des janissaires. — De la paix. — De l'argent dépensé dans la campagne contre les Russes. — Victoire de Hussein Pacha sur les Catans. — De Gentz Ali Pacha. — D'Achmet Pacha Kouprouloglou. — Générosité de Véli Pacha. — Des cloches. — Retour de Suleyman Pacha. — Le grand vizir quitte Daoud-Pacha. — Prise d'Ujica par les Turcs. — But que se proposent les Russes. — Incursion dirigée par le khan. — Fonds envoyés de Constantinople au séraskier et à d'autres personnes; firman relatif au départ de Suleyman Pacha. — Défaite du khan. — Révolte de Saribeyoglou. — Le grand vizir approche de Nicopolis. — Du sandjac-chérif. — Du lavement des pieds.

2 mars. — On apprit que, le khan étant allé en Crimée avec une armée de Tartares Boudjaclis, les Chirîn-beys avaient refusé de le recevoir, et que, après être revenu dans le Boudjac [1], il se préparait à partir en expédition.

On apprit aussi que l'armée qui était à Jassi avait été transférée à Hotin, à la suite des plaintes formulées par le prince Grégoire au sujet des excès commis par les troupes.

Suleyman Pacha étant arrivé à une courte distance d'Ar-

---

1. *Boudjac* est le nom donné par les Tartares à la portion méridionale de la Bessarabie, comprise entre le Dniester et la mer Noire. Le mot Boudjac « tartarica lingua *angulum* significat, eo quod ipsa regio Danubium inter atque Tyratem (c'est le Dniester) versus Pontum Euxinum longe sese protendat et in acutum angulum desinat. » (D. Cantemir, *Descriptio Moldaviæ*, p. 19, en note).

geș[1], où les Allemands et les Catans se trouvaient en plus grand nombre, envoya en avant des éclaireurs qui rencontrèrent, non loin d'Argeș, soixante-dix Catans qui allaient à la découverte, et étaient envoyés d'Aref[2], à six heures au delà d'Argeș, par leur premier capitaine nommé Marc (lequel se trouvait dans cette localité avec neuf autres capitaines, chacun à la tête de soixante-dix hommes, ce qui faisait un total de sept cents Catans). Les soldats du Pacha ayant livré combat aux Catans prirent huit têtes et firent quatre prisonniers, dont un caporal. Les prisonniers disaient que, à Aref, à Salatruc[3], à Perisanĭ[4], à à Cînenĭ, à Titești[5], et à Cornet[6], villages qui se trouvent sur la frontière de Valachie, il y avait jusqu'à deux mille Allemands et Catans, qu'à Salatruc ils avaient cinq canons, six à Cînenĭ, qu'ils attendaient du renfort, et avaient une grande peur des armées ottomanes. Ils ajoutaient que, s'il venait des troupes de Craiova, il s'ensuivrait nécessairement ou que les Catans se retireraient au delà des frontières turques, ou que tous leurs chevaux périraient faute de fourrage; que les Catans étaient accablés de misères et prêts à faire leur soumission à Rakoczi, s'il les y invitait; que les Transylvains, surtout les pauvres, aimaient Rakoczi et l'attendaient depuis longtemps, pour secouer le joug germanique.

Le Prince fit don d'aigrettes à ceux qui avaient apporté les têtes et amené les prisonniers, et leur donna une gratification pécuniaire. C'était le 5 mars. Le Prince envoya les têtes et les prisonniers au séraskier pacha, à Vidin.

1. Ou Curtea d'Argeș, sur laquelle nous donnerons une notice ci-après.
2. Aref, village du district d'Argeș, arrondissement de Loviște.
3. Salatruc, village du district d'Argeș, arrondissement de Loviște.
4. Perisanĭ, village du district d'Argeș, arrondissement de Loviște.
5. Titești, village du district d'Argeș, arrondissement de Loviște.
6. Cornet, village du district de Vîlcea, arrondissement de l'Olt supérieur, sur la route de Transylvanie.

Suleyman Pacha, s'étant avancé jusqu'à Aref, y rencontra un certain nombre de Catans, les battit, prit onze têtes et fit trois prisonniers (10 mars), qu'il envoya sur-le-champ au Prince, ainsi que les têtes. Celles-ci furent adressées au séraskier pacha, qui donna une gratification à ceux qui les avaient apportées.

On apprit que, dans une lettre envoyée de Bender par Mahmoud Pacha à Mechmet Pacha, qui se trouvait à Brăila [1], il était dit que l'armée avait commencé à fuir de Bender, que les Russes avaient l'intention bien arrêtée de marcher sur cette place, et, après Pâques, contre la Crimée, et enfin que les troupes s'étaient mises à déserter, avant même d'avoir vu les Russes.

Informé de ces faits, Mechmet Pacha remplit de fuyards les forteresses de Brăila, de Galaţĭ [2] et de Tulcea [3]; mais les déserteurs, ayant appris cela, ne passent plus par Galaţĭ, et vont par d'autres endroits.

Le Prince chargea d'une mission près du khan le capitaine Anastase et le baldji-bachi [4].

Hadji Véli, qui avait été en bons termes avec Son Altesse pendant qu'il était aga, en étant venu à envier Suleyman Pacha pour de futiles rivalités, il s'ensuivit un refroidissement

---

1. Brăila (turc *Ibraïla*, grec Βραίλα, Μπραίλα, Προίλαβον, Προϋλάβη), chef-lieu du district du même nom et port sur le Danube, en amont du confluent du Siret.

2. Galaţĭ, port sur le bas Danube, entre le confluent du Siret et celui du Prut, chef-lieu du district de Covurluiŭ. Les Grecs ont successivement appelé cette ville Ἄξιον, Ἀξιούπολις et Σάξια. La dénomination d'Ἀξιούπολις lui était commune avec Ruşava (Alt Orsova). Elle compte environ quatre-vingt mille habitants.

3. Tulcea, ville de la Dobrudja, sur le petit bras du Danube, un peu au-dessus du point de séparation du canal de Sulina et du canal de Saint-Georges. Elle compte environ trente-cinq mille habitants, Turcs, Bulgares, Roumains, Grecs, Arméniens et Juifs.

4. Dans le manuscrit *A*, cet alinéa porte, peut-être par suite d'une erreur, la date du *16 mars*.

entre lui et le Prince, et son attitude vis-à-vis de Son Altesse cessa d'être ce qu'elle était auparavant, et, en maintes circonstances, il lui fit de l'opposition. Ainsi, malgré la défense formelle du Prince de ne pas délivrer de laissez-passer aux marchands pour se rendre en Transylvanie, le vameș Jean Slătineanu accorda à quelques-uns la permission de faire passer dix-sept voitures chargées de riz, de laine, de coton et de denrées analogues ; mais, rencontrés dans les environs de Cîmpina [1] par des hommes de Hadji Véli Pacha, qui se trouvaient dans cet endroit pour veiller à la garde du pays, ils furent conduits par eux au Pacha. Cette affaire produisit une grande confusion et jeta le désaccord entre Son Altesse et le pacha. Finalement, cependant, le Prince apaisa Hadji Véli, et fit jeter en prison le vameș pour avoir transgressé les ordres qu'il avait reçus.

Rakoczi envoya au Prince quelques manifestes, avec prière de les faire passer en Transylvanie. Rakoczi y annonçait son arrivée et ses projets ; il exhortait les habitants à embrasser son parti et à venir vers lui, car son intention était de les délivrer du joug germanique, *etc*. Le Prince envoya ces manifestes par l'intermédiaire de Pierre, capitaine de Cîmpina, et ils furent répandus en Transylvanie. Les Allemands l'ayant appris envoyèrent en toute hâte à Cîmpina des Catans qui ravagèrent cette localité et firent le vameș prisonnier. Le capitaine eut toutes les peines du monde à leur échapper.

12 mars. — Hadji Véli Pacha reçut de Vidin, de la part

---

1. Cîmpina, chef-lieu de l'arrondissement de Prahova, dans le district du même nom. C'est une ville de trois mille habitants ; jusqu'à ces derniers temps, elle devait à sa situation au débouché des Carpates de servir d'entrepôt pour les marchandises qui entrent dans la Principauté par Kronstadt ; il est probable que les chemins de fer lui enlèveront cet avantage. Par contre, l'exploitation des sources de pétrole, qui abondent dans les environs, acquiert chaque année plus d'importance.

du séraskier pacha, un firman qui lui conférait le commandement des armées de Bucarest. Cette promotion fut l'œuvre secrète des agas de Bucarest. Véli Pacha donna, à cette occasion, des réjouissances avec salves d'artillerie et musique.

14 *mars*. — Le Laze Hussein aga, bach-aga de toutes les compagnies en garnison à Bucarest, viola nuitamment le domicile de la femme d'un honnête marchand qui était absent. Comme cette femme refusait de servir d'instrument à ses mauvaises passions, il la battit et lui fit l'affront de l'envoyer à l'agas (lieutenant de police). Cette affaire causa bien du désagrément tant au Prince qu'aux boyards et aux marchands. Ces derniers allèrent même tous ensemble, sur l'ordre de Son Altesse, exposer leurs griefs à Hadji Véli Pacha. Celui-ci fit venir le coupable en sa présence, se répandit contre lui en invectives et en menaces, et le priva de sa charge, dont il revêtit le susdit Mestan aga.

13 *mars*. — La veille, c'est-à-dire le 13, le grand vizir quitta Constantinople avec une escorte très brillante et de beaucoup supérieure à celle d'il y a deux ans. Il alla d'abord, conformément à l'usage, présenter ses hommages au Sultan [1]; il se rendit ensuite à Daoud-Pacha, d'où il partira, dit-on, dans deux ou trois jours.

15 *mars*. — Le Sultan se rendit à Daoud-Pacha, et alla à la tente du grand vizir en magnifique appareil. Il y prit son repas et retourna le soir à Constantinople.

L'aga des janissaires quitta Daoud-Pacha avec ses troupes pour se rendre à Andrinople.

Il paraît que la paix se traite sous main, et beaucoup de

---

1. En remettant au grand vizir l'étendard sacré, sous la porte centrale du sérail, Mahmoud Ier le fit revêtir d'une pelisse de zibeline et lui donna un sabre et un carquois orné de pierreries; puis il attacha de ses propres mains à son turban un panache de héron retenu par une agrafe en diamants. Voy. DE HAMMER, XIV, 411-412.

gens affirment qu'elle aurait été facilitée. Cependant le grand vizir fait défense d'en parler, sous des peines très sévères, dans la crainte que l'armée venant à en avoir connaissance ne se relâche et ne refuse de marcher [1].

Malgré les fonds que lui ont procuré les loyers et les fermages des propriétés de l'État, malgré l'encaissement de toutes les sommes dues au Trésor, le defterdar effendi manque de nouveau d'argent, car les préparatifs d'expédition ont tout absorbé, et l'on est sur le point de puiser au trésor impérial pour payer la solde des janissaires et faire face aux autres dépenses.

Suleyman Pacha, après avoir remporté deux victoires sur les Catans, la première à Argeș, la seconde à Aref, ainsi qu'il a été dit plus haut, les força tous à battre en retraite et à repasser l'Olt; il ne resta pas trois cents Allemands dans la Lovişte. Ayant reçu de Craiova l'avis que des Catans s'étaient rassemblés dans le monastère de Cozie [2], situé à trois heures au-delà de Rîmnic, Hussein Pacha marcha contre eux. En ayant trouvé dans cet endroit plus d'un millier, il engagea le combat avec eux, en tua deux cents et fit deux cents prisonniers; quatre cents environ se noyèrent, en fuyant, dans l'Olt, à cause du peu de largeur de la route; bref, ce fut une perte de huit cents hommes pour les Catans; quant aux autres, il les poursuivit jusqu'à Cîneni.

---

1. En marge de cet alinéa et du suivant, on lit dans le manuscrit *A* ce qui suit :

« Le 18 mars, le grand vizir se rendit à Tersané-Bachtchessi et y eut une longue en-
« trevue avec le Sultan.

« Le 20 mars, les ambassadeurs d'Angleterre et de Venise allèrent présenter leurs
« hommages au grand vizir, à Daoud-Pacha. Celui de France n'y alla pas, car il était
« alors malade.

« Le 21 mars, l'ambassadeur de Hollande et les deux gentilshommes suédois, qui se
« trouvaient à Constantinople avec la même qualité, se rendirent à Daoud-Pacha. »

2. Ce couvent célèbre est situé au-dessus de Rîmnic, près de l'Olt, dans le district de Vilcea, arrondissement de Cozie. Il date de l'époque de Mircea Ier (1303).

Hússein Pacha fit savoir par lettre cette victoire à Suleyman Pacha, qui en informa le Prince par un tchocadar, le 20 courant, lui envoyant en même temps la lettre de Hussein Pacha, lettre que le Prince expédia aussitôt à Constantinople.

Nonobstant l'intention qu'il avait de revenir, à cause de la désertion de ses troupes, Suleyman Pacha, ayant repris courage, resta à Argeș, et envoya Mechmet aga avec trois cents hommes à Perisanï, pour en chasser les Catans qui s'y trouvaient encore. La nouvelle de l'arrivée des Turcs s'étant répandue, les boyards valaques de Kronstadt [1] et un grand nombre d'habitants de cette ville furent saisis de frayeur, et s'enfuirent, dit-on, à Karlsburg [2], ville forte située à quatre heures de Kronstadt.

22 mars. — On reçut la nouvelle que Gentz Ali Pacha avait été nommé séraskier de Niš et vali de Roumélie. On apprit également que Achmet Pacha Kouprologlou était nommé gouverneur de Niš.

Le jour du Courban Baïram, Hadji Véli Pacha revêtit de pelisses l'aga des janissaires, les majors, et le naïb de Giurgiu qui se trouvait à Bucarest; il leur offrit, en outre, des présents en espèces, à celui-ci cent cinquante florins, à celui-là cent, et à tous les autres il fit de gros cadeaux.

Véli Pacha invita le Prince à faire défense de sonner les cloches pendant les trois jours du Baïram, ce qui eut lieu [3].

---

1. Kronstadt (roumain « Brașov » ou « Brașau », magyar « Brassó », latin « Corona », grec Μπράσοβο, Μπρασοβὸ et Στεφανούπολις) est la ville la plus importante de la Transylvanie. Elle fut bâtie en 1203, mais on ne commença à l'entourer de murs qu'en 1384; elle compte environ trente-cinq mille habitants. Voy. sur Kronstadt De Gérando, *La Transylvanie et ses habitants*, t. II, page 71, 2e édition; Paris, 1850.

2. Karlsburg (latin « Carolina » ou « Alba Carolina » et « Alba Julia », grec Καρολούπολις, magyar « Gyula-Fejérvár » ou « Károly Fejérvár »; le peuple valaque l'appelle encore « Belgrad »), ville de Transylvanie. Dapontès se trompe quand il dit que Karlsburg n'est qu'à une distance de quatre heures de Kronstadt; il y a au moins *vingt-quatre* heures.

3. La rédaction de cet alinéa est un peu différente dans le manuscrit *A*, mais le sens est le même.

24 mars. — Suleyman Pacha fit son entrée à Bucarest. Il revenait d'Argeș, car il ne lui était plus possible d'y rester, attendu que les troupes sous ses ordres avaient presque totalement déserté, à l'instigation de Véli Pacha, qui portait envie à Suleyman à cause des susdites victoires ; un autre motif de son retour fut aussi que les quatre cents hommes envoyés par lui à Perisanï n'avaient pu rien y faire, par suite des difficultés du pays et à cause aussi des canons que les Allemands y avaient installés. Le Prince et Véli Pacha se rendirent au-devant de Suleyman avec une escorte des plus pompeuses.

Le même jour, le grand vizir quitta Daoud-Pacha avec un grand cortège, suivant la coutume. Le Sultan et tous les dignitaires de la Porte allèrent faire escorte au sandjac-chérif.

25 mars. — Le lendemain, le Prince reçut la nouvelle que les Turcs avaient pris une palanque allemande nommée Uzica [1], près de Niš, et à huit heures de Belgrade, et qu'ils avaient exterminé une nombreuse armée allemande. Cette nouvelle fut portée au grand vizir, alors à Tchorlou [2], par le premier

---

[1]. Uzica avait été bloquée pendant tout l'hiver par les Turcs. « Le capitaine Lokner y commandait. Il soutint les efforts de l'ennemi jusqu'à ce que son poste fût sans eau, sans vivres, presque sans bras pour le défendre, et lui-même si dangereusement blessé qu'un autre officier signa pour lui la capitulation. Réduit à cette extrémité, il consentit à se rendre; mais le général turc ayant exigé que ce fut à discrétion, Lokner répondit que lui et le peu de soldats qui lui restaient feraient plutôt sauter eux et le château que d'accepter des conditions qui ne fussent pas honorables. Le général ennemi admirant ce courage et cette grandeur d'âme lui permit de se retirer avec sa troupe. » (KERALIO, *Histoire de la guerre des Russes et des Impériaux contre les Turcs*, t. II, pp. 31-32. Paris, 1780 ; in-8°.)

[2]. Tchorlou, ville de la Turquie d'Europe, dans l'éyalet d'Andrinople, liva de Tékir-Dagh et Viza, à la source de la petite rivière de Tchéprovdjé. Tchorlou possède actuellement un gymnase grec pour l'instruction secondaire. La population s'élève à environ cinq mille âmes (Mostras). Cette ville est la Τζουρουλλὸς des Byzantins ; elle est fréquemment citée dans les chroniques grecques et connue notamment par un concile important. Elle est encore appelée Τούρουλος, Τυρολόη, Τερλώη, et Τζορουλούπολις (Voy. MÉLÉTIUS, *Géographie*, III, p. 103, et S. BYZANTIOS, Λεξικὸν τῆς καθ' ἡμᾶς ἐλλ. διαλέκτου, p. 644). On la désigne en latin par les noms de « Syrallum » et « Tzurullum ».

tchocadar d'Ali Pacha, vali de Bosnie, qui fut gratifié d'un caftan. Enfin, la même nouvelle fut transmise au Sultan par le messager du grand vizir. Deux jours plus tard, l'itch-tchocadar dudit vali de Bosnie arriva à Carištirân[1], avec les clefs de la palanque, qui furent envoyées au Sultan par le caracoulac du grand vizir.

26 *mars*. — On apprit que deux corps d'armée russes se mettraient en marche, le 6 avril, l'un sur Bender, et l'autre sur Hotin.

On apprit aussi que, malgré la famine qui sévissait en Crimée, le khan était parti pour faire une incursion dans le pays des Cosaques. Mais les armées russes, en ayant été informées, se dirigèrent de ce côté et battirent les Tartares, de sorte que l'on ignore où se trouve actuellement le khan.

27 *mars*. — On envoya de Constantinople une gratification de quarante bourses au séraskier pacha, de cinq à Toz Pacha, de cinq à Mourtaza Pacha et de cinq à Suleyman Pacha. Ce dernier reçut par un tchocadar du séraskier pacha un firman lui enjoignant de quitter Bucarest pour aller à Vidin, avec Gentz Ali, major, et les levends du déli-redjeb. Toutefois, Véli Pacha, obéissant au ressentiment qu'il nourrissait contre Suleyman Pacha, empêcha Gentz Ali de partir, et adressa une supplique au séraskier pacha, dans laquelle il lui représentait comme nécessaire la présence du major et de ses troupes à Bucarest. Cette conduite avait pour but de faire affront à Suleyman Pacha et de l'obliger à partir seul. Mais Suleyman, ne voulant point partir sans les levends, resta aussi à Bucarest, et chargea le tchocadar de porter au séraskier pacha une lettre où il lui écrivait ce que de raison et le mettait au courant de l'affaire.

---

1. Carištirân, bourg de la Turquie d'Europe, dans l'ancien éyalet d'Andrinople, liva de Tékir-Dagh et Viza, sur un affluent de l'Erguéné.

On apprit que le khan, qui était allé en incursion l'hiver passé, avait subi une honteuse défaite, et était rentré en Crimée avec un petit nombre d'hommes.

Un rebelle nommé Saribey [1] s'est, depuis longtemps déjà,

---

1. La révolte de Saribeyoglou se prolongea pendant neuf années, grâce à la guerre que la Porte eut à soutenir d'abord avec la Perse, puis avec les Russes et les Autrichiens. Les commencements de cette rébellion remonteraient donc aux premiers mois de l'année 1731, s'il faut en croire A. Comnène Hypsilanti (Τὰ μετὰ τὴν ἅλωσιν, p. 334). Voir aussi le tome XIV, p. 442, de l'*Histoire de l'Empire ottoman* par de Hammer. Dapontès l'a racontée avec des détails très circonstanciés dans son Καθρέπτης Γυναικῶν (tome II, pp. 316-318). Nous croyons devoir reproduire ici ce passage à titre de document historique.

Ἐτοῦτος ὁ Σαρίμπεης ἐφύτρωσεν, ἐφάνη,
καὶ τῶν Τούρκων Τοῦρκος κὴ αὐτὸς πολὺ κακὸ τοὺς κάνει....
Μέσα εἰς τὴν Ἀνατολὴν ἐφάνη καὶ αὐξήθη,
καὶ ἕνας πολυάνθρωπος ἄνθρωπος κατεστήθη,
μὲ χιλιάδαις στράτευμα καὶ ὄχι χωρατάδαις,
κοντὰ ὡς εἴκοσι θαρρῶ ἔκαμε χιλιάδαις,
χωρία τὰ ἐρήμαξε, καρβάνια πατοῦσε,
χαράτζια ἐμοίραξε, καὶ ἔτζι ἐπερνοῦσε,
καὶ μὲ αὐτὰ τόσον λαὸν κοντά του ἐκρατοῦσε,
καὶ μὲ αὐτὸν ὑψώθηκε καὶ ἔτζι ἐβαστοῦσε,
ὥστε καὶ ἀναγκάσθηκε πλέον ἡ βασιλεία,
ὅτι πολλὰ ἐχόντρηνεν ἐτούτη ἡ δουλεία,
καὶ εἰς καιρὸν ὁποῦ αὐτὴ μεγάλως ἐνωχλεῖτο,
καὶ ἀπὸ δύο βασιλεῖς τότε ἐπολεμεῖτο,
ἠμπόρεσε καὶ ἔστειλε στράτευμα μὲ πατσάδαις
τρεῖς ἢ καὶ τέσσαραις, θαρρῶ, μὲ κάμποσαις χιλιάδαις,
καὶ μάχην συγκροτήσαντες, ὁ φίλος ἐνικήθη,
καὶ μέσα εἰς τὸ κάστρο του ἔφθασε κ' ἐτραβήχθη,
ὡς τόσον ἐδῶ ἔφεραν ὑπὲρ τὰ διακόσα
κεφάλια ἀνθρώπων του, ἔτζι θαρρῶ ὡς τόσα.
Πλὴν πάλιν ὁ Σαρίμπεης ἐκεῖ δὲν ἡσυχάζει,
ἐβγαίνει καὶ τὸ στράτευμα εἰς μάχην ἑτοιμάζει
ὅθεν ὁ καϊμακὰμ πασᾶς, μὲ πεντέξι πασάδαις
πλὴν ἀπὸ δύο τούγια καὶ ἄλλαις χιλιάδαις,
ἐστάλθη ἔτι κατ' αὐτοῦ, τόσος πολὺς ἐστάθη
κὴ ἀληθινὰ Σαριμπελᾶς, γλήγορα δὲ ἐχάθη·
ὡς τόσον δὲ ὁ κεχαγιᾶς τοῦ ἐν τῷ Μπαγδατίῳ
ὄντας καὶ Οὐρρὰ πασασῆ καιρῷ ἐν τῷ ἰδίῳ
μὲ ἕνα τοῦ Σαρίμπεξῆ μπίμπαση πολεμήσας

signalé en Asie-Mineure. Il se trouve à la tête d'une armée de plus de quinze mille hommes, qui grossit tous les jours et commet beaucoup d'excès dans le pays. La Porte a donné ordre à des pachas de marcher contre lui avec des troupes. Véli Pacha va, dit-on, être désigné pour faire partie de cette expédition, et recevrait alors une autre queue de cheval.

Le grand vizir n'a pris que six jours de repos à Andrinople; on dit qu'il est sur le point d'arriver à Nicopolis.

Quand le grand vizir approche des villages et des gros bourgs où il doit loger, il prend entre ses mains le sandjac-chérif, le porte ainsi pendant plus d'une heure, à pied, jusqu'à

ἐνίκησε τὸν μπίνμπαση, τελείως ἀφανίσας·
καὶ πάλιν ἕως ἑκατὸν κεράλια εἴχαν φέρει,
καὶ τὰ βαστοῦσαν φανερὰ ὅλοι τους εἰς τὸ χέρι.
Φθάσας ὁ καϊμακὰμ πασᾶς μὲ τὰ στρατεύματά του,
ἔχασεν ὁ Σαρίμπεης πλειὸ τὰ κατάστιχά του·
βλέποντας καὶ πῶς ἄρχισε πλέον τὸ στράτευμά του
νὰ φεύγῃ, νὰ ἀποχωρῇ τότε ἀπὸ κοντά του,
'ς τὸ μέρος τῶν Ἀτζέμηδων στοχάσθηκε νὰ πάγῃ,
οἱ Τοῦρκοι δὲ ἀπὸ παντοῦ τὸν εἴχασι φυλάγῃ·
'ς τὸ Τούνεζι ἠθέλησε νὰ φύγῃ μὲ καράβι,
πλὴν πάλιν δὲν ἠμπόρεσε, τὸν εἴχαν καταλάβει·
κ' ἐφύλαγαν ἀπὸ παντοῦ Κιούρτηδες, χασεκῆδες,
τοὺς δρόμους, τὰ μπογάζια Τοῦρκοι καὶ μποσταντζῆδες·
ὅθεν ἀπὸ τὸ κάστρο του ἐβγαίνει ἀπελπισμένος,
καὶ ἔτρεξεν εἰς τὰ βουνὰ κρυφὰ καὶ τρομασμένος·
τοῦτο ὁ κεχαγιᾶ πασᾶς μαθὼν ὁ εἰρημένος,
ἔτρεξε καταπόδι του μὲ τόσους ἐνωμένος·
καὶ τὸν εὑρῆκε 'ς τὸ βουνὸ, ὁποῦ συντροφιασμένος
μὲ ἑκατὸν πεντήκοντα ἤτονε κεκρυμμένος·
ἐκεῖ τὸν ἐπολέμησαν, τοῦ πῆραν τὸ κεφάλι,
γνῶσιν διὰ νὰ βάλουσι παρόμοιοι καὶ ἄλλοι·
τὸ ἔφεραν κὴ αὐτὸ ἐδῶ μὲ δόξαν καὶ τιμήν τους,
καὶ μὲ χαράν τους περισσὴν καὶ ἀγαλλίασίν τους,
ἐμπρὸς εἰς τὸ βασιλικὸν τὸ ἔρριξαν σαράγι,
ὅπου καὶ τὰ προτήτερα κεφάλια εἶχαν πάγει,
διὰ νὰ βλέπωσι πολλοὶ, κ' ἔτζι νὰ συλλογοῦνται
πῶς πόρταις ἡ βασιλικαῖς πρέπει νὰ προσκυνοῦνται.

l'endroit désigné pour la halte, et ce, paraît-il, conformément à une ancienne coutume. Depuis que le grand vizir a quitté Constantinople *(ici il y a des chiffres dont nous ne possédons pas la clef);* et chaque jour *(autres chiffres).*

30 *mars*. — Le saint lavement des pieds a eu lieu dans la grande Spatharie, et non au palais, comme cela se pratique d'habitude. Cette dérogation à l'usage a pour cause la présence des troupes ottomanes à Bucarest.

AVRIL 1738

De la sainte Résurrection. — Du lancement des galions. — Ordre de jeter le vin. — Du bois de construction destiné au pont de Nicopolis. — Arrivée de la solde des levends. — Les armées de Bosnie s'emparent d'une portion de territoire et de quelques palanques, dans les environs de Belgrade. — Des armées qui furent envoyées au séraskier pacha; décision qu'il prend. — Départ du capitan pacha. — Le grand écuyer est nommé pacha. — Arrivée d'Orlic. — Banquet donné par Véli Pacha. — Départ de Suleyman Pacha. — Arrivée des boyards. — Du courrier envoyé à Constantinople. — Départ du bey et des pachas. — Des troupes réunies auprès du séraskier pacha pour le camp. — Firman relatif au départ de Véli Pacha, et autres firmans. — Le moussélim de Nicopolis se met en marche contre l'ennemi.

2 avril. — La fête de la Résurrection fut célébrée à la Spatharie, mais sans salves d'artillerie et de mousqueterie, à cause de la présence des armées ottomanes.

3 avril. — Le Sultan se rendit à l'arsenal, où l'on lança deux galions neufs, avec grandes réjouissances, selon la coutume.

4 avril. — Le Prince donna ordre de jeter tout le vin que l'on pourrait trouver, à cause des désordres et des excès auxquels se livraient les troupes turques.

Ordre fut donné dans tous les cadilics de couper du bois et de l'envoyer à Nicopolis pour la construction du pont [1].

Les levends du déli-redjeb reçurent leur solde et leur gratification, et ils furent placés sous le commandement de Suleyman Pacha [2].

---

1. Cet alinéa porte, dans le manuscrit *A*, la date du *7 avril*.
2. Cet alinéa porte, dans le manuscrit *A*, la date du *8 avril*.

5 *avril*. — Le Prince apprit qu'un courrier du susdit Ali Pacha, vali de Bosnie, était allé à Vidin porter au séraskier pacha la nouvelle que les armées de Bosnie, en s'avançant dans la direction de Belgrade, avaient occupé une portion de territoire et pris deux ou trois palanques, situées à six heures de cette ville ; et que, à la vue de ce qui se passait, les rayas du pays étaient allés trouver le général de Belgrade et lui avaient tous unanimement déclaré que, si les Impériaux pouvaient les préserver d'être pillés et faits prisonniers par les Turcs, afin de ne pas être exposés aux calamités de l'année précédente, ce serait à merveille, mais que, dans le cas contraire, chacun veillerait à son salut personnel. Le général leur avait répondu : « Si nous pouvons à peine veiller à notre propre sécurité, comment nous serait-il possible de donner du secours aux rayas ? Que chacun de vous s'occupe donc de préserver sa tête ! » Cette réponse du général refroidit beaucoup les rayas, aussi le bruit court-il qu'ils feront tous leur soumission, avant que les armées ottomanes aient opéré leur jonction.

6 *avril*. — On a envoyé de Constantinople au séraskier pacha deux mille bostandjis, sept ortas de janissaires, cinq ortas de djébedjis, sept autres ortas de janissaires, tous les fonctionnaires du camp (à savoir le cadi, l'aga et le defterdar), et cinq mille fantassins albanais. Le séraskier pacha fait de grands préparatifs pour partir avec Rakoczi et d'autres troupes qu'il a près de lui et se rendre à Hîrsova [1] ; il a résolu d'envoyer à Ada Calessi, c'est-à-dire à Ostrov [2] et à

---

1. Hîrsova, bourgade de la Dobrudja, sur le Danube.
2. Ostrov, île du Danube, à environ trois kilomètres en aval de Ruşava, ou Alt-Orsova, et dans laquelle se trouve Neu-Orsova et la forteresse d'Ada-Calessi, qui semble sortir du fleuve. « Le mur crénelé est bas, il est entièrement dominé par les deux rivages et ne peut tenir contre l'artillerie qu'au moyen des casemates à l'é-

Ruṣava [1], Mourtaza Pacha, Toz Pacha, et le bey son fils, avec une armée de cinq mille hommes, vingt bateaux de la flotte du Danube, et le commandant de cette flotte pour préparer son entrée et celle de Rakoczi en Transylvanie. Il a nommé caïmacam de Vidin Hussein Pacha, qui était revenu de Craiova, et lui a donné les revenus de Nicopolis. Il a déposé le moussélim de cette même ville, et l'a remplacé par Émir Achmet aga, gendre de Lemondjoglou.

Le capitan pacha [2] a quitté Constantinople avec toute la flotte, et après avoir fait de grands préparatifs ; on dit qu'il va pénétrer dans la mer Noire et se diriger du côté d'Ozou.

Le grand écuyer impérial, Ghiaour Achmet aga, a été nommé pacha à trois queues, et on lui a donné le pachalic d'Aïdîn. Il a reçu ordre de marcher contre le rebelle Saribey, dont nous avons parlé plus haut.

Orlic [3], ancien secrétaire de Mazeppa, le feu hetman des Co-

---

preuve de la bombe dont il est pourvu. Deux tours massives et l'élégant minaret de sa mosquée, entourés d'un massif de pruniers, le surmontent (ÉMILE ISAMBERT, *Itinéraire de l'Orient,* pp. 512-513). »

1. Ruṣava (Alt-Orsova) est une jolie petite ville hongroise située au confluent de la Tcherna et du Danube. Elle compte environ mille habitants, Valaques du Banat, dont les costumes un peu sauvages rappellent ceux des prisonniers Daces représentés sur les bas-reliefs de la colonne Trajane. Les Byzantins nommaient Ruṣava Ἀξιούπολις, appellation qui lui était commune avec Galaṭi. Dans les écrivains grecs plus récents, on trouve Ῥάσσοβα, Ῥοσσάβα et Ῥουσάβα.

2. Ce capitan pacha s'appelait Suleyman. Nommé en 1736, il mourut le 28 février 1741.

3. Le Russe Orlic s'était enfui en Turquie avec Mazeppa ; après la mort de ce dernier, il se proclama, à Andrinople, hetman des Cosaques insurgés contre la Russie, et fut envoyé en cette qualité sur la frontière, où la Porte le recommanda aux pachas de Hotin et de Bender. Forcé de quitter le territoire ottoman, par suite de la paix conclue entre la Porte et la Russie, il se rendit, par la Pologne, en Suède, où il demeura jusqu'au jour où le traité intervenu entre la Suède et la Russie vint le chasser de cette retraite. Après trois ans d'absence, il revint à Hotin, d'où il pria la Porte de lui fournir les moyens de retourner en Tartarie. Déjà le gouvernement turc avait adressé les ordres nécessaires à cet effet aux princes de Moldavie et de Valachie, lorsque les Russes, ayant découvert

saques, passa par Bucarest, venant de Hotin et se rendant à Vidin, où il était invité par firman à une entrevue avec Rakoczi, pour concerter un mouvement. Il trouva près du Prince l'accueil qu'il méritait, et, au bout de cinq jours, il partit pour Vidin. Après la mort de Mazeppa à Galaţĭ [1], Orlic avait été honoré du titre d'hetman par la Porte et la cour de Suède.

8 *avril*. — Véli Pacha donna, avec grand apparat, un banquet au Prince, à Suleyman Pacha et aux majors, à la *Colentina* [, propriété] du grand clucer Antonakis.

Par suite des empêchements que Véli Pacha avait apportés, comme nous l'avons dit plus haut, au départ des levends, Suleyman Pacha ne s'était pas rendu à Vidin, mais un second firman du séraskier pacha étant venu lui intimer l'ordre formel de se rendre à Vidin avec les levends, il partit (20 avril) avec ces milices, et le Prince seul lui fit escorte.

Les boyards indigènes, notamment le grand vornic, le grand ban Grigoraşcu, l'ex-grand spathar Dudescu, et d'autres, que les Allemands retenaient prisonniers à Kronstadt, ville aussi appelée Stéphanoupolis, ayant donné une rançon de mille florins à Damnitz, général commandant cette place (lequel était sous les ordres du prince Lobcovitz, général de Hermannstadt), et deux cents aux fonctionnaires de sa maison, recouvrèrent ainsi leur liberté et obtinrent la permission de retourner à Bucarest (13 avril), ce qui causa une vive satisfaction au Prince et aux gens du pays. S'étant rendus, sur l'ordre de Son Al-

---

ce projet, s'opposèrent à sa mise à exécution comme contraire au traité. En conséquence, Orlic fut envoyé à Serrès et de là à Salonique ; il lui fut accordé un subside de quatre piastres par jour. Voir DE HAMMER, t. XIV, p. 111.

1. Dapontès se trompe ; ce n'est pas à Galaţĭ que mourut Mazeppa, mais à Varniţa, près de Bender, le 22 septembre 1709. De là, son corps fut transporté à Galaţĭ et enseveli dans l'église de Sainte-Marie, où l'on voit encore son tombeau. C'est sans doute cette dernière particularité qui a induit Dapontès en erreur.

tesse, auprès de Véli Pacha, celui-ci leur fit un accueil aimable et les revêtit de féredgés de laine.

Un courrier extraordinaire a été envoyé à Constantinople avec des lettres pour les ambassadeurs de France, d'Angleterre et des Pays-Bas; ces lettres affirment, paraît-il, que l'on redouble d'efforts pour conclure la paix; on promet à la Porte d'y réussir, et on ajoute que l'on est autorisé à aplanir toutes les difficultés. L'ambassadeur de France a aussitôt envoyé son secrétaire au camp et l'on conjecture qu'il y a grand espoir de conclure la paix.

Le bey, fils du séraskier pacha, a quitté Vidin, ainsi que les deux pachas, avec une armée de huit mille hommes, moitié de cavalerie, moitié d'infanterie; ils se dirigent sur Ruşava, conformément à la décision qui a été prise [1].

Jusqu'à ce jour le séraskier pacha a groupé autour de lui jusqu'à trente mille hommes.

18 avril. — Mémich Pacha est entré à Vidin. Le séraskier pacha a quitté le camp en même temps que lui avec tout son personnel, et l'on dit que, dans sept jours, il se mettra en route. Mais dans quelle direction? c'est ce que l'on ne sait pas encore. Cependant on dit tout bas que ce sera pour Belgrade [2] et Temesvar [3].

28 avril. — Le 28, il arriva avec Memich Pacha à Feth Is-

---

1. En marge de cet alinéa, le manuscrit *A* ajoute ce qui suit : « Le 17 avril, le grand vizir partit d'Andrinople pour Sofija ».

2. Belgrade (serbe « Beograd », magyar « Uj Fehérvár », latin « Alba Græca, » grec Λευκόπολις, gr. vulg. Μπελιγράδιον, Μπελιγράδι, Βελιγράδιον, Ἀμπελογράδι, Πελεγράδω, Βελιγράδιον, Βελιγράδι, Βελγράδι, Ἀσπροχώρα), capitale de la Serbie, au confluent de la Save et du Danube.

3. Temesvar (serbe « Tamišvar », roumain « Temişoara », grec Διμισβάρι, Τιμισβάρι, Τεμεσουαρία, Τεμεσία), ville de Hongrie, chef-lieu du comitat de la Temes, sur l'Alte Bega. Cette ville, prise par les Turcs en 1552, resta en leur possession jusqu'en 1716.

lam [1] (à trois heures de Ruşava), à la tête d'une armée d'environ vingt mille hommes. Il s'empara de Feth Islam, qui était au pouvoir des Allemands.

Véli Pacha a reçu de la Porte un firman lui intimant l'ordre de quitter Bucarest pour se rendre à Bender avec les levends du déli-redjeb. Il a mis tout en œuvre pour éluder cet ordre, prétextant tantôt qu'il attendait la solde des milices d'Aïdın, et que, si elle n'arrivait pas, il ne partirait point ; tantôt que les levends désignés pour partir avec lui n'étaient pas à Bucarest, tantôt alléguant d'autres raisons. Mais, ayant reçu un second firman lui ordonnant d'avoir à se hâter, il s'est mis bon gré mal gré à faire ses préparatifs de départ. Il a écrit aux levends du déli-redjeb (partis, comme nous l'avons dit, avec Suleyman Pacha, qui était à Turnu-Măgurele) de revenir d'où qu'ils se trouvassent, attendu qu'ils étaient désignés pour se rendre avec lui à Bender.

Ce firman a été apporté par Ali aga, second tchocadar du kékhaya-bey ; il était encore chargé de deux autres firmans : un firman de bienvenue relatif à l'arrivée des boyards indigènes, avec beaucoup d'éloges à l'adresse du Prince ; et un firman directement adressé aux cadis et officiers civils des provinces riveraines du Danube, enjoignant à ces fonctionnaires de ne pas juger de procès pendant les troubles de la guerre ; ce dernier firman avait été sollicité par le Prince.

30 avril. — Le séraskier pacha envoya l'ancien moussélim de Nicopolis, avec une armée de quatre mille hommes, à Ruşava, pour y prendre quelques troupes et l'un desdits pachas, et se

---

1. Feth Islam est le nom turc de Kladovo, ville de Serbie, située sur le Danube, en face de Cerneţı. Kladovo ne couvre qu'une partie de l'emplacement occupé par la forteresse romaine qui protégeait le fameux pont de Trajan. La forteresse romaine reçut, dit-on, dans le cours du moyen-âge le nom de « Svetislav », en sorte que l'appellation turque de Feth Islam (trésor de la foi) n'est due probablement qu'à une étymologie populaire. Voy. KANITZ, *Serbien*, 346 ; et MILITCHEVITCH, *Knezevina Srbija*, 986.

rendre ensuite dans la gorge de Mehadia [1], située à six heures au-delà de Ruşava, parce qu'il y avait à cet endroit un régiment, c'est-à-dire mille Allemands, avec des canons. Les Turcs prirent aussi de l'artillerie avec eux.

1. La gorge de Mehadia n'est autre chose que la profonde et étroite vallée, au fond de laquelle est située la petite station thermale de Mehadia, si fréquentée par les habitants du Banat, de la Transylvanie et de la Roumanie, à environ vingt-cinq kilomètres au nord de Ruşava (Alt Orsova). En hiver, le village de Mehadia ne compte guère que trois cent cinquante habitants, mais, dans la saison des eaux, ce nombre s'élève à deux mille.

MAI 1738

Réception de nouvelles. — Séjour du camp à Sofija. — Départ du prince Grégoire et du pacha pour le camp. — Les armées d'Anatolie reçoivent ordre de se réunir à Bender. — Victoire de Khalil bey et des pachas sur les Allemands. — Retour de Suleyman Pacha à Bucarest. — Le Prince enrôle des compagnies. — Le Sultan sort déguisé. — Le grand vizir interroge le Prince par lettre relativement à l'entrée de Rakoczi en Hongrie; réponse de Son Altesse. — De la conférence. — Les Tartares enlèvent des chevaux aux Russes. — Prise de Iagodina par Hassan Pacha. — Des Allemands qui prirent la fuite; des rayas et des villages qui firent leur soumission au séraskier pacha; reddition de deux forteresses. — Mourtaza Pacha reçoit ordre de partir en incursion. — Siège d'Ada Calessi. — Mariage du prince Alexandre. — Le moussélim part en incursion. — Départ du camp. — L'aga des janissaires quitte Bucarest avec les compagnies. — Prisonniers que fit le moussélim dans son incursion. — Véli Pacha traverse la Moldavie, sans tenir compte du firman. — Arrivée du camp à Niš; disette où il se trouve. — Le grand vizir supprime l'archiépiscopat de Niš et convertit la cathédrale en collège. — Pétitions des villes d'Ak-Kerman, de Chilie et d'Ismaïl. — Lettre de l'ambassadeur de France au grand vizir. — L'armée allemande quitte Belgrade; troupes envoyées du côté de Niš. — Tremblement de terre.

Les nouvelles transmises par le Prince furent accueillies avec beaucoup de satisfaction. Le grand vizir fit le plus magnifique éloge de Son Altesse, et loua sans restriction son administration intelligente. Le 3 mai, on rédigea aussi des rapports pour le Sultan et on les lui expédia par le caracoulac du grand vizir.

Le camp impérial ottoman se rendit à Sofija, avec l'intention d'y prendre vingt-cinq jours de repos pour faire pâturer les chevaux.

Le prince Grégoire et Sari Achmet Pacha sont allés camper en dehors [de Jassi] avec huit mille hommes. Le prince de

Moldavie a écrit au gouvernement qu'il a encore besoin de troupes et qu'il faut lui envoyer des renforts.

Il n'y aurait actuellement à Bender que vingt mille hommes à peine, mais on dit que toutes les armées d'Anatolie vont se concentrer dans cette localité. Mechmet Pacha s'y est rendu de Bräila, ainsi qu'un certain Sinec Moustafa Pacha, avec cinq cents hommes.

7 mai. — Le Prince reçut la nouvelle que les deux pachas et Khalil bey, fils du séraskier pacha, étaient arrivés, le 27 avril, à Ruşava, avec une armée forte d'environ dix mille hommes. Y ayant trouvé un général allemand avec mille soldats, dont quatre cents cuirassiers à cheval et six cents fantassins, les Turcs en vinrent aux mains avec eux et leur infligèrent une sanglante défaite. Pas un cuirassier n'en réchappa et, sur les six cents fantassins, deux cents furent faits prisonniers, deux cents furent tués et deux cents parvinrent à fuir. Durant l'action, le général allemand tira à Mourtaza Pacha un coup de pistolet qui l'atteignit à la poitrine, mais ne lui fit qu'une blessure peu profonde et sans gravité. De son côté, Mourtaza Pacha s'élança sur son adversaire et le tua, en le transperçant d'un coup de lance. Parmi les prisonniers, il se trouva trois capitaines. Quant à Ruşava (la bourgade ainsi appelée, et non la forteresse qui s'élève dans l'île), ils s'en rendirent maîtres et ils l'occupent actuellement. En récompense de ce brillant fait d'armes, le séraskier pacha envoya à son fils cinq cents piastres, un manteau d'honneur et une aigrette d'or enrichie de pierreries; à Mourtaza Pacha, cinq cents piastres, une épée d'une grande beauté (car la sienne s'était rompue dans le combat) et un caftan; à Toz Pacha, cinq cents piastres et un caftan, et enfin cinq cents florins et des aigrettes pour être distribués aux troupes.

Le Prince, ayant demandé au séraskier pacha le retour de

Suleyman Pacha à Bucarest, vit sa supplique favorablement accueillie. Le séraskier pacha lui adressa, à Turnu-Mägurele [1], un firman de rappel, qui le réintégrait dans sa charge de commandant de place. Suleyman rentra à Bucarest, le 11 mai, en grand appareil, et le Prince se rendit à sa rencontre.

Voyant que les troupes en garnison à Bucarest avaient été détachées les unes à Vidin, les autres à Bender, et que d'autres enfin s'étaient dispersées, le Prince enrôla cinq compagnies de séimènes albanais, formant un total de quatre cents hommes.

Le Sultan se transporta à Daoud-Pacha; et, chaque jour, il sort déguisé et parcourt la ville avec le caïmacam pacha.

Le Prince reçut une lettre du caïmacam pacha l'invitant à donner, par écrit, des renseignements concernant l'arrivée de Rakoczi, à désigner l'endroit qui lui paraîtrait le plus favorable pour l'entrée de ce prince en Hongrie, et à communiquer tout ce qu'il saurait relativement à cette affaire. Le Prince envoya un mémoire admirablement rédigé, dans lequel il décrivait en détail tous les passages et exprimait son opinion sur la marche à suivre en pareille circonstance. Le rapport de Son Altesse fut très goûté et lui valut de grands éloges. Le prince Grégoire, que l'on avait aussi interrogé à ce sujet, fit également un rapport qui fut apprécié favorablement.

15 mai. — On tint une conférence où les grands fonctionnaires furent invités à se prononcer sur la question de savoir lequel serait le plus sage d'attendre à Sofija la concentration des troupes ou de se diriger sur Niš. Djigaloglou, général des djébedjis, répondit qu'il fallait faire preuve de courage une

---

1. Turnu-Mägurele, en turc Coullè, ville de Roumanie, chef-lieu du district de Teleorman, située entre le Danube et le confluent de l'Olt. Elle compte environ cinq mille habitants. Turnu et Coullè désignent également la tour romaine qui existe encore en cet endroit.

heure plus tôt et partir pour Niš. Sur ce, on récita la *fatyha* [ou première surate du Coran], on fit des prières pour le Sultan, et on s'occupe des préparatifs de départ.

On reçut au camp impérial ottoman la nouvelle que Khalim Ghiraï, séraskier sultan, avait envoyé de Bender un mirza avec cent Tartares, pour aller sur le Bog espionner les Russes, et que, s'étant avancés jusque dans le Boudjac et y ayant trouvé mille chevaux avec une vingtaine de Russes qui les gardaient, ils avaient attaqué ces derniers, en avaient tué dix-sept, pris trois vivants et avaient emmené les chevaux à Bender, où ils se les étaient partagés. Les Tartares envoyèrent au camp ottoman un de leurs trois prisonniers, qui déclara que ces chevaux avaient été envoyés de Perevološna [1] dans le Boudjac pour y pâturer, et être ensuite affectés au transport des canons que l'on attendait avec les troupes qui devaient venir par le Dnieper. [Le même prisonnier ajouta] que l'on avait construit des ponts solides sur le Bog, que cinq régiments attendaient en cet endroit l'arrivée de Münich dans les premiers jours de juin, et que les troupes moscovites destinées à opérer en Crimée, à Bender et ailleurs se composaient de cent cinquante mille hommes.

On apprit au camp ottoman qu'un certain Hassan Solaczadé, pacha à deux queues, s'était avancé à deux étapes au delà de Tchouprija [2], avec six mille hommes, avait pris aux

1. Une des deux localités russes de ce nom situées dans le gouvernement de Poltava.
2. Tchouprija, ville de Serbie, chef-lieu du district du même nom. Deux mille cinq cents habitants. Sa situation sur la Morava, à l'endroit où cette rivière devient navigable, en fit une place importante depuis les temps les plus anciens jusqu'à la dernière guerre de l'indépendance. Non loin de la forteresse de Tchouprija, aujourd'hui presque entièrement disparue, subsistent les débris d'un pont construit anciennement par les Turcs et qui a donné son nom à la ville (Tchoupri, par corruption de *Keupru*). Dapontès appelle ici Tchouprija Μάροθα Κιοπρουσού, c'est-à-dire « Pont-de-la-Morava ».

Allemands une palanque appelée Iagodina [1], et allait se rendre, de là, dans les environs de Belgrade.

Six cents Allemands s'étant enfuis de l'île supérieure [2], autrement dit de la gorge de Mehadia (où se trouvent deux palanques l'une vis-à-vis de l'autre, à dix heures de la palanque de Tekija [3]), les rayas qui étaient dans ces deux palanques partirent avec les habitants de quarante villages voisins et allèrent faire leur soumission au séraskier pacha, qui les renvoya avec quelques troupes pour leur garde. Le lendemain, à quatre heures de jour, les pachas et les troupes qui se trouvaient là commencèrent l'attaque de la passe de Mehadia, et la continuèrent jusqu'à sept heures. Les Allemands, voyant sous leurs yeux la fin funeste qui les attendait, se rendirent à composition. De cette manière, les deux forteresses de la gorge, quatorze canons de gros calibre, de nombreuses munitions et une quantité assez considérable de vivres furent abandonnés à Memich Pacha, qui entra dans les palanques avec les troupes ottomanes, et envoya les Allemands à Sebeș [4].

Quant aux rayas, qui étaient au nombre de trois cents et tous Serbes, les troupes turques voulaient les faire prisonniers, mais le pacha ne le leur permit pas, avant d'en avoir référé au séraskier. Celui-ci répondit qu'il ne serait pas juste de les emmener en captivité, puisqu'ils avaient fait leur soumission, mais qu'il fallait leur délivrer un *rayi* ou certificat, en

---

1. Iagodina, ville de Serbie, chef-lieu du district du même nom. Quatre mille quatre cent vingt-neuf habitants.

2. Nous n'avons pu découvrir la raison pour laquelle Dapontès donne le nom d'ILE SUPÉRIEURE à la gorge de Mehadia.

3. Tekija, bourg de Serbie, situé sur le Danube, en face de Rușava (Orsova). Voyez sur cette localité MILITCHEVITCH, *Knezevina Srbiju*, p. 992.

4. Sebeș, ou Caransebeș, ancien chef-lieu du régiment roumain du Banat, aujourd'hui chef-lieu du comitat de Severin (Szoreny). La population actuelle est d'environ deux mille cinq cents habitants. Les Roumains du rite grec oriental y ont un évêque.

vertu duquel ils deviendraient sujets du Sultan. Il envoya en même temps à Memich Pacha deux mille florins [1] et deux cents aigrettes pour les distribuer aux troupes. Il revêtit d'un caftan le silicdar du pacha qui avait apporté la nouvelle et lui accorda une gratification de deux cents florins.

Il donna ordre à Mourtaza Pacha de se rendre dans la plaine de Temesvar, avec cinq mille hommes de cavalerie, pour opérer des razzias.

Quand le séraskier pacha eut terminé tous ses préparatifs, c'est-à-dire élevé des retranchements, installé des canons, des mortiers, de grosses pièces de siège et des fauconneaux, bref une centaine de pièces d'artillerie pour battre en brèche Ada Calessi, il passa dans les retranchements d'en face et se plaça dans une redoute située au sommet de la montagne

---

1. Deux sortes de florins avaient cours, à cette époque, en Turquie, le florin hongrois et le florin de Venise ou sequin. Je crois utile de donner ici la nomenclature grecque des principales pièces de monnaie alors en usage dans l'empire ottoman, avec leur valeur respective en piastres et fractions de piastre.

τὸ βενέτικο φλουρί (= τὸ τζεκίνι), valant deux piastres et demie.
τὸ οὔγγρικο φλουρί, valant deux piastres et un quart.
τὸ σερίφι, valant aussi deux piastres et un quart.
ἡ σιβιλλιάνα, valant une piastre et six paras.
τὸ ἀσλανί, valant une piastre et deux paras.
τὸ γρόσι (= τὸ γρόσο, τὸ ριάλι), piastre ou écu, valant 120 aspres.
ἡ ζολότα, valant quatre-vingts aspres.
τὸ τούλτι, valant quarante aspres.
τὸ ῥούπι, valant trente-et-un aspres.
τὸ εἰκοσάρι (= κοσάρι), valant vingt aspres.
τὸ δεκοκτάρι, valant dix-huit aspres.
τὸ τιμίνι, valant dix aspres.
ἡ μπάμπκα, valant neuf aspres.
τὸ πεντάρι, valant cinq aspres.
ὁ παρᾶς, valant trois aspres.
τὸ δυάρι, valant deux aspres.
τὸ ἄσπρον (120ᵉ partie de la piastre), valant quatre φόλαις.
ἡ φόλα (= τὸ μαγκούρι), est la monnaie la plus basse ; il fallait 480 φόλαις pour faire une piastre.

(18 mai). Aussitôt après commença l'attaque, et quatre-vingts boulets et bombes furent lancés sur la forteresse. A la tombée de la nuit, Toz Pacha, étant descendu sur les bords du Danube avec deux mille fantassins, tenta un assaut et s'empara du fortin situé dans le voisinage et sur la droite de la citadelle. Il était occupé par quatre-vingts Allemands, qui montèrent sur une barque non pontée et se réfugièrent dans la forteresse. Toz Pacha pénétra dans le fortin, y éleva des ouvrages de guerre, et, avec vingt canons qu'il y installa, attaqua la forteresse, qui se trouve présentement battue en brèche de cinq côtés et court grand risque d'être prise [1].

21 mai. — On célébra le mariage du prince Alexandre avec la fille du feu sluger.

22 mai. — Hadji Mechmet aga, ancien moussélim de Nicopolis, partit, par ordre du séraskier, à la tête de douze mille hommes de cavalerie, pour aller faire une incursion dans la plaine de Temesvar.

23 mai. — Départ des queues de cheval du grand vizir.

25 mai. — Le camp ottoman prit la route de Niš. Le grand vizir et les hauts fonctionnaires laissèrent à Sofija leurs bagages, leurs magnifiques pavillons de cérémonie, leurs grandes tentes, leurs tentes de guerre, ainsi que tous leurs bureaux, registres et papiers.

26 mai. — L'aga des janissaires partit de Bucarest avec douze compagnies, (qui étaient restées, sur les quarante premières, pour veiller à la défense du pays), conformément à l'ordre qu'ils avaient reçu, et ils se rendirent à Vidin.

On dit que le séraskier a l'intention de faire venir Rakoczi et de le garder auprès de sa personne.

---

1. Le blocus de cette place fut levé après la chute de Mehadia, qui eut lieu le 23 juin, v. st.. Réassiégée par le grand vizir, elle capitula le 4 août, v. st. Voir plus loin sous la date du 9 août.

Le séraskier a reçu avis que le moussélim Mechmet aga qui était allé, comme il a été dit ci-dessus, en incursion dans la plaine de Temesvar, avait fait jusqu'à deux mille prisonniers ; et que les Allemands qui se trouvaient à Sebeş et à Arad [1], au nombre de quatre mille hommes de cavalerie, s'étaient préparés à se replier sur Temesvar.

Le prince Grégoire envoya prévenir Véli Pacha, qui se disposait à traverser la Moldavie pour se rendre à Bender, qu'il avait un firman lui interdisant le passage par cette principauté ; mais Véli Pacha traversa Jassi, sans tenir le moindre compte de cet avertissement. Très froissé de cette conduite, le prince Grégoire n'alla pas faire visite au pacha, qui partit de la ville d'autant plus irrité contre lui qu'il se rappelait, dit-on, le bienveillant accueil que lui avait fait le prince [Constantin Maurocordato].

29 *mai*. — Le camp impérial arriva à Niš, à sept heures de jour. Kouprouli Achmet Pacha, le séraskier Gentz Ali Pacha et l'aga des janissaires allèrent à la rencontre du grand vizir jusqu'à une distance de deux heures de la ville. Après lui avoir présenté leurs hommages, ils restèrent dans sa tente une demi-heure, puis partirent tous ensemble pour aller, à une heure de Niš, prendre part au repas que leur avait fait préparer le séraskier Gentz Ali Pacha. Le grand vizir partit ensuite en magnifique appareil, et escorté, suivant la coutume, de djébedjis, de canonniers, de soldats égyptiens et d'autres troupes. Il entra dans la ville par la porte de Stamboul et en sortit par la porte de Belgrade, au bruit d'une salve de cent coups de ca-

---

1. Arad, chef-lieu du comitat du même nom, dans le Banat. De trente-deux à trente-trois mille habitants. La ville à laquelle on donne le nom de Vieil-Arad s'élève sur la rive droite de la Maros (Mureş), et sur l'autre rive est située une localité distincte, le Nouvel-Arad, qui compte environ quatre mille cinq cents habitants, et dépend du comitat de la Temes.

non, tirés de la citadelle. Il fit halte hors de la ville, dans l'endroit où le camp avait été dressé. Comme il tombait, ce jour-là, une pluie torrentielle (qui dura trois jours consécutifs avec accompagnement de bourrasques terribles et de tonnerres), l'aga des janissaires fut mouillé et fatigua beaucoup (car c'est un vieillard), ce qui lui a occasionné une maladie qui met présentement sa vie en danger.

Les pachas se réunissent chaque jour avec le grand vizir pour délibérer. Il a été résolu, dans une conférence, que, après un séjour de deux semaines à Niš, on partirait pour Belgrade.

Il règne une grande cherté sur les denrées de première nécessité. Une ration d'orge se vend douze paras, une charretée de foin quatre et cinq piastres; il en est de même du reste, et l'on dit que les prix augmenteront encore.

Beaucoup de grands fonctionnaires et d'autres personnages restèrent en route, prétextant ceux-ci une maladie, ceux-là autre chose. Le mouhourdar Moustafa aga feignit aussi d'être malade et resta à Sofija.

Les Turcs de Niš présentèrent au grand vizir une requête dans laquelle ils lui exposaient les méfaits dont s'était rendu coupable le métropolitain de cette ville, lors de la prise de la place, et le priaient de supprimer le siège archiépiscopal. Le grand vizir y consentit et donna ordre de convertir en collège, à ses propres frais, la pauvre cathédrale de Niš. Cette église, qui s'élevait en dehors des faubourgs, était placée sous l'invocation de saint Nicolas, et possédait une enceinte plus vaste que celle du patriarcat.

Les habitants d'Ak-Kerman [1], de Chilie [2] et d'Ismaïl [3] firent

1. Ak-Kerman, ville de la Bessarabie russe, à l'embouchure du Dniester. C'est la *Bel-Gorod* des Slavons, l'*Akliba* des Cumans, la Λευκόπολις, Λευκοπολίχνη et Ἀσπρόκαστρον des Byzantins, le *Moncastrum* des écrivains latins du moyen âge, le *Moncas-*

parvenir au camp impérial des suppliques, par lesquelles ils sollicitaient des secours et demandaient la permission de se retirer en lieu sûr, car, selon ce qu'ils écrivaient, ces trois villes étaient exposées à une attaque impétueuse de la part des Russes.

L'ambassadeur de France écrivit au grand vizir que les Russes marchaient sur la Crimée, avec des forces considérables, dans l'intention de conquérir ce pays.

Le susdit Solaczadé, qui se trouve au delà de Tchouprija, dans la palanque de Iagodina, dont il s'est rendu maître, fit parvenir, à Niš, au grand vizir, la nouvelle que l'armée allemande avait quitté Belgrade avec de grands préparatifs de campagne, et que douze mille Catans avaient été dirigés du côté de Niš. En conséquence, le grand vizir fit partir en toute hâte un assez bon nombre de partisans.

31 mai. — Le mercredi 31 mai, vers trois heures et demie de jour, il y eut à Bucarest un effroyable tremblement de terre. Le palais du Prince se lézarda en beaucoup d'endroits,

---

tro des Italiens, la *Cetatea-Alba* des Roumains, la *Neszterfehervar* des Magyars. Citons, à titre de curiosité, l'article que Mélétius a consacré à Ak-Kerman (Γεωγραφία, II, p. 59-60) : μετὰ τὴν Ὀζοῦ, ἔμακρα ταύτης μίλλια 70, εἶναι ἡ Ἑρμώνασσα, ἑτέρα τῆς ἀνωτέρω, ἡ ὁποία ὑπὸ τῶν Τούρκων Ἀκ Κερμὰν λέγεται, τουτέστι Λευκόπολις, καὶ ὑπὸ τῶν Μολδάβων Βιαλογρὸδ, πόλις ἰσχυρὰ καὶ πρωτεύουσα τῆς Βεσσαραβίας ἐπαρχίας, πρὸς τὸ στόμα τοῦ Τύρα ποταμοῦ, ἤτοι τοῦ Νίστρου, εὑρισκομένη, πέντε μίλλια σχεδὸν ἄνωθεν αὐτοῦ· εἰς αὐτὴν ἔχει τὸν θρόνον ὁ πασιᾶς. Τινὲς θέλουσιν ὅτι αὕτη, ἥτις καὶ Μογκάστρο λέγεται, νὰ ἦναι τῶν παλαιῶν ἡ καλουμένη πόλις Τύρας, ἀλλὰ πιθανώτερον φαίνεται ὅτι ἐκ τῶν κρημνισμάτων αὐτῆς νὰ ἐκτίσθη πλησίον ἡ νῦν Λευκόπολις, ἡ ὁποία ἀπέχει ἀπὸ τὸ Ὀρ τὴν πόλιν τῆς Ταυρικῆς χερσονήσου πρὸς δυσμὰς μίλια σχεδὸν 300, καὶ ἀπὸ τὸ βόρειον στόμα τοῦ Ἴστρου, τὸ ὁποῖον κοινῶς Μπογὰζ τοῦ Κιλλίου λέγεται, 70 πρὸς βορέαν.

2. Chilie, ville moldave et port sur le bras du Danube qui porte le même nom. C'est l'ancienne Achilia, qui échangea ce nom, à la fin du moyen âge, contre celui de Lycostome (gueule du loup). Elle fut rebâtie, en 1400, par Juga, prince de Moldavie. — Voir, sur cette ville, une excellente note de M. É. Picot, dans son édition de la *Chronique de Moldavie* de Grégoire Urechi (Paris, 1878 ; in-8°), p. 68.

3. Ismaïl, ville roumaine et port sur le Danube ; chef-lieu du district du même nom. Ismaïl est le siège de l'évêché du Bas-Danube, institué depuis 1856.

et des maisons furent renversées; dans la campagne, des monastères subirent le même sort et d'autres se crevassèrent. Dans les environs de Buzău [1], la terre s'entr'ouvrit et lança de l'eau mêlée de sable ainsi qu'une sorte de métal consistant en pierres couleur d'or. A Văleni [2], il se produisit une excavation profonde qui engloutit trois femmes. En un mot, ce tremblement de terre fut tel que fort peu de personnes ne se souviennent pas d'en avoir vu depuis bien longtemps un semblable. Il frappa tout le monde de terreur et d'épouvante. Il continua pendant plusieurs jours consécutifs, mais les secousses n'avaient pas la même intensité que la première. Il se fit sentir pendant un quart d'heure à Niš, où se trouvait le camp impérial ottoman, à Nicopolis et dans tous les districts riverains du Danube. Des forteresses furent partiellement renversées; des mosquées s'écroulèrent; à Nicopolis, notamment, il y en eut quatre de détruites. Jassi ne fut pas épargné et le monastère de Golia [3] eut à déplorer la ruine du dôme de son église. Peu de jours auparavant, le tremblement de terre avait sévi en Hongrie et avec tant de violence que beaucoup de grandes maisons et d'autres édifices anciens s'étaient écroulés. Dans un endroit voisin de Bucarest, la terre s'entr'ouvrit et il en résulta un gouffre.

1. Buzău, ville de Roumanie, chef-lieu du district de Buzău, sur la rivière du même nom. Onze mille cent six habitants. La cathédrale a été bâtie par Radu le Grand, en 1500 ; c'est une des plus belles églises de la principauté.
2. Văleni, bourg du district de Prahova, arrondissement de Telejen. Trois mille huit cent soixante-quinze habitants avec les villages de Frănghești, Turbure et Valea Gardului.
3. Le monastère de Golia fut commencé en 1640 par Basile le Loup ; il n'a été achevé qu'en 1854. La tour actuelle de l'église mesure plus de cinquante-six mètres, jusqu'à la croix qui la surmonte ; elle est la plus élevée du pays.

JUIN 1738

Le kékhaya-kiatibi passe par la Valachie. — Seresli Mechmet bey, capidji-bachi, passe par la Valachie. — Du serment. — De deux rayas qui s'échappèrent à la nage d'Ada Calessi et se rendirent auprès du séraskier. Ce qu'ils dirent. — Mémich Pacha reçoit ordre de se rendre à Sebeș et à Lugoș. — Exil du mectouptchi du defterdar effendi; il est remplacé par Youssouf effendi, qui ne tarde pas à être investi de la charge d'asil-defterdar. Son prédécesseur est jeté en prison. — Colère du grand vizir contre le chef des bouchers. — Gentz Ali Pacha, commandant de Niš, est destitué et Kouprouli Achmet Pacha est nommé à sa place. — Le capitaine Anastase arrive d'auprès du khan; ce qu'il dit. — Mourtaza Pacha remporte à Sebeș et à Lugoș une victoire sur les Allemands.

1er *juin*. — Hadji Moustafa effendi, ancien kékhaya-kiatibi, passa par la Valachie. Il était nommé réis-vékili de Bender, et avait obtenu du kékhaya bey une lettre pour passer par Bucarest. Le Prince lui fit cadeau de trois cents piastres.

2 *juin*. — Seresli Mechmet bey, capidji-bachi, fils du defterdar Kiœssé Khalil Pacha, passa le lendemain par Bucarest. Il était allé à Bräila, pour y prendre Damad Mechmet Pacha et le conduire à Bender. A son retour, étant chargé des lettres du séraskier de Bender et de Mechmet Pacha, il traversa la Valachie pour se rendre au camp. Le Prince le gratifia également de trois cents piastres.

5 *juin*. — Pendant la messe, qui fut célébrée dans la Haute-Église par le métropolitain de Hongro-Valachie, assisté de Mgr Néophytos, métropolitain de Myre, et en présence du Prince, tous les boyards en fonctions ou non jurèrent ensemble solennellement sur les divins mystères et sur

le saint évangile de rester fidèles à Son Altesse, et de ne pas entretenir de correspondances avec les Austro-Russes, à l'insu du Prince et sans son ordre ; en foi de quoi ils signèrent et revêtirent de leur sceau une déclaration où étaient reproduits *in extenso* tous les articles [qu'ils avaient fait serment d'observer].

Deux rayas qui s'étaient échappés de Ruşava, en se jetant dans le Danube, se rendirent auprès du séraskier, lui présentèrent leurs hommages, et lui dirent qu'il y avait dans la forteresse plus de mille Serbes et Allemands, suffisamment approvisionnés de vivres et de munitions ; que les Serbes voulaient capituler, mais que le commandant s'y refusait absolument. En conséquence, le séraskier donna ordre de construire deux immenses radeaux, pouvant contenir plus de cinq mille hommes, et il se propose, si le commandant refuse de capituler, de les amener devant la place pour que les troupes puissent s'élancer à l'assaut et s'emparer de la forteresse.

Il donna ordre à Mémich Pacha de se rendre à Sebeş et à Lugoş[1] avec une armée de quinze mille hommes.

Le grand vizir exila inopinément et fit interner à Sarikeui[2] le mectouptchi du defterdar-effendi ; et, le lendemain, 4 juin, il revêtit d'un caftan Youssouf effendi, premier maden-calfa, et le nomma mectouptchi du defterdar. Il nomma premier maden-calfa Mechmet effendi, second maden-calfa. Quelques heures après avoir nommé Youssouf effendi mectouptchi du defterdar, il l'envoya chercher pour lui parler. Celui-ci se rendit de sa tente à pied, suivant l'usage, jusque chez le grand vizir, qui le revêtit d'un second caftan, et le créa asil-defterdar. Atif

---

1. Lugoş (les Magyars écrivent Lugos), ville de douze mille âmes, sur la Temes, chef-lieu du comitat de Krassó (en roumain Căraş).

2. Sarikeui, bourg de la Turquie d'Asie, dans l'éyalet de Khoudavendiguiár, liva de Carassi.

effendi, qui occupait ce poste auparavant, fut, par ordre du grand vizir, jeté dans la prison du tchaouch-bachi aga, et tout son avoir confisqué au profit du Trésor. Il va, dit-on, être exilé dans l'île de Chypre.

Précédemment, le grand vizir s'était mis dans une violente colère contre le chef des bouchers, coupable de n'avoir pas distribué, ce jour-là, les rations d'usage; il le déposa, et le condamna à la peine de mort en disant : *Djèllad* (Bourreau)! Le nichandji-effendi, le nouveau defterdar et le tchaouch-bachi aga, qui étaient présents, se jetèrent aux pieds du grand vizir et, grâce à leurs ardentes supplications, ils parvinrent à obtenir le pardon du coupable et à lui sauver la vie. Cependant sa terreur est grande, car il se trouve actuellement à bout et de moutons et d'argent.

Gentz Ali Pacha quitta Niš avec ses tentes et Kouprouli Achmet Pacha lui succéda en qualité de commandant de cette place.

8 juin. — Le capitaine Anastase arriva [à Bucarest]. Il revenait d'Or [1], qu'il avait quitté le 5 mai et où le Prince l'avait envoyé pour remettre au khan la voiture [2] et la pelisse que c'est l'usage de lui offrir en cadeau, ainsi que pour distribuer les présents habituels destinés à la cour de ce souverain. Il rencontra, à quatre heures d'Or, le khan qui avait, dit-il, auprès de sa personne une armée de soixante mille Tartares. Il affirme encore avoir entendu qu'une nombreuse armée tur-

---

1. Or, ou Or-Capi, est le nom tartare de Perecop, ville de Russie, chef-lieu du district du même nom, dans le gouvernement de la Tauride, sur l'isthme de Perecop, qui unit la Crimée à la Russie.

2. Il y a dans le texte original : ΜΟΥΚΑΝΕΝΙΚΟΝ ΚΟΤΖΙ, c'est-à-dire $ἅμαξαν$ $κανονικῶς$ $ὡρισμένην$. Cette expression, si on la prend au pied de la lettre, semble indiquer que cet envoi du Prince de Valachie au khan des Tartares était plutôt une sorte de redevance stipulée par une ordonnance légale, qu'un présent proprement dit.

que se trouvait à Caffa [1], sous les ordres de Hadji Ali Pacha, receveur des finances de la Morée. L'ami le plus intime et le favori du khan est Kémal aga. Dans l'incursion que le khan poussa, l'hiver dernier, du côté de Samara [2] et des localités circonvoisines, il périt, dit-il, jusqu'à cinq mille Tartares, et beaucoup de sultans furent blessés, lors de l'attaque inopinée du camp tartare par les Russes. Il dit, en outre, que le

---

1. Caffa, ville de Russie, l'ancienne Théodosia fondée par les Milésiens. « Située précisément sur l'isthme qui rejoint la péninsule de Kertch à la Crimée, voisine de la mer d'Azov et du Sivach, quoique sur le Pont-Euxin, elle avait à sa disposition les poissons et le sel des deux mers intérieures. Dévastée à plusieurs reprises, la place de Théodosia (déjà connue depuis sept cents ans sous le nom de la forteresse de Caffa) fut achetée, au XIII° siècle, par les Génois qui en firent le principal marché de la mer Noire ; une lettre adressée au pape Calixte III, en 1455, la dit « supérieure à Constantinople, non par le développement des murs, mais par la foule des habitants » ; elle était alors l'entrepôt de tout le commerce de l'Orient « touranien ». Caffa succomba vingt-deux ans après sa rivale, Constantinople : conquise par les Osmanlis, cette *Krîm Stamboul* fut ravagée, changée en un monceau de ruines. Elle se releva pourtant, surtout par le commerce des esclaves, et devint le bazar des captifs faits par les Tartares dans la Petite-Russie... Lorsque les Russes s'emparèrent à leur tour de Caffa, en 1783, sa population, moindre qu'elle ne l'avait été à l'époque de la domination génoise, s'élevait à quatre-vingt-cinq mille habitants. L'émigration des Turcs, puis celle des Tartares, réduisirent ce nombre des neuf dixièmes ; toutefois, en été, la ville, à laquelle les Russes ont rendu son nom de Théodosia, changé en Féodosiya, devient le séjour temporaire d'une foule de baigneurs, venus de toutes les parties de la Crimée et de la Russie continentale... Le commerce de Théodosia est sans grande importance, quoique cette ville soit le port d'expédition des campagnes dont l'industrieuse Karazoubazar est le chef-lieu (Élisée Reclus, *Nouvelle géographie universelle*, V, pp. 843-844). »

2. Samara, ville de Russie, chef-lieu du gouvernement du même nom, cinquante-un mille deux cent cinquante habitants en 1870. Au confluent de la Samara avec le Volga. « C'est à la fin du XVI° siècle que Samara est mentionnée pour la première fois ; mais, pendant le siècle suivant, elle eut une grande importance stratégique, comme boulevard de la Russie contre les populations nomades des steppes ; elle était alors ce que devint plus tard la place d'Orenbourg ; quelques restes de l'ancienne forteresse qu'occupèrent successivement Étienne Razin et Pougatchof existent encore. Actuellement Samara est surtout une ville de commerce et l'activité de son port ne cesse de s'accroître, surtout pour l'expédition des blés, des tabacs, des suifs, des savons et des cuirs (Élisée Reclus, *Nouvelle géographie universelle*, V, pp. 772-773). »

15 mai, époque à laquelle il avait quitté Or, les armées russes ne s'étaient pas encore montrées.

9 *juin*. — Un homme de Mourtaza Pacha apporta au séraskier la nouvelle que, à cinq heures au delà de la gorge de Mehadia, dans la direction de Sebeş et de Lugoş où il se rendait, Mourtaza Pacha avait rencontré un messager envoyé vers lui par le général allemand avec une lettre dans laquelle celui-ci l'informait qu'il marchait contre lui. Mourtaza Pacha répondit à cet homme : « Va dire à ton général qu'il est inutile que vous veniez à notre rencontre, car nous voici en train de marcher contre vous ! »

Mourtaza Pacha continua, pendant deux heures, sa marche en avant et rencontra le général allemand avec un corps d'armée composé de dix mille hommes de cavalerie. L'infanterie, qui se montait à cinq mille hommes, était à l'arrière-garde. Les Turcs attaquèrent incontinent les Allemands, leur tuèrent sept cents hommes et firent prisonniers cent cinquante cuirassiers. Les autres ayant pris la fuite, les Turcs les poursuivirent jusqu'à l'endroit où était l'infanterie, et, comme cet endroit est très resserré, ils les y cernèrent et les y tiennent bloqués. A la réception de cette heureuse nouvelle, le séraskier donna de grandes réjouissances, gratifia de cent florins le messager, qui était le silicdar de Mourtaza Pacha, et envoya quatre cents florins à ce dernier, ainsi que trois cents aigrettes pour être distribuées aux vainqueurs.

Le 22 juin, le grand vizir quitta Niš et se rendit à Feth-Islam, ville située à quelque distance au-dessus de Vidin, et en cet endroit il fit établir un pont sur le Danube [1].

---

1. Cet alinéa et les deux suivants ne se trouvent que dans le manuscrit *A*.

Le [23 juin, les Allemands] s'emparèrent de la gorge de Mehadia [1].

Le 25 juin, Bucarest se trouvant dégarni de troupes, le Prince fit venir pour veiller à la garde de cette ville, Ali, pacha à deux queues, qui était à Roustchouc.

---

1. Dapontès est presque toujours très bref quand il s'agit des succès remportés par les Allemands. Complétons ce simple énoncé de la prise de Mehadia : Le gouverneur de Vidin, Hadji Mohammed Pacha, était sorti de cette place à la tête de vingt mille hommes, pour secourir Mehadia vivement pressé par le colonel Piccolomini. Sous les ordres de Hadji Mohammed commandaient les gouverneurs de Caramanie, de Kars et de Tirhala, Mémich Pacha, Toz Pacha et Mourtaza Pacha. Ils rencontrèrent l'ennemi à Kornia, près de Mehadia, et engagèrent le combat, dans lequel les Autrichiens eurent à déplorer une perte de plus de mille hommes (4 juillet, nouveau style). Cependant les Turcs furent rejetés et poursuivis jusqu'au delà de leur camp, où les vainqueurs trouvèrent sept canons et douze cents têtes coupées. Ce combat coûta aux Autrichiens trois fois plus de monde qu'aux Ottomans, mais, comme ils étaient restés maîtres du champ de bataille, ils purent s'attribuer la victoire avec plus de fondement que les Turcs, qui se prévalurent de l'immense perte éprouvée par l'ennemi. Après ce combat, Mehadia capitula aux conditions sous lesquelles Piccolomini avait rendu le fort aux Turcs. La garnison, forte de deux mille janissaires, sortit de la place avec armes et bagages. DE HAMMER, XIV, pp. 417-418. Voy. aussi KERALIO, II, pp. 61-62.

JUILLET 1738

Le Prince se rend à Cotrocenï avec les pachas et les troupes et forme un camp dans la plaine. — Islam Ghiraï passe par Bucarest. — Victoire que le séraskier sultan et Véli Pacha remportent sur les Russes au bord du Bog. — Orlic quitte Rakoczi et se rend à Bucarest ; son départ. — Départ d'Ali Pacha pour Roustchouc. — Hodja marche contre les Catans à la tête des Albanais. — De quatre Heiduques. — De trois autres Heiduques. — Le serdenguetchti Osman aga arrive de Hirsova. — Retour de Hodja ; de trois boulouc-bachis qui furent les instigateurs des déprédations.

Le mercredi 5 juillet 1738, le Prince se rendit à Cotroceni et établit son camp dans la plaine. Il prit cette détermination, parce que, loin d'avoir complètement abandonné le territoire valaque, les Allemands et les Catans avaient peu à peu recommencé, dans les derniers jours de juin, à se montrer sur les frontières de la principauté, du côté de l'embouchure du Buzău [1], et dans les villages des environs de Kronstadt. Aussi, ne voulant pas s'exposer à une incursion en masse et à une attaque comme celle de l'année précédente, le Prince partit, ainsi qu'il a été dit, pour aller camper avec les deux pachas, les quatre cents Albanais qu'il avait enrôlés, et Isaac aga, bin-bachi des Albanais du miri, lequel était depuis longtemps déjà à Bucarest et commandait à quatre cents hommes.

Le susdit sultan Islam Ghiraï se trouvait à Turnu-Măgurele, avec une armée de deux mille Tartares. Désireuse de mettre un terme aux excès et aux rapines que ces Tartares commet-

---

1. L'embouchure du Buzău, en roumain « Gura Buzăuluï ». Le Buzău se jette dans le Siret au village de Macsinenï, situé sur les deux rives de ce dernier cours d'eau.

taient dans les villages valaques voisins de Turnu-Măgurele, Son Altesse parvint à faire envoyer au sultan un firman qui lui intimait l'ordre de retourner dans le Boudjac. Ayant passé par Bucarest (6 juillet), le Prince et les deux pachas se rendirent à sa rencontre et, pour qu'il empêchât ses Tartares de piller les villages qu'ils devaient traverser, Son Altesse lui envoya mille piastres à titre de gratification, et désigna, pour l'accompagner jusqu'aux frontières, Georgakis, vatav des pages, et Anastase, second comis. Ces précautions furent malheureusement peu utiles, car on ne saurait chasser le naturel.

8 juillet. — Un chef de courriers que Nouman Pacha, séraskier de Bender, dépêchait au camp impérial ottoman vint trouver le Prince et lui annonça que le séraskier sultan et Hadji Véli Pacha, avec ses troupes, envoyés l'un et l'autre, par le séraskier de Bender, en éclaireurs du côté des armées russes, en avaient rencontré une partie qui avait franchi le Bog et se dirigeait de ce côté-ci. Les troupes ottomanes, ayant engagé le combat, avaient remporté la victoire, tué à l'ennemi quatre cents hommes et fait deux cents prisonniers. A la nouvelle de ce succès, le Prince fit tirer une salve d'artillerie et revêtit le courrier d'un caftan.

12 juillet. — Orlic vint à Bucarest et eut une entrevue avec le Prince. Ainsi que nous l'avons déjà dit, Rakoczi avait obtenu par firman l'autorisation de s'attacher Orlic en qualité de conseiller et de coopérateur, car c'est un homme intelligent et expérimenté; mais, à la suite, dit-on, de certains dissentiments, Orlic sollicita et se fit accorder un firman l'autorisant à se rendre en Moldavie, pour y attendre qu'on lui désignât l'endroit où il devait fixer sa résidence. Il partit, le 17 juillet [1], de Cotroceni.

---

1. Le manuscrit *A* donne seul la date du départ d'Orlic.

17 *juillet*. — Le même jour, Ali Pacha, qui avait reçu un firman lui enjoignant de retourner à Roustchouc, se mit en route, et le Prince et Suleyman Pacha allèrent le reconduire.

Hodja Ali effendi partit aussi avec cent cinquante Albanais pour donner la chasse aux Heiduques, qui ne cessaient de faire des incursions, par bandes de cent ou de cent cinquante, et de se livrer à toutes sortes d'excès dans les cadilics de la Haute-Valachie, ravageant les villages et semant partout le pillage et la destruction.

21 *juillet*. — On amena quatre Heiduques qu'un capitaine avait faits prisonniers à Muştel [1]. Le Prince en envoya deux à la potence, fit incarcérer les deux autres, qui étaient Allemands, et donna une gratification aux hommes qui les avaient amenés.

22 *juillet*. — Le lendemain, on amena trois autres Heiduques et l'on apporta une tête. Ces Heiduques avaient été pris par Moustafa, boulouc-bachi du pacha, qui avait accompagné Hodja. Le Prince les fit jeter en prison et accorda au boulouc-bachi une récompense pécuniaire.

26 *juillet*. — Osman aga, serdenguetchti, fils de Mechmet effendi (cadi que Son Altesse avait amené pour juger les différends qui pourraient surgir entre Turcs), arriva au camp princier, avec cent hommes à cheval. Le Prince le faisait venir de Hîrsova pour veiller à la garde du pays.

29 *juillet*. — Hodja revint au camp princier, car il était malade. Sa maladie provient, dit-on, du chagrin que lui ont causé, d'une part, la fuite de cinq Heiduques, qu'il avait faits prisonniers et confiés à la garde des Albanais, et, d'autre part, les rapines commises dans les villages par les troupes sous ses

1. Muştel ; il y a en Roumanie plusieurs villages de ce nom. Celui dont il s'agit ici est situé dans le district de Buzău, arrondissement de Buzău. Il compte sept cent quarante-cinq habitants.

ordres, lesquelles pillent les maisons des pauvres, saccagent leur mobilier et leur enlèvent, par centaines, moutons, chevaux et bœufs. Le Prince, instruit de ces déprédations, alla trouver le pacha, et l'on ouvrit une enquête à ce sujet. Trois boulouc-bachis, convaincus d'être les instigateurs de tant d'excès et d'avoir favorisé la fuite des cinq Heiduques susdits, furent condamnés aux fers par le pacha. Mais les Albanais les arrachèrent violemment aux gens du pacha et empêchèrent ainsi l'exécution des ordres qu'il avait donnés. Outré de colère, le pacha mit les armes à la main et suivi de ses hommes, il voulait attaquer les Albanais. Le Prince eut toutes les peines du monde à l'en dissuader et parvint à le calmer. Toutefois, il ne céda qu'à la condition ou que les boulouc-bachis seraient rendus pour subir leur peine, ou qu'il mettrait son dessein à exécution. En présence de cette déclaration, les Albanais, qui se savaient incapables de résister, livrèrent les boulouc-bachis, et de la sorte l'affaire s'apaisa.

Ces jours-là, deux ambassadeurs persans arrivèrent à Constantinople.

Les Russes devinrent maîtres, par capitulation, d'Or, ville de Crimée [1]; après quoi ils l'abandonnèrent et s'enfuirent, emmenant avec eux tous les Turcs qu'ils y avaient trouvés [2].

---

1. Sur la prise d'Or par les Russes, voir plus loin p. 121, note 1.
2. Cet alinéa et le précédent ne se trouvent que dans le manuscrit A.

AOUT 1738

De ce qui se passa entre les armées ottomanes et les armées russes. — Prise d'Ada Calessi par les Turcs. — Arrivée de Suleyman Pacha, moutessarif d'Ak-Séraï. — Envois du Sultan au khan, au grand vizir, au séraskier et aux autres pachas. — Arrivée du capidjiler-kékhayassi. — Les troupes de Suleyman Pacha se révoltent contre lui. — Départ des troupes moscovites. — Apparition de voleurs et de Catans en Moldavie. — Victoire de Craiova remportée sur les Catans. — Exploits du vali de Bosnie contre les Allemands. — Mission du salahor impérial relativement aux fuyards.

5 août. — Le Prince reçut de Bender la nouvelle que les armées ottomanes étaient arrivées, le 22 juillet, à Gura-Ghilotki, localité située à deux heures en deçà de Rašcov[1].

23 août. — L'armée russe s'est montrée au delà du Dniester, à Gura-Ghilotki, à une heure de distance de l'endroit où se trouvaient les troupes ottomanes. Aussitôt le sultan tartare et Véli Pacha ont attaqué les Russes, mais, ne pouvant soutenir le feu intense de leur artillerie, ils se sont repliés, après une heure de combat. L'armée moscovite est restée inactive dans le même endroit, pendant deux jours, sans faire le moindre usage d'aucun engin de guerre, et cela parce qu'elle célébrait pendant ces deux jours la Sainte-Anne, en l'honneur de la tsarine, qui porte ce nom.

26 août. — Les Russes, ayant levé leur camp, prirent la route de Bender, qu'ils se proposent d'attaquer, et s'avancè-

---

1. Rašcov, ville de Russie, sur la rive gauche du Dniester, entre Camenca et Molokiš.

rent jusqu'à Molokiš ¹ ; mais le sultan tartare et Véli Pacha prirent les devants, brûlèrent les foins et livrèrent un grand combat, qui dura de quatre heures à huit heures. Ils tuèrent aux Russes seize hommes, et leur firent deux prisonniers qu'ils conduisirent au séraskier pacha de Bender. Les Russes tirèrent plus de cent cinquante coups de canon sur les Tartares, ce qui obligea ceux-ci à se replier avec de grandes pertes, et permit à l'armée moscovite de camper de nouveau dans le même endroit pendant deux autres jours.

Les Ottomans mirent ce temps à profit pour élever trois redoutes étagées, installer leurs batteries et asseoir leur camp sur le bord de Dniester, vis-à-vis de l'armée moscovite, qui se trouvait sur l'autre rive du fleuve. Tandis que les Turcs faisaient leurs préparatifs de défense, les Russes leur tiraient des coups de canon, qui leur causaient des dégâts assez considérables. Néanmoins, les Ottomans ne bougèrent pas de place, beaucoup même montaient dans des londres et traversaient le fleuve pour aller se battre avec les Cosaques ; ils ne manquaient jamais de revenir au camp, tantôt avec une tête, tantôt avec un prisonnier. Pendant ces deux jours, les Russes laissèrent les Turcs si tranquilles que tous les janissaires pénétrèrent dans leurs retranchements.

Le 28 août, au matin, les Turcs commencèrent à canonner l'armée moscovite, mais les boulets traversaient les retranchements des Russes et allaient tomber au milieu de ceux-ci, sans leur faire beaucoup de mal. Cette canonnade dura une heure, pendant laquelle plus de trente boulets furent lancés. Les Russes ne ripostaient pas, car ils étaient occupés ailleurs à repousser les troupes du sultan tartare et de Véli Pacha, qui avaient campé sur leur flanc, à une demi-heure de leurs

---

1. Molokiš, ville de Russie, sur la rive gauche du Dniester, entre Rašcov et Ribnica.

lignes, et qui, les prenant en queue, les attaquaient deux fois par heure et leur faisaient éprouver des pertes sérieuses.

Les Russes commencèrent, dans la soirée, à tirer le canon et continuèrent toute la nuit. Ils lancèrent plus de cinq cents bombes contre les armées ottomanes, sans leur causer de bien grands dommages, car, les projectiles moscovites n'étaient pas sitôt tombés, que les Turcs se tenaient sur leurs gardes jusqu'au moment de l'explosion et échappaient ainsi au danger.

L'ennemi réussit pourtant à bouleverser les retranchements Turcs ; mais, à la faveur de l'obscurité, les soldats ottomans pouvaient fuir sans être aperçus, et, de cette façon, il n'y en eut qu'un petit nombre de tués.

Le soir du même jour, les trois pachas à trois queues, qui étaient allés du côté de Rašcov, arrivèrent avec leurs troupes.

Le samedi 29 août 1738, à l'aube du jour, quand le combat eut cessé, le séraskier pacha descendit dans les retranchements, avec les autres pachas et les odjaclis, pour donner de nouveaux ordres aux troupes. Il voulait, si cela était possible, mettre à profit les gués dont les Turcs étaient maîtres, pour faire passer de la cavalerie sur l'autre rive du fleuve, avec vingt pièces de canon. Mais, au moment où les armées ottomanes s'attendaient à une nouvelle attaque, elles virent les ennemis plier bagage et prendre immédiatement la route du Bog, par laquelle ils étaient venus. Ce départ précipité des Russes jeta une grande confusion dans l'armée ottomane. Soupçonnant le séraskier pacha d'avoir su que ce mouvement se produirait et irrités qu'il ne les eût pas laissés passer le fleuve pour attaquer l'ennemi, les janissaires coururent en foule chez lui, dans l'intention de lui faire un mauvais parti. Le séraskier pacha et le capidjiler-kékhayassi du Sultan, qui se trouvait avec lui, voyant les balles tomber dru comme grêle sur la tente où ils étaient assis, se glissèrent vivement tous deux par dessous les tentures et, en proie à une extrême frayeur, coururent se cacher dans le dépôt des munitions de guerre. Les janissaires s'élancèrent après eux pour les en arracher et pressèrent tellement les djébedjis que ceux-ci prirent les armes et qu'il y aurait eu beaucoup de sang versé, si le samsondji-bachi ne fût arrivé avec tous les officiers supérieurs du même corps que lui et n'eût, non sans peine, apaisé les janissaires. Cet officier fit sortir le séraskier pacha du magasin aux munitions et le reconduisit dans sa tente. Les autres pachas s'y étant réunis demandèrent aux janissaires quelle était la cause de leur rébellion, et tous répondirent qu'ils s'étaient révoltés parce que, au lieu de leur faire passer le fleuve pour attaquer les Russes, le séraskier pacha avait laissé ces derniers prendre la fuite et leur échapper. Ils ajoutèrent que, si, dans deux jours, on n'avait pas construit sur le fleuve un pont qui leur permît de le traverser pour se mettre aux trousses de l'ennemi et l'atteindre, afin qu'il ne s'échappât point de leurs mains sans être inquiété, ils mettraient en pièces tous les pachas.

A la suite de cette déclaration, vingt mille hommes, tant de cavalerie que d'infanterie, se hâtèrent de passer le fleuve sur des londres, coururent après les Russes et les atteignirent. Ceux-ci, voyant d'une part l'énorme quantité de troupes ottomanes qui fondaient sur eux avec tant d'impétuosité, et, de l'autre, le sultan et Véli Pacha à la tête d'une multitude de Tartares, qui dépassait, dit-on, cinquante mille hommes, se replièrent peu à peu, combattant avec acharnement, et tenant tête aux Turcs et aux Tartares. Abrités dans des tranchées, ils se défendaient par une canonnade et une fusillade des plus nourries; ils purent se replier, en se protégeant de la sorte, et opérer graduellement leur retraite. Quant aux troupes ottomanes, elles ne cessèrent, durant un jour et une nuit, de poursuivre et de harceler les Russes, leur tuant des hommes et leur faisant de nombreux prisonniers. Les Tartares allaient en avant, brûlaient les foins (ce qui fit perdre aux Russes une grande quantité d'animaux), se livraient dans l'entre-temps à des attaques impétueuses, tuaient beaucoup d'hommes et en faisaient beaucoup prisonniers. Enfin, après de grands efforts et des pertes considérables, les Russes arrivèrent dans une localité appelée Giazul Popii, par où ils avaient passé en venant et qui est à six heures du Dniester. Ils y restèrent quelques jours, cernés par les Tartares de telle façon qu'il ne pouvaient bouger, car les Tartares les harcelaient et leur faisaient éprouver beaucoup de pertes et de dégâts. Le Prince donna aux messagers qui avaient apporté ces nouvelles une gratification consistant en drap et en argent.

9 *août*. — Trois Lipcans[1], envoyés du camp impérial par les capi-kékhayas, apportèrent au Prince la nouvelle que Ada Calessi avait été prise par les Ottomans, le 4 courant[2]. Son Altesse leur accorda aussi une gratification consistant en drap et en argent, et fit tirer des salves d'artillerie et de mousqueterie.

Voyant ses troupes diminuer journellement, tandis qu'au contraire l'ennemi se concentrait et devenait de plus en plus nombreux, craignant, en outre, le danger qui pouvait résulter d'un pareil état de choses, le Prince en écrivit au gouverne-

---

1. Les Lipcans étaient des Tartares lithuaniens au service du Prince et qui faisaient l'office de courriers à cheval. Voy. CANTEMIR, *Descriptio Moldaviæ*, p. 89.

2. « Depuis la retraite des Impériaux sur Islatim, Yeghen Pacha s'était porté avec son armée à Orsova et en avait recommencé le siège. Cinq batteries faisaient un feu continuel sur cette place. Les travaux furent poussés avec tant de vivacité que, le 15 août, Orsova se rendit à lui par capitulation (LAUGIER, *Hist. de la paix de Belgrade*, tome I, pp. 260-261). » Nous ne citons ce passage que pour démontrer une fois de plus combien Dapontès est soucieux des dates. Le 4 août (style grec) correspond bien au 15 août (1738). Sur la reprise d'Orsova par les Turcs, voy. encore DE HAMMER, XIV, pp. 420-421.

ment; et Suleyman Pacha, ancien moutessarif d'Ak-Séraï, reçut ordre de quitter les environs de Salonique [1], où il se trouvait, et de se rendre à Bucarest, avec mille hommes. Il fit son entrée dans le camp princier le 13 août, et Son Altesse alla au devant de lui avec Tegmour Suleyman Pacha. Il amenait avec lui une vingtaine de prisonniers qu'il avait faits en Transylvanie; il en fit cadeau de trois au Prince, qui lui donna en retour plus de deux cents piastres. Quant aux autres prisonniers, Son Altesse les racheta et leur octroya, avec la liberté, la permission d'aller où bon leur semblerait.

18 août. — Le Sultan chargea Chehsivaroglou, vékil du capidjilar-kékhayassi, de porter au khan des Tartares une pelisse, des carquois, et les autres présents d'usage; au séraskier pacha de Crimée et de Bender, il envoya une pelisse.

Le même Chehsivaroglou [2] fut aussi chargé par Sa Hautesse de porter au grand vizir, à l'occasion de la prise d'Ada Calessi, un kilitch-caftan [3] et un panache [4]; au séraskier de Vidin et aux autres pachas à trois queues présents dans cette localité des pelisses de zibeline; aux pachas à deux queues des caftans, selon l'usage, et huit mille aigrettes [pour être dis-

1. Salonique ou Thessalonique, en turc Sélanic, ville de la Turquie d'Europe, chef-lieu de l'éyalet et du liva du même nom. Environ quatre-vingt mille habitants. Siège d'un métropolitain grec relevant du patriarche de Constantinople et portant le titre de : ὑπέρτιμος καὶ ἔξαρχος πάσης Θεσσαλίας.

2. Ceci rectifie une assertion erronée de de Hammer qui affirme (XIV, p. 421) que ce fut le capidjiler-kékhayassi (ou grand chambellan de la cour) lui-même qui porta les présents du Sultan au grand vizir. Comme il appert de l'alinéa suivant, le capidjiler-kékhayassi était alors absent de Constantinople.

3. « Le Grand Seigneur envoye un sabre, et une veste fourrée de martes zebelines aux vezirs & pachas, pour marque de satisfaction de leurs bons services, & cela s'appelle Kilitch-caftan (*Canon de Sultan Suleïman II*; Paris, 1725, in-8°; p. 65, en note). »

4. Un panache de plumes de héron orné de diamants. Voy. de Hammer, pp. 421-422.

tribuées à ceux des officiers et des soldats qui s'étaient le plus distingués].

Mechmet aga, capidjiler-kéhayassi du Sultan, arriva de Bender avec le vékil du petit imbrohor, et, la même nuit, il repartit en toute hâte pour le camp impérial, où il allait porter la nouvelle de la fuite des Russes. Le Prince se rendit à sa rencontre et lui donna une gratification de plus de cinq bourses.

Suleyman Pacha, le nouvel arrivé, était un homme d'une avarice et d'une cruauté excessives; ayant un jour égorgé de sa propre main un de ses tchocadars, ce meurtre jeta le trouble et la confusion parmi ses troupes. Les soldats voulaient se révolter sur-le-champ et ils ne se tinrent tranquilles que parce qu'il était trois heures de nuit; mais, le lendemain, dès la pointe du jour, pendant que le pacha dormait encore, tous, du plus petit au plus grand, se mirent sur pied, poussant des cris et des vociférations. Réveillé par le bruit, le pacha, effrayé, quitte aussitôt son lit, monte sur le premier cheval qui se présente, et, sans chaussures, en vêtement de nuit, l'épée nue à la main, il s'enfuit précipitamment vers le monastère de Cotroceni. Mais, comme les portes de ce couvent n'étaient pas encore ouvertes, il alla se réfugier dans les vignes des alentours, sans être poursuivi. Des capitaines, envoyés à sa recherche par le Prince, eurent bien du mal à le trouver dans une vigne où il s'était caché. Ils en donnèrent avis au Prince, et celui-ci l'envoya aussitôt chercher par le grand postelnic, qui le conduisit au monastère, où se trouvait Son Altesse. Après le dîner, Suleyman, réconcilié, par l'intervention du Prince, avec ses soldats révoltés, se retira dans la tente qu'il occupait auparavant. Quant aux troupes, on les changea de garnison, et elles furent ainsi délivrées de la tyrannie de ce pacha.

26 *août*. — Le Prince reçut de Bender la nouvelle que, le 7 courant, l'armée moscovite avait quitté Giazul Popii, s'était dirigée du côté du Bog, distant de vingt heures [1], et avait, non sans peine, atteint ce fleuve, le 13 du même mois. Le sultan tartare [2] avec toutes ses troupes, ainsi que Véli Pacha avec vingt mille hommes de cavalerie turque, se mirent à la poursuite des Russes; Bambet mirza partit aussi, à la tête de vingt mille Nogaïs [3], pour prendre les Russes en queue, tandis que le sultan et Véli Pacha les prendraient par devant, afin de leur rendre difficile le passage du Bog. En chemin, les Russes brûlaient, à chaque étape, cinquante à soixante charretées de provisions, enfouissaient dans la terre la poudre, les canons et autres engins de guerre, car, le défaut de fourrage leur ayant fait perdre un grand nombre d'animaux, ils manquaient de bêtes de trait pour transporter leur matériel.

Il y eut, comme les listes en font foi, dix mille Russes et Cosaques faits prisonniers, sans compter ceux qui périrent en combattant ou qui moururent de la maladie qui avait fondu sur l'armée [4].

Les troupes ottomanes retournèrent à Bender, mais le séraskier et les autres pachas restèrent à Camenca, attendant une réponse du sultan.

L'autre armée moscovite, qui était à Or, fut complètement

---

1. Le manuscrit *A* dit : « à vingt heures de distance de Camenca. »
2. C'était Safa Ghiraï sultan, séraskier du Boudjac. Voy. DE HAMMER, XIV, p. 422.
3. Vingt mille Tartares et un nombre égal d'Ottomans, dit de Hammer (XIV, p. 423). Nouvelle preuve de l'exactitude de Dapontès.
4. De Hammer confirme ces détails ; il dit que les pertes que l'attaque du sultan tartare avait fait éprouver aux Russes « étaient de peu d'importance, en comparaison de celles qu'ils eurent à regretter en hommes et en chevaux par suite des maladies et du manque de fourrage, deux fléaux qui, de même que l'année précédente, ne cessèrent de décimer leurs rangs (t. XIV, p. 423). » Cette défaite des Russes eut lieu le 8 août, nouveau style *(ibid.)*. Voy. aussi KERALIO, *Histoire de la guerre des Russes et des Impériaux contre les Turcs*, II, pp. 21, 22 et 23.

battue, et le neveu du général Lasci fait prisonnier en se rendant à Pétersbourg avec les clefs de la ville conquise [1]. Les Russes incendièrent la flotte qu'ils avaient à Oluten, sur le Bog [2].

27 août. — Le sultan tartare informa le séraskier que les Russes arrivés aux bords du Bog avaient construit un pont sur lequel ils avaient passé ce fleuve. Incontinent, le séraskier quitta Camenca, avec tous les pachas et son camp au grand

1. Cette nouvelle, transmise par le khan Mengli Ghiraï, n'était, comme le fait justement observer de Hammer (t. XIV, pp. 423-424), qu'une fanfaronnade à la manière tartare. Voici ce qui s'était passé. Une armée russe, forte de trente à trente-cinq mille hommes, se présenta devant Or (6 juillet, *n. st.*). « Le khan, plein de confiance en quarante mille combattants, et plus encore en ses lignes, se flattait de fermer à l'armée ennemie l'entrée de ses États. Mais le comte de Lasci découvrit une autre route que celle des lignes. Les chaleurs de l'été dessèchent en partie la mer d'Azov, et le vent d'ouest repousse les flots avec tant de force qu'une partie du rivage reste à découvert pendant cette espèce de reflux. Dès que ce vent souffla (7 juillet), M. de Lasci rangea son armée sur une seule ligne le long de la mer, fit heureusement ce trajet, n'eut qu'un petit nombre de ses derniers chariots submergés quand le vent cessa, prit un fort nommé Tchivas-Coula, et alla mettre le siège devant Pérécop (Or). Le feu continu de son artillerie, et surtout la grande quantité de bombes qu'il fit jeter dans la place, obligèrent le commandant turc à capituler après deux jours d'attaque (10 juillet). Le maréchal ayant exigé que la garnison fût prisonnière, l'officier turc fit d'abord quelques difficultés ; cependant il y consentit. Deux cents janissaires, commandés par un pacha à trois queues, sortirent de la place et mirent les armes bas. Deux régiments d'infanterie les y remplacèrent, et le général major Brigny en eut le commandement. On y trouva cent pièces de canon, la plupart de fonte, et beaucoup de poudre, mais peu de pain. Le comte de Lasci, maître de cette place, entra plus avant dans le pays, et le trouva presque désert. Il était en marche dans ces vastes plaines, lorsque vingt mille Tartares vinrent avec furie se jeter sur les Cosaques de l'Ukraine qui faisaient l'arrière-garde ; ils les plièrent, les culbutèrent sur les dragons d'Azov qui s'avançaient pour les soutenir. Le lieutenant-général Spiegel accourut avec quatre régiments de dragons et les Cosaques du Don, pour arrêter les fuyards et les ennemis. A peine ceux-là commençaient à se rassembler qu'ils furent assaillis de nouveau. Le combat fut long et opiniâtre. Quelques régiments d'infanterie, qui s'avancèrent, obligèrent enfin l'ennemi de se retirer. Il laissa deux mille hommes sur le champ de bataille, et les Russes six ou sept cents, en y comprenant les Cosaques (KERALIO, t. II, pp. 24-27). »

2. Bog, ou Boug, l'ancien Hypanis, affluent du Dnieper ; il prend sa source en Volhynie et arrose les gouvernements de Podolie et de Kherson, vers le sud-ouest.

complet, et s'avança jusqu'à Ribnica [1], localité à huit étapes de Bender. Le sultan ne se fit pas faute de harceler les ennemis au passage du Bog, attendu surtout qu'ils étaient entièrement exténués, eux et leurs animaux; ceux-ci, du reste, n'étaient plus alors qu'en très petit nombre, et c'est pourquoi les Moscovites avaient brûlé une quantité considérable de provisions. Aussi beaucoup de Russes et de Cosaques préférèrent-ils, plutôt que de mourir de faim, tomber entre les mains des Tartares, qui firent dix-huit cents prisonniers.

Les Polonais témoignèrent une vive amitié aux armées turques et leur firent bon accueil. Le séraskier pacha et les autres pachas furent enchantés de cette amitié et de cet accueil, et ils en écrivirent au grand vizir. Si, d'ailleurs, les Polonais ne se fussent pas comportés de la sorte vis-à-vis des armées ottomanes, les Tartares auraient infailliblement dévasté leur pays. Le sultan fit ensuite ses préparatifs de départ pour retourner à Bender et donna ordre à deux mirzas de faire le nécessaire pour retrouver les canons, les munitions et autres choses enfouies par les Russes.

Véli Pacha fut le premier qui rentra au camp impérial.

Les prisonniers russes assuraient que les armées moscovites avaient l'intention de gagner Perevološna et, de là, le pays cosaque.

On dit que la tsarine a mis, cette année, sur le pied de guerre une armée de plus de trois cent mille hommes, que l'on a divisée en trois corps; le premier, qui s'est rendu sous les murs de Bender, se compose de plus de quatre-vingt mille hommes; il est commandé par le généralissime Münich, homme d'une profonde intelligence, très versé dans l'art militaire, et

---

1. Ribnica, ville de Russie, sur la rive gauche du Dniester, en face de Rezeni, qui appartient à la Bessarabie.

qui servait déjà du temps de feu le tsar Pierre. Le second corps a été dirigé sur la Crimée, et le troisième a reçu ordre de veiller à la garde des frontières.

27 *août*. — Le prince Grégoire écrivit au prince Constantin que des voleurs et des Catans avaient fait leur apparition du côté de Niamţ [1] et s'étaient rendus coupables d'un grand nombre d'excès et de rapines ; que cinquante d'entre eux, traqués par les gardiens des frontières, avaient cherché un refuge en Pologne, et que trente, faits prisonniers, avaient été désarmés, garrottés et conduits à Jassi.

29 *août*. — On reçut de Craiova la nouvelle que environ trois mille Valaques et Catans avaient opéré une descente dans une localité située à quatre heures de cette ville, et que quatre cents soldats turcs envoyés contre eux les avaient attaqués et mis en fuite, leur tuant dix-huit hommes et faisant six prisonniers, puis étaient retournés à Craiova.

---

4. Niamţ, sous-préfecture du district du même nom (le chef-lieu est Piatra). Environ dix mille habitants. Ce que cette ville renferme de plus remarquable, c'est son ancienne forteresse ; elle fut construite en 1210 par les chevaliers teutoniques qu'André II, roi de Hongrie, avait appelés pour les opposer aux hordes des Tartares Cumans qui, maîtres de la Moldavie, poussaient de continuelles incursions dans la Transylvanie et la Hongrie ; de là le nom de Niamţ (qui, en roumain, signifie *Allemand*) donné à la citadelle. Depuis lors, Niamţ ne cessa d'être le théâtre de luttes sanglantes entre les Moldaves, les Polonais et les Tartares. C'est à l'abri de ces mêmes remparts que, en 1686, dix-neuf chasseurs des montagnes tinrent en échec durant trois jours l'armée entière de Sobieski. Forcés de se rendre, leurs munitions étant épuisées, ils obtinrent une capitulation honorable. Cet épisode a fourni à Basile Alecsandri le sujet d'un drame historique représenté à Jassi en 1857. Niamţ possède aussi un monastère, le plus vaste, le plus riche et le plus célèbre de toute la principauté. Fondé en 1392, ce ne fut d'abord qu'un simple ermitage servant de retraite à trois religieux. Étienne Ier leur fit bâtir une église qui fut aux trois quarts détruite par un tremblement de terre, en 1472, et remplacée par une chapelle en bois. En 1497, Étienne le Grand fonda l'église principale dédiée, comme la première, à l'Ascension de Jésus-Christ. En 1691, les moines durent fuir devant les Polonais qui ravageaient la principauté. Quand ils revinrent, ils ne trouvèrent plus que les murs du monastère ; tout avait été enlevé, même les chartes, dont quelques-unes remontaient à l'empereur Jean Paléologue. Niamţ compte aujourd'hui environ six cents moines ; il possède une imprimerie.

30 *août*. — Le Prince reçut d'Ali Pacha, vali de Bosnie, une lettre par laquelle il l'informait qu'il avait occupé une portion considérable du territoire allemand, à la tête d'une assez nombreuse armée; qu'il avait fait une grande quantité de prisonniers, brûlé beaucoup de villes, et rasé les deux forteresses de Betle [1] et de Gorica [2].

Youssouf bey, salahor impérial, arriva de Bender, apportant au Prince une lettre relative aux mesures à prendre concernant les déserteurs; on y enjoignait à Son Altesse de les faire arrêter, de les renvoyer au corps et de punir les récalcitrants.

1. Betle est vraisemblablement une localité de Croatie, mais il nous a été impossible de l'identifier.
2. Il y a deux localités de ce nom en Croatie, Gorica Mala et Gorica Velika, l'une et l'autre sur la Save, non loin de Petrinja, dans l'ancien régiment banal n° 2.

SEPTEMBRE 1738

Arrivée du divan-effendi du séraskier de Bender. — Arrivée du tournadji-bachi avec un hatti-chérif relatif aux déserteurs. — Présents envoyés par le grand vizir au séraskier pacha. — Retour du capidjiler-kékhayassi. — Le neveu d'Ali Pacha se rend de Bosnie à Niš avec les drapeaux allemands. — Du hatti-chérif qui fut envoyé au séraskier relativement à Ozou. — Lettre du prince Grégoire au prince Constantin. — Victoire que les Turcs remportent sur les Allemands, à Craiova ; excès qu'ils commettent. — Le sultan tartare revient avec de nombreux prisonniers d'une expédition contre les Russes. — Du mirza qui enleva des animaux aux Russes. — Rapport adressé au Sultan pour lui démontrer l'impossibilité actuelle d'une expédition contre Ozou ; cette ville est évacuée et rasée par les Russes ; pachas que l'on y envoie. — Cause de l'abandon du Dniester par les Russes. — Danger que court Münich. — Demandes adressées par la tsarine aux Polonais. — Du fils de Cantemir. — Du silicdar du séraskier de Bender qui se rendait au camp avec les nouvelles d'Ozou. — Une fausse alerte à Kronstadt. — Suleyman Pacha quitte Bucarest. — Firmans relatifs à la construction de cent quarante barques non pontées. — Le métropolitain [de Hongro-Valachie] s'endort dans le Seigneur. — Le métropolitain d'Andrinople s'endort dans le Seigneur. — Du Turc que fit pendre Suleyman Pacha. — Firman relatif au gouvernement accordé à Suleyman Pacha. — Départ du nouzoul-émini pour Constantinople. — Des Heiduques qui se trouvent à Craiova. — Des boyards de Craiova. — Des Allemands qui sont dans la Loviște. — Du prince de Hermannstadt. — Du cheik qui venait de Jérusalem.

1er *septembre*. — ABDOULLAH EFFENDI, divan-effendi du séraskier de Bender, arriva de cette ville, et remit à Son Altesse une lettre dudit séraskier, par laquelle il l'informait des succès remportés sur les Russes. A cette occasion, il y eut des réjouissances. Le 3 septembre, le divan-effendi partit pour aller dans son pays.

2 *septembre*[1]. — Hadji Youssouf aga, tournadji-bachi, apporta

---

1. Dans le manuscrit *A*, cet alinéa et le suivant portent la date du 5 septembre.

un hatti-chérif et un firman relatifs aux déserteurs. Il y était enjoint de les renvoyer chacun dans sa garnison respective, et de faire interner dans une forteresse ceux qui résisteraient. Le lendemain, Youssouf aga repartit.

Le grand vizir chargea son ancien capidjiler-kékhayassi, Hadji Mechmet aga, de porter au séraskier de Vidin, qui se trouvait à Ruşava, cent bourses de florins, quatre aigrettes d'or et quatre coffrets en argent; sur ces présents, il y avait cinquante bourses pour le séraskier, et le reste était destiné aux pachas à trois queues présents à Ruşava.

6 *septembre*. — A son retour du camp impérial, le capidjiler-kékhayassi passa par la Valachie. On dit que le grand vizir lui aurait fait subir des contrariétés et aurait formellement refusé de lui accorder une audience. Il dîna et partit quelque temps après en toute hâte pour Bender, où il portait au séraskier de cette ville l'ordre d'aller assiéger Ozou avec les troupes qu'il a sous son commandement.

7 *septembre*. — On apprit que Moustafa bey, fils du chirurgien en chef du Sultan et neveu d'Ali Pacha, s'était rendu de Bosnie à Niš avec trois drapeaux jaunes de toute beauté, ornés d'aigles noires à deux têtes, et que le grand vizir l'avait revêtu d'un caftan ainsi que Féiz bey et un tchocadar favori de Hadji Ali.

8 *septembre*. — Le lendemain, on apporta de Bender la nouvelle que, avant l'arrivée du capidjiler-kékhayassi, le séraskier avait reçu un hatti-chérif relatif à Ozou, et qu'il faisait ses préparatifs d'expédition.

Le prince Grégoire écrivit au prince Constantin que les Russes avaient passé le Bog, sur dix ponts, que Münich, après avoir franchi ce fleuve, s'était fixé sur ses bords, pour attendre que le cabinet de Pétersbourg lui transmît ses ordres; que les munitions, les canons et autres engins de guerre allaient être expédiés par le Dnieper. Il ajoutait que les cinquante Catans, dont il a été question précédemment, étaient commandés par les deux fils du capitaine Antoine, et qu'ils avaient été arrêtés et mis en prison par les Polonais ; qu'ayant écrit pour les trente autres au grand vizir, celui-ci avait envoyé un aga chargé de les prendre et de les amener au camp impérial.

12 septembre. — On reçut de Craiova la nouvelle que, le 31 du mois passé, une armée ottomane, partie de Ruşava pour gagner le sommet de la montagne voisine de cette place et marcher contre les Catans, avait traversé le Mehedinţï [1] et le Jiul-de-Sus [2] (un des cadilics transolténiens), sans faire subir de vexations aux habitants. Ayant rencontré les Catans dans le Jiul-de-Sus, les Turcs les attaquèrent, les battirent, en tuèrent un grand nombre, poursuivirent les autres et les contraignirent à se réfugier dans les montagnes. A leur retour, les Turcs commirent de grands excès dans les villages de la contrée, pillant et saccageant, tuant et massacrant les hommes, sans pitié; insultant les femmes, les jeunes filles, les enfants, et les faisant prisonniers. En un mot, ils se comportèrent avec tant de barbarie et emmenèrent tant de captifs qu'ils dévastèrent et détruisirent entièrement vingt-cinq villages populeux, chose inouïe jusqu'alors. Ils retournèrent ensuite à Ruşava, si encombrés de prisonniers et de bestiaux (moutons, chevaux, bœufs et autres animaux), qu'ils avaient peine à les faire passer même par les grandes routes impériales.

On reçut aussi de Crimée la nouvelle que Sélim sultan, fils de Déli sultan et petit-fils de Sadet Ghiraï Khan, qui, avec des

---

1. Ce nom, qui dérive de Mehadia (aujourd'hui possession hongroise), appartient à un district qui forme l'extrême frontière occidentale de la Valachie, et dont le chef-lieu est Severin.

2. Ce cadilic ou district (judeţ) comprenait le district actuel de Gorj, dont un arrondissement a conservé le nom de Jiul-de-Sus. Le chef-lieu de l'ancien cadilic était Tîrgu-Jiul. Voy. A. C. Hypsilanti, Τὰ μετὰ τὴν ἅλωσιν, p. 785.

armées composées de Circassiens et de Nogaïs, avait dirigé une expédition sur les frontières moscovites du côté de la Circassie, en était revenu avec une multitude de prisonniers ; et que Chahîn Ghiraï sultan, fils d'Adil Ghiraï, frère du khan actuel, était parti du côté de Samara, à la tête de douze mille Tartares.

Enfin, on reçut de Bender la nouvelle qu'un mirza qui allait de l'autre côté du Bog, au dessus d'Ozou, avec une nombreuse armée tartare, avait rencontré en route huit mille animaux, expédiés par la tsarine aux troupes sous les ordres du maréchal Münich et destinés à effectuer le transport de tout le matériel de guerre, et que ce mirza s'en était emparé ainsi que de trois cents Russes.

Le séraskier de Bender et les autres pachas envoyèrent au Sultan un rapport dans lequel ils lui représentaient qu'il était actuellement impossible de marcher contre Ozou, d'abord parce qu'on n'était pas prêt, ensuite parce qu'on ne pouvait pas, pour le moment, faire des préparatifs et se mettre en route, attendu que les troupes étaient dispersées et que, présentement, il fallait user d'indulgence.

Telle était la situation des affaires, lorsqu'on apprit, de sources nombreuses et sûres, que les Russes avaient évacué Ozou. Après en avoir retiré les canons et tout le matériel de guerre, ils avaient entièrement rasé la forteresse, sauf, dit-on, la palanque de Hassan-Pacha, parce que le fleuve qui la baigne l'avait déjà en partie emportée. Ils étaient partis, après avoir rempli le fossé d'enceinte avec les décombres provenant de la citadelle. Ayant appris cette nouvelle, en premier lieu, par le fils de Mechmet mirza sultan et, ensuite, par d'autres personnes, le séraskier donna immédiatement ordre à Mechmet Ghiraï sultan mirza, à Hussein Pacha, et à Djilac Ibrahim Pacha, de se rendre à Ozou avec une armée nombreuse et de s'y tenir en expectative.

L'abandon d'Ozou par les Russes a causé une grande stupéfaction à tous les Européens qui l'ont appris, et ils l'interprètent de différentes façons. Il en est qui prétendent qu'il eût été difficile aux troupes moscovites de passer l'hiver dans cette place, car les Tartares auraient empêché qu'on pût leur envoyer des vivres et correspondre avec elles; il en est d'autres qui disent que, puisque les Russes étaient dans l'intention de rendre Ozou au moment de la paix, ils avaient enlevé leur artillerie et leurs munitions et rasé la ville pour tâcher que, lors de la conclusion de la paix, la place fût abandonnée; d'autres, au contraire, loin de partager cet avis, prétendent que cette exigence serait des plus préjudiciables aux Russes, car, s'il n'existait pas de ville dans ces steppes, il ne se passerait pas de jour que les Tartares ne fissent une incursion couronnée de succès, comme cela se produisait sur les frontières de la Circassie. Les plus sensés conjecturent que la cause de cette détermination doit être cherchée dans l'impuissance des Russes, et qu'ils n'ont reculé que devant les fatigues et les frais de la guerre, ainsi que devant la difficulté des approvisionnements et du transport des animaux; si tels n'étaient pas les motifs de leur résolution, ils auraient continué d'occuper Ozou et la restitution de cette place, au moment du traité, leur eût été d'un grand secours pour résoudre des questions d'une autre nature.

Pour expliquer le départ des Russes des bords du Dniester et leur précipitation à passer le Bog, on dit qu'ils ont été contraints d'agir ainsi, parce que, les Tartares ayant incendié tous les fourrages, ils se trouvaient dans une très grande nécessité.

Antérieurement à la fuite des Russes, lorsqu'ils venaient du Bog au Dniester, le maréchal Münich qui précédait l'armée avec trois cents hommes, pour examiner la position de l'endroit où l'on avait fait halte, rencontra un parti de Turcs et de Tartares, et peu s'en fallut qu'il ne fût tué ou tombât vivant entre leurs mains ; mais, grâce au frère du duc de Courlande qui arriva à son secours avec son régiment, il put se retirer et échapper au danger.

Le bruit s'est répandu en Pologne que la tsarine a demandé avec instances à ce pays la cession, moyennant une forte somme, de quelques villages et de deux ou trois forteresses, pour y faire hiverner ses troupes, afin qu'elles se trouvassent au printemps dans le voisinage des frontières. Cette demande a causé une vive émotion à un grand nombre de magnats de la République, lesquels ne se gênent pas pour dire que la Pologne tout entière a conclu avec son roi un pacte en vertu duquel ses sujets l'ont accepté pour souverain à la condition que, si le pays était inquiété par les armées russes, tous prendraient les armes et seraient déliés de leur serment d'obéissance. Cependant, cette agitation cessa quand les Russes eurent évacué et abandonné Ozou.

Le fils aîné de Cantemir, qui était ambassadeur en Angleterre, reçut en toute diligence l'ordre de se rendre en France pour y remplir les mêmes fonctions.

17 septembre. — Ali aga, silicdar du séraskier de Bender, passa [par Bucarest], se rendant au camp impérial avec la nouvelle de l'évacuation d'Ozou. Il remit au Prince une lettre renfermant cette même nouvelle.

On reçut de Kronstadt la nouvelle que, le 11 courant, au matin, des soldats étant sortis de la forteresse pour aller marauder des fruits dans les jardins voisins de la ville, un homme les avait surpris et s'était mis à crier : *Tolvaj* [1] *!* c'est-à-

---

1. Le mot *tolvaj* est hongrois et signifie effectivement *voleur*. Il y a dans le texte grec τολβάï.

dire : *Voleur!* Quelqu'un ayant cru entendre, non pas *Tolvaj!* mais *Turcs!* se mit à crier : *Turcs!* et, de cette façon, le bruit se répandit rapidement par toute la ville que l'on était assiégé par les Turcs, ce qui plongea les habitants dans une terreur et une épouvante telles que la perturbation devint générale. Rues et ruelles s'emplirent d'hommes, de femmes et d'enfants, déplorant la captivité [qui les menaçait]. La population ne se tranquillisa que lorsqu'on eut mis en prison un caporal coupable d'avoir répandu le premier cette fausse nouvelle. A la suite de cette panique, les autorités allemandes prirent, dit-on, la résolution d'enlever de la localité Dinu, ancien grand stolnic et petit-fils du prince Constantin Brăncovanu, et de le transférer, avec toute sa famille, à Bude, ville à trois jours de Vienne.

Considérant la brutalité et la barbarie de Suleyman Pacha, le nouvel arrivé, et la conduite qu'il avait tenue précédemment, Son Altesse en écrivit au gouvernement, et il fut appelé par firman à un poste hors de la Valachie. Quant à ses troupes, elles furent placées sous le commandement de son homonyme Suleyman Pacha. Il partit le 22 septembre, et le Prince et le pacha le reconduisirent.

Un courrier du grand vizir apporta des firmans, ordonnant la construction de cent quarante barques non pontées, dont quatre-vingts par le Prince et soixante par Mahmoud bey, à qui Son Altesse devait envoyer le bois nécessaire. Il fallait que ces barques fussent terminées et prêtes pour le printemps.

23 *septembre*. — Étienne, métropolitain de Hongro-Valachie, mourut de la peste, dans le monastère de Căldăruşanï[1]. Transféré, sous le deuxième principat de Son Altesse, de l'évêché de [2] Buzău au siège archiépiscopal de Hongro-Vala-

---

1. Căldăruşanï, monastère situé dans le district d'Ilfov, arrondissement de Snagov.
2. Misael, son successeur à l'évêché de Buzău, fut élu le 8 janvier 1732 (CIPARIU, *Acte si Fragmente*, etc.; Blasiu, 1855; in-8°, p. 227).

chic, ce prélat mena une vie agréable à Dieu, et, après avoir administré, pendant huit années, le troupeau spirituel du Christ confié à ses soins, il s'endormit dans le Seigneur et fut enseveli dans sa très sainte cathédrale, le 24 du même mois.

Clément, ancien métropolitain d'Andrinople, mourut aussi plein de jours. Il était parvenu à une extrême vieillesse et avait, pendant près de cent ans, mené une vie évangélique et agréable à Dieu. On procéda également à ses funérailles.

Suleyman Pacha fit pendre un Turc qui avait pillé la maison d'un Juif et lui avait volé ses effets.

27 *septembre*. — Le premier tchocadar du mectouptchi-effendi arriva du camp avec un firman pour Suleyman Pacha, relatif au gouvernement qui lui avait été accordé ; ce gouvernement était celui de Kars [1], ville située non loin des frontières de Perse. A cette occasion, il y eut des réjouissances. Il était dit dans ce firman que, connaissant le mérite et la magnanimité de Suleyman, sachant, en outre, avec combien de zèle et de bravoure il avait tenu l'ennemi à distance du territoire valaque, la Sublime Porte le jugeait digne de sa clémence et de ses bienfaits, et lui donnait, en conséquence, le susdit gouvernement.

30 *septembre*. — Osman effendi, nouzoul-émini de Bucarest, partit pour Constantinople, après avoir obtenu audience de Son Altesse. Il fut revêtu d'une fourrure de lynx par le Prince et d'une pelisse par Suleyman Pacha.

On apprit que les Heiduques, qui exerçaient leurs brigandages au-delà de l'Olt, ayant reçu des Allemands l'ordre de se rendre dans la Loviste, pour veiller à la défense de ce district, beaucoup d'entre eux avaient pris la fuite, notamment Orto-

---

1. Kars, ville forte de la Turquie d'Asie, sur la rivière du même nom, chef-lieu du liva de Kars, dans l'éyalet d'Erzeroum.

baki, commandant de l'infanterie heiduque, et Valaque natif de Craiova. On apprit également que le bruit courait que des Allemands allaient faire la garde dans le monastère de Cozie. Le pacha qui se trouvait à Craiova s'était préparé à marcher contre eux avec des troupes, mais il en fut empêché par les gens du pays, jusqu'à ce que la moisson et les vendanges fussent terminées.

La plupart des boyards des districts transolténiens qui se trouvaient en Transylvanie, ayant obtenu des autorités allemandes la permission de partir avec toute leur famille, se sont rendus à Rîmnic.

Il n'y a pas plus de trois mille Allemands dans la Loviște ; ils ont une grande frayeur des armées ottomanes.

Dans la crainte d'une insurrection hongroise, Lobcovitz, prince de Hermannstadt [1], ne s'est pas éloigné de Haczeg [2] et a sous ses ordres six mille hommes de troupes.

Séid Ali effendi, cheik arabe, qui venait de Jérusalem, se rendit chez le Prince, avec une fausse lettre de recommandation du cheik-oul-islam. Il offrit à Son Altesse les présents qu'ont l'habitude de rapporter ceux qui vont en pèlerinage au Saint-Sépulcre, et il partit.

---

1. Georges Chrétien Lobcovitz fut nommé chef de la milice transylvaine en septembre 1737 (Rusu, *Compendiu de istori'a Transilvaniei*. Hermannstadt, 1864; in-8°, p. 373).

2. Haczeg (all. Hotzing), petite ville du comitat d'Hunyad (Hunedoara), en Transylvanie.

OCTOBRE 1738

De Hussein le Bosniaque. — Présents envoyés au grand vizir par le Sultan. — Entrée de Suleyman Pacha à Bucarest. — Mission du prince Grégoire à Camenca. — Départ du divan-effendi pour Constantinople. — Des courriers. — Arrivée de Nicolakis au camp avec des lettres. — De l'ambassadeur de Perse. — Mort du métropolitain de Niš. — Discordes entre l'Angleterre et l'Espagne. — Entrée du capitan pacha à Constantinople. — Réception d'un firman enjoignant d'expédier ce qui était nécessaire à la reconstruction d'Ozou. — Retour de Joannitza. — Mort du prince Alexandre. — Réception d'un firman ordonnant d'envoyer du bois de construction à Ada Calessi. — Départ du postelnic. — Faux bruits relatifs à une suspension d'armes ; envoi de firmans ; Mahmoud bey et Toz Pacha ; leurs combats ; destruction de Semendria. — Envois de soldats à Craiova. — On se rend à la rencontre du grand vizir. — Entrée du grand vizir à Constantinople. — Le pape écrit une lettre à l'évêque de Cracovie pour le prier d'engager les Polonais à secourir les chrétiens ; mésintelligence entre cet évêque et le primat [de Pologne]. — Haine du grand vizir contre le prince Grégoire. — Hurr se fait craindre, mais manque de fermeté. — Ses mauvais procédés envers le capidjiler-kékhayassi et le silicdar. — Trente-et-un demande la permission de se rendre en Égypte. — Arrivée de Hussein aga. — La peste à Camienietz. — Le prince Grégoire ne découvre rien des munitions enfouies [par les Russes]. — On refuse à Gentz Ali Pacha le passage par la Valachie. — Mort du ban de Craiova. — Pétition adressée au séraskier pacha, pour le prier de placer Craiova sous l'autorité de Son Altesse. — Toz Pacha prend ses quartiers d'hiver à Tirnovo. — Victoire des Serbes sur les Allemands. — Haïdar aga est nommé boulouc-bachi. — Le Prince transfère son camp à Mihai-Vodă. — Mourtaza Pacha empêche l'évêque d'officier dans l'église qui se trouve dans sa résidence. — Incendie d'un galion. — Mort d'un officier russe. — Arrivée d'un courrier. — Mort du général des djébedjis. — Rappel de l'ancien mectouptchi, Yadjicli bey. — Présents envoyés par le Sultan. — Incantations contre la peste. — Mort de Rakoczi.

1ᵉʳ *octobre*. — Le Prince revêtit d'un caftan et nomma beşli-aga [1] Hussein le Bosniaque, aga des serdenguetchtis.

---

1. « Beszliagasi, qui duos capitaneos beszliorum sub se habet. Sunt autem beszlii Turcæ

Le silicdar aga du Sultan fut chargé de porter au grand vizir, à Papazli [1], une pelisse d'invitation, une montre et un poignard. Il reçut une gratification de quarante bourses et ses hommes, une de cinq. Il repartit le lendemain.

2 *octobre*. — Suleyman Pacha quitta le camp princier avec ses troupes et rentra à Bucarest.

3 *octobre*. — On reçut de Bender la nouvelle qu'un commissaire avait été envoyé au prince Grégoire pour aller avec lui à Camenca [2] et plus loin encore rechercher les munitions et les canons enfouis par les Russes, ainsi que le prince de Moldavie en avait donné avis à la Porte. L'envoi de ce commissaire fut provoqué par le séraskier de Bender et le susdit capidjiler-kékhayassi qui haïssaient le prince Grégoire, pour avoir fait connaître le premier à la Porte des nouvelles que le séraskier se disposait à lui transmettre.

Apdi effendi, divan-effendi du Prince, quitta Bucarest et se rendit, par Giurgiu et Roustchouc, à Constantinople pour soigner sa santé, car il était malade.

4 *octobre*. — Le caracoulac du grand vizir se rendit au camp avec deux courriers français.

Nicolakis, drogman de l'Empereur, fils de Téli, se rendit à Tchouprija avec trente hommes; et, de là, Ali Pacha, fils d'Apdi Pacha, l'envoya avec six hommes au grand vizir, à

---

aut Tartari, qui ad prohibendas turcicorum agminum vexationes puniendosque Turcas, si qui insolentius agere velint, a principe adhibentur, cum inter Othmannides capitale habeatur quempiam Muhammedanum ab infideli, ut Christianos vocare solent, aut castigari aut verberari (CANTEMIR, *Descriptio Moldaviæ*, p. 89). » Zallony (*Traité sur les Fanariotes*; Paris, 1830; in-8°, p. 37, affirme que « le Prince confie d'ordinaire ce poste à son batelier de Constantinople ».

1. Papazli, bourg de la Turquie d'Europe, dans l'éyalet d'Andrinople, liva de Philippopolis. C'est dans cette localité que se trouve l'avant-dernière station du chemin de fer d'Andrinople à Philippopolis.

2. Camenca, ville de Russie, sur le Dniester, à quelques lieues en amont de Rašcov.

qui il remit des lettres enrichies de glands d'or et d'autres ornements. Ces lettres disaient que l'Empereur avait nommé généralissime le duc de Lorraine, son gendre, et lui avait conféré pleins pouvoirs pour le représenter, avec la faculté de lier et de délier. On envoya aussitôt ces lettres au Sultan par le caracoulac du grand vizir. Le grand vizir écrivit une réponse aux lettres impériales, plaça cette réponse dans un sachet broché d'or et muni d'un cozalac [1] d'or, puis la remit à Nicolakis en le congédiant. On ajoute que l'Empereur disait dans sa lettre qu'il désirerait conclure la paix avec la Porte ottomane, et qu'il chargeait son susdit gendre de s'en faire le médiateur. Le grand vizir accueillit ces ouvertures, mais, pressé de se rendre à Constantinople, il ajourna les pourparlers jusqu'à son arrivée dans la capitale. Il accorda toutefois un armistice, et donna ordre aux troupes turques, qui assiégaient Belgrade et pillaient les faubourgs de cette ville, de rentrer dans leurs quartiers. De la sorte, l'aga des janissaires partit avec ses soldats pour Constantinople, le 19 octobre, et le grand vizir, le 21.

DÉCLARATION DE L'AMBASSADEUR PERSAN

La Perse envoya à Constantinople un ambassadeur chargé d'obtenir satisfaction relativement aux affaires moscovites. Voici la déclaration qu'il fit à la Porte :

« Lorsque nous avons conclu la paix, dit-il, il avait été
« convenu que vous nous verseriez l'argent emprunté par
« vous à la Russie, afin que nous pussions libérer ce que
« nous avons mis en gage, c'est-à-dire le Ghilan [2], Démir-

---

1. Le COZALAC est une petite capsule en or, en argent, *etc.*, avec laquelle les Orientaux couvrent les cachets en cire molle des lettres missives.
2. Ghilan, province de la Perse, située au sud-ouest de la mer Caspienne.

« Capi [1], et Bakou [2] (où se trouvent des sources d'huile
« de naphte de deux espèces, la blanche et la noire [3]), mais
« vous vous êtes déclarés dans l'impossibilité de payer une
« pareille somme. Nous vous avons alors répondu : Eh bien !
« cédez-nous la ville d'Azov, que vous avez prise à la Russie,
« et, de cette façon, nous pourrons libérer ce que nous avons

---

1. Démir-Capi, ou Derbend, ville de la Russie d'Europe, capitale du Daghestan. Environ dix mille habitants.

2. Bakou, ville russe et port sur la mer Caspienne. Elle compte environ douze mille habitants. — Sur le Ghilan, Démir-Capi et Bakou, on peut consulter BARBIER DE MEYNARD, *Dictionnaire géographique, historique et littéraire de la Perse et des contrées adjacentes* (Paris, MDCCCLXI ; in-8º).

3. Voici ce que dit, à ce sujet, une note du *Derbend-Nâmeh* : « NAPHTHA. This native, combustible, shining liquid, belonging, as far as we know, to all volcanic regions of the globe, such as Sicily, Italy, and some parts of the shores of the Caspian sea, and differing from petroleum by its greater lightness and purity, abounds in the peninsula of Apsharân or Aphsharân, and in the Isle of Naphtha, which lies in the direction from Bakû to the turkomanian shores. Springs of it are also to be met in the mountains of Shirwân, not far from Shamakhi, about Salian, and in the province of Gkubbeh, near the mountains of Besh-Barmagh. This fluid is got out of a kind of wells built on purpose for collecting it at the very sources. The nature of the soil has generally considerable influence on the qualities of the fluid, so much so that its colour differs according to the difference of the ground and the depth of the wells. It is partly from this cause that we hawe two principal kinds of naphtha : the *white,* and the *dark ;* each of which, upon the same principle, undergoes some modification both in quality and in colour, and hence we have a third sort which is called the *green* naphtha..... The history of the ancient naphtha wells, in the province of Bakû, is not know to anybody ; when the old pits are ruined, now ones are dug instead of them, and consequently nobody knows the epoch to which the most ancient of them may belong..... The pits and springs of the present day (1851) are also numerous. In the year 1835, there were 125 open springs or wells ; 82 of them (76 small and 6 large) were near the village of Balokhani or Bahli-Khani, about two farsakhs to the north-east of the citadel of Bakû. All these are included in a square of about 8400 feet in lenght and from 3500 to 4900 in breadth, and they produce every month 812 khalwars of pure naphtha of a greenish colour. — 22 of such wells are in the middle cape of Shikh, near Bakû, and are called the wells of Bai-bat (from the name of the place). These wells are mostly on the very shore of the sea, and even two of them in the sea, about 63 feet from the shore, *etc., etc.* (MIRZA A. KAZEM-BEG, *Derbend-Nâmeh, or the history of Derbend, translated from a select turkish version.* Saint-Petersburg, 1851 ; in-4º, pp. 143-145).

« engagé. Vous avez consenti à notre demande et nous avez
« délivré des engagements écrits que nous avons envoyés
« aux Russes. En conséquence, les Russes se sont rendus
« devant Azov avec des armées et ont invité le pacha à éva-
« cuer la place. Le pacha ayant manifesté son étonnement,
« les Russes lui ont envoyé votre engagement avec un hatti-
« chérif, en lui disant : Reconnaissez-vous l'ordre de votre
« empereur?

— « Oui, a répondu le pacha, c'est bien l'ordre de notre
« empereur, mais, comme nous n'avons pas reçu d'instruc-
« tions à ce sujet, accordez-nous un délai de quarante jours
« pour en référer à Constantinople, et nous agirons confor-
« mément à la réponse que nous aurons reçue.

« A la réception des lettres du pacha, le Sultan se consulta
« avec les fonctionnaires de sa maison, et son imam fut d'avis
« qu'il fallait nier l'engagement, car, disait-il, si la multitude
« venait à apprendre ce qui se passe, on serait perdu. Et il
« ajouta : Déclarons que nous n'avons aucune connaissance
« de ces engagements. Mais, pendant le temps que la réponse
« mit à arriver, les Russes attaquèrent Azov et s'en rendirent
« maîtres. Et aujourd'hui ils réclament les gages à la Perse,
« en nous disant : Vous vous êtes moqués de nous, ou les
« Turcs se sont moqués de vous. Nous avons pris Azov par
« la force de nos armes. — Voilà pourquoi l'ambassadeur
« est venu à Constantinople. Que les Turcs fassent donc la
« paix avec la Russie, ou nous marcherons contre eux ; mais,
« si la Russie refuse de traiter, nous lui déclarerons la guerre. »

On répondit à l'ambassadeur persan de patienter jusqu'au retour du grand vizir à Constantinople. Il répondit : « Le chah, mon maître, ne m'a pas envoyé ici pour temporiser. Si je m'attarde, je risque ma tête. Il m'a envoyé pour remettre mon rapport et obtenir une réponse. »

Cet ambassadeur, qui a le rang de pacha, est accompagné d'un autre ambassadeur d'un grade plus élevé, qui vient pour traiter la question des esclaves des deux sexes et pour rapatrier tous les sujets du chah, mariés ou non, ainsi que les rayas persans qu'il trouvera à Constantinople. Il dit que, dans les batailles où les Persans ont remporté la victoire, les forces moscovites étaient supérieures en nombre, mais que les Persans sont versés dans l'art militaire et savent lancer les bombes. Il fait beaucoup d'éloges de Tahmas Kouli Khan[1] ; il le représente comme un homme redoutable et vaillant, d'une taille gigantesque, doué d'une voix forte et retentissante, et assurant que, si Dieu l'a jugé digne de gouverner une pareille multitude, c'est pour que sa patrie, autrement dit l'empire du chah, soit à l'abri des ravages de ses ennemis. Il tient le chah relégué au fond d'une province où ce souverain reste dans l'inaction, et il lui envoie fréquemment de grosses sommes d'argent. Voilà deux ans qu'il fait la guerre ; il s'est rendu maître de Candahar[2], ville située sur la frontière des Indes. [L'ambassadeur persan dit encore] que le pays que gouverne Mirvéizi est très vaste et peuplé d'une multitude plus nombreuse que les Tartares.

1. Ce personnage est trop connu pour qu'il soit nécessaire de lui consacrer une notice. Nous dirons seulement que Dapontès avait inséré dans son *Catalogue historique* un récit de l'expédition de Tahmas Kouli Khan contre les Indes, mais M. Sathas l'a supprimé dans l'édition qu'il a donnée de cet ouvrage (voy. p. 147). Nous avons pu le lire dans le manuscrit autographe que possède l'École grecque de la Panagia à Péra, et nous sommes d'avis qu'il eût mérité d'être publié. Antérieurement à Dapontès, un marchand grec de Constantinople, Basile Vatace, qui avait beaucoup voyagé en Perse et dans l'Asie centrale, et que Nadir chah honora d'une mission diplomatique, avait écrit une histoire de ce prince, comme il nous l'apprend lui-même, dans la relation encore inédite qu'il nous a laissée de ses voyages (vers 1677-1680). Le manuscrit de cette Histoire paraît perdu et le résumé que Daniel Philippidès en a laissé (Ἱστορία τῆς Ῥουμουνίας, Leipzig, 1816 ; in-8°, tome II, à la fin avec une pagination séparée), nous fait vivement regretter l'original.

2. Candahar, chef-lieu de la province du même nom dans l'Afghanistan, à environ trois cents kilomètres de Caboul.

6 *octobre*. — Néophytos, Paronaxiote, métropolitain de Niš, s'endormit dans le Seigneur. Il mourut de la peste, après une vie assez longue et une administration agréable à Dieu, et reçut la sépulture dans le monastère de Tous-les-Saints.

Les relations entre l'Espagne et l'Angleterre ont pris un caractère irritant. Malgré tous les efforts que la France a faits pour arranger les affaires, elle n'a pu y réussir, et la guerre entre les deux puissances semble presque inévitable.

8 *octobre*. — Le capitan pacha arriva à Constantinople avec la flotte ottomane ; il amenait avec lui des bateaux russes en forme de barques non pontées. Lors de son entrée dans le port de la capitale, il y eut des réjouissances.

Le Prince reçut un firman lui enjoignant de tenir prêts et d'envoyer à Ozou, avant l'hiver, cinq cents ouvriers [1], cent cinquante voitures, ainsi que du bois de construction et des blocs de pierre pour rebâtir la forteresse.

Joannitza, vel-tchocadar et cherbedji, arriva de Hermannstadt ; il s'était échappé des mains des Catans et des Allemands avec d'autres compagnons de captivité.

Le prince Alexandre, fils du prince Jean, mourut de la peste.

11 *octobre*. — Khalil aga, zaïm, vint apporter au Prince un firman lui enjoignant de préparer et d'expédier à Ada Calessi diverses sortes de bois de construction pour le service de quatre-vingts [2] canons et mortiers.

Le grand postelnic Manolakis partit pour Constantinople.

On apporta de Rușava la nouvelle que la suspension d'armes dont il a été question précédemment, et qui aurait eu

---

1. Il y a, dans l'original, σαλαχόρηδαις. SALAHOR signifie en turc *écuyer* et en roumain *ouvrier*. J'adopte ce dernier sens, le seul, à mon avis, qui puisse convenir ici. Voir, pour plus de détails, le glossaire qui termine le présent ouvrage.

2. Ce chiffre n'est donné que par le manuscrit A.

lieu sur l'ordre du grand vizir, n'avait rien de fondé ; car, non-seulement il n'y a pas eu d'armistice ni de cessation d'hostilités, mais encore le séraskier de Vidin a reçu ordre d'envoyer les armées ottomanes piller et ravager partout où elles pourraient. En conséquence, Mahmoud bey se rendit à Pancsova [1], incendia les faubourgs de cette localité, mais, ne trouvant rien à piller, attendu que les Allemands avaient pris les devants et transporté les habitants à Peterwardein [2], et ne pouvant avancer à cause des pluies continuelles, il resta là quelques jours, puis retourna à Ruṣava. Toz Pacha, étant allé dans une certaine localité située obliquement à Temesvar, fit prisonniers une grande quantité de chrétiens allemands, puis revint sur ses pas.

Le 6 du même mois, la flotte turque remonta le Danube et s'avança jusque dans le voisinage de Belgrade, et, comme il y avait sous les remparts de cette ville quatre galions allemands mouillés sur une même ligne, qui empêchaient la flotte d'avancer davantage, elle redescendit jusqu'à la Nouvelle-Palanque [3], d'où, sur l'ordre du séraskier pacha, l'on retira les

---

1. Pancsova (en serbe Pancevo), ville de la Hongrie méridionale au confluent de la Temes avec le Danube.

2. Peterwardein (en magyar Petrovaradin), forteresse située sur le Danube, dans le comitat de Bacs-Bodrog, en face de Novi Sad (all. Neusatz, magy. Ujvidék). Flachat, qui visita cette ville quelque temps après la paix de Belgrade, en parle en ces termes : « C'est une des plus fortes places que l'Empereur ait en Hongrie ; elle en est le boulevart. Toutes les autres forteresses que l'on rencontre jusqu'à Vienne ne seraient guère capables d'arrêter les Turcs. La ville est petite ; elle a une enceinte de murs, et des marais qui leur servent de fossés. Les embrasemens pour les canons sont très près les uns des autres. C'est là qu'on a transporté toute l'artillerie de Belgrade. On y compte, tant sur les remparts de la ville que sur ceux de la citadelle, plus de cinq cent trente pièces. Cette citadelle est assez éloignée de la ville, on la croit imprenable, et l'on y travaillait encore à de nouvelles fortifications. Il n'y a que deux églises dans la ville ; les maisons sont basses, mais assez propres (*Observations sur le commerce*, etc. ; Lyon, 1766 ; t. I, pp. 269-270).

3. Nouvelle-Palanque (roumain « Nova Palanka », magyar « Uj Palanka », turc

canons et tout le matériel de guerre, après quoi l'on y mit le feu et on la réduisit en cendres, car les troupes ottomanes étaient dans l'impossibilité d'y prendre leurs quartiers d'hiver. On rasa, en outre, Semendria [1].

Le ban de Craiova ayant écrit au séraskier pacha que quatre mille Catans étaient arrivés à Cîneni, le séraskier envoya aussitôt contre eux Mourtaza Pacha, à la tête de cinq cents cavaliers. Le ban reçut aussi l'ordre de se joindre à Mourtaza Pacha ; on disait que le séraskier devait partir dans quelques jours pour Craiova, et aller ensuite, si besoin en était, ravager une partie de la Transylvanie.

Les grands fonctionnaires de l'empire et le caïmacam allèrent au devant du grand vizir jusqu'à Coutchouc-Tchecmedjé [2], et le Sultan jusqu'à Daoud-Pacha.

13 *octobre*. — Le Sultan se rendit à Indjirli [3], à une heure au delà de Daoud-Pacha, dans la villa de Yaouch Pacha. Il

« Yéni Palanka »), village de la Hongrie méridionale, à environ six kilomètres de Biserica Albă (Bela Crkva, Weiss Kirchen, Fehér Templom), dans le nouveau comitat de Severin (Sozreny).

1. Semendria, en serbe Smederevo, ville de Serbie, à l'embouchure de la Morava, chef-lieu de district. Environ cinq mille habitants; ancienne résidence des despotes serbes, sous la dynastie de Brancovitch (1428-1461). Sa forteresse fut bâtie, en 1432, par Georges Brancovitch. Semendria possède une petite église, dédiée à la Vierge, et dont une inscription fait remonter la date de la fondation à l'an 1010. Elle offre un spécimen, très rare aujourd'hui, de l'antique architecture serbe, laquelle diffère notablement de l'art byzantin.

2. Coutchouc-Tchecmedjé, gros bourg de la Turquie d'Europe, à trente kilomètres de Constantinople, forme, avec Bouyouc-Tchecmedjé, Tchataldjé et Dercos, le sandjac dit des *Quatre-Villes*, qui, bien que compris nominativement dans l'éyalet d'Andrinople, constitue, comme la capitale elle-même, un district séparé ayant son administration particulière. Coutchouc-Tchecmedjé est voisin du village de San-Stefano, près duquel jetèrent l'ancre les Francs venus pour conquérir Constantinople, et que le traité conclu à la suite de la dernière guerre turco-russe a retiré de son obscurité. Coutchouc-Tchecmedjé est la quatrième station du chemin de fer de Constantinople à Andrinople.

3. Indjirli, ou Indjirkeui, le « village des Figues »; il y a aussi une localité de ce nom sur la côte asiatique du Bosphore.

alla au devant du sandjac-chérif, puis reprit aussitôt le chemin de Daoud-Pacha, où le suivit le grand vizir. A son arrivée, le Sultan le revêtit d'une pelisse et le retint trois heures en tête à tête. Ensuite Sa Hautesse retourna à Constantinople, et le grand vizir resta ce jour-là à Daoud-Pacha.

14 octobre. — Le lendemain, à 6 heures de jour, le grand vizir fit son entrée avec une escorte dans laquelle figuraient le moufti, les cazaskiers en activité et les cazaskiers déposés, les oulémas, les grands dignitaires, le caïmacam et le capitan pacha. Le grand vizir portait une aigrette de diamants, les hauts fonctionnaires et tous ceux qui avaient pris part à l'expédition avaient de grandes aigrettes d'argent à cinq ou six branches; le grand vizir était accompagné d'une escorte impériale, de musique, de six cents itch-agas, portant des cuirasses et armés de lances et de douze chevaux de main, dont huit avec des boucliers. Le Sultan était assis dans l'Alaï-Kiosque; le grand vizir lui offrit ses hommages, puis il se rendit au sérail, où il fit la remise du sandjac-chérif, et fut revêtu d'une seconde pelisse par le Sultan. Au bout d'une heure, il ressortit, monta sur un cheval qu'on lui amena et se rendit, avec une escorte, dans le nouveau palais de Macpoul Ibrahim Pacha, où il devait habiter. Aussitôt entré, il fit la distribution habituelle de caftans aux fonctionnaires; puis, après avoir donné à tout le monde la permission de se retirer, il se coucha pour prendre du repos.

Une diète [1] devant avoir lieu en Pologne, suivant la cou-

---

1. « Ce qui concerne la nation est réglé dans les états-généraux qu'on appelle diètes. Ces états sont composés du corps du sénat et de plusieurs gentilshommes ; les sénateurs sont les palatins et les évêques ; le second ordre est composé des députés des diètes particulières de chaque palatinat. A ces grandes assemblées préside l'archevêque de Gnesne, primat de Pologne, vicaire du royaume dans les interrègnes, et la première personne de l'État après le roi. Rarement y a-t-il en Pologne un autre cardinal que

tume, le Pape écrivit à l'évêque de Cracovie (qui fut nommé cardinal grâce au crédit du roi) de parler aux évêques afin qu'ils engageassent les magnats polonais à prendre parti, dans la diète, pour les chrétiens et non pour les Turcs. Ledit cardinal essaye de supplanter le primat ; mais, comme le primat est le chef de tous les évêques de Pologne, cela a mis la discorde entre lui et le cardinal.

Les princes [de Valachie et de Moldavie] avaient envoyé six paires de chevaux de trait au grand vizir ; un jour que ce dernier était assis dans sa voiture attelée avec les chevaux offerts par le prince Grégoire, ces animaux ayant fait un écart, il injuria l'imbrohor et lui défendit de jamais les ratteler, ajoutant, dans le paroxysme de sa colère, que le Prince et ses chevaux n'étaient que des ghiaours.

Huïr[1] se faisait craindre, mais était dépourvu de fermeté dans les évènements ; tout le troublait et le bouleversait à tel point que personne n'osait lui proposer une affaire, pas même son khaznadar, qui ne manque point cependant d'une certaine assurance. Huïr maltraitait tout le monde et n'épargnait pas son kékhaya ; son defterdar, fatigué de ses injures, demandait son congé. Il n'a pas traité avec égard le capidjiler-kékhayassi Quarante et le silicdar, qui sont revenus tout attristés chez Quarante.

Trente-et-un, qui est brouillé avec lui, ayant conçu des soupçons, a fait demander à Quarante l'autorisation de se rendre en Égypte, et ce par l'intermédiaire de Pirizadé, à qui

---

lui, parce que, la pourpre romaine ne donnant aucune préséance dans le sénat, un évêque qui serait cardinal serait obligé ou de s'asseoir à son rang de sénateur, ou de renoncer aux droits solides de la dignité qu'il a dans sa patrie, pour soutenir les prétentions d'un honneur étranger (VOLTAIRE, *Hist. de Charles XII*, éd. Geffroy, pp. 58-59). »

1. Le personnage que Dapontè nomme Huïr est vraisemblablement le grand vizir.

OCTOBRE 1738

Quarante a répondu de ne pas se mêler de ces choses-là.

17 octobre. — Hussein aga, tchaouch de l'odjac des janissaires, arriva d'Andrinople, sans commission. Il fut reçu par le Prince qui lui fit des présents, et, le lendemain, il partit pour Bräila.

19 octobre. — On apporta de Camienietz [1] la nouvelle que la peste ravageait cette ville et sa banlieue et que, vu l'impossibilité où l'on se trouvait de suffire à l'inhumation des morts, la plupart des cadavres devenaient la proie des chiens.

On reçut de Bender la nouvelle que le prince Grégoire, qui était allé, comme nous l'avons dit, sur l'ordre du Sultan, à la recherche des canons enfouis par les Russes, n'avait pu rien découvrir.

Après la destruction d'Ozou, la Porte nomma commandant de cette place Gentz Ali Pacha. Grâce à l'intervention du Prince, le grand vizir lui interdit sévèrement par lettre de traverser la Valachie, et lui enjoignit de passer par le pays situé au delà de cette principauté. Ainsi fut fait.

Le ban de Craiova étant venu à mourir, Mourtaza Pacha demanda cinq bourses pour accorder l'autorisation de l'enterrer.

L'évêque de Rîmnic [2] et les boyards de Craiova adressèrent au séraskier pacha une pétition tendant à ce que le banat fût placé sous l'autorité du Prince et annexé à la Valachie, comme précédemment. L'évêque sollicita du séraskier pacha

---

1. Il n'est pas facile de savoir de quel Camienietz il s'agit dans ce passage. Il y a une ville de ce nom en Podolie, une autre en Bessarabie. C'est probablement de cette dernière dont il est ici question. Cf. KERALIO, II, p. 110.

2. L'évêché de Rîmnic était alors occupé par un prélat appelé Clément, qui avait succédé, en 1734, à Innocent. Clément fit imprimer, en 1734 et 1737, des ouvrages liturgiques cités par Iarcu (Bibliografia romănă, 2ᵉ éd., p. 10). Il abandonna son siège lors de l'invasion turque et mourut en 1739. Voyez les *Serbes de Hongrie*, p. 434.

la permission d'aller personnellement l'entretenir de cette affaire, et elle lui fut octroyée.

Le séraskier pacha donna ordre à Toz Pacha de prendre ses quartiers d'hiver à Tirnovo [1] ; c'est, dit-on, un signe d'antipathie, mais on en ignore le motif.

20 *octobre*. — On reçut de Rușava la nouvelle que, fatigués de la tyrannie germanique et surtout de la pression continuelle que l'on exerçait sur eux, afin de les forcer à abjurer les dogmes de la sainte et orthodoxe église orientale du Christ, pour embrasser ceux de l'église romaine, quelques capitaines serbes des environs de Temesvar étaient venus présenter leurs hommages au séraskier pacha, lui promettant de marcher contre les Allemands, s'il voulait bien le leur permettre et leur donner des munitions. Le séraskier les accueillit avec empressement, et leur certifia que, s'ils tenaient leurs engagements, il les comblerait d'honneurs ; il leur adjoignit le bach-aga Abdi le Bosniaque ainsi que cent hommes à cheval, et ils partirent avec ordre de traquer l'ennemi partout où cela leur serait possible. Ils n'avaient pas encore atteint Sebeș et Lugoș qu'il s'était déjà formé une troupe de plus de mille cavaliers serbes, qui parcoururent les environs de Temesvar, incendiant les villages et les monastères allemands, pillant tout ce qui leur tombait sous la main et enlevant de nombreux animaux. Ils pénétrèrent plus avant dans le pays ennemi par un autre chemin et, en atteignant la gorge de Marga (qui passe pour la plus inextricable de la Transylvanie), ils rencontrèrent une

---

1. Tirnovo, ou Tirnova, ville de Bulgarie, à quinze heures de Roustchouc. Environ trente mille habitants. C'est l'ancienne capitale de la Bulgarie et le siège du patriarcat bulgare, fondé au commencement du treizième siècle par le pape Innocent III. Ce patriarcat exista jusqu'en 1767, époque à laquelle il fut mis dans la dépendance immédiate du patriarche œcuménique. Cet état de choses a duré jusqu'en 1872, où un exarque fut nommé par firman pour gouverner l'église bulgare, avec une juridiction distincte et complètement indépendante du patriarche de Constantinople.

grand'garde allemande, l'attaquèrent, tuèrent quinze hommes et firent prisonniers neuf Hongrois. Ayant appris de ceux-ci qu'il y avait un corps de six cents Hongrois dans la gorge, ils y campèrent le soir. Le matin venu, ils partirent et, après six heures de marche, atteignirent le Marmuri, montagne de Transylvanie, au pied de laquelle ils rencontrèrent ledit corps de troupes qui s'était enfermé dans un camp palissadé et défendu avec certaines machines de guerre. Ils engagèrent un combat acharné, vainquirent les Hongrois, firent quarante-deux prisonniers et tuèrent cent soixante-dix hommes ; quant aux autres, poursuivis et taillés en pièces par les Serbes et les Turcs, ils réussirent à peine à se réfugier dans une palanque. Serbes et Ottomans reprirent alors le chemin de Rușava, victorieux et chargés de trophées. Le séraskier distribua des caftans aux Turcs et des calpacs aux Serbes ; leur ayant ensuite accordé la permission de vendre leurs prisonniers, ils les vendirent aux enchères, les uns trente piastres, les autres quarante. Le lendemain, le séraskier revêtit Abdi aga d'un caftan, l'honora d'une queue de cheval, avec grade de pacha à deux queues, et le nomma commandant de la gorge de Mehadia. Il donna à chacun des capitaines serbes une gratification de cinquante piastres et un firman qui les exemptait de tout impôt, eux et leurs descendants.

21 *octobre*. — Le Prince revêtit d'un caftan Haïdar aga et le créa boulouc-bachi des Albanais qu'il avait à son service.

22 *octobre*. — De Cotroceni, le Prince transféra son quartier à Mihai-Vodă [1], et s'y rendit avec toute sa cour.

---

1. On attribue la fondation de ce monastère à Michel le Brave, mais elle paraît d'origine plus ancienne ; d'après certains écrivains, elle serait due à Vlad le Diable (1430-1445). Michel le Brave aurait seulement restauré le monastère et l'aurait enrichi, en le dotant de cinq terres nouvelles. Le monastère de Mihai-Vodă a servi de-

23 *octobre*. — On reçut de Craiova la nouvelle que Mourtaza Pacha, qui habitait la maison commune où les boyards du pays se réunissent pour délibérer et dans la cour de laquelle se trouve une église, avait accordé à l'évêque [1] la permission que celui-ci lui demandait de dire la messe dans cette église le jour de la fête de sainte Parascévé [2], pour procéder à l'ordi-

---

puis de palais princier, et c'est là que le prince Grégoire Ghica, le premier des princes indigènes après le départ des Phanariotes (1821), résida pendant quelques années.

1. Très probablement l'évêque de Rimnic, car Craiova ne possédait pas de siège épiscopal. Sur l'évêque de Rimnic, voy. plus haut, p. 145, note 2.

2. Il s'agit ici de sainte Parascévé la jeune, dont l'église grecque orthodoxe célèbre la fête le 14 octobre. Cette femme était originaire d'Hippobates, bourgade voisine de Sélymbrie, ville et port de la Turquie d'Europe, sur la mer de Marmara. Ses reliques qui se trouvaient à Belgrade, on ne sait depuis quelle époque, y restèrent jusqu'à la prise de cette ville par Soliman le Législateur, en 1521. Transportées alors à Constantinople, nous les retrouvons, en 1641, entre les mains du patriarche œcuménique. A cette dernière date, le Patriarcat était écrasé de dettes; il ne devait pas moins de trois cents bourses, somme énorme, surtout pour le temps (A. Comnène Hypsilanti, Τὰ μετὰ τὴν ἅλωσιν, p. 145). Basile le Loup, prince de Moldavie, voulut bien désintéresser les créanciers. On ne savait comment témoigner sa reconnaissance à un si généreux bienfaiteur, lorsque le patriarche, qui était alors Parthénius l'Ancien, eut l'idée de faire présent à Basile des reliques de Parascévé. N'osant les enlever ouvertement, à cause de la grande dévotion dont elles étaient l'objet, il les descendit, nuitamment et en secret, du haut de la muraille du Phanar, et les expédia à Jassi, accompagnées d'un capidji-bachi, et par dérogation spéciale à la loi musulmane qui interdit le transport d'un cadavre (sauf celui du Sultan) à une distance de plus de trois milles (A. C. Hypsilanti, *ibid.*, p. 734). Elles furent déposées dans le célèbre monastère des Trois-Hiérarques (C. Dapontès, *Jardin des Grâces*, ch. vii, vers 114-119), où elles sont encore et continuent d'opérer des miracles (Voy. Maurice, Diacre de la Grande Église, Συναξαριστὴς τῶν δώδεκα μηνῶν τοῦ ἐνιαυτοῦ; Athènes, 1868; in-4°, p. 131 du t. Ier). Ce fut peut-être en souvenir du séjour des reliques de Parascévé dans la capitale de la Serbie, que l'évêque de Craiova choisit la fête de cette sainte pour conférer l'ordination aux Serbes dont il est question dans le présent passage des *Éphémérides daces*. Nous voulons, à propos de Parascévé, rectifier une erreur commise par le patriarche Dosithée et scrupuleusement reproduite par tous ceux qui l'ont copié. Citons d'abord le passage de cet historien relatif au fait qui nous occupe : ὁ Παρθένιος, ὁ νέος καλούμενος, λαβὼν χρήματα ἀπὸ τοῦ ἡγεμόνος Μπογδανίας Βασιλείου, αἰτίᾳ τοῦ χρεωλυτῆσαι τὸ Πατριαρχεῖον, κατεβίβασε νυκτὸς ἀπὸ τοῦ τείχους τοῦ ἄστεος τοῦ Φαναρίου τὸ λείψανον τῆς ἁγίας Παρασκευῆς, ὅπερ ἔκειτο ἐν τῷ πα-

nation de quelques Serbes. Le lendemain matin, l'évêque s'y rendit, dans l'appareil accoutumé, mais le pacha refusa de le laisser entrer, en lui réclamant de l'argent, et finalement le congédia. L'évêque alla célébrer la messe ailleurs. A la suite de cet incident, le bruit courut que le pacha voulait convertir cette église en mosquée.

24 octobre. — Un galion, que l'on était en train de calfater dans l'arsenal, prit subitement feu, et, comme le vent soufflait avec une extrême violence, l'incendie inspira des craintes sérieuses. Le grand vizir étant arrivé avec les officiers [1] et les

---

τριαρχείῳ, καὶ ἀπέστειλεν αὐτὸ εἰς Γιάσιον, ὅπερ νῦν εὑρίσκεται ἐκεῖ ἐν τῇ μονῇ τῶν Τριῶν Ἱεραρχῶν. Ἤν δὲ τὸ λείψανον τοῦτο εἰς Βελεγράδιον τῆς Σερβίας, λαβόντες δὲ οἱ Ὀθωμανοὶ νόμῳ πολέμου τὸ Βελεγράδιον, ἀπέστειλαν τὸ λείψανον εἰς Βυζάντιον. Οὕτης δὲ τοιαύτης αἰτίας τοῦ λειψάνου, φοβούμενος ὁ Παρθένιος μετὰ τῶν περὶ αὐτὸν φανερῶς αὐτὸ ἀποστεῖλαι εἰς Γιάσιον, ἀπέστειλε κρυφίως· ἔστι δὲ αὕτη ἡ ἁγία Παρασκευὴ οὐχ ἡ ἀρχαία ἡ ἀπὸ Ἰταλίας, ἀλλά τις ἀπὸ Ἱπποβατῶν, κώμης κατὰ Σηλυμβρίαν κειμένης (DOSITHÉE, *Histoire des Patriarches de Jérusalem*, Livre XI, § 12, p. 1175). Tous les détails qui précèdent sont rigoureusement exacts, sauf sur un point. En effet, ce ne fut pas Parthénius le Jeune, surnommé Goliath, qui fit don à Basile le Loup des reliques de Parascévé, mais son prédécesseur, Parthénius l'Ancien. En voici la preuve. On est d'accord sur la date à laquelle s'effectua le susdit transfert; ce fut en *1641* (Voy. A. C. HYPSILANTI, Τὰ μετὰ τὴν ἅλωσιν, p. 145; et MAURICE, Συναξαριστής, I, p. 131, colonne 2). D'un autre côté, Mélétius Syrigos, savant contemporain de ces deux patriarches et qui eut même l'honneur d'encourir la disgrâce du second, fixe d'une façon incontestable, dans une curieuse note reproduite par M. C. Sathas (Νεοελληνικὴ Φιλολογία, p. 257), la date du premier avènement de Parthénius le Jeune; il prit possession du trône œcuménique le 1er juin *1645*. Or, à cette époque, depuis quatre ans déjà, le corps de Parascévé se trouvait à Jassi. Inutile de tirer la conclusion. Ajoutons, pour finir cette longue note, que Mélétius Syrigos écrivit l'Office et Euthymios, archevêque de Tirnovo, la vie de Parascévé (Voy. MAURICE, Συναξαριστής, I, p. 131 colonne 2, note 2).

1. « Le visir et tous les grands officiers de la Porte sont obligés d'aller au premier avis au lieu de l'incendie, afin d'y ordonner tout ce qui est jugé nécessaire. Le Grand Seigneur lui-même ne se dispense jamais de s'y rendre, si le feu fait quelques progrès. Les moyens de se transporter sont prêts au premier signal; il a jour et nuit des chevaux sellés et des bateaux armés à cet effet. Les grands officiers ont la même précaution, et ces corvées, qui sont fréquentes, interrompent souvent leur sommeil. *Mémoires du baron de Tott sur les Turcs et les Tartares*; Amsterdam, 1785, in-4º (t. I, p. 20). »

pompes, on attacha le galion à l'aide de chaînes et on le maintint de façon à ce qu'il ne fût entraîné d'aucun côté. Quand la plus grande partie du bâtiment fut consumée, on éteignit le reste sans qu'il en résultât aucun autre dommage.

Un officier russe, qui venait de Moscou avec des lettres, fut atteint de la peste en arrivant à Andrinople, et mourut dans le trajet de cette ville à Carištirân. Ses gens prirent les lettres dont il était chargé pour la Porte, les portèrent à Constantinople et les remirent à destination.

Un courrier français, venant de Vienne, se rendit à Constantinople avec des lettres pour l'ambassadeur de France.

Djigaloglou, général des djébedjis, mourut et eut pour successeur le djébedjiler-kékhayassi. L'ancien mectouptchi Yandjicli bey, qui était en exil à Sinope [1], obtint son rappel.

25 *octobre*. — On reçut de Bender la nouvelle que, le 15 courant, Cozbegdji aga était arrivé dans cette ville, venant de Constantinople. Il apportait au séraskier pacha, de la part du sultan, une pelisse de zibeline et un sabre ; aux pachas à trois queues des pelisses ; aux pachas à deux queues, à tous les odjaclis et aux alaï-beys des caftans, ainsi que trois cents aigrettes et sept cents panaches pour être distribués aux soldats. A cette occasion, il y eut des réjouissances. Le même messager apportait aussi au séraskier sultan, qui se trouvait à Căuşanï [2], une pelisse et un sabre.

30 *octobre*. — Dans la crainte d'être atteints de la peste, qui désolait la contrée, des paysans et des petits boyards, loin d'implorer l'infinie miséricorde de Dieu et de fléchir sa juste colère, avaient la sottise de recourir à des incantations et à des sor-

---

1. Sinope, en turc Sinôb, ville de la Turquie d'Asie, chef-lieu du liva du même nom, dans l'éyalet de Castamoûni, sur la mer Noire. Environ huit mille habitants.

2. Căuşanï, petite ville de la Bessarabie, sur la Botna, affluent du Dniester, à environ trente kilomètres de Bender.

tilèges sataniques, pour éloigner le fléau et conjurer le danger, et cela avec le concours même de prêtres ignorants. Le Prince, ayant appris ces faits, adressa à tous les capitaines et aux părcălabes des villages des ordres sévères et menaçants, pour que l'on eût à abandonner ces inventions diaboliques et charlatanesques, et à fléchir la clémence divine par des supplications, des prières, des jeûnes et des larmes, sinon on châtierait rigoureusement ceux qui recouraient à de telles pratiques, comme aussi ceux qui les propageaient, et les tribunaux tant ecclésiastiques que princiers puniraient sans pitié les prêtres convaincus de complicité.

Le prince Rakoczi, qui souffrait depuis longtemps d'une maladie chronique, mourut à Tcherna-Voda, à une heure de nuit. Les primats de Roustchouc, dans la pensée que Rakoczi pouvait être victime d'un assassinat, firent arrêter à Tcherna-Voda son médecin, qui fut amené chargé de fers à Roustchouc et jeté en prison.

NOVEMBRE 1738

Rentrée du Prince dans son palais de Bucarest. — Argintoianu est nommé ban de Craióva par Mourtaza Pacha. — Arrestation de trois espions russes. — La nomination d'Argintoianu à la dignité de ban de Craiova est confirmée ; division des habitants [du banat de Craiova]. — Visite de l'évêque et des boyards au séraskier pacha ; questions que celui-ci leur adresse ; on fixe la somme à verser pour l'annexion des districts transolténiens à la Valachie. — Véli Pacha est nommé séraskier ; déposition des pachas. — Liste des fonctions qui furent données. — Firmans ordonnant la concentration des armées dans les environs de Belgrade. — Mort de la mère de la première cadine. — De Saribeyoglou. — Toz Pacha est envoyé à Ada Calessi. — De la conférence qui eut lieu. — Mort d'Ismaïl Pacha. — Firmans ordonnant aux pachas de concentrer leurs troupes à Niš. — Échange du colonel russe avec Yaya Pacha. — Bruits relatifs à la mort de Rakoczi ; entretien du grand vizir avec l'ambassadeur de France. — Nicolakis, fils de Teli, est attendu à Constantinople. — Conférence projetée avec l'ambassadeur de France. — Détention injuste de l'ancien kékhaya. — Du médecin de Rakoczi ; la dignité de Rakoczi est donnée à l'un des magnats [de son entourage]. — Le kékhaya du commandant de la flotte du Danube apporte au Prince des firmans relatifs aux saïques et aux bateaux corsaires. — Arrivée de Destari Moustafa aga. — Têtes qu'on apporta au séraskier pacha. — Arrivée du chef miraculeux de saint Bessarion. — Départ de Destari Moustafa aga pour Constantinople. — Distribution de la solde aux janissaires. — Des conférences qui eurent lieu. — Éxil de Bonneval. — Victoire sur Saribeyoglou. — Les armées prennent leurs quartiers d'hiver. — Le caïmacam pacha est désignée pour marcher contre Saribeyoglou avec plusieurs autres pachas. — Propositions des ambassadeurs persans. — De Yandjicli bey. — De Yaya Pacha. — Le comte Michel est nommé successeur de Rakoczi. — Firmans envoyés au séraskier pour la déposition du defterdar de Vidin et la nomination de l'ambar-émini ; ces firmans restent sans effet. — Arrivée de Mahmoud bey. — Néophytos, métropolitain de Myre, est élu métropolitain de Hongro-Valachie. — Arrivée de Caradja avec le firman relatif à l'annexion des districts transolténiens. — Appel du candidat Néophytos ; la crosse lui est remise par le Prince. — Départ de Mahmoud-bey. — Mission de Caradja et du grand pittar à Craiova. — Lettres du Prince aux boyards et du métropolitain à l'évêque.

1er *novembre*. — Le Prince quitta le monastère de Mihai-Vodă pour retourner au palais. Tout le monde s'en réjouit et rendit grâces à Dieu, car la peste avait cessé. On dit que, depuis le commencement de juillet jusqu'à la fin d'octobre, ce fléau a fait périr plus de dix mille personnes.

3 *novembre*. — On reçut la nouvelle que Mourtaza Pacha avait nommé ban Constantin Argintoianu, gendre de ce Nicolas Rosetti qui s'était révolté contre la Porte, il y a une vingtaine d'années. Au lieu d'un caftan, il le revêtit d'un biniche fourré de pattes de zibeline et de *hamé*, et l'évêque d'un biniche de laine fourré d'hermine.

On arrêta à Hotin trois espions russes. Dans l'interrogatoire qu'on leur fit subir, ils affirmèrent qu'ils étaient sortis de Russie au nombre de cinquante; que la tsarine les envoyait avec dix florins; qu'ils s'étaient divisés en deux groupes de vingt-cinq; que l'un de ces groupes était retourné en Russie, et que cinq hommes du second étaient seuls venus à Hotin. En conséquence, ordre fut donné de rechercher les deux autres.

9 *novembre*. — On reçut la nouvelle que ledit Argintoianu avait été confirmé dans sa charge, par un ordre écrit du séraskier pacha, non pas, cependant, en qualité de ban effectif, mais comme vékil. Il survint un différend entre les habitants, car ceux-ci voulant choisir un autre ban et écrire au Prince de le confirmer dans sa charge, Mourtaza Pacha usa de violence pour les contraindre à signer une lettre au séraskier pacha, dans lequel il était dit que le ban en question avait été élu de leur plein gré et consentement.

10 *novembre*. — On reçut la nouvelle que l'évêque de Rîmnic et dix boyards indigènes étant allés à Vidin trouver le séraskier, celui-ci leur avait demandé si la supplique précédemment envoyée par eux émanait de leur commun consentement et d'une volonté unanime. Ayant répondu affirmativement et prié que leur demande reçut son exécution, on leur enjoignit de

mettre par écrit, d'abord qu'elle était la somme d'argent que les Allemands retiraient du pays et de quelle façon ils la percevaient; ensuite ce qu'ils avaient perçu depuis l'avènement du feu ban jusqu'à sa mort, et comment cela avait été dépensé. Après en avoir délibéré avec le capi-kékhaya Jacques, ils répondirent à la première question que, en l'absence des registres, que les Allemands avaient emportés avec eux en partant, ils manquaient de renseignements précis; et à la seconde question, ils répondirent en fournissant un compte nettement établi. Le séraskier fit ensuite venir le capi-kékhaya Jacques, et commença, en présence du kékhaya, à lui parler de l'annexion du pays. Il dit que, pour soumettre ce pays et en chasser l'ennemi, il avait fallu beaucoup combattre, que les frais de l'expédition, supportés par le Trésor, s'étaient élevés à des sommes très considérables, et il ajouta une foule d'autres réflexions du même genre. Il demanda enfin combien de bourses le Prince consentirait à verser pour obtenir l'annexion de cette contrée et y exercer son pouvoir et son autorité. Après avoir fait une réponse appropriée à la circonstance et s'être livré à une longue discussion concernant la somme à payer, le capi-kékhaya se retira. Quelque temps après, le kékhaya du séraskier pacha fit connaître la décision définitive de son maître : on verserait cent vingt bourses au séraskier, et à lui on donnerait mille florins avec une pelisse d'hermine d'une valeur de mille piastres. On accordait au Prince un délai de huit jours pour répondre à ce sujet. En conséquence, le capi-kékhaya se hâta d'écrire à Son Altesse, et attendit ses instructions. Mais, usant en cela d'une prudence consommée et considérant le passé, le présent et l'avenir, le Prince n'accueillit pas avec joie et promptitude les exigences du séraskier; il n'y opposa pas non plus une fin de non recevoir irrévocable, mais il fit faire ses préparatifs à l'ex-grand sluger Constantin Caradja et l'envoya auprès du séraskier pacha, muni d'ordres prudents et d'instructions relatives à cette affaire.

12 *novembre*. — Un tchocadar de Véli Pacha apporta de Bender la nouvelle que Véli avait été nommé par la Porte séraskier de cette ville, et avait obtenu le gouvernement de Koutahia [1]. Le hatti-chérif qui le nommait séraskier, lui fut apporté par le neveu du kékhaya du grand vizir. Le prédécesseur de Véli, Nouman Pacha, fut privé de ses queues de cheval et exilé à Cos [2]; mais, sept jours après, Roustem Suleyman aga, capidji-bachi et ancien ilkibdar, lui ayant porté un firman l'autorisant à aller où bon lui semblerait, il se rendit à Lemnos [3]. On ne toucha pas à ce qu'il possédait.

Sari Mechmet Pacha fut privé de ses queues de cheval et exilé à Ænos [4]; mais, au bout de trois jours, Tcherkesli Khalil aga, gédicli zaïm, administrateur de ses biens, alla l'informer qu'on l'exilait à la Cavalle [5].

1. Koutahia, l'ancienne Cotyœum, ville de la Turquie d'Asie, chef-lieu du liva du même nom et de celui de Sultan-Euni, dans l'éyalet de Khoudavendiguiàr; elle est bâtie au pied d'une colline, entre l'Adernas-Tchayi (*Rhyndacus*) et le Poursac-Tchayi (*Thymbres*).

2. Cos, île de l'Archipel, se nomme en turc Istankioï. Environ vingt mille habitants. Siège d'un métropolitain grec, relevant du patriarcat de Constantinople et portant le titre de : ὑπέρτιμος καὶ ἔξαρχος Κυκλάδων νήσων.

3. Lemnos, ou Stalimène, en turc Lemni, île de l'Archipel, située entre l'île de Ténédos et le mont Athos. Environ vingt-cinq mille habitants, presque tous Grecs. Siège d'un métropolitain grec, relevant du patriarcat de Constantinople et portant le titre de : ὑπέρτιμος καὶ ἔξαρχος παντὸς Αἰγαίου πελάγους.

4. Ænos, en turc Inoz, ville de la Turquie d'Europe, sur le golfe du même nom, dans l'Archipel, dans l'éyalet d'Andrinople, liva de Gallipoli. On y remarque un magnifique château fort byzantin, décoré d'inscriptions monumentales. On compte à Ænos environ sept mille habitants; la population va chaque jour en diminuant. Siège d'un métropolitain grec, relevant du patriarcat de Constantinople.

5. La Cavalle est le nom que l'on donne en français levantin à Kavala, ville de la Turquie d'Europe, dans l'éyalet et le liva de Salonique. C'est l'ancienne Néopolis des Grecs, la Néapolis des Byzantins. Le nom romaïque de *Kavala*, plus latin que grec, était employé dès le moyen âge uni à celui de Christoupolis, et rappelle probablement l'important relais de chevaux de poste qui y était établi. L'identité de Néapolis, de

Véli Pacha fut autorisé par firman à prélever ce qu'il voudrait, soit en espèces soit autrement, sur la fortune du susdit, à charge d'envoyer la note de ce qu'il aurait pris, afin qu'on lui en fît la retenue sur la contribution de guerre de son gouvernement.

Hussein Pacha fut privé de ses queues de cheval et envoyé en exil à Darendé [1], sa patrie.

Sélim Pacha fut privé de ses queues de cheval et envoyé en exil à Lemnos, ensuite à Tchàngri [2], où étaient ses domaines.

Damad Moustafa Pacha et Yacoub Pacha reçurent ordre de prendre leurs quartiers d'hiver là où Véli Pacha le jugerait convenable. Celui-ci chargea le susdit tchocadar d'une lettre très flatteuse pour le Prince, et assura au capi-kékhaya qui se trouvait auprès de sa personne que l'amitié et la concorde ne cesseraient jamais de régner entre Son Altesse et lui. Le Prince fit au Pacha la réponse qu'il convenait et lui envoya un présent.

La reconstruction d'Ozou fut ajournée jusqu'au printemps, et Gentz Ali Pacha, commandant de cette place, reçut ordre de prendre ses quartiers d'hiver à Ak-Kerman. Comme il se proposait de passer sur le territoire valaque pour se rendre à Ozou, dont il avait été nommé gouverneur, le Prince en écrivit à la Porte, qui le lui interdit, et, comme il se trouvait à Silistrie, il se rendit à Hîrsova.

Christoupolis et de Kavala est mise hors de doute par la concordance des distances indiquées par Appien (*Guerres civiles,* IV, 106), par l'*Itinéraire de Jérusalem* et par l'*Itinéraire Antonin,* avec la distance réelle (13 kil.) qui sépare la ville actuelle de l'emplacement de Philippes. Au moment de la conquête ottomane, Kavala était déserte et ruinée. Les Turcs la repeuplèrent, vers l'époque de Soliman le Magnifique, en y colonisant principalement des Juifs ramenés de Hongrie. Le khédive Méhémet Ali, originaire de Kavala, a fait de grands embellissements à sa ville natale.

1. Darendé, bourg de la Turquie d'Asie, dans l'éyalet et le liva de Sivas, sur le Tocma-Sou, affluent de l'Euphrate.

2. Tchangri est peut-être Cenchrées d'Argolide ou de Corinthie.

Mechmet Émin aga fut nommé sipahilar-agassi.

Kiœssé Ali aga fut nommé silicdar.

Salic aga, ancien vékil du tchaouch-bachi, fut nommé bach-bakicouli.

Moustafa aga, ancien sipahilar-agassi, fut nommé mihmandar de l'ambassadeur persan, dont on attend l'arrivée.

Moustafa effendi, yazidjilicdan djicma, qui avait été defterdar de Hotin, fut nommé grand rouznamedji, en remplacement de Djanibi.

Khalil effendi, ancien malié-teskéredji, fut nommé moucabéledji.

Ismaïl effendi, yazidjilicdan djicma, ancien arpa-émini, fut nommé malié-teskéredji.

Le susdit Mechmet Émin aga fut nommé capi-kékhaya de Solac Mechmet Pacha.

Les armées ottomanes ont reçu ordre de se diriger, au printemps, du côté de Belgrade. Comme il n'y en a pas encore de désignées pour aller à Bender, on en conclut que l'on va peut-être traiter séparément avec la Russie.

La mère de la première cadine étant morte, on trouva chez elle trois mille bourses et une quantité considérable d'objets précieux.

En ce qui concerne Saribeyoglou, les choses sont toujours dans le *statu quo*. Le grand vizir a eu un entretien avec Moustafa bey, séraskier de la flotte, qui jouit d'une certaine notoriété tant à l'intérieur qu'à l'extérieur, et il lui a donné l'ordre de marcher contre Saribeyoglou. Il est parti, ayant sous son commandement trois pachas de province et revêtu lui-même du grade de séraskier. Saribeyoglou se trouve à deux jours au-delà d'Aïdîn ; il ravage et pille les caravanes de marchands ; il perçoit les revenus des apanages des grands dignitaires et répartit les impôts.

Toz Pacha fut nommé commandant d'Ada Calessi, mais son armée reste en dehors de cette place.

On tint une grande conférence concernant la réponse à faire à l'ambassadeur de Perse et les mesures à prendre contre Saribeyoglou.

Ismaïl Pacha mourut à la Canée [1], et son avoir fut confisqué au profit du trésor. On lui donna pour successeur Kouprouloglou Achmet Pacha.

Le 5 du mois de chaabân, les pachas reçurent des firmans leur enjoignant d'avoir à se trouver tous, dans cent douze jours, dans la plaine de Niš.

La Porte consentit à échanger avec Yaya Pacha un colonel russe, qui languissait prisonnier au chateau des Sept-Tours. Cet échange était depuis longtemps poursuivi par la Russie [2].

La Porte s'est, dit-on, réjouie de la mort de Rakoczi, car l'ambassadeur de France ne cessait d'agir pour que la Turquie ne renonçât point à mettre ce prince sur le trône de Hongrie, d'autant plus que c'était une affaire convenue entre la France et le gouvernement ottoman [3]. La mort de Rakoczi rend maintenant plus faciles les pourparlers de paix; cependant on n'a

---

1. La Canée, appelée par les Turcs Hania (ici Dapontès donne dans le grec la forme Χανιά), ville de l'île de Candie, le port principal et la capitale de l'île, située sur la côte nord, au fond d'une baie profonde. Environ dix mille habitants. Siège du métropolitain grec de l'île, qui porte le titre de : ὑπέρτιμος καὶ ἔξαρχος Εὐρώπης. Il dépend du patriarche de Constantinople, et possède huit évêchés suffragants, qui sont : 1º Arcadia, 2º Rhéthymno et Aulopotamos, 3º Pétra, 4º Cydonie et Apocorona, 5º Cherronisos, 6º Hiera et Sitia, 7º Kissamos et Sélino, 8º Lambi.

2. Voir, au sujet de cet échange de prisonniers, page 166, note 1.

3. Ceci ne concorde pas du tout avec ce que Laugier raconte sur les dispositions de la France à l'égard de Rakoczi. Les Turcs voulaient tenir leurs engagements envers ce prince, et de Villeneuve leur répondait, en sa qualité de médiateur, que la principauté de Transylvanie pour Rakoczi était une des conditions auxquelles les puissances alliées ne consentiraient jamais. Il semble hors de doute que de Villeneuve n'a pas dit le moindre mot en faveur de Rakoczi pendant tout le cours des négociations. Voy. LAUGIER, *Hist. de la paix de Belgrade*, I, p. 205.

pas encore fixé de lieu pour les conférences, ni rédigé de préliminaires. Il y a pourtant des gens qui prétendent que les Allemands proposent la démolition d'Ada Calessi, ce à quoi la Porte refuse d'accéder, et les districts transolténiens (pourvu qu'il ne soit pas fait de pétition contre l'abandon de ce territoire), ce que les Allemands ne veulent pas accorder.

14 novembre. — Le grand vizir eut une entrevue secrète, à Éyoub [1], avec l'ambassadeur de France ; ils s'entretinrent de la conclusion de la paix, laquelle ne se fera, dit-on, que les armes à la main, du moment où le camp impérial aura quitté Constantinople. On ajoute que l'ambassadeur de France doit accompagner le grand vizir et que les Allemands cèdent Belgrade.

Nicolakis, fils de Téli, et le secrétaire de l'ambassadeur de France arriveront dans quelques jours à Constantinople. On dit qu'ils seront accompagnés par un envoyé de rang supérieur.

Saïd effendi se rendit à Foundoucli [2] pour préparer le palais d'Émir Mechmet aga, dans lequel doivent avoir lieu les conférences avec l'ambassadeur de France.

Le grand vizir fit subir injustement une longue détention à l'ancien kékhaya bey, Piri Moustafa effendi, pour avoir, lorsqu'il occupait ce poste, attaqué Youbroucdji.

Un firman fut rendu ordonnant l'arrestation du médecin de Rakoczi, soupçonné de l'avoir empoisonné ; il y était dit, en outre, que les gens de la suite de ce prince devaient rester dans leur emploi, que les traitements et l'ordinaire seraient servis

1. Éyoub, faubourg de Constantinople, pittoresquement situé au fond de la Corne-d'Or. Son nom lui vient d'Éyoub, porte-étendard et compagnon de Mahomet, lors de la première attaque de Constantinople par les Musulmans, en 668, et dont le corps fut miraculeusement retrouvé par Mahomet II. Ce conquérant lui fit élever une mosquée qui passe pour la plus sainte de Constantinople. C'est là que, au commencement de leur règne, les sultans vont ceindre le sabre d'Otman.
2. Foundoucli est un quartier turc sans intérêt situé entre Top-Hané et Dolma-Baghtché. C'est l'ancien Aïanteion.

comme antérieurement (afin que les Hongrois ne se dispersassent point), et que le successeur de Rakoczi serait choisi parmi les magnats de son entourage.

15 *novembre*. — Hadji Ibrahim aga, kékhaya du commandant de la flotte danubienne, Achmet Pacha, arriva à Bucarest avec deux firmans, dont l'un invitait le Prince à préparer et envoyer du bois pour construire vingt-neuf saïques et quarante bateaux corsaires; et l'autre, à équiper, aux frais du pays (car une ancienne coutume le voulait ainsi quand la Porte guerroyait contre la Hongrie), cinq saïques munies de tout leur fourniment et de leur attirail naval. Mais le Prince, ayant soupçonné quelque fraude, à savoir que le susdit Achmet Pacha n'avait pas reçu les firmans de Constantinople, mais du séraskier pacha de Vidin, qui était autorisé à en rendre sur toutes sortes d'affaires, le Prince, disons-nous, écrivit ce que de droit au commandant de la flotte danubienne, sans toutefois lui laisser soupçonner qu'il avait éventé la ruse; mais il écrivit aussi au sluger Caradja et au capi-kékhaya Jacques, qui se trouvaient à Vidin, d'insister énergiquement auprès du séraskier pour l'annulation des firmans et l'arrangement de cette affaire.

Destari Moustafa, capidji-bachi aga, arriva de Nicopolis. La Porte l'avait nommé commissaire et chargé, en cette qualité, de prendre livraison des orges que la Valachie était dans l'obligation de fournir, et de les expédier au camp turc de Mehadia. Après s'être acquitté de sa mission, il obtint du séraskier pacha l'autorisation de se rendre à Constantinople; mais il s'arrêta, en passant, à Bucarest, pour avoir le plaisir d'être admis auprès de Son Altesse. Il fit au palais une visite que le Prince lui rendit dans la soirée.

On apporta de la gorge de Marga [1] au séraskier de Vidin

---

1. Marga, village du district de Mehedintzï, arrondissement de Closanï, à l'extrémité

quatre-vingts têtes de Catans et d'Allemands, et on lui amena un grand nombre de prisonniers. On s'était battu avec acharnement; il y avait en ligne plus de deux mille Catans, cinq cents Turcs et beaucoup de Serbes. A cette occasion, le séraskier pacha envoya aux Turcs des caftans et des aigrettes, aux Serbes des calpacs et des casaques de drap, et il fit partir exprès pour annoncer cette nouvelle à Constantinople, Ouzoun Ali aga.

18 novembre. — Le chef miraculeux de saint Bessarion [1]

---

occidentale de la Valachie, dans les Carpates. Marga forme commune avec Călineşti et Siroca. Ensemble cinq cent soixante habitants.

1. BESSARION naquit, vers le commencement du XVIe siècle, à Megali-Porta, village de la Thessalie. Dès l'âge de dix ans, il se sentit attiré vers l'état ecclésiastique. Nommé plus tard évêque de Domenico et d'Élassone, il ne put prendre possession de son siège. Quelques années après, il gouverna par procuration l'église de Stagi (aujourd'hui Calambaca); enfin, à la mort de Marc, métropolitain de Larissa, il succéda à ce vénérable prélat, en l'année 1550, selon P. Aravantinos (Χρονογραφία τῆς Ἠπείρου, t. II, p. 93). Il administra son archevêché jusqu'en 1560, époque probable de sa mort, et eut pour successeur son neveu, nommé Néophytos (ARAVANTINOS, *ibid.*, II, p. 94). Pendant que Bessarion était métropolitain de Larissa, il fit construire un pont sur l'Achéloüs, que l'on était obligé auparavant de passer à gué ou en barque, ce qui occasionnait, chaque année, lors des débordements du fleuve, la mort d'un grand nombre de personnes. Il fonda, en outre, non loin de son village natal, le beau monastère de Doussico, qui existe encore aujourd'hui et est un des plus riches de la Thessalie (voy. ARAVANTINOS, *ibid.*, II, p. 46). C'est dans ce monastère que l'on conserve le chef de saint Bessarion, lequel possède, assurent les hagiographes, la vertu de chasser la peste. C'est pour cette raison que, quand ce fléau ravagea Bucarest, en 1738, les boyards et les prélats du pays allèrent trouver le prince Constantin Maurocordato et lui dirent : « Le seul remède à cette terrible maladie, c'est le chef vénérable de saint Bessarion, métropolitain de Larissa. Nous supplions donc Votre Altesse de vouloir bien l'envoyer quérir. » Le Prince se rendit au pieux désir qui lui était manifesté. Quand la précieuse relique fut proche de Bucarest, le Prince, les boyards, le clergé et une foule immense de peuple se portèrent à sa rencontre et lui firent une réception magnifique, dans laquelle les fidèles donnèrent des preuves d'une ardente piété. Des guérisons miraculeuses s'opérèrent, et la peste disparut. Un autre fléau, les sauterelles, désolait la Valachie. La multitude de ces insectes était telle qu'elle entravait la circulation. Herbe, plantes, feuilles des arbres, tout avait été dévoré. Mais la vertu du chef de Bessarion, unie sans doute à quelque bourrasque, précipita ces « diaboliques bestioles » dans le Danube, qui en fut littéralement couvert. Après ces pacifiques exploits, la tête du saint archevêque de Larissa fut reportée en grande pompe à Doussico. — Tous les détails qui précèdent sont, sauf indication contraire, extraits de la

arriva d'Épire. Son Altesse avait exprimé le désir de le posséder à cause de la vertu qu'il a de chasser le terrible fléau de la peste. On le reçut avec tout le religieux respect dont il est digne et on le déposa dans l'église Saint-Nicolas du monastère de Mihai-Vodă. Le Prince s'y rendit, le dimanche suivant, avec les prélats et les boyards, et, après la bénédiction de l'eau, ils baisèrent la précieuse relique avec une profonde dévotion.

19 *novembre*. — Le susdit capidji-bachi partit pour Constantinople. Il s'en alla sans gratification, car il refusa d'accepter les présents que le Prince lui avait envoyés.

20 *novembre*. — Le khan écrivit au Sultan pour lui demander la permission de se rendre à Constantinople, car il avait à l'entretenir d'affaires urgentes. Sa Hautesse rendit un hatti-chérif l'autorisant à venir, et un aga fut chargé d'aller lui faire l'invitation.

Deux quartiers de solde furent distribués aux janissaires, conformément aux usages observés en pareille circonstance.

La grande maison d'Émin Mechmet aga, à Foundoucli, fut choisie pour y tenir les conférences relatives à la paix, il y en eut deux, auxquelles se trouvèrent l'ambassadeur de France, Essad molla, Saïd effendi et le réis effendi. Malgré cela, les

---

vie de saint Bessarion, publiée à Athènes, en 1856 : Τοῦ ἐν ἁγίοις πατρὸς ἡμῶν Βησσαρίωνος, ἀρχιεπισκόπου Λαρίσσης, τοῦ θαυματουργοῦ... ἡ ἀσματικὴ ἀκολουθία, σὺν αὐτῇ δὲ καὶ ὁ μετ' ἐγκωμίου βίος αὐτοῦ.... etc. Je donnerai le titre complet de ce curieux livre dans la partie bibliographique de ce volume, en l'accompagnant de détails sur les diverses éditions qui en ont paru à Bucarest, à Vienne et à Constantinople. Nous ne voulons pas quitter la biographie de Bessarion sans y emprunter encore un fait peu connu, concernant la Valachie. L'auteur de sa vie nous apprend (p. 63) que le saint archevêque avait, de son vivant, visité la principauté, sans doute pour les affaires de Doussico, qui y possède de vastes propriétés. Bessarion put, par autorisation patriarcale et avec le consentement tant du Prince que du métropolitain, célébrer l'office divin en Valachie, probablement au monastère d'Argeş, où l'on voit encore aujourd'hui un autel portatif, consacré par lui et sur lequel on lit cette inscription : ὁ ταπεινὸς μητροπολίτης Λαρίσσης Βησσαρίων.

affaires s'engagent difficilement, et l'on en est encore à la discussion des préliminaires. On dit que les Allemands proposent la paix de Passarowitz, mais que la Porte le prend de très haut et que, comme on l'a déjà affirmé, la paix serait conclue dans quinze ou vingt jours les armes à la main, c'est-à-dire en supposant que le camp impérial quitte la capitale.

Bonneval, chef des bombardiers, fut mandé à la Porte. Il entra dans l'appartement du kékhaya-bey, on le fit asseoir sur un coussin et, après quelques instants de conversation, on l'enleva pour l'envoyer en exil à Kestemboulou [1]. Au même moment, on introduisit un vieillard, nommé Mirza Pacha, qui était à l'attaque d'Ada Calessi; on le revêtit d'une pelisse et on le nomma chef des bombardiers. On accorda à l'exilé cinq cents aspres par jour. Le bruit court que les bombardiers avaient présenté une supplique pour demander sa destitution, mais l'opinion la plus répandue est que Bonneval étant un obstacle à la paix, on l'a exilé sur les instances de l'ambassadeur de France; sa maison a été mise sous scellés. Le grand vizir a donné ordre au drogman [2] d'emporter chez lui les papiers de Bonneval, pour examiner ce qu'ils contiennent, et lui a fait cadeau de ses livres.

Quelques personnes prétendent que l'exil de Bonneval a été motivé par une vieille rancune que le grand vizir nourrissait

---

1. Nous ne trouvons nulle part le nom de cette localité. Il faut certainement lire Castamoûni (ville de la Turquie d'Asie, chef-lieu de l'éyalet et du liva de même nom). On sait, en effet, que ce fut à Castamoûni que Bonneval fut envoyé en exil. Voy. DE HAMMER, XIV, p. 432. Suivant cet historien, Bonneval aurait été exilé à la suite de la conversation qu'il eut avec le grand vizir, le 29 novembre 1738. Selon Dapontès, ce ne fut que le 1er décembre (20 novembre, style grec). Il est possible que de Hammer désigne la date à laquelle fut prononcé l'exil, et que Dapontès nous donne celle du jour où Bonneval partit pour Castamoûni. On sait que, chez les Turcs, la sentence était assez souvent suivie d'une exécution à bref délai.

2. C'était alors Alexandre Ghica. Voir ÉP. STAMATIADIS, *Biographies des grands interprètes de la Porte ottomane* (en grec); Athènes, 1865, in-8°; pp. 122-123.

contre lui, car Bonneval, qui avait l'habitude de parler avec franchise à tout venant, s'était parfois laissé aller à tenir des propos contre le grand vizir. On dit encore que c'est l'ambassadeur de France qui a mené l'affaire, et que la haine des Français pour Bonneval procède de la même source.

Après la mort de Rakoczi [1], le grand vizir demanda avec de vives instances au gouvernement français de vouloir bien envoyer à Constantinople le frère cadet de ce prince [2]; informé de cela, Bonneval aurait dit, paraît-il : « Je m'étonne qu'on le demande à la France, et qu'on ne me dise pas de lui écrire pour le décider à prendre la fuite et à venir ici. » L'ambassadeur de France se serait, dit-on, montré très froissé de cette réflexion.

On apporta deux cent vingt têtes provenant du combat livré à Saribeyoglou. Il arriva ensuite un homme de Ghiaour Achmet Pacha avec une lettre où il était dit que, après un combat dont l'issue avait été favorable à Saribeyoglou, ce rebelle s'était retiré dans la forteresse qu'il possède dans cette contrée, et qu'il fallait absolument qu'une décision fût prise relativement à un envoi de troupes. Une heure après, un messager du kékhaya du vali de Bagdad, lequel est pacha d'Édesse [3], apporta une lettre de ce dernier, où il donnait avis que Saribeyoglou avait opposé une résistance opiniâtre, était sorti de sa forteresse, avait dispersé les troupes ottomanes, et s'était ensuite replié. Il ajoutait que des ordres avaient été

---

1. C'est-à-dire de Joseph Rakoczi, qui, comme nous l'avons vu plus haut, mourut à Tcherna-Voda.

2. Il y a dans le texte original : *l'autre fils de Rakoczi*, c'est-à-dire le fils de François Rakoczi, et frère de Joseph. La façon dont nous avons traduit enlève toute équivoque.

3. Édesse, appelée Orfa par les Turcs, ville de la Turquie d'Asie, chef-lieu du liva de Râka, dans l'éyalet d'Alep.

envoyés dans les quartiers d'hiver et que des hommes avaient été chargés de garder les défilés.

Le caïmacam pacha fut revêtu d'une pelisse et nommé général d'armée. Il est sur le point de marcher contre Saribeyoglou. On assure que le gouvernement d'Aïdin va lui être donné, attendu que Ghiaour Achmet Pacha, loin d'avoir obtenu du succès dans le pays, y est, au contraire, tombé en discrédit. On a aussi transmis des ordres de départ à cinq ou six pachas à deux queues, au samsondji-bachi et à bon nombre de troupes, qui se mettront en campagne bien approvisionnées de munitions de toute espèce. On a encore nommé pacha à deux queues un certain Atmadja, écuyer impérial, avec le gouvernement de Brousse, et on l'a fait partir sous les ordres dudit caïmacam pacha.

Voici quelles étaient les prétentions mises en avant par les ambassadeurs persans venus à Constantinople : Une fois, disaient-ils, que la Perse avait mêlé les Russes dans son traité de paix avec la Porte et que, nonobstant leurs mouvements hostiles, elle ne les avait pas attaqués, le chah, en sa qualité de musulman et d'ami de la Turquie, se croyait le droit d'intervenir présentement pour que la paix fût conclue avec la Russie. Ils ajoutaient que deux ambassadeurs avaient été envoyés à la frontière, à l'effet d'entamer des pourparlers et de mettre de l'ordre dans les négociations. Cette nouvelle avait été expédiée par Achmet Pacha au grand vizir, antérieurement au retour de ce dernier à Constantinople. Rentré dans la capitale, il fit réponse aux ambassadeurs persans que, les Russes ayant violé la paix, la Porte les avait attaqués, en avait tiré vengeance et que, se trouvant actuellement victorieuse, il serait honteux pour elle d'envoyer des ambassadeurs et de paraître demander la paix. Si les Russes désiraient l'intervention du chah, ils auraient dû en écrire à la Porte, et non-seulement ils n'en ont rien fait, mais encore ils viennent d'envoyer un représentant et acceptent la médiation de l'ambassadeur de France. Il s'en suit que l'affaire ne se présente pas comme ils l'affirment et, d'ailleurs, un ambassadeur de rang supérieur étant sur le point d'arriver, on l'attendra pour entrer en pourparlers avec lui.

Yandjicli bey, qui était en exil, est de retour à Constantinople.

On affirme que Yaya Pacha revient de Russie [1].

Après la mort de Rakoczi, la Porte lui donna pour successeur le comte Michel Csaki, avec le titre de gouverneur général de Hongrie et de Transylvanie. Csaki écrivit aussitôt une lettre au Prince pour l'informer de sa nomination, et remplaça André, résident de Rakoczi à Bucarest, par Joseph Uzzoni.

20 *novembre*. — Le séraskier de Vidin ayant reçu des firmans pour la déposition du defterdar de cette ville et son remplacement par l'ambar-émini, le séraskier, dis-je, après lecture de ces firmans, revêtit le defterdar d'une pelisse, en disant que le firman était erroné et que, puisque le Sultan et lui étaient satisfaits de ses services, on le rétablissait dans sa charge. Quant à l'ambar-émini, il lui recommanda de veiller à ses affaires et de rester au poste qu'on lui avait confié.

---

1. Cette assertion était prématurée, car, d'après un document qui figure à la fin des *Éphémérides daces* (t. I, p. τχθ) et que nous traduirons en son lieu, Yaya Pacha ne fut rendu à la liberté que postérieurement à la conclusion du traité de paix entre la Porte et la Russie, conclusion dont la tsarine lui fit donner avis le 27 janvier 1740, ainsi qu'à son compagnon de captivité, Coltchac Pacha. Ajoutons que Yaya Pacha, ci-devant gouverneur d'Ozou, avait été emmené prisonnier en Russie avec la garnison de cette place. Voy. LAUGIER, *Histoire de la paix de Belgrade*, t. I, pp. 112-113.

LISTE DES GOUVERNEMENTS DONT FURENT INVESTIS LES PACHAS A DEUX QUEUES.

Sébaste [1], à Tchétedji Abdoullah Pacha.
Séleucie [2], à Chehsivaroglou Khalil Pacha.
Mérach, à Divricli Omer Pacha.
Ak-Chéhir [3], à Gheucdjésim Hassan Pacha.
Kencri [4], à Émirza Pacha.
Césarée [5], à Broussali Mechmet Pacha.
Balikesri [6], à Mémich Pacha.
Cara-Hissar [7], à Mamouloglou Osman Pacha.
Sultan-Euni [8], à Ali Pacha.

1. Sébaste, en turc Sivass, ville de la Turquie d'Asie, chef-lieu de l'éyalet et du liva du même nom, sur le Kizil-Irmac. Elle possède aujourd'hui une population de dix-sept mille habitants tous Turcomans, sauf une quarantaine de familles grecques. Sébaste fait un grand commerce de céréales. Il y a, dans le voisinage, des mines de sel gemme et de différents métaux. On y remarque plusieurs monuments de l'époque byzantine, mais restaurés dans le goût arabe. A un quart d'heure de la ville, du côté de l'ouest, se trouvait le fameux étang sur la glace duquel furent exposés les quarante martyrs dont l'Église célèbre la fête le 9 mars. Au moyen âge, il avait été recouvert d'une voûte sur laquelle fut construite une église aujourd'hui disparue. Il ne reste plus de ce lac qu'une sorte de mare d'environ 12 mètres de diamètre, que les chrétiens de toute nationalité considèrent comme un *Hagiasma* ou source bénite (S. Joannidis, Ἱστορία καὶ στατιστικὴ Τραπεζοῦντος, p. 198-199).

2. Séleucie, en turc Sélefké (Seleucia Trachæa), bourg de la Turquie d'Asie, dans l'éyalet de Caraman, liva d'Itch-Il, sur le Gheuc-Sou.

3. Ak-Chéhir (Antiochia ad Pisidiam), ville de la Turquie d'Asie, dans l'éyalet de Caraman, liva de Conia, à deux heures du lac du même nom (Ak-Chéhir-Gheulu).

4. Ce nom ne se trouve pas dans le *Dictionnaire géographique de l'Empire ottoman* de Mostras, mais il paraît certain qu'il s'agit du sandjac de Kencri ou Kanghri, dans le gouvernement d'Anatolie. Voy. de Hammer, XVII, 57.

5. Césarée, en turc Kaissariyé, ville de la Turquie d'Asie, chef-lieu du liva du même nom, dans l'éyalet de Bozauk. Siège d'un métropolitain grec, relevant du patriarcat de Constantinople et ayant le titre de : ὑπέρτιμος τῶν ὑπερτίμων καὶ ἔξαρχος πάσης Ἀνατολῆς,

6. Balikesri, ville de la Turquie d'Asie, chef-lieu du liva de Karassi, dans l'éyalet de Khoudavendiguiâr.

7. Cara-Hissar, ville de la Turquie d'Asie, dans l'éyalet de Bozauk, liva de Césarée.

8. Sultan-Euni est le nom d'un liva qui a pour chef-lieu Koutahia conjointement avec le liva du même nom, et est situé dans l'éyalet de Khoudavendiguiâr en Turquie d'Asie.

23 *novembre*. — Mahmoud bey, préposé aux travaux de construction des barques non pontées, arriva de Giurgiu, sur l'invitation du Prince, avec Khassim effendi, cadi de cette ville, pour conférer avec Son Altesse relativement à la construction des susdites barques.

24 *novembre*. — Dans une réunion plénière des boyards, tenue en présence du Prince, et à la suite d'une longue délibération sur le choix d'un candidat capable de gouverner l'église métropolitaine de Hongro-Valachie avec toute la vigilance et le soin désirables, Néophytos, métropolitain de Myre, l'emporta sur ses concurrents, tant à cause de la pureté de sa vie, de toutes ses autres vertus et de son savoir, que de l'affection paternelle dont il avait entouré tout le monde, pendant l'époque troublée que l'on venait de traverser. Le Prince, ayant approuvé cette élection par son suffrage, envoya incontinent le cahvedji Tatouna à Constantinople avec des lettres pour Sa Sainteté le Patriarche, dans lesquelles il l'informait, suivant la coutume, du choix qui avait été fait, pour qu'il expédiât la lettre synodale et patriarcale relative à la translation du prélat.

Peu de temps après, le sluger Caradja arriva de Vidin avec un firman du séraskier pacha, portant que les districts transolténiens, qui avaient été conquis sur l'Empereur par la Porte ottomane, seraient réunis, comme antérieurement, à la partie du territoire roumain située en deçà de l'Olt, et que, dorénavant, cette fraction de territoire serait soumise à l'autorité du Prince, conformément à la demande de l'évêque de Rîmnic, et de tous les habitants. Bien qu'opposé à cette annexion, dans la crainte des éventualités, le Prince se conforma néanmoins, à son corps défendant, aux ordres du Sultan, et prit en main les rênes du gouvernement de cette contrée, pour le plus grand bien de tous ceux qui l'habitent.

26 *novembre*. — A l'issue de la sainte messe, une assemblée à laquelle prirent part l'évêque de Buzău et tous les boyards s'étant réunie dans la Vieille-Spatharie, sous la présidence du Prince, assis sur son trône et ayant la crosse plantée à sa droite, le grand logothète Constantin Dudescu se leva, et, après avoir salué Son Altesse, suivant la coutume, il sortit, pour aller chercher à la Grande-Spatharie, où il attendait qu'on l'appelât, le métropolitain de Myre, candidat. Il l'introduisit en présence du Prince, qui se tenait debout, la tête découverte. Après lui avoir adressé une allocution appropriée à la circonstance, Son Altesse lui remit respectueusement la crosse, et lui baisa la main droite, ce que firent aussi tous les boyards. Après quoi l'on se retira.

La voiture du Prince étant prête, le métropolitain et le grand logothète y montèrent, et, entourés d'une escorte, accompagnés de Constantin Crețulescu, second logothète, et de Giannakis Vlastos, second postelnic, tous deux à cheval, ils se rendirent à l'église cathédrale, au son des cloches, précédés des chantres et du clergé de l'endroit. Le métropolitain entra d'abord dans le narthex de l'église, puis, après que l'on eut apporté le saint évangile et les grands chandeliers, il pénétra dans l'intérieur du temple, au chant du *Dignum est*, qui est d'usage en pareille circonstance. Il baisa les saintes images, donna sa bénédiction à tous les assistants, et se retira sans être monté sur son trône, car, en l'absence de la lettre patriarcale, il continuait à n'être que candidat. Ensuite, comme le palais archiépiscopal était encore infecté de la peste, il se rendit, avec son escorte, au monastère de Mihai-Vodă.

28 *novembre*. — Mahmoud bey partit entièrement satisfait du Prince.

Ayant, comme nous l'avons déjà dit, accepté le gouvernement des districts transolténiens et pris l'avis des boyards relativement à l'administration de cette contrée, le Prince désigna pour s'y rendre des boyards de première et de seconde classe. Le 30 novembre, il fit donc partir le sluger Caradja et le grand pittar Andronakis, et il écrivit au susdit Constantin Argintoianu, que Mourtaza Pacha avait nommé ban, de prendre à l'avenir le titre d'ispravnic (et non celui de ban) de Craiova et des cinq cadilics. Le sluger Caradja fut chargé de surveiller les affaires du pays et de protéger les habitants contre la cupidité et les vexations des armées ottomanes; le pittar Andronakis reçut mission de percevoir les deniers publics avec l'assistance des gens du pays; les impôts furent fixés comme ils l'étaient sous la domination turque. Dans chacun des autres cadilics, le Prince envoya deux boyards de seconde classe, munis d'instructions écrites, dont le dispositif était empreint d'un grand esprit de douceur et d'humanité. A l'évêque, il envoya, comme témoignage de son respect, un pallium, une chape en brocart d'or, une dalmatique et une étole [1].

---

[1]. Les assertions de Dapontès ne concordent pas de tout point avec celles de Comnène Hypsilanti (Τὰ μετὰ τὴν ἅλωσιν, pp. 347-348), en ce qui concerne l'annexion des cinq cadilics. Suivant Dapontès, le prince Constantin Maurocordato n'y aurait consenti qu'à son corps défendant; d'après Hypsilanti, au contraire, il se serait formellement opposé à la séparation. Ce dernier raconte *(loc. cit.)* que Alexandre Ghica, interprète de la Porte et grand logothète de l'Église patriarcale, demanda au grand vizir l'exarchat des cinq cadilics transolténiens, à titre d'appointements et à charge par lui de payer au Trésor impérial un tribut annuel de deux cent dix-neuf bourses. C'est alors que serait intervenu Constantin Maurocordato et qu'il aurait réussi à faire prononcer l'annexion. A. Comnène Hypsilanti raconte encore que, après la paix de Belgrade, les Turcs eurent l'intention de former une principauté particulière avec les cinq cadilics transolténiens. Il y eut même, comme prétendant à l'hospodarat, un certain Jean Hypsilanti, qui avait rempli les fonctions d'agas en Valachie et en Moldavie. Voy. Τὰ μετὰ τὴν ἅλωσιν, p. 563.

DÉCEMBRE 1738

Départ du capidjiler-kékhayassi. — Mort de Solac Mechmet Pacha. — Envoi de l tête du kékhaya du vali d'Aïdîn. — Départ des ambassadeurs persans. — Subvention que demande le grand vizir pour les frais de la guerre; somme d'argent qu'il reçut. — Le Sultan n'écoute pas le grand vizir en toutes choses. — Que la paix sera difficilement conclue. — Que sa conclusion était plus facile précédemment. — On espère que le khan prêtera son concours à la conclusion de la paix. — Hatti-chérif envoyé au séraskier pacha. — Du gédicli zaïm envoyé avec des firmans. — Gouvernement accordé au séraskier pacha. — Firman relatif au beurre. — Ali aga, gédicli zaïm, passe par Bucarest. — Véli Pacha demande pour kékhaya Yegen Mechmet aga. — Préparatifs que l'on fait pour recevoir le khan. — Victoire du vali de Râka sur le bin-bachi de Saribeyoglou. — Le caïmacam pacha est nommé vali d'Aïdîn. — De ce qui se dit concernant le camp. — Victoire de Tékiéli sur les Catans à Craiova. — Des espèces données par le grand vizir au lieu des bijoux d'usage. — Du cheik-oul-islam. — De ce qui se dit sur les caïmacams de Constantinople. — Firmans relatifs à l'orge et au beurre. — Translation de l'archevêque de Myre au siège métropolitain de Hongro-Valachie.

5 décembre. — LE capidjiler-kékhayassi du Sultan partit pour Aïdîn.

Un écuyer impérial fut dépêché à Bender vers Solac Mechmet Pacha, à l'effet de l'amener à Constantinople pour y recevoir une troisième queue de cheval et être envoyé à Tripoli de Syrie [1]; mais ce pacha mourut en arrivant à Baba-Dagh [2], et l'on chargea quelqu'un d'aller recueillir ce qu'il possédait.

---

1. Tripoli de Syrie, en turc Tarabouloussi-Châm, ville de quinze mille habitants, chef-lieu du liva du même nom, dans l'éyalet de Saïda. Elle est divisée en deux quartiers, dont l'un, la ville proprement dite, à deux kilomètres dans l'intérieur, et l'autre sur la Méditerranée. Siège d'un métropolitain grec relevant du patriarche d'Antioche et portant le titre de ὑπέρτιμος καὶ ἔξαρχος Φοινίκης παραλίας.

2. Baba-Dagh, ville de la Turquie d'Europe, en Bulgarie, dans l'éyalet de Silistrie, liva de Tulcea. Environ dix mille habitants.

On avait demandé par firman la tête du kékhaya du vali d'Aïdîn ; mais le vali, qui voulait mettre sa responsabilité à couvert, envoya la tête avant d'avoir reçu le firman.

Les ambassadeurs persans quittèrent Constantinople, et on les reconduisit en galère jusqu'à Scutari[1], en les entourant de beaucoup d'honneur.

Le grand vizir demande qu'il ne lui soit attribué sur le Trésor qu'une certaine subvention, et se fait fort de pourvoir à toutes les autres dépenses de la guerre, avec les recettes casuelles et les confiscations. Il vient de recevoir près de trois mille bourses des beys d'Égypte, et d'en retirer seize cents de l'héritage de Djigaloglou, auxquelles il faut encore en ajouter beaucoup d'autres de provenances analogues.

Le Sultan ne partage pas en toutes choses l'avis du grand vizir, à cause de son caractère emporté ; lorsqu'il accuse quelqu'un sur un léger prétexte, le Sultan veut être mis au courant des délits, et il lui demande la cause de ses dénonciations. Si cependant TRENTE-ET-UN n'eût pas mis obstacle à son emportement, il en aurait fait bien d'autres.

La Porte élève de grandes prétentions au sujet de la paix et, comme il en est de même des Allemands et des Russes, elle sera difficilement conclue.

Avant la démolition d'Ozou et la prise de Rusava, la paix eût été plus facile.

On espère que la venue du khan à Constantinople aidera à la conclusion de la paix, car c'est un prince pacifique.

Achmet aga, écuyer impérial et aga tchéraghi, fut envoyé à Vidin vers le séraskier pacha avec un hatti-chérif très développé, lui enjoignant de faire ses préparatifs pour marcher, aux

---

1. Scutari, en turc Ouscoudar, l'ancienne Chrysopolis, ville de la Turquie d'Asie, sur le Bosphore, bâtie en amphithéâtre vis-à-vis de Constantinople. Elle compte cinquante mille habitants et est considérée comme un faubourg de Constantinople.

premiers jours du printemps, contre Temesvar, dont on espère qu'il se rendra maître. Par le même hatti-chérif, le grand vizir recevait ordre de se rendre à Belgrade pour veiller à ce que les deux camps reçussent leurs approvisionnements par le Danube. Tout ce dont on aura besoin : troupes, argent, munitions, il lui suffit d'en dresser la liste, et on le lui enverra. Le même messager apportait, en outre, des lettres de politesses de la part d'autres personnes. Il lui fut fait un accueil des plus empressés.

Un gédicli zaïm fut chargé de porter deux firmans, l'un à Mémich Pacha, lui enjoignant d'aller sans retard prendre le commandement d'Ak-Kerman ; et l'autre à Toz Pacha, lui prescrivant d'aller occuper le même poste à Ada Calessi. N'ayant pas trouvé ces firmans de son goût, le séraskier pacha objecta que, en ce qui concernait Mémich Pacha, il n'était pas préparé à quitter Roustchouc pour aller dans une autre localité, car, depuis trois années qu'il suivait l'expédition, il était absent de son gouvernement, et que dans le cas où il irait à Ak-Kerman, toute sa suite serait dispersée. Quant à Toz Pacha, sa présence à Ada Calessi n'était pas nécessaire, attendu que, pour le moment, la garnison de cette place était suffisante. Le zaïm fut chargé de remporter ces réponses.

Le gouvernement de Tékié[1] fut accordé au séraskier pacha à titre d'apanage, car, de l'avis du grand vizir, le revenu de Vidin était insuffisant pour faire face à ses dépenses. Tékié se trouve en Anatolie et est la patrie du caïmacam Mechmet Pacha, du grand vizir, et de Tékiéli Mechmet aga. Le revenu de Tékié est de trente mille piastres, que le grand vizir a envoyées au séraskier par le mecter-bachi de celui-ci. Il ne s'est pas

---

1. Tékié est aujourd'hui un liva de la Turquie d'Asie, dans l'éyalet de Caraman, il a pour chef-lieu Attalia (en turc Andalia) et répond à l'ancienne Pamphylie, Voy. aussi DE HAMMER, XVII, 57.

montré très satisfait, car il espérait davantage, aussi n'a-t-il remercié que du bout des lèvres.

12 décembre. — Mechmet effendi, secrétaire de Djanibi, defterdar de Niš, arriva de cette ville avec un firman ordonnant l'achat de trente mille oques de beurre, et la Porte [1] envoya l'argent nécessaire à cette acquisition.

14 décembre. — Ali aga, gédicli zaïm et neveu du kékhaya-bey actuel, Gédicli Mechmet aga, arriva de Bender. C'est lui qui, comme on l'a dit précédemment, alla porter de Constantinople à Bender la nomination de Véli Pacha au grade de séraskier et les firmans d'exil des pachas qui s'y trouvaient. Il passa par Bucarest, en se rendant à Roustchouc, sa patrie.

Véli Pacha écrivit au gouvernement pour lui demander la permission de prendre en qualité de kékhaya Yegen Mechmet aga, et il l'obtint. Celui-ci n'attend plus pour partir que de recevoir de Constantinople un caftan de la part du grand vizir.

Le Sultan et le grand vizir font préparer des vêtements pour le khan. On lui tient prêts des appartements dans l'ancien palais du grand vizir.

Le vali de Râka [2], kékhaya du vali de Bagdad [3], livra combat à un bin-bachi de Saribeyoglou et le battit complètement. On apporta une centaine de têtes de soldats rebelles, qui furent exposées sur la place extérieure du sérail impérial.

Le caïmacam pacha fut nommé vali d'Aïdîn, et le bruit court que Achmet Pacha va être exilé à Chio [4].

---

1. Il y a dans l'original αὐθεντία, je crois que ce terme équivaut ici à βασιλεία et je le traduis en conséquence.

2. Râka, ville de la Turquie d'Asie, dans le liva du même nom, éyalet d'Alep, sur l'Euphrate.

3. Bagdad, ville de la Turquie d'Asie, en Mésopotamie, chef-lieu de l'éyalet du même nom et de celui de Chéhrézor, sur le Tigre.

4. Chio, en turc Sahîz-Adassî ou *l'île au mastic*, île de l'Archipel. Conquise par les Ottomans en 1566, elle fait aujourd'hui partie de l'éyalet de l'Archipel. Siège d'un

On dit que le camp se rendra à Daoud-Pacha, le quatre du courban-baïram, qu'il en partira le neuf pour aller à Andrinople, où l'on mettra les chevaux au vert, et que, de cette ville, il se rendra directement à Tchouprija ou à Semendria, sans s'arrêter ailleurs.

Tékiéli qui était à Craiova, reçut ordre du séraskier pacha de marcher contre les Catans et les Heiduques. S'étant donc avancé, la veille de Noël, jusqu'au monastère de Cozie, il les attaqua et leur fit perdre plus de quarante hommes, tant tués que prisonniers. Parmi ceux qui réussirent à se sauver, les uns s'enfuirent dans les montagnes voisines et d'autres passèrent en Valachie. Les slujitorï du Prince, préposés à la garde des frontières, ayant rencontré une partie de ces derniers, les attaquèrent, leur tuèrent deux hommes, et chassèrent honteusement le reste. Trois ou quatre se noyèrent dans l'Olt, et trois Heiduques furent faits prisonniers dans un autre endroit.

Au lieu des objets précieux dont il est d'usage de faire cadeau, à l'occasion du baïram, le grand vizir donna, par ordre du Sultan, l'équivalent de ces objets en espèces. Le total des gratifications se monta à soixante-sept mille piastres.

On dit que le cheik-oul-islam est sur le point de donner sa démission, car l'état de faiblesse où son grand âge l'a réduit le met dans l'impossibilité de remplir sa charge.

On dit que le kékhaya du grand vizir va rester à Constantinople en qualité de caïmacam, et qu'il aura pour successeur le tchaouch-bachi actuel, ou Moustafa effendi, ancien defterdar de Hotin, présentement rouznamedji yazidjilicdan djicma.

18 décembre. — Le Prince a reçu des firmans très sévères,

---

métropolitain grec relevant du patriarche de Constantinople et portant le titre de ὑπέρτιμος καὶ ἔξαρχος πάσης Ἰωνίας.

le pressant d'avoir à compléter sans retard les deux cent mille kilès d'orge et les trente mille oques de beurre réquisitionnés.

26 *décembre*.— Le cahvedji Tatouna étant arrivé avec l'exequatur patriarcal, la translation du métropolitain de Myre s'effectua définitivement.

JANVIER 1739

Ordres donnés à la flotte. — Ravages de la peste sur les frontières d'Allemagne. — Incarcération du médecin de Rakoczi. — Informations que transmettent à la Porte les gentilshommes suédois. — Morceau d'ambre dont ils firent cadeau au grand vizir. — Satisfaction que causa la lettre du Prince. — Armées de Belgrade, de Temesvar et des environs. — Déposition du vali d'Égypte. — Du gouvernement donné à Mourtaza Pacha. — Ali aga est nommé mékiari-bachi. — De Skemnedji Moustafa aga. — Activité que l'on apporte à lever des troupes en Anatolie. — Du ménekché-agassi.

5 janvier. — Le grand vizir se rendit à l'arsenal pour s'y occuper de la flotte, c'est-à-dire pour fixer le nombre des navires qui devaient faire voile pour la mer Noire et le Danube, et pour veiller à ce que l'on préparât tout ce qui était nécessaire.

Des commandes de chanvre et de suif furent faites par firman en Moldavie.

La peste sévit sur les frontières d'Allemagne et particulièrement en Transylvanie, ainsi que du côté de Temesvar et de Belgrade.

LISTE DES FONCTIONNAIRES.

Baki aga fut nommé bin-bachi.
L'aga des janissaires fut confirmé.
Mechmet effendi chehr-émini fut confirmé.
Khalil effendi fut nommé premier mouhassébedji.
Féizi bey fut déposé.
Mechmet Émininoglou fut nommé chaïr-émini.
Le général des djébedjis fut confirmé.

Le général des canonniers fut confirmé.
Le général des arabadjis fut confirmé.
Le capitan pacha fut confirmé.
Ighirmi Sékiz Tchélébinoglou fut nommé sipah-kiatibi.
Achmet effendi, silicdar kiatibi, ancien defterdar de Niš, fut nommé divan-effendi d'Ali Pacha Hékimoglou.
Boz Oglanzadé fut nommé nichandji.
Ismail effendi fut déposé.
Le defterdar-effendi fut confirmé.
Le janissaire-effendi fut confirmé.
Le sipahilar-agassi, Émin aga, fut confirmé.
Le silicdar-agassi, Ali aga, fut confirmé.
Yandjicli bey fut nommé defter-émini.
Nouch effendi fut déposé.
Le bach-bakicouli fut confirmé.
Yegen effendi fut nommé Anadol-mouhassébedjissi.
Kesréli Achmet effendi fut confirmé.
L'amedji fut nommé djébedjiler-kiatibi.
Omer effendi fut nommé petit rouznamedji.
Ramizadé fut confirmé.
Pir Moustafa effendi fut nommé nouzoul-émini.
Le bach-yazidji Chehri Mechmet effendi, mevcoufatdji.
Suleyman effendi, téchrifat piadé moucabéledjissi.
Mousazadé fut nommé inspecteur de la fonderie de canons.
Le kékhaya bey fut confirmé.
Le réis-effendi fut confirmé.
Le tchaouch-bachi aga fut confirmé.
Le mectouptchi-effendi fut confirmé.
Le kiatib-effendi fut confirmé.
Les teskéredji-effendiler furent confirmés.
Les beglicdji-effendiler furent confirmés.
Molladjiczadé fut confirmé.

Georges Panezzi, chirurgien de Rakoczi, et son médecin, Hongrois de nationalité, soupçonnés l'un et l'autre d'avoir donné la mort à ce prince, furent mis en prison par le Mouhzyr aga ; mais le général Dasti écrivit qu'ils n'étaient pas coupables, car la mort de Rakoczi était le résultat des désordres auxquels celui-ci se livrait.

10 janvier. — Les gentilshommes suédois [1] informèrent la Porte que leur roi les avait autorisés à prendre le caractère d'envoyés, et qu'ils attendaient un navire de guerre destiné, disaient-ils, à être offert au Sultan avec trente mille fusils munis de leur baïonnette, en acquittement de la dette de trois mille bourses que le roi Charles XII avait contractée envers la Porte. Ils ajoutaient que de semblables dons étaient d'usage en temps de guerre, et que ce navire allait arriver au premier beau jour, car il était déjà à Malte [2].

Les susdits ministres offrirent au grand vizir un morceau d'ambre pesant quatre oques [3] et d'une valeur de mille florins. Le grand vizir l'envoya au Sultan.

Le bulletin de nouvelles transmis par les soins du Prince fut accueilli favorablement et communiqué au Sultan [4]. Après mûr examen de ce qui y était dit concernant la Pologne, on fit partir trois jours après pour ce pays Mounif effendi, vékil du mectouptchi-effendi.

Le séraskier pacha écrivit à la Porte que, à Belgrade et à Temesvar, ainsi que dans les environs de ces deux villes,

---

1. Ils s'appelaient Hœpken et Carlson (Voy. DE HAMMER, XIV, p. 429).

2. Nous ne savons si ce vaisseau était réellement à Malte, comme le prétendaient les envoyés suédois, toujours est-il qu'il n'arriva dans le port de Constantinople que le 22 juin 1740, c'est-à-dire environ dix-huit mois plus tard. Voy. LAUGIER, *Hist. de la paix de Belgrade*, II, p. 142.

3. L'oque vaut 1 kilog. 284 grammes.

4. Il y a dans le texte original : καὶ ἔγεινε τελχίσι. Je crois ne pas m'être écarté du sens, en traduisant comme je l'ai fait.

il y avait actuellement cinquante mille hommes de troupes.

On déposa Moustafa Pacha, vali d'Égypte, et ordre fut donné d'examiner sa comptabilité. Il eut pour successeur Adimoglou Suleyman Pacha.

Le gouvernement de Salonique fut donné à Mourtaza Pacha.

On nomma mékiari-bachi celui de l'année précédente, c'est-à-dire Ali aga, ancien haradji-bachi et frère du kékhaya de Damadzadé.

Skemnedji Moustafa aga fut nommé général des arabadjis.

On revêtit de caftans dix sipahilar-tchaouchlari, et on les envoya en grande hâte dans l'Anatolie pour y lever des troupes. Les préparatifs de guerre sont poussés avec toute l'activité possible.

L'ancien ménekché-agassi Agazadé Moustafa bey fut nommé sakiz-agassi.

FÉVRIER 1739

Le khan quitte Constantinople. — De Mahmoudzadé effendi. — De Tchélébizadé. — De Mirza effendi. — De Caragheuzoglou. — Exil de Féizoullah molla. — Mort du fils du cheik-oul-islam. — Le cahvedji-bachi du kékhaya bey arrive à Bucarest. — Déposition du grand portier. — Départ du comis Dimitrașcu pour Giurgiu. — Départ du ban pour Craiova. — Victoire des gherlis-coulous et des Serbes sur les Allemands. — Mort de Mahmoudbeyoglou. — Mort de Guègue Mahmoud Pacha. — Confirmation du defterdar de Vidin. — Du général des canonniers d'Ada Calessi. — Du premier tchaouch du séraskier. — Causes de la mission d'un officier polonais près la Porte. — Firman relatif à cinq cents ouvriers. — Firman interdisant en Valachie l'exportation de la bougie et autres produits prohibés. — Firman relatif au Polonais Démos. — Retour de trois compagnies. — De cinq Heiduques. — Dédicace d'une chapelle à Văcărești. — Exil d'Achmet Pacha à Chio. — Du fils d'Osman Pacha. — Mort du grand ambassadeur persan. — Départ de Hodja Ali effendi et du grand spathar pour le camp. — De l'incendie qui éclata à Bucarest.

1er *février*. — Le 1er février, le khan quitta Constantinople, après avoir pris part à un festin que le Sultan lui avait offert.

Ak Mahmoudzadé effendi fut nommé cazaskier de Roumélie.

Tchélébizadé fut nommé molla de Brousse.

Navizadé, mirza effendi du khan, qui était molla de Sofija, obtint aussi le même poste à Andrinople.

Caragheuzoglou Ali aga (Caragheuz est un village de Tartarie) fut fait pacha à deux queües, grâce à l'intervention du khan, et on lui donna le gouvernement de Koniâ.

Féizoullah molla fut exilé à Tchaïri, localité d'Anatolie.

Le fils aîné du cheik-oul-islam mourut de la peste.

4 *février*. — Souf aga, cahvedji-bachi du kékhaya bey, arriva à Bucarest, porteur d'un firman conçu en termes très énergi-

ques et enjoignant au Prince d'avoir à réquisitionner de l'orge partout où il en trouverait dans les districts riverains du Danube, et ce jusqu'à concurrence de deux cent mille kilès [1].

7 *février*. — Le Prince déposa le grand portier Manolakis, sur la plainte du susdit cahvedji-bachi, qui déclara que ce fonctionnaire n'avait pas pour lui les égards dus à son rang. Grâce à la protection du pacha, l'intérim de ce poste fut confié au pauvre Georgakis, ancien grand portier. Le cahvedji-bachi reçut, à son départ, un cadeau de trois cents piastres, du drap, du satin (τζοκάτλαζον) et une paire de pistolets.

9 *février*.— On arbora les queues de cheval.

Le Prince envoya à Giurgiu, vers Achmet Pacha, l'ancien grand comis Dimitrașcu Soutzos, pour arranger l'affaire des cinq zicoudret-saïques [2].

10 *février*. — Le Prince fit partir le grand ban Grigorașcu pour Craiova, siège de son gouvernement, et donna ordre de l'accompagner à l'ancien grand armaș Joannitza, avec mission de se tenir auprès de Mourtaza Pacha, pour mettre un frein aux déprédations des troupes ottomanes présentes dans la contrée. Il écrivit au sluger Caradja de quitter Craiova et de ss rendre à Vidin, près du séraskier pacha, à l'effet d'arranger quelques affaires.

Après le baïram, cinq cents soldats indigènes quittèrent Vidin et se rendirent à Sebeș et à Lugoș ; là, ayant appris que deux mille soldats réguliers avaient quitté Temesvar et marchaient contre Mehadia, ils en donnèrent avis aux Serbes et aux séimènes, qui se réunirent au nombre de plus de deux

---

1. Le rapport du kilès avec l'oque varie entre dix et dix-huit oques, suivant la localité ou la matière dont il exprime le poids. Rappelons que l'oque vaut 1 kilog. 284 gr.

2. Sorte de grandes barques fortifiées ou bien armées. *Zicoudrèt*, en turc, signifie *fort, puissant*.

mille et prirent la route de Temesvar. S'étant avancés jusqu'à un village vide d'habitants et appelé Sredestï¹, ils rencontrèrent des voitures et un caporal avec dix Catans, qui allaient fourrager. Ils les firent prisonniers, les interrogèrent et, ayant appris qu'il y avait deux mille hommes à Versecs², ville à une heure de là, ils marchèrent résolûment contre eux. A leur approche, les Allemands se mirent en ligne, et les Ottomans engagèrent le combat, qui dura depuis trois heures de jour jusqu'à onze heures. Les Turcs, ayant défait et poursuivi les Allemands, s'avancèrent jusqu'auprès de Temesvar, firent plus de deux cents prisonniers et, au dire des Allemands, tuèrent plus de cinq cents hommes. Les Vidiniotes, victorieux, se retirèrent ensuite, ayant chacun deux ou trois prisonniers et d'autre butin. A cette occasion, le séraskier pacha donna des réjouissances, distribua des aigrettes et envoya son tchocadar Cara Mechmet à Constantinople avec la nouvelle de ce succès. Il chargea, en outre, Ouzoun Ali aga de porter une pelisse et un caftan au bey de Mehadia.

Mahmoudbeyoglou, qui fut créé pacha à trois queues, lorsque le grand vizir se trouvait à Niš, étant allé du côté de l'Albanie pour donner la chasse à quelques voleurs, ses hommes se révoltèrent et le tuèrent.

Guègue Mahmoud Pacha mourut de sa mort naturelle à Tchouprija.

Le defterdar de Vidin, dont le séraskier avait renouvelé les pouvoirs, reçut un firman qui confirmait ce renouvellement.

---

1. Sredestï (magy. Szredistye) est un grand village de plus de deux mille habitants, situé au nord-est de Versecs (roum. Verşeţï). On l'appelle Sredestï Marï (magy. Nagy Szredistye) pour le distinguer du village voisin de Sredestï Micï (magy. Kis Szredistye).

2. Versecs, ville de la Hongrie méridionale dans le comitat de Temes ; elle s'appelle en roumain Verşeţï, en serbe Vršac, et en allemand Werschetz.

Le général des artilleurs d'Ada Calessi fut nommé par firman général des artilleurs du camp impérial.

Le séraskier pacha nomma son premier tchaouch alaï-bey de Ruşava.

L'officier envoyé près la Porte ottomane par la République de Pologne est venu demander réparation des dommages causés, l'an dernier, sur les frontières de Pologne, par les armées turques. Il est chargé, en outre, de confirmer la bonne amitié qui règne entre l'empire ottoman et la République, et de déclarer que celle-ci a gardé et gardera encore la neutralité dans la guerre turco-russe.

13 *février*. — Achmet, tchocadar du séraskier, apporta un firman [demandant l'envoi] de cinq cents ouvriers.

Moustafa, tchocadar de Youbroucdji Isaac aga, apporta au Prince un firman lui enjoignant d'interdire que la bougie et autres produits prohibés fussent exportés de Valachie pour une destination autre que Constantinople.

15 *février*. — Des partisans, détachés de l'armée en garnison à Iagodina, s'avancèrent jusque dans les environs de Belgrade et, ayant rencontré des soldats, ils en firent dix prisonniers avec leur caporal et en tuèrent quelques autres. Le pacha de Niš envoya les prisonniers à la Sublime-Porte.

16 *février*. — Le bruit ayant couru qu'une certaine quantité de Catans étaient sortis de Belgrade, dans l'intention d'aller piller Iagodina et Tchouprija, le pacha donna ordre au kékhaya de marcher contre eux avec les troupes de l'éyalet de Roumélie. Les Turcs, s'étant avancés jusque dans les environs de Belgrade, se trouvèrent tout à coup en présence d'une compagnie de Serbes; ils en tuèrent quelques-uns et en firent vingt-sept prisonniers avec leur capitaine. Le pacha envoya ces derniers au camp.

Cara Békir, second tchocadar du grand vizir, arriva avec

un firman pour prendre le Polonais Démos ; le Prince lui fit cadeau de six cents piastres, de pistolets, de fusils de chasse, de drap et de satin.

Les trois compagnies d'Albanais de Haïdatrana arrivèrent de Slatina, où elles avaient été envoyées pour garder la place.

17 *février*. — On amena d'Argeş [1] cinq Heiduques qui avaient été faits prisonniers par les séimènes.

18 *février*. — On célébra la dédicace de la chapelle de saint Nicolas dans le monastère de Văcăreşti. Le Prince, en sa qualité de fondateur, était présent et prenait, comme c'est l'usage, une part active à la cérémonie.

Ghiaour Achmet Pacha fut envoyé en exil à Chio, et sa fortune fut confisquée.

Les Moréotes remirent une supplique en faveur du fils d'Osman Pacha, à qui il serait arrivé quelque aventure fâcheuse, s'il n'eût pas eu la protection du darissadé-agassi.

Le grand ambassadeur persan, qui avait accompagné Moustafa Pacha, mourut en route. Le second ambassadeur qui était avec lui va arriver à Constantinople.

26 *février*. — Le Prince fit partir pour Constantinople Hodja Ali effendi et le grand spathar Joannakis, à l'effet d'accompagner le camp impérial en qualité de capi-kékhayas. Il donna le même ordre à Basilakis, ancien grand portier, qui se trouvait à Constantinople.

27 *février*. — Le mardi 27, à six heures, un incendie con-

---

1. Argeş, ou plutôt Curtea d'Argeş, dans le district du même nom, sur les deux rives de l'Argeş, au pied des Carpates. Population, trois mille habitants. Radu le Noir, qui avait transféré sa résidence dans cette ville, y mourut, en 1265. Un peu en dehors des murs, à un kilomètre environ de la grande route d'Hermannstadt, au milieu d'une petite vallée, se trouve le célèbre monastère d'Argeş, achevé par Neagoie Băsărab, en 1518, et dont nous nous rappelons avoir admiré à l'Exposition universelle de Paris, en 1867, une charmante réduction en bois sculpté. Nous donnerons en son lieu une notice plus détaillée sur ce monastère.

sidérable éclata à Bucarest ; il commença par les grandes maisons du monastère de Saint-Savvas, dans le fumier de l'écurie; le feu se propagea en ligne directe et ne se serait pas arrêté, vu la violence du vent, si, sortant de Bucarest, il ne se fût éteint, faute d'aliment. Le monastère de Colța [1] et son église devinrent la proie des flammes, ainsi que trois autres églises, seize maisons de premier ordre, quarante-neuf de second ordre, soixante-dix-sept de troisième ordre, cinq cellules d'églises, quarante étaux de boucher et neuf boutiques. Le Prince avec les boyards, les Albanais et les séimènes du palais, ainsi que le pacha et ses gens se rendirent sur le lieu du sinistre, afin de prendre des mesures pour restaurer et remettre à neuf ce qui restait des trois églises incendiées. Construites en pierres, ces églises ne s'étaient pas écroulées sous l'action du feu. Son Altesse donna trois bourses sur sa cassette particulière [pour aider aux réparations].

28 *février*. — Le lendemain, on envoya de Constantinople au Prince un firman impérial relatif à l'administration des districts transolténiens.

---

1. Colța (église et hôpital de), remarquable par la tour à clocher quadrangulaire qui surmonte la porte d'entrée principale. C'est l'unique édifice de ce genre que possède la Roumanie, ce qui tendrait à confirmer l'opinion universellement répandue que Colța et le monastère dont elle dépendait furent construits par les soldats suédois qui s'étaient réfugiés en Roumanie après le désastre de Poltava. Charles XII, lorsqu'il fut transféré de Bender à Démotica (1713), séjourna une nuit à Colța. La tour, dont le sommet s'est écroulé par suite du tremblement de terre de 1802, sert actuellement d'observatoire pour les incendies. Le monastère, qui a été successivement agrandi, servait anciennement, d'après le vœu du fondateur (Michel Cantacuzène), et sert encore aujourd'hui d'hôpital. On y a installé, en 1868, l'amphithéâtre d'anatomie et le laboratoire de chimie de l'école de médecine (É. ISAMBERT, *Itinéraire de l'Orient*, p. 950).

MARS 1739

Mort de Molladjic. — Mission d'Omer aga en Valachie. — De Saribeyoglou. — Distribution de la solde. — Départ du mecter-bachi. — Déposition de Yegen Pacha ; motif de cette déposition. — Le silicdar aga porte le sceau au séraskier de Vidin.— Le kékhaya bey est chargé de toutes les affaires de l'empire. — Emprisonnement de Hodja Yézouva. — Grandeur et puissance du kékhaya bey. — Le Prince crée Caradja grand paharnic, nomme le pittar vornic de Cîmpulung, le șatrar grand pittar, et Athanase grand șatrar.— Retour du ban de Craiova.— Situation de Belgrade et de Temesvar. — Le silicdar arrive à Vidin et remet le sceau impérial. — Hussein Pacha reçoit le gouvernement de Vidin. — Exil d'Acreb Osman effendi. — Mort du séraskier de Caffa. — Victoire remportée à Semendria sur les Allemands. — Départ des queues de cheval. — Arrivée du nouveau caïmacam pacha. — Commande de douze cents voitures. — Toz Pacha est nommé séraskier de Vidin. — Mourtaza Pacha est rappelé de Craiova; sa nomination. — Marche du grand vizir. Arrivée d'un homme du darissadé-agassi avec les réponses.— Départ du camp impérial. — Le camp impérial quitte Daoud-Pacha. — Liste des fonctions qui furent distribuées.

2 mars. — MOLLADJIC, arpa-émini, mourut. Son gendre, Raghib, mectouptchi-effendi, ayant pris des arrangements avec le Trésor, la fortune de son beau-père ne fut pas confisquée. Le fils de Molladjic fut nommé arpa-émini.

Déli Omer aga, zaïm, fut chargé de prendre livraison des orges réquisitionnées en Valachie et de les faire transporter à destination au moyen de barques non pontées.

Les armées dirigées contre Saribeyoglou s'étant approchées de la forteresse où il se tenait enfermé, dans les environs d'Aïdîn, Saribeyoglou, serré de près, s'enfuit dans les montagnes, sans que l'on s'en aperçût, et, quand les Turcs pénétrèrent dans la forteresse, ils la trouvèrent vide. A la réception de ces nouvelles, on donna ordre à des khassékis d'aller dans les montagnes avec des soldats pour s'emparer du rebelle. Le bruit court que Saribeyoglou aurait promis de faire sa soumission à la Porte.

Il a été distribué un quartier de solde, et le khasné-kékhayassi du Sultan a revêtu d'une pelisse le grand vizir.

7 mars[1]. — Le mecter-bachi partit pour Constantinople.

10 mars. — Le grand vizir étant allé au sérail vers midi, on le retint entre les deux portes et on lui prit le sceau. Voici, d'après ce que l'on raconte, les faits qui auraient motivé sa déposition. Sept ou huit jours avant le baïram, il avait insulté le réis-effendi de la façon la plus grossière, en proférant ses menaces de mort habituelles, et l'avait chassé honteusement. Le réis-effendi se rendit tout éploré chez le kékhaya bey et lui dit, en se lamentant, que sa situation était devenue intolérable et qu'il le priait d'intercéder pour qu'on le délivrât de sa charge. Le kékhaya bey le consola et le calma, mais il fut trois jours sans reparaître devant le grand vizir. Le mectouptchi-effendi et le kékhaya bey ayant voulu ménager un rapprochement, le grand vizir les injuria également tous deux et les chassa de sa présence. Il adressa ensuite au Sultan un rapport où il demandait que le réis-effendi et le mectouptchi-effendi fussent exilés, que le kékhaya bey restât à Constantinople en qualité de caïmacam et que son khasnadar fût nommé kékhaya. Non-seulement ce rapport n'obtint pas de réponse, mais encore le Sultan blâma le grand vizir, s'emporta contre lui et, à partir de ce moment, résolut de le déposer. Il s'entretint de cette affaire avec le kékhaya bey et lui demanda quelles raisons avaient

---

1. Je déclare ici, une fois pour toutes, que les dates qui ne se trouvent pas à leur place respective dans le texte grec ont été ajoutées d'après les indications données dans l'introduction du premier volume du présent ouvrage. Elles sont empruntées, pour la plupart, au manuscrit *A*.

bien pu déterminer le grand vizir à lui faire des propositions aussi insensées. Dans sa réponse, le kékhaya bey instruisit le Sultan de tout ce qui se passait; il lui fit connaître le caractère fantasque du grand vizir et les injures dont il accablait quotidiennement tous les hauts fonctionnaires. Il ajouta que personne, pas plus à la Porte qu'au dehors, n'était à l'abri d'une avanie de sa part, que son khasnadar, homme pervers et sans vergogne, mettait tout au pillage [1] et compromettait sa dignité; que, lorsque tous les grands fonctionnaires allaient lui présenter leurs hommages, il ne daignait pas même les regarder, ni se lever, ni saluer; finalement, que chacun venait lui exposer ses plaintes, à lui kékhaya, que tous les hauts fonctionnaires appelés à faire partie de l'expédition suppliaient le Sultan de vouloir bien leur permettre de résigner leurs fonctions, dans le cas où ils seraient obligés d'accompagner le grand vizir, car aucun d'eux n'était sûr de sa vie.

L'opinion est unanime à reconnaître que tel fut le motif de la déposition du grand vizir. Deux ou trois jours avant le baïram, voyant le froid accueil qu'on lui faisait et remarquant qu'on ne lui transmettait plus aucun ordre, il pressentit sa déposition. Ce pressentiment lui glaça le sang et, pour tâter le terrain, il envoya une fois ou deux pour demander quel jour on arborerait les queues de cheval. On lui répondit que ce serait lorsqu'on lui en donnerait avis. Le second jour du baïram, il sollicita une audience du Sultan, selon la coutume, mais on lui répondit de ne pas se présenter avant d'en avoir été prévenu. Le troisième jour on le manda. Quand il fut arrivé, on le déposa et on le mit dans une galère, qui fit voile pour Rhodes. A deux heures de la nuit, le silicdar aga partit porter le sceau à

---

1. Je ne crois pas que les mots ἐρημοῦσε τὸν κόσμον doivent être pris au figuré. Dans ce cas, on dit plus communément ἐχαλοῦσε τὸν κόσμον.

Aïvaz Mechmet Pacha [1], séraskier de Vidin. Dès le lendemain matin, le kékhaya bey fut mandé au palais par le Sultan. Il en sortit, après un assez long entretien avec Sa Hautesse, et commença de minutieuses investigations pour apprendre du khasnadar l'état de fortune de l'exilé, car on dit que, en montant dans la galère, le grand vizir déclara que son khasnadar était au courant de son avoir, et qu'il fallait prendre des informations auprès de lui, sans inquiéter qui que ce fût. A partir de ce moment et pendant sept ou huit jours consécutifs, le khasnadar seul fut soumis à un interrogatoire. Des hallebardiers le conduisaient cinq ou six fois par jour chez le kékhaya bey et le ramenaient dans la prison du Mouhzyr aga. Le khasnadar eut d'abord recours à toutes sortes de stratagèmes pour cacher et nier; malgré cela, la lumière s'est déjà faite sur bien des points, et, très souvent convaincu de mensonge, il a perdu de sa considération. On a trouvé six cents bourses en numéraire, indépendamment d'une valeur égale en objets précieux. La fortune du khasnadar a aussi été confisquée. Comme conséquence, le harem-kékhayassi, son gendre et ancien khasnadar, fut jeté en prison, ainsi que l'imbrohor, à cause de l'attachement qu'ils ont l'un et l'autre pour lui. Le khasné-kiatibi, le divitdar et le bach-yamayi sont aussi gardés à vue chez le kékhaya bey. Au vizir exilé, on donna vingt bourses, trois pelisses et trois vêtements. Le khasnadar avait sur lui deux mille

---

1. Elhadj Aïvaz Mechmet Pacha était originaire de Iagodina, ville de Serbie, et avait commencé par être tchaouch-bachi. Nommé gouverneur de Vidin, il se distingua dans la première campagne contre les Impériaux. C'est pour cette raison que le grand vizir Yegen Pacha, qui lui portait envie, lui retira le commandement de l'armée du Danube et même la dignité de vizir que le Sultan lui avait conférée. Il retourna à Constantinople après la conclusion de la paix, le 28 octobre 1739. Le Sultan le destitua, à la suite d'une révolte qui éclata dans la capitale, le 23 juin 1740. Il fut nommé gouverneur de Djidda, et, quelques jours plus tard, de l'île de Crète. « C'était, dit Laugier, un homme d'un caractère fort doux, mais d'un génie peu étendu » (*Hist. de la paix de Belgrade*, I, p. 338).

florins, mais, comme sa poche était gonflée, on s'en aperçut et on les lui prit. Tous les hauts fonctionnaires rendaient grâces à Dieu de la déposition du grand vizir et se félicitaient entre eux en disant : *Irziniz vè maliniz moubarec ola* [1].

Aussitôt après la déposition de Yegen Pacha, le Sultan manda le kékhaya bey et lui confia toute l'administration de l'empire.

On mit en prison Hodja Yézouva, bazirian-bachi, à cause de sa fortune; mais il ne lui sera rien fait, car, loin de s'être mêlé à aucune affaire désagréable, on l'a, au contraire, obligé par violence à accepter sa charge, et il lui reste encore à recevoir plusieurs centaines de bourses. Il est, en outre, dans les meilleurs termes avec le grand vizir actuel et tout le personnel de la Porte.

Le kékhaya bey eut une seconde et une troisième entrevue avec le Sultan. A la troisième, il était accompagné du réis-effendi et du mectouptchi-effendi. Il était très solide dans son poste et très puissant, du temps du vizir déchu, ainsi qu'on l'a vu lorsqu'il a réussi à le renverser, mais il tenait sa puissance cachée. Depuis la déposition de Yegen Pacha, il a entre les mains l'administration tout entière, quoique le capitan pacha soit vékil du caïmacam. Tous les agas, le grand imbrohor, le capidjiler-kékhayassi, le baltadjiler-kékhayassi, le moutbakh-émini et tous les grands fonctionnaires tant de l'intérieur que de l'extérieur ne font, du matin au soir, qu'aller et venir, avec des ordres du palais et des hatti-chérifs pour des affaires diverses. Le réis-effendi et le mectouptchi-effendi se tiennent la plus grande partie de la journée chez lui; lorsqu'ils ont à rédiger des rapports pour le Sultan ou à expédier d'autres pièces, ils ne vont pas chez eux, mais restent dans une chambre contiguë

---

1. C'est-à-dire : *Que votre honneur et vos biens soient bénis !*

à la sienne. Bref, le kékhaya bey est grand, non en cachette, mais ouvertement et à la vue de tout le monde ; toutefois, il ne s'est départi en rien de sa bonté, de sa douceur et de son affabilité accoutumées.

12 *mars*. — Le Prince nomma grand paharnic Constantin Caradja, ancien grand sluger, et l'envoya ensuite à Giurgiu vers Achmet Pacha, amiral du Danube, relativement à l'affaire des cinq zicoudret-saïques. Il nomma, en outre, le grand pittar Antonakis vornic de Tîrgoviște ; le grand șatrar, grand pittar ; l'ancien troisième vestiar Athanase, neveu de Pantazis, grand șatrar.

14 *mars*. — Grigorașcu, ban de Craiova, revint de cette ville, car il lui était impossible d'y rester à cause des excès auxquels se livraient Mourtaza Pacha et ses troupes.

15 *mars*. — Le susdit zaïm, Déli Omer aga, arriva [à Bucarest].

Il y a très peu de troupes à Belgrade et à Temesvar, mais la peste y exerce de grands ravages.

16 *mars*. — Le silicdar aga arriva à Vidin avec le sceau impérial, et en pompeux appareil. Il se rendit chez le séraskier qui s'avança à sa rencontre jusque sur le perron de son palais, et reçut de ses mains deux aigrettes précieuses, une pelisse de cérémonie fourrée de zibeline et un carquois. Le silicdar lui remit ensuite le sceau impérial et deux hatti-chérifs, après quoi on fit publiquement des vœux pour le Sultan.

A huit heures, le grand vizir revêtit d'une pelisse de cérémonie son gendre Hussein Pacha et lui donna le gouvernement de Vidin.

Acreb Osman effendi, quoique nommé à Erzeroum, essayait de ne pas se rendre à son poste ; mais le Sultan, irrité, l'exila, par hatt impérial, dans l'île de Chypre.

Silicdar Mechmet Pacha, séraskier de Caffa, mourut. On lui donna pour successeur Morali Ali Pacha.

[Les Turcs] attaquèrent quelques Allemands à Semendria, et tous les prisonniers qu'ils firent furent envoyés à Constantinople.

Le kékhaya bey partit avec les queues de cheval et les tentes.

Le nouveau caïmacam pacha arriva d'Aïdîn.

Le Prince reçut un firman lui enjoignant d'avoir à préparer douze cents voitures pour le séraskier.

22 *mars*. — Le grand vizir, ayant revêtu d'une pelisse et ceint d'un sabre Toz Pacha, le nomma séraskier de Vidin.

Quarante et une bourses furent allouées au Prince pour l'enrôlement des équipages de quatre-vingts barques non pontées, c'est-à-dire trente piastres par pilote et vingt-cinq piastres par rameur, à huit rameurs par barque.

24 *mars*. — Le grand vizir partit de Vidin avec le silicdar. Son escorte était des plus considérables; elle s'étendait de la porte du palais au Pont-du-Berger, situé à une heure de marche de la ville. Il fit tout ce trajet en jetant des florins. Arrivés au susdit pont, ils prirent part à un festin où [le grand vizir] revêtit d'une seconde pelisse le séraskier Toz Mechmet Pacha, et lui enjoignit de quitter Vidin, le 29 courant, pour se rendre à Ruşava et y attendre de nouveaux ordres.

Il rappela de Craiova Mourtaza Pacha et lui ordonna de partir en éclaireur du côté de Sebeş et de Lugoş, avec le bin-bachi Tékiéli Mechmet aga sous ses ordres. Il leur fit présent de cinq bourses à chacun. Il nomma à Craiova Gazi Pacha avec deux mille taraclis.

25 *mars*. — Le grand vizir et le silicdar montèrent en saïque à Ahizar-Palanka [1] et allèrent jusqu'à Lomista [2]; ils iront

---

1. Cette localité est, sans doute, la bourgade que l'on trouve désignée sur les cartes sous le nom de Arzer-Palanka et qui est située au confluent de la Smorden et du Danube, dans les anciens éyalet et liva de Vidin.

2. Probablement la même localité que Lôm, bourg de Bulgarie, qui fut naguère le

ainsi jusqu'à Rahova [1], et, de là, ils se rendront à Plevna [2].

26 *mars*. — L'homme du darissadé-agassi, qui était parti avant le silicdar-aga, arriva avec les réponses. Le grand vizir écrivait qu'il se mettrait en route le 24 ou le 26 et irait à Andrinople prendre le sandjac-chérif. Qu'en attendant, on envoyât le mectouptchi-effendi à sa rencontre, afin que, dans l'entretien qu'il aurait avec lui, ce grand fonctionnaire lui rendît compte de la situation. On obéit à ses ordres, et le mectouptchi-effendi partit en poste au-devant de lui.

Le caïmacam s'est rendu à Daoud-Pacha avec le camp.

30 *mars*. — Le camp quitta Daoud-Pacha pour se rendre à Coutchouc-Tchecmedjé. Quand le caïmacam aura remis le sandjac-chérif au grand vizir, il retournera à Constantinople. En son absence, le capitan pacha est chargé de l'intérim.

Piri Moustafa effendi, ancien nouzoul-émini, est nommé vékil du kékhaya-bey.

Nouch effendi, vékil du réis-effendi.

Sadoullah effendi, vékil du defterdar.

Hatti effendi, qui avait été kékhaya-kiatibi du temps du kékhaya-bey Osman, vékil du tchaouch-bachi.

Abdi aga, qui était haradj-bakicouli, fut nommé bach-bakicouli assalètèn, et partit avec le camp.

---

chef-lieu d'un nahié du liva et de l'éyalet de Vidin, au confluent du Lom et du Danube, à trente kilomètres de Vidin.

1. Rahova ou Orchava, bourg de Bulgarie, dans les anciens éyalet et liva de Vidin, au débouché d'un vallon sur le Danube.

2. Plevna, ville de Bulgarie, dans les anciens éyalet et liva de Vidin. Environ quinze mille habitants. Plevna est devenu fameuse par la résistance héroïque qu'elle a opposée, pendant la dernière guerre, aux efforts combinés des Russes et des Roumains.

AVRIL 1739

De la neige et des dommages qu'elle causa. — Mission de Giannakis à Vidin. — Nona est nommé vornic de Cîmpulung. — Nouman bey passe [par Bucarest]. — Fonctions conférées à Grigoraşcu et à Matthieu. — Des deux escadrons envoyés de Nicopolis. — Arrivée de troupes d'infanterie. — Djanoglou est nommé polcovnic. — Départ du nouveau ban et du nouvel aga pour Craiova. — Ordre de hâter le départ des ouvriers. — Des ouvriers envoyés au Ghirdap. — Du firman adressé à Véli Pacha. — De Münich. — Arrestation d'un espion russe par Coltchac Pacha. — Des sept espions moscovites. — Mission de Djanoglou à Craiova. — Arrivée des Ottomans prisonniers. — Députation de l'évêque et des boyards auprès du grand vizir. — Des Craioviens injustement faits prisonniers par les troupes turques en garnison dans le pays. — Hassan Pacha passe par Bucarest. — Arrivée du prince Alexandre. — Le fils d'Asan est nommé grand armaş. — Nomination d'ispravnics. — La vel-sama. — Promotion du logothète Giannis. — De Giannakis.

1er *avril*. — La neige, chassée par un vent très violent, tomba en quantité si considérable, qu'elle fit beaucoup de mal tant aux animaux qu'aux plantes et aux vignes, et cela malgré son peu de durée, car elle fondit le lendemain.

2 *avril*. — Le Prince envoya Joannakis, vatav des aprodes, en qualité de capi-kékhaya, auprès du séraskier de Vidin.

5 *avril*. — Il nomma vornic de Cîmpulung le polcovnic Joannakis, fils de Nona, et Sévindakis, ispravnic de Vlaşca [1], après les avoir revêtus tous deux de caftans.

Nouman bey, salahor aga du grand vizir, passa par Bucarest, se rendant en Moldavie.

9 *avril*. — Le Prince nomma grand vestiar le ban Grigoraşcu Grecianu, et ban Matthieu Măguranu Cantacuzène, ancien serdar.

---

1. Vlaşca est le nom d'un district de la Valachie, dont le chef-lieu est Giurgiu.

Hadji Constantin envoya de Nicopolis deux escadrons de cavalerie bosniaque.

Le beşli-aga Hussein aga amena aussi du Teleorman environ cinq cents janissaires à pied.

10 *avril*. — Le Prince nomma colonel le boulouc-bachi Démétrakis Djanoglou.

13 *avril*. — Le susdit nouveau ban et l'agas Constantin partirent pour Craiova avec une armée valaque. On apporta l'ordre de hâter le départ des mille ouvriers désignés pour aller au Ghirdap, et d'envoyer le reste du chanvre.

15 *avril*. — Le Prince fit partir pour le Ghirdap le postelnic Georgakis Caramanli avec les ouvriers.

Un tchocadar du vizir apporta à Véli Pacha, séraskier de Bender, un firman ordonnant la reconstruction d'une porte à la tour, la réédification des parties ruinées de Soroca [1] et le creusement d'un fossé. Ce firman fut rendu sur sa demande, [et il le sollicita] à cause de la haine qu'il nourrissait contre le prince Grégoire.

Münich fut de nouveau nommé feld-maréchal.

Coltchac Pacha procéda à l'arrestation d'un espion russe qui s'était rendu à Constantinople, sous le nom d'ambassadeur des Cosaques, avec des lettres où il était dit que les Cosaques Barabaches demandaient à faire leur soumission à l'empire ottoman, mais n'ajouteraient foi qu'à un message de la Porte; qu'en conséquence on voulût bien leur écrire, et qu'immédiatement ils prendraient la fuite et passeraient sur le territoire ottoman. Après avoir reçu à la Porte un accueil bienveillant et été gratifié d'une somme de mille piastres, le faux ambassadeur revenait avec des lettres conformes à sa demande, lors-

---

1. Soroca, ville de Bessarabie, sur la rive droite du Dniester, à peu de distance au sud de Jampolj, qui est situé sur l'autre rive, en Podolie. Les Russes emploient aujourd'hui le pluriel Soroki.

que le voïvode Kiowtski, ayant appris cette affaire, en écrivit au gouvernement turc et déclara que cet ambassadeur n'était pas, comme il en répandait le bruit, un homme à son service. Arrêté à Hotin et soumis à un interrogatoire, il avoua qu'il était envoyé par Münich et fut jeté en prison.

Sept espions moscovites se dirigèrent respectivement, à leur sortie de Russie, sur Hotin, la Moldavie, Bender, la Valachie, les districts riverains du Danube, et les cadilics transolténiens. L'un d'eux, arrêté à Hotin, dénonça tous les autres.

16 *avril.* — [Le Prince] fit partir pour Craiova le polcovnic Démétrakis Djanoglou avec des slujitorĭ.

Trois prisonniers turcs arrivèrent de Kronstadt. C'étaient Moustafa aga, capidjiler boulouc-bachi de l'ancien grand vizir Mousounoglou; Hussein aga, silicdar de Solac Mechmet Pacha, et un marchand nommé Indjé Mechmet. Faits prisonniers, l'été passé, du côté de Buzău, par les fils du capitaine Antoine, ils furent mis en liberté, grâce à l'intervention du Prince, qui paya trois cents florins pour leur rançon, et les renvoya chez eux avec des présents assez considérables.

17 *avril*[1]. — Le Prince députa l'évêque de Buzău [2], l'ancien grand postelnic Gavrilescu et le grand pittar Brezoianu, à Andrinople, vers le grand vizir, pour lui présenter une pétition de tous les habitants, le suppliant d'avoir pitié du pays et d'alléger les charges qui pesaient sur eux.

Gazi Mechmet Pacha, qui était à Craiova, ayant appris que les voleurs pullulaient dans le cadilic de Jiul-de-Sus, du côté des montagnes, donna ordre à un bin-bachi de les poursuivre

---

1. Le 18 avril, d'après le manuscrit *A*.
2. D'après les listes publiées par M. Cipariu (*Acte si Fragmente latine romanesci pentru istori'a besericei romane;* Blasiu, 1855, in-8, p. 230), l'évêché de Buzău était alors occupé par un prélat appelé Misael, qui avait été élu le 8 janvier 1732.

avec cinq cents taraclis. Les taraclis se mirent en route; mais, loin de donner la chasse aux voleurs, ils ne songèrent qu'à se livrer aux rapines et à réduire en esclavage les innocents habitants. Ils traitèrent de la sorte quatre ou cinq villages, emmenant en captivité une foule de prêtres, d'hommes, de femmes, de jeunes filles et de jeunes garçons, sans oublier de nombreux troupeaux de bétail, et vendant bêtes et gens. A cette vue, l'évêque et les boyards allèrent trouver le pacha, et le prièrent d'interdire la vente des prisonniers, attendu que ceux-ci étaient des rayas de la Porte et n'avaient pas commis la moindre faute. Le pacha répondit que, non-seulement il n'en mettrait aucun en liberté, mais qu'il irait lui-même avec ses troupes ravager tous les villages de cette contrée. En conséquence, il envoya deux cents taraclis qui firent prisonniers les habitants de Pieleștĭ [1], village à une heure de Craiova. Quelques personnes à peine échappèrent à l'esclavage par la fuite.

19 avril. — Hassan, commandant de Chilie, pacha à deux queues, et oncle de Toz Pacha, séraskier de Vidin, passa par Bucarest. Le Prince et Tegmour Suleyman Pacha se rendirent au-devant de lui avec de la musique, et lui firent la réception due à son rang. Il ne resta que quatre jours à Bucarest et repartit le 23, avec le même cortège, et comblé de présents lui et sa suite.

25 avril. — Le prince Alexandre Maurocordato, frère cadet de Son Altesse, arriva de Constantinople.

Constantin, fils du camaraș Asan, fut nommé second armaș.

26 avril. — Radu Brezoianu fut nommé ispravnic du cadilic d'Ilfov [2] et Serban Isvoranu, de celui du Teleorman.

---

1. Pieleștĭ, village du district de Dolj, arrondissement d'Ocol, forme commune avec Lăcrița-de-Jos, Lăcrița-de-Sus, Lunga, Nechitoaie, Pîrșanĭ et Puțul Ciobanuluĭ (en tout deux mille deux cent quinze habitants).
2. C'est aujourd'hui le nom d'un district, dont le chef-lieu est Bucarest.

27 *avril*. — On promulgua la vel-sama avec bordereaux pour trois piastres, et chacun reçut ordre de donner suivant ses moyens.

29 *avril*. — Giannis, logothète de taïna, fut nommé vatav des aprodes.

30 *avril*. — Joannakis de Cîmpulúng, ancien second postelnic, homme distingué par son savoir, fut créé ispravnic de Slatina.

MAI 1739

Réception d'un firman. — Départ du Prince et du Pacha pour le camp. — Expédition des troupes ottomanes dans les environs de Craiova ; leurs succès. — Délivrance des prisonniers. — Retour des boyards. — Firman envoyé au commandant de Vidin. — Départ des Russes. — Départ du grand imbrohor. — Le capidjiler-kékhayassi est nommé inspecteur des pachas de Bender. — Victoire partielle de Toz Pacha sur les Allemands. — Pétition adressée au Sultan relativement aux charges qui pèsent sur la Valachie. — Lettre de Toz Pacha à la Porte. — Concentration de troupes auprès du grand vizir. — Isaac de Maïo. — Du khasnadar de l'ex-grand vizir. — Hatti-chérif adressé au grand vizir. — On fait au Sultan l'éloge du Prince. — Impuissance de Saribeyoglou. — Le protosyncelle Caradja est nommé au siège d'Ipêc. — Entrevue de l'ambassadeur de France avec le caïmacam pacha; son escorte. — Les Anglais et les Flamands essayent de prendre part à la conclusion de la paix. — Galion équipé par ordre du Sultan. — Incursions des Catans du côté de la Nouvelle-Palanque ; les rayas de cette contrée prient le séraskier de veiller à leur garde. — Départ de bateaux armés en course ; ils capturent trois djames allemands. — D'un cnèze espion ; ce qu'il dit. — Firmans envoyés par le grand vizir au séraskier ; il dissimule momentanément sa haine pour le séraskier. — Révolte des djitaks à cause d'un de leurs camarades ; ils sont chassés du camp. — Mort de Saribeyoglou ; sa tête est apportée à Constantinople. — De l'évêque d'Arcadie. — Arrestation de quatre faux monnayeurs. — Un faux monnayeur à Brousse. — De l'ambassadeur de Russie. — Halte des armées moscovites. — Nomination de khassékis. — Le kékhaya du séraskier de Bender se rend dans cette ville. — Grâce à des présents offerts à Véli Pacha et aux fonctionnaires de sa maison, le prince Grégoire réussit à écrire une pétition demandant que la reconstruction de Soroca fût ajournée. — Réquisitions de Véli Pacha en Moldavie. — Mechmet aga se rend à Vidin avec un hatti-humayoun pour le séraskier. — Des Allemands qui sont à Karlowitz. — On fortifie Temesvar. — Des cnèzes qui firent leur soumission au séraskier. — Moustafa Pacha passe par Bucarest. — De l'officier russe qui vint à Bucarest. — Firmans que le Prince reçoit relativement à l'occupation de Craiova. — Un tchocadar va porter à Constantinople la nouvelle de la halte des armées allemandes. — Rappel des pachas exilés. — Au lieu de troupes, les Russes donnent de l'argent à l'Empereur. — Mouvements des armées moscovites.

1ᵉʳ *mai.* — On fit savoir que le tchocadar de Tegmour Suleyman Pacha, qui était ici, lui avait remis un firman lui prescrivant de se rendre avec le Prince et leurs troupes respectives dans le banat de Craiova, pour en chasser les ennemis de la Porte, et rétablir le bon ordre dans la contrée; mais il leur avait été secrètement enjoint d'attaquer Perişanï.

5 mai. — Suleyman Pacha alla camper vis-à-vis du Kiosque.

7 mai. — Le Prince se rendit au Kiosque avec ses soldats albanais, les canons, les fauconneaux, et tous les boyards.

Les troupes de Gazi Pacha attaquèrent et dispersèrent une partie des Heiduques qui exerçaient leurs brigandages et leurs déprédations du côté de Craiova et des montagnes; ils pendirent les uns, empalèrent les autres, de sorte qu'il n'en resta qu'un très petit nombre. Tous les susdits rayas qui avaient été faits prisonniers recouvrèrent la liberté, grâce à la persévérante sollicitude du Prince et en vertu d'un ordre écrit, ou bouyourouldi, du séraskier pacha; ils rentrèrent même en possession d'une grande partie de leur mobilier et des animaux qu'on leur avait enlevés. D'autre part, les boyards de Craiova et les simples habitants du pays trouvèrent un allègement aux charges qui pesaient sur eux, et furent délivrés des terribles réquisitions de vivres, et surtout d'orge, que leur imposaient chaque jour les troupes ottomanes.

8 mai. — Les boyards qui étaient allés au camp impérial en revinrent, après avoir obtenu du grand vizir une réduction assez notable dans les réquisitions imposées au pays par la Porte.

10 mai. — Un firman fut envoyé à Hussein Pacha, commandant de Vidin, relativement aux prisonniers faits dans les districts transolténiens et délivrés, comme nous venons de le dire, par un bouyourouldi du séraskier. Ce firman ordonnait leur restitution aux taraclis, comme ayant été justement réduits en esclavage. Le Prince et les boyards de Craiova écrivirent à ce sujet aux capi-kékhayas, qui étaient au camp turc, les priant de faire tous leurs efforts pour obtenir l'annulation d'un firman rendu par erreur, ce à quoi ils réussirent.

Le bruit courut à Bender que les armées moscovites étaient prêtes à partir de Kyjev, le 25 avril dernier, et à marcher vers Coïn Ghétchiti, par où elles doivent passer pour aller mettre le siège devant Bender et Ak-Kerman. En conséquence, Véli Pacha, séraskier de Bender, envoya à la Porte une supplique où il lui faisait connaître la faiblesse et la non préparation de Bender.

14 mai. — Le grand imbrohor partit pour l'Anatolie, afin de lever les armées en toute hâte et de les acheminer sur Bender et la Crimée.

Le capidjiler-kékhayassi du Sultan partit en qualité d'inspecteur des armées et des pachas qui se trouvaient à Bender.

Le séraskier Toz Pacha envoya au grand vizir une lettre où il lui disait que, s'étant rendu dans une localité nommée Tismana[1] et y ayant trouvé des troupes allemandes, il leur avait livré un combat assez prolongé, leur avait tué mille hommes et mis le reste en pleine déroute. Il demanda des fournisseurs pour le camp, qui lui furent immédiatement envoyés. Il demanda, en outre, qu'on lui fît parvenir en toute hâte à la Nouvelle Palanque les saïques, les pontons, et les barques non pontées, qui resteraient sur le Danube, tandis que lui se tiendrait à terre et parcourrait la contrée en éclaireur.

Le grand vizir envoya au Sultan un rapport où il le priait d'avoir compassion des rayas valaques, attendu qu'ils étaient pressurés outre mesure et ruinés par les réquisitions qu'on leur avait imposées. En conséquence, il réduisit les impôts qu'il reconnut excessifs et fixa ceux qu'il jugea nécessaires.

---

1. Village du district de Gorj; forme commune avec Vinăta. En tout, mille quatre-vingt-cinq habitants. Dans cette localité, se trouve le monastère de Tismana, habité aujourd'hui par une vingtaine de religieux, et qui fut fondé en 1292 par Mircea I.

Toz Pacha écrivit à la Porte que les Allemands avaient fait sortir de Temesvar tous les rayas et les marchands, et les avaient envoyés à Tisza ¹, ne conservant dans la place que les munitions et la garnison.

Il passe continuellement par Gallipoli des troupes qui vont rejoindre le grand vizir.

On arrêta Isaac de Maïo, bezerian-bachi de cet Osman Pacha qui avait été traduit en justice sous le vizirat de Yegen Pacha. Le vékil du kékhaya commença par lui faire subir un interrogatoire, avec force menaces, et lui réclama six cents bourses sur la fortune de Sari Mechmet Pacha, gendre d'Osman Pacha. Il répondit avec assurance qu'il ne possédait pas une obole de l'avoir de Sari Mechmet; qu'au contraire il avait encore à recevoir de lui mille piastres, qu'il lui devait du temps où il était kékhaya d'Osman Pacha, et qu'après avoir quitté le service de ce dernier et être à son tour devenu pacha, Sari Mechmet avait cessé avec lui toutes relations commerciales. Isaac de Maïo invoqua encore d'autres excuses analogues, mais cela ne lui servit à rien (car c'est, dit-on, Sa Hautesse elle-même qui se porte partie plaignante), et il fut incarcéré dans la prison du Mouhzyr aga.

Le khasnadar de Yegen Pacha est encore dans le Four ², c'est-à-dire dans la prison du Bostandji-bachi.

Le Sultan a envoyé au grand vizir un hatti-humayoun, par lequel il lui enjoint d'apporter tous les soins désirables à la mise en état de défense de Bender et des environs de cette place, et, si cela est possible, d'équiper plus de troupes que l'année précédente. Cela semblerait prouver que l'on a appris

---

1. Tisza-Szent-Miklos, bourgade de trois mille habitants dans le comitat de Torontál (Hongrie); elle est peuplée de Magyars, d'Allemands et de Serbes.
2. Sur le Four ou prison du Bostandji-bachi, on peut consulter ZALLONY, *Essai sur les Phanariotes*, p. 85.

quelques grands préparatifs de la part des Russes, ou quelques mauvais desseins des susdits contre cette contrée.

On dit que le chef des séimènes a parlé devant le Sultan, en présence du darissadé-agassi, de la sollicitude et de la vigilance que le Prince apporte au service de la Sublime Porte ; il a ajouté qu'il veillait partout à la défense des frontières [1] ; que toutes les troupes avaient été et étaient encore satisfaites du Prince ; que, l'an passé, il avait si bien traité les milliers de janissaires présents en Valachie, que les agas de l'odjac eux-mêmes n'auraient jamais pu parvenir à les contenter comme le faisait Son Altesse. Le Sultan écouta ces paroles avec plaisir, et le darissadé-agassi répondit : « *Berkhordar olsoun* [2] ! Tout cela est vrai, et nous le savions très bien. »

Saribeyoglou a commencé à perdre de ses forces, car son armée ne cesse pas de se disperser et l'abandonne. Il a eu l'intention de chercher un refuge sur le territoire persan; mais, les Turcmènes occupant tous les défilés, il n'a pas osé s'y rendre. Il fait actuellement tous ses efforts pour trouver le moyen de gagner, par mer, la Régence de Tunis.

Le protosyncelle Caradja [3] ayant été nommé archevêque

---

1. Il y a dans le texte original : τὰς ἄκρας καὶ τὰ χουδούτια. — Les deux mots, dont le second est turc, sont synonymes, à moins qu'il ne faille appliquer le mot ἄκραι spécialement aux rives du Danube. J'aimerais mieux, cependant, y voir une redondance dans le genre de celles-ci : μιὰ φορὰ κὴ ἔναν καιρὸ κὴ ἔνα παληοζαμάνι, εἶναι καιροὶ καὶ ζαμάνια.

2. Ces mots turcs signifient : *Qu'il soit heureux !*

3. Joannikios Caradja avait d'abord obtenu le *proestat* de l'église N.-D. de l'Annonciation, à Égricapi, grâce à l'intervention de son frère Scarlatos Caradja, alors premier drogman de l'ambassade de Hollande à Constantinople. Sa mauvaise gestion le fit chasser de ce poste et il était en disponibilité quand il fut nommé au siège d'Ipèc. Là encore, il commit toutes sortes d'abus et de malversations ; voyant sa position compromise, il se hâte de vendre sa province à Gabriel le Boiteux et de retourner à Constantinople (1746). L'année suivante (1747), il se fait élire métropolitain de Chalcédoine. En 1750, il reçoit mission d'aller quêter au profit de la Grande Église ; il parcourt, à cet effet, la Moldavie, la Valachie, presque toute la Turquie européenne,

d'Ipêc [1], par bérat du grand vizir et grâce au crédit du grand interprète [2], se rendit avec une lettre de recommandation de ce dernier auprès de Sa Sainteté le Patriarche et du Saint-Synode. Mais on lui refusa énergiquement la consécration épiscopale, dans la pensée qu'un personnage tel que lui n'aurait aucun succès à Ipêc, mais se tiendrait à Constantinople, briguant le trône patriarcal. Cependant, après bien des contestations, on procéda illégalement à l'élection, quoique suivant le rite prescrit par les canons, et l'évêque de Tirnovo le consacra à Égricapi [3].

L'ambassadeur de France alla faire visite au caïmacam pacha avec un appareil et une escorte magnifiques, dont voici l'ordre : En tête marchait le sou-bachi, puis l'assas-bachi avec une escorte de janissaires suivis des tchaouchs ; l'écuyer de l'ambassadeur et huit destriers avec des selles à la franque, dont quatre recouvertes de velours jaune brodé et quatre de velours rouge également brodé, et portant chacun un valet de l'ambassade en longue robe jaune ; venaient ensuite vingt-deux valets de pied marchant deux à deux, portant également de longues robes jaunes et de larges pantalons bleus ; le chancelier de l'ambassadeur avec deux officiers ; vingt-

---

Corfou, Céphalonie ; mais, à son retour à Constantinople, loin de verser à qui de droit le produit des quêtes qu'il avait faites, il réclame vingt-cinq bourses pour ses frais de voyage, assurant qu'il n'avait pas fait pour ses dépenses. Les membres du Saint-Synode accueillirent cette demande par un sourire. Cependant les allégations de Joannikios étaient vraies, car les cadeaux qu'il lui avait fallu faire avaient tout absorbé. Ce personnage fut élu patriarche le 25 mars 1761. Il fut déposé en 1763. La biographie de Joannikios serait une des pages les plus curieuses et aussi les plus tristes de l'histoire du clergé grec. Les détails qui précèdent sont empruntés au livre de A. Comnène Hypsilanti, Τὰ μετὰ τὴν ἅλωσιν, pp. 344, 354, 360, 365, 368, 388, 392.

1. Ville de la Turquie d'Europe, en Haute-Albanie, dans l'éyalet d'Uscub, liva de Prizrén et Prichtina. Environ huit mille habitants.

2. C'était alors Alexandre Ghica.

3. Égricapi est l'ancienne porte *Charsias*. C'est l'entrée du quartier des Blaquernes.

quatre estafiers, six camériers ; les deux aumôniers, ou prêtres, vêtus à la turque, en leur qualité de drogmans ; le coulagous-tchaouch avec trois tchaouchs à panache, quatre jeunes de langue ; le tchorvadji désigné et un aga du vizir ; le tchaouchlar-émini avec le tchaouchlar-kiatibi ; l'ambassadeur ayant à sa droite le vékil du tchaouch-bachi, à sa gauche le capidji-bachi désigné, et autour de lui douze valets vêtus à la hongroise ; le secrétaire ayant à sa droite le fils de l'ambassadeur et à sa gauche le premier drogman ; les nationaux et les protégés français au nombre de cent personnes à cheval. Le caïmacam pacha revêtit l'ambassadeur d'une pelisse d'hermine et distribua cinquante caftans à sa suite. L'ambassadeur s'occupe activement de ses préparatifs de départ pour le camp ; il n'attend plus que la réponse de l'homme qu'il a envoyé [en France] par Vienne, et, quand il l'aura reçue, il partira sans faute.

Seresli Achmet Pacha fut nommé capidji-bachi, et un orta de janissaires demanda au Trésor cent cinquante voitures et deux cents chevaux. Au moment des préparatifs de départ de l'ambassadeur français, presque tous les ambassadeurs [des autres puissances], les marchands et beaucoup de grands fonctionnaires turcs lui firent cadeau d'objets utiles en voyage.

De pareilles attentions ne manquèrent pas d'exciter au plus haut degré le mécontentement des Anglais et des Flamands, qui font tous leurs efforts pour prendre part, eux aussi, à la conclusion de la paix. Ils parlèrent de cette affaire au caïmacam pacha, envoyèrent tout exprès des hommes au camp, et écrivirent à Vienne ainsi qu'à leur cour qu'ils considéraient comme un grand déshonneur de n'être point admis aux négociations [entre la Turquie] et l'empire d'Allemagne.

Par ordre de Sa Hautesse, on équipa avec une grande magnificence et l'on arma de canons un galion, qui reste à l'ancre en face du sérail. Le Sultan se rend à bord de ce vaisseau le lundi et le jeudi ; la musique militaire s'y fait entendre et l'on y tire des salves d'artillerie. Une fois ou deux, il a même pris son harem avec lui, et l'on a, selon la coutume, empêché les caïques de passer par là.

Les Catans continuent leurs incursions du côté de la Nouvelle Palanque et de Versecs. Ils ont emmené prisonniers à Temesvar quelques rayas et plusieurs cnèzes, pour avoir refusé d'obéir aux ordres qu'ils leur donnent. Les rayas de ces parages écrivent lettres sur lettres au séraskier pacha, et le prient en grâce de leur envoyer des troupes pour les garder, car ils ont beaucoup à souffrir des déprédations des Allemands et des Catans.

Quelques bateaux corsaires, s'étant avancés dans le haut Danube, rencontrèrent, à trois heures de nuit, à Petka Iskelessi [1], localité voisine de la Nouvelle Palanque, trois djames (sorte de bateaux) allemands, descendus de Belgrade pour aller à la découverte et montés par soixante-dix Serbes et Hongrois. Les bateaux corsaires, qui étaient au nombre de vingt, ayant commencé l'attaque, le combat s'engagea des deux côtés. La victoire resta aux bateaux corsaires qui mirent les Allemands en déroute et s'emparèrent de deux djames, qu'ils conduisirent au séraskier avec vingt têtes et six prisonniers. On distribua aux vainqueurs des caftans et des aigrettes, et on tira une salve d'artillerie. On interrogea les prisonniers, qui répondirent que l'armée allemande se trouvait dans la plaine du Vratchar, à une heure en deçà de Belgrade.

Un cnèze (on appelle ainsi les pǎrcǎlabes ou juges), qui avait été envoyé par les autres cnèzes de quelques villages en deçà

---

1. Petka Iskelessi est probablement le nom turc de Kisiljevo, petit village serbe situé entre Ram et Gradište. Ram se trouve en face de la Nouvelle Palanque et Kisiljevo est au sud-est.

de Mehadia pour espionner en Transylvanie, revint après une absence de quatre jours. Il alla trouver le séraskier et lui dit qu'il avait traversé, en habits de mendiant, la gorge de Marga et que, dans cette gorge, il avait vu deux cents Allemands qui se tenaient dans la redoute, ainsi que cent cinquante Hongrois et Catans qui se trouvaient en deçà de cette redoute. Ils lui avaient demandé, disait-il, où était le fils de Rakoczi pour aller se ranger autour de lui et avaient ajouté que, dans le cas où une armée turque marcherait contre eux, ils se rendraient à elle, sans opposer de résistance. Étant ensuite allé dans une autre localité de Transylvanie, il avait vu mille hommes d'infanterie et de cavalerie qui gardaient l'autre entrée de la gorge, et étaient en proie à une vive frayeur à cause de la peste qui désolait la contrée. Il ajoutait qu'il était tombé à Sebeș une excessive quantité de neige. Le séraskier donna à ce cnèze une gratification.

Le grand vizir, qui en voulait au séraskier pour quelques raisons, n'avait pas encore montré de bienveillance dans les affaires dont il l'avait entretenu par lettre. Aussi, le séraskier envoya-t-il à Constantinople un homme chargé en apparence d'une affaire quelconque, mais en secret porteur de lettres destinées aux protecteurs qu'il avait auprès du Sultan. Il arriva ainsi à ses fins sans se déranger, et douze firmans lui furent envoyés en même temps par le grand vizir, concernant diverses affaires qu'il fit instruire ; et actuellement le grand vizir accueille d'une toute autre façon les lettres du séraskier. Les protecteurs de ce dernier sont le darissadé-agassi, le silicdar-agassi, et le bach-tchocadar. Parmi les susdits firmans, il en est un qui a trait aux dépenses des rations, et qui ordonne qu'elles soient distribuées conformément à l'effectif et défend d'en prendre pour mille hommes, lorsqu'il n'y en a que cinq cents, ou pour cinq cents, lorsqu'il n'y en a que deux cents, abus dont se rendent coupables tant les pachas et bin-bachis que les autres officiers. Le séraskier a agi de la sorte pour montrer son zèle à servir le Sultan.

16 mai. — Un janissaire yamak ayant été arrêté comme voleur, de compagnie avec un voleur valaque, le pacha fit mettre en prison le janissaire, le Prince y fit mettre le Valaque, tous deux avec sentence de mort. Mais, ayant appris le châtiment qui menaçait le janissaire, ses camarades et les djitaks se précipitèrent soudainement et tous ensemble, à l'heure du dîner, contre le pacha, les uns armés de leur épée, les autres de leur fusil, hurlant et demandant à grands cris, ou qu'on leur rendît leur camarade, ou qu'ils allaient tuer le pacha. Le Prince, qui était assis dans sa tente, après son repas, ayant entendu les vociférations et le tumulte, monta à cheval, réunit autour de lui tout ce qu'il y avait dans le camp de soldats ottomans et valaques, et attendit l'issue de l'affaire, refrénant, non sans peine, l'élan de ceux qui l'entouraient et qui voulaient attaquer les yamaks révoltés. A la vue du grand nombre de leurs adversaires et comprenant que s'ils levaient la main sur quelqu'un d'entre eux, ils allaient être taillés en pièces par les soldats du Prince, les yamaks battirent en retraite, sans avoir osé rien faire. Le Prince, ne voulant pas tolérer plus longtemps la présence de ces soldats insubordonnés, leur paya la solde qui leur était due, les chassa du camp le jour même, et les fit escorter jusqu'au Danube par cent cavaliers albanais, afin que, chemin faisant, ils ne causassent de dommage à personne. De cette façon, la révolte fut promptement étouffée. Quant au janissaire (que l'on disait d'origine valaque), le pacha le fit étrangler et jeter à la voirie, et l'on pendit le voleur, son complice.

21 mai. — On apporta à Constantinople la tête de Saribeyoglou. Voici dans quelles circonstances arriva la mort de ce rebelle : les Kurdes avaient occupé les défilés et Saribeyoglou, ne sachant plus où chercher un refuge, se jeta dans les montagnes. Achmet Pacha, vali de Râka et ancien kékhaya du vali de Bagdad, en eut connaissance ; il marcha contre lui et le rencontra dans une montagne avec cent cinquante hommes. Après un combat assez prolongé, Saribeyoglou fut frappé au front, mais, n'ayant pas été étourdi jusqu'au point de perdre ses forces, il prit la fuite et alla se cacher dans une caverne. Deux de ses hommes, faits prisonniers, ayant révélé le lieu de sa retraite, les Turcs marchèrent derechef contre lui ; il opposa de nouveau une vive résistance, tua un homme ou deux, mais, blessé au sein, il tomba mort. On lui coupa la tête, et les hommes d'Achmet Pacha la portèrent à Constantinople, ce qui causa une grande joie tant au Sultan qu'à tous les hauts fonctionnaires en général. Le caïmacam pacha distribua des caftans et des gratifications aux hommes qui avaient apporté la tête de Saribeyoglou, laquelle fut trois jours exposée au Bab-Humayoun.

L'évêque d'Arcadie [1], fils de Cantza, fut arrêté comme ayant indûment perçu les impôts, et mis en prison au Puits-Sanglant. On le soupçonne, d'avoir imité par contrefaçon les sceaux de l'État, mais on ne peut invoquer d'autre preuve contre lui que l'existence des papiers saisis entre les mains de gens à son service, auxquels il affirme les avoir donnés, après les avoir reçus lui-même d'un bostandji. On est à la recherche de ce bostandji.

Le chef des séimènes mit en état d'arrestation quatre faux-monnayeurs (dont deux Arméniens, un orthodoxe [2] et un Juif), qui fabriquaient des zermahboubs, et il confisqua leur

---

1. L'évêque d'Arcadie est suffragant du métropolitain de Crète (Voy. Ἡμερολόγιον τῆς Ἀνατολῆς, Constantinople, 1878 ; in-8°, p. 239).
2. C'est-à-dire un Grec.

outillage. Il les fit aussitôt conduire au palais du grand vizir, où ils comparurent devant le caïmacam, qui, après avoir acquis la preuve de leur culpabilité, les envoya à la potence.

On amena de Brousse un autre faux-monnayeur, avec tous les instruments de sa coupable industrie. Il fut également attaché au gibet.

Un ambassadeur russe, accompagné de cinq ou six personnes, passa par Soroca, se rendant à Constantinople avec des lettres pour l'ambassadeur de France près la Sublime-Porte. Le séraskier de Bender lui envoya dire par son second tchocadar de se rendre à Jassi, pour que, de cette ville, il pût passer sûrement à Constantinople.

En venant de Kyjev vers ces contrées-ci, Münich fit une halte de onze heures dans un seul et même endroit. Cependant, les Cosaques passent journellement le Bog, par troupes de cinq cents ou de mille hommes, et l'on dit qu'ils vont se diriger sur Ozou. Cette nouvelle a déterminé les Nogaïs de cette ville à transférer leur domicile à Bender, et ils sont sur le point de se joindre au séraskier sultan, qui se propose de marcher à la rencontre des Russes, du côté du Bog, avec tous les Boudjaclis et une partie de l'armée turque.

Deux khassékis ont été nommés à Bender et deux autres en Crimée.

Véli Pacha avait écrit une lettre au prince Grégoire, et celui-ci avait déjà envoyé deux ou trois boyards avec le nécessaire pour rebâtir Soroca (malgré l'opposition qu'il n'avait cessé de faire à la reconstruction de cette ville, sans toutefois réussir à l'empêcher, à cause du ressentiment dont le poursuivait Véli Pacha); mais, ayant chargé son capi-kékhaya de porter, de sa part, trois cents florins au susdit pacha, cent florins au kékhaya, cent piastres au divan-effendi, une montre en or au khasnadar, une montre en argent à l'anacdar, du drap et du satin aux autres fonctionnaires, avec promesse d'envoyer encore d'autres cadeaux, il obtint du pacha l'autorisation d'adresser à la Porte une supplique tendant à faire ajourner la reconstruction de Soroca.

Véli Pacha réquisitionna en Moldavie cinq cents bœufs et quatre cents chevaux pour effectuer le transport des canons, et envoya un commissaire chargé d'amener ces animaux. Il réquisitionna, en outre, trente mille kilès d'orge, pour lesquels il envoya aussi un commissaire.

26 *mai*. — Le vékil du capidjiler-kékhayassi de Sa Hautesse, Séid Mechmet aga, idjerdèn-djicma, se rendit auprès du séraskier de Vidin, pour y rester jusqu'à la fin de la campagne. Il lui apportait un hatt impérial élogieux et que le Sultan avait rendu de son propre mouvement. Ce hatt fut lu en plein divan, et, à cette occasion, il y eut des réjouissances.

Le premier pope de Ghiouverdjinlic adressa une lettre à Khalil Pacha, qui était à Poretch [1], pour l'informer que dix djames allemands avaient descendu la Morava et réclamaient aux rayas de la contrée l'impôt de l'année précédente.

L'armée russe est campée à Karlowitz [2], à trois heures de la Nouvelle Palanque.

On a entouré Temesvar de doubles palissades et de deux fossés, qui ont été remplis d'eau.

27 *mai*. — Quelques cnèzes et quelques rayas des environs de Temesvar apportèrent des présents au séraskier et lui rendirent hommage; il leur délivra un rayi, afin que les armées ottomanes ne les molestassent point.

---

1. Poretch. Il y a dans les eaux serbes du Danube, qui dépendent du district de Krajna, un groupe de trois îles qui portent le nom de Poretch. La première porte, à proprement parler, le nom de Poretch et renferme le bourg du même nom.

2. Karlowitz, petite ville de Hongrie (conf. milit.), sur le Danube. Elle est le siège d'un métropolitain grec et orthodoxe et possède un séminaire théologique grec. Il y fut conclu, en 1699, un traité entre l'Autriche, la Pologne, Venise et la Turquie.

Nigdéli Moustafa, pacha à deux queues, passa par Bucarest, venant de Bender. Le Prince et le pacha allèrent au-devant de lui avec de la musique. Il offrit un cheval au Prince, reçut en échange d'autres présents, et partit pour le camp.

28 *mai*. — Deux magnats hongrois, envoyés de Tcherna-Voda par le prince Csaki, arrivèrent à Bucarest avec Papai; l'un d'eux partit pour Jassi, l'autre pour Hotin, et le troisième, qui était malade, resta pour se faire soigner.

29 *mai*. — Un officier russe, accompagné de quatre personnes, arriva de Bender avec le tchocadar du séraskier de cette ville. Après une entrevue avec le Prince, il partit aussitôt pour le camp, escorté de deux calaraşi et d'un tchocadar de Son Altesse.

Témoin des désordres et des excès que, par suite de son avidité, Gazi Mechmet Pacha, commandant de Craiova, laissait commettre dans le pays à ses troupes, qu'il négligeait de réprimer, le Prince écrivit au Divan, et, le 31 mai, un tchocadar du grand vizir apporta à Son Altesse un firman personnel où il était dit que Gazi Pacha ne devait se mêler à aucune affaire transolténienne, mais seulement le Prince et, par son ordre, le ban de la contrée, et cela pour que les rayas fussent à l'abri de toute injustice. Gazi Pacha reçut aussi, à ce sujet, un firman rempli de menaces.

Un tchocadar du caïmacam alla porter à Constantinople la nouvelle que Münich avait passé le Bog avec ses armées, et s'était avancé à une assez grande distance entre ce fleuve et le Dniester, mais que, ayant reçu de la tsarine des lettres dans lesquelles elle lui écrivait de suspendre sa marche et de s'arrêter où il se trouverait, il avait fait halte et même, au dire d'un grand nombre, rétrogradé. On conjecture que ce mouvement s'est produit après la réception des dernières lettres de l'ambassadeur de France.

Sélim Pacha, Hussein Pacha, Nouman Pacha et Sari Mechmet Pacha, gendre d'Osman Pacha, qui étaient en exil, obtinrent leur rappel et furent remis en possession de leurs queues de cheval.

Au lieu des armées qu'ils avaient promises aux Allemands, les Russes leur donnèrent de l'argent, à condition qu'ils l'emploieraient à l'équipement des troupes.

Un homme venu de Pologne à Hotin assura que l'armée moscovite avait quitté la route directe de Camienietz et pris le chemin d'en haut. Elle était, l'avant-veille, à Tchernyi-Ostrov et suivait les bords du Zbroutch, rivière qui se jette dans le Dniester, en aval d'Ocopi-Palanka; à trois quarts d'heure de Hotin, et est, comme on dit, une bonne eau, dont le cours décrit de nombreuses sinuosités. Avant-hier soir, l'armée fit halte à Proscoulov [1], à treize heures de Hotin; elle venait de Staroconstantinov, toujours par le même chemin. La raison qui l'a engagée à abandonner la route directe d'en bas, c'est que cette route est bourbeuse, mal entretenue, abrupte et coupée de nombreux escarpements.

---

1. Tchernyi-Ostrov, Proscoulov et Staroconstantinov sont trois localités russes situées dans le gouvernement de Podolie.

JUIN 1739

Le métropolitain de Philippopolis revient de l'exil. — Préparatifs de Tahmas Kouli Khan contre les Letchguis et contre l'empereur des Indes. — Le roi de Pologne se propose d'envoyer son drogman en ambassade à la Porte pour réclamer contre les excès des Tartares, mais la République s'oppose à l'envoi du drogman. — Sur la prière du defterdar, on tire de prison son prédécesseur. — Des cent cinquante bourses de paras envoyées au grand vizir. — Promotion du médecin en chef du Sultan. — Bonneval revient de l'exil. — Efforts du caïmacam pacha pour se rendre agréable à la population. — Ghiritli revient de l'exil. — Achmet aga se rend à Bucarest pour prendre livraison des faucons. — Arrivée de Hussein bey à Bucarest. — Les Russes se divisent en plusieurs corps d'armée. — Victoires de Mourtaza Pacha sur les Allemands à la gorge de Marga et à Lugos. — Le Prince reçoit un firman relatif à huit cents ouvriers. — Firman envoyé à Nigdéli Moustafa Pacha. — Mémich Pacha quitte Niš. — Tempête qui se déchaîne sur Bucarest. — Le grand paharnic Caradja est envoyé au camp en qualité de capi-kékhaya. — Basilakis est nommé grand portier. — Le Prince reçoit un firman lui enjoignant de ne pas se mettre en campagne avec le pacha, mais de rester dans sa capitale. — Victoire que les levends envoyés par le commandant de la Nouvelle Palanque remportent sur les Catans. — Flotte et armée de l'empereur d'Allemagne. — Du Russe envoyé à Kronstadt pour enrôler des soldats. — Du bin-bachi qui vint à Bucarest avec les milices de Choumla. — Les Russes tirent des subsistances de Léopol. — Le camp impérial ottoman arrive à Niš; conférence qui s'y tient. — Courrier de Paris. — L'Empereur se rend à la Favorite. — Multitude des troupes impériales; espace de terrain qu'elles occupent. — Un caporal allemand passe aux Turcs. — Du vali de Roumélie. — Nouvelle que le khan transmet à la Porte concernant le général Lasci. — Le gouvernement de Suleyman Pacha est donné à un autre. — L'itch-mecterbachi du grand vizir se donne volontairement la mort par strangulation. — Arrivée au camp du vali de Bosnie. — Des Français que Mourtaza Pacha envoya au camp. — Retour de l'homme chargé d'aller prendre livraison des faucons. — Rixe qui éclate entre les Albanais et les fusiliers en garnison à Bucarest.

2 juin. — LE métropolitain de Philippopolis revint de l'exil et écrivit au Saint-Synode une lettre de plaintes, dans laquelle il réclamait, outre sa province, tout l'argent qu'il avait dépensé. On lui répondit en l'assurant qu'on ferait droit à toutes ses demandes ; mais on tient prêt, depuis le vizirat de Yegen Pacha, un firman autorisant à l'arrêter de nouveau, s'il se montre en public.

Tahmas Kouli Khan dirigea une armée de quinze mille hommes contre les Letchguis et construisit un pont sur le fleuve qui sépare leur pays de la Perse. Les Letchguis, informés de cela, s'avancèrent en quantité innombrable du côté de ce pont et le détruisirent. Les armées belligérantes sont campées chacune sur une rive du fleuve.

Tahmas Kouli Khan avait armé six cents vaisseaux, et se préparait à tenter une expédition contre le padichah des Indes, mais ce dernier, l'ayant appris et réfléchissant que Tahmas Kouli Khan pouvait avoir le dessus, le tailler en pièces, commettre dans le pays mille ravages et déprédations, fit un acte de soumission et le reconnut pour son suzerain, de sorte que Tahmas Kouli Khan devint aussi maître de cette contrée tout entière.

Le pacha de Hotin écrivit au grand vizir que l'incursion que les Tartares avaient faite avec succès, durant l'hiver, en Pologne, y avait jeté le trouble le plus profond ; et que, dans une diète tenue en présence de leur roi, relativement à cette incursion, les Polonais avaient résolu d'envoyer un ambassadeur à la Porte, tandis que le roi de Pologne se disposait à y envoyer un Grec qui le servait en qualité de drogman. Cependant, comme l'usage veut que, lorsqu'il s'agit d'une affaire où sont en jeu les intérêts communs du pays, ce soit un magnat qui aille en ambassade de la part de la République ; les Polonais ont tenté de se conformer en cela à la coutume établie, mais le roi n'en a pas tenu compte et va charger de cette mission le susdit drogman. Cette dérogation aux usages a déplu aux Polonais et le voïvode Kiowstki a donné avis au pacha de Hotin d'agir de façon à ne pas recevoir cet ambassadeur.

Le médecin de Rakoczi, qui était dans la prison du Mouhzyr aga, a pris la fuite. On est à sa recherche.

Après que le Trésor eut confisqué à l'ancien defterdar, Youssouf effendi, quatre-vingt-cinq bourses en numéraire, et la majeure partie de ses effets mobiliers, tels que harnais, soucoupes (zarfs), cassolettes et autres objets d'argenterie, le nouveau defterdar, Atif effendi, demanda et obtint l'élargissement de son prédécesseur, qui était détenu dans la prison du bostandji-bachi d'Andrinople. Il fit même accorder à Youssouf la permission d'habiter, à son choix, Andrinople ou Gallipoli. On lui octroya, en outre, sur le Trésor, un don de cinq bourses, et on lui restitua une partie de l'argenterie dont nous venons de parler, ainsi que les lits et autres meubles de repos qui garnissaient sa maison.

Le caracoulac du grand vizir fut envoyé à Constantinople. Indépendamment des autres demandes que faisait par écrit le grand vizir, il sollicitait une provision de cent cinquante bourses de paras, qui lui furent expédiées.

Hayatizadé, médecin en chef du Sultan, obtint la dignité de cazaskier de Roumélie.

Bonneval revint de l'exil. On lui accorda les mêmes provisions alimentaires et le même traitement qu'auparavant. Il se tient chez lui honoré et respecté. On lui a aussi restitué tout ce qui avait été confisqué chez lui au profit du Trésor.

Plus il va, plus le caïmacam pacha montre une grande connaissance des affaires. Il fait tous ses efforts pour rester dans le droit; il évite l'injustice, châtie les méchants et ne fait subir aucune vexation aux gens de bien. Ce qu'il a fait, il l'a fait. Il est parvenu à ce que tous les étaux de boucher fussent approvisionnés de viande et qu'on la vendît vingt aspres. Il a augmenté de dix dirhems le [poids du] pain blanc; bref, il ne néglige rien pour se rendre agréable à la population ainsi qu'à son maître, et présentement il y réussit.

Ghiritli revint de l'exil.

Achmet aga, homme du grand fauconnier, arriva de Constantinople à Bucarest, pour y prendre livraison, comme c'est la coutume, des faucons [fournis] annuellement [par la Principauté]. Il apporta à Son Altesse, de la part du grand fauconnier, les présents d'usage.

3 juin. — Hussein, zaïm, fils de Mechmet aga, ancien chef des bouchers, arriva en qualité de commissaire pour les orges demandées au séraskier pacha de Vidin. Le Prince ne prit congé de lui qu'après l'avoir comblé de prévenances et de cadeaux.

Les Russes ont mis sur le pied de guerre quatre armées, dont deux marcheront sur la Crimée et Yéni-Calé, et deux contre Bender et Hotin. Les canons et les munitions sont, depuis l'an passé, enfouis en Pologne.

8 juin. — Mourtaza Pacha, étant parti en éclaireur, aperçut, dans la gorge de Marga, mille Catans ; et, à Lugoş, où était Abdi bey, cousin de Mechmet Pacha le Bosniaque, mille autres. En conséquence, il demanda par lettre des renforts au séraskier, qui lui envoya aussitôt quelques troupes ; mais, dans l'intervalle, Mourtaza Pacha et Abdi bey en vinrent aux mains avec les Catans, les mirent en déroute, dans les deux endroits, en tuèrent un grand nombre, et firent des prisonniers.

9 juin. — Un tchocadar du grand vizir apporta au Prince un firman urgent, lui ordonnant d'avoir, dans les vingt jours, à envoyer encore huit cents ouvriers à Ruşava. Grâce au salaire élevé qu'il leur donnait, le Prince en réunit cinq cent cinquante à Bucarest, en trois ou quatre jours, et deux cent cinquante dans les cadilics, et les fit partir [pour Ruşava].

Le susdit Nigdéli Moustafa, pacha à deux queues, qui était passé par Bucarest et avait déjà atteint Nicopolis, reçut un firman lui ordonnant de retourner à Bender.

14 juin. — Mémich Pacha quitta Niš avec une armée assez nombreuse et se rendit, pour y tenir garnison, à Ram [1], localité située vis-à-vis de la Nouvelle Palanque.

15 juin. — Le samedi matin, à cinq heures, il s'éleva une tempête accompagnée de tourbillons de vent d'une impétuosité extrême, d'éclairs et de roulements de tonnerre si forts et si fréquents que des tentes furent mises en pièces et que d'autres s'abattirent ; à Bucarest, des toitures d'églises et de maisons s'effondrèrent, une quantité innombrable de grands arbres furent déracinés. En un mot, personne n'a souvenir d'avoir jamais vu pareille chose. Au bout d'une demi-heure, le vent tomba et un calme complet succéda à cette perturbation inouïe.

Le Prince envoya au camp impérial, en qualité de capi-kékhaya, le grand paharnic Constantin Caradja [2].

Il revêtit d'un caftan le capi-kékhaya Basilakis, qui arrivait du camp, et le nomma grand portier.

Le Prince, que le grand vizir avait invité par lettre à partir, avec le pacha et les troupes de Bucarest, pour Perişanĭ, afin de chasser de cette localité les Allemands et les Catans et d'en purger entièrement le pays, le Prince, disons-nous, prévoyant les excès que les soldats allaient commettre dans Bucarest, s'il quittait cette ville, envoya à la Porte une lettre à laquelle il joignit une pétition des habitants, demandant que

---

1. Ram, village de Serbie, est situé juste en face de la Nouvelle Palanque. C'est évidemment cette localité que Dapontès nomme Ιχραμι.

2. En face de cet alinéa, et faisant suite au sommaire, le manuscrit *A* ajoute : « Il « mourut à Constantinople, et fut inhumé, au-delà de Kynigos, dans l'église de sainte « Parascévé, le 14 mai 1771. »

le pacha partît seul. Il priait, en outre, qu'on lui confiât le gouvernement du pays. Le 18, un firman fut expédié qui autorisait Son Altesse à rester dans sa capitale, pour prendre soin des affaires publiques et veiller à la sécurité des rayas ; le même firman ordonnait au pacha de marcher sur Perişanï avec ses troupes.

20 *juin*. — Quatre cents Catans s'étant montrés à sept heures de la Nouvelle Palanque, Mechmet Pacha, commandant de cette place, envoya contre eux trois cents levends, qui les mirent en déroute, leur tuèrent quarante hommes et prirent vingt prisonniers. Deux de ces prisonniers furent envoyés au séraskier qui les fit conduire au camp impérial.

La flotte allemande est à l'ancre dans le Danube, vis-à-vis de Belgrade. Elle se compose de quatre-vingt-dix saïques, d'autres petits bateaux et de six grands navires de quarante-quatre canons chacun.

L'armée impériale campe dans la plaine de Semlin, en face de Belgrade, et compte, dit-on, de trente à quarante mille combattants. Il paraît que Belgrade ne possède qu'une faible garnison, cinq ou six mille hommes seulement.

On envoya à Kronstadt pour y enrôler des soldats un Russe du nom d'Ombroste ; il en recrutait un très grand nombre, car il leur donnait sept florins par mois, plus sept copecs par jour pour frais de nourriture. Il n'acceptait que des Grecs, des Valaques et des Serbes, c'est-à-dire exclusivement des chrétiens orthodoxes.

25 *juin*. — Mechmet aga Tchaouchzadé, de Choumla, binbachi, neveu de Chérif effendi, fut envoyé du camp impérial, avec cinq cents fantassins choumliotes, pour se joindre à Suleyman Pacha dans son expédition contre Perişanï. La solde, les subsistances et toutes les autres choses nécessaires au soldat furent fournies à ces hommes par le Trésor.

Les Russes achètent des approvisionnements dans les environs de Léopol [1]. Ils ont fait, jusqu'à ce jour, pour quatre mille piastres d'acquisitions, qu'ils ont dirigées sur la Hongrie, sous l'escorte de trois cents Cosaques.

26 *juin*. — Le camp impérial arriva à Niš. Le lendemain, on tint une conférence où il fut décidé que les compagnies de janissaires partiraient le jour suivant, et le grand vizir, le 2 juillet. On a l'intention de donner à tout le monde pour vingt jours de vivres, et de marcher directement sur Belgrade, pour attaquer l'armée allemande.

Un courrier qui venait de Paris passa par le camp impérial. On lui a remis des lettres, lors de son passage par Vienne, et il s'est rendu près de l'ambassadeur de France.

L'Empereur est à la Favorite, dans le voisinage de Vienne.

L'armée impériale occupe une étendue de terrain qu'il faut deux heures à traverser et qui va des murs de Belgrade à Ghémicli-Tchesmé et à Orman.

Un caporal allemand, qui avait déserté et était venu dans le camp ottoman, assura que les Impériaux se proposaient de rester trois mois à Belgrade, pour voir si la paix allait être conclue avec la Porte ; ils n'ont pas l'intention de franchir leurs frontières, car leur nombre ne dépasse pas quarante mille hommes et quatre mille femmes.

Le vali de Roumélie suit [l'armée] avec le sandjac-chérif.

Le khan écrivit à la Porte que Lasci était arrivé depuis vingt jours à Pilepatra, localité à vingt-quatre heures de Caffa, et qu'il avait l'intention de s'emparer de cette dernière ville.

Le gouvernement de Suleyman Pacha fut donné à Youssouf Pacha, qui est du pays.

---

1. Léopol (allemand Lemberg, polonais Lwow), chef-lieu du cercle du même nom, en Galicie, sur plusieurs ruisseaux qui se réunissent pour former le Peltew.

L'itch-mecterbachi du grand vizir, ayant demandé en route un fief, sans pouvoir l'obtenir, se donna la mort par strangulation.

Un firman fut envoyé au vali de Bosnie, lui enjoignant de quitter ce pays et de se rendre au camp impérial.

Mourtaza Pacha envoya, de la gorge de Marga, au grand vizir, quatre Français, qui déclarèrent qu'il n'y avait pas en Hongrie plus de douze mille Allemands.

30 *juin*. — Le susdit Achmet aga, homme du grand fauconnier, après avoir pris livraison des douze faucons d'usage et reçu la redevance, partit pour Constantinople.

Le soir, une rixe éclata entre quelques Albanais de Haïdar aga et des janissaires fusiliers de Bucarest, dont deux ou trois furent blessés. Cette affaire causa beaucoup d'inquiétude et de crainte tant aux boyards qu'à la multitude. Mais, au bout d'une heure, grâce à Suleyman Pacha et à Haïdar aga qui les apaisèrent, le tumulte cessa et la tranquillité se rétablit.

JUILLET 1739

Cessation de la rixe. — Le métropolitain de Philippopolis obtient son pardon. — Envois à Bender. — Renouvellement des prohibitions. — Les Letchguis semblent remporter des avantages sur la Perse. — Firmans ordonnant de faire des prières pour le Sultan. — Maladie de Sa Hautesse. — Véli Pacha obtient l'autorisation de procéder à l'équipement et à l'organisation des armées de Bender. — Le prince Grégoire écrit à Véli Pacha pour le prier de faire l'éloge des boyards. — Les Catans pillent Soroca. — Lettre du prince Grégoire à Véli Pacha relativement aux mouvements des armées russes. — Colère de Véli Pacha contre le prince Grégoire à cause du retard que celui-ci a apporté à lui envoyer des ouvriers. — Lettre du voïvode Kiowtski à Véli Pacha concernant les Russes. — Division de l'armée moscovite en deux corps. — Promotion accordée à Véli Pacha. — Expédition de Suleyman Pacha contre Perișanĭ. — Départ pour Constantinople du prince Alexandre et de plusieurs autres personnes. — Détenus qui s'échappent de prison. — Retour du prince au palais. — Réunion des corps d'armée moscovites. — Le prince Grégoire écrit à Véli Pacha que les Russes, ayant abandonné la route directe, suivent les bords du Prut, et que le prince rebelle (Cantemir) va être envoyé en Moldavie. — Le séraskier sultan se prépare à passer de Hotin sur la rive opposée [du Dniester]. — Le prince Grégoire empêche Sari Achmet Pacha d'être envoyé à Soroca. — Le prince Grégoire se rend à Galațĭ pour prendre les Turcs qui étaient dans cette ville. — Du bin-bachi qui passa par Bucarest, se rendant à Bender avec cinq cents hommes. — Départ du séraskier de Bender. — Les Russes rebroussent chemin et gagnent la Podolie. — On ne sait pas d'une façon positive s'ils iront au secours des Allemands. — Münich donne ordre aux Polonais d'évacuer Camienietz; ils s'y refusent. — Troupes que Véli Pacha doit envoyer à Hotin. — Un corps d'armée russe se détache et va, dit-on, au secours des Allemands. — Départ du séraskier de Bender. — De l'officier qui vient de Pétersbourg. — Envoi de galères pour l'entrée du baïle de Venise à Constantinople. — Rappel du khasnadar de Yegen Pacha. — Du navire qui vint en quatre jours de Crimée à Constantinople. — Lettres envoyées de Vienne aux ambassadeurs d'Angleterre et des Pays-Bas. — Le Sultan se rend à Bechictach. — De deux prisonniers allemands envoyés de Cîmpulung au Prince. — Descente des Catans à Cîmpulung; trouble et frayeur de la population de Bucarest; mesures que prend le Prince. — Les Catans quittent Cîmpulung, ils y sont remplacés par six cent cinquante cuirassiers allemands. — Excès que commettent les Catans à Cîmpina. — Du Russe qui passa par Bucarest. — Descente des Catans à Tîrgoviște; le Prince envoie contre eux le divan-effendi et d'autres personnes. — Fausseté de la nouvelle que les Catans étaient à Tîrgoviște; mesures que prend le

Prince. — Mort d'un nègre. — Actes d'impiété que commirent les Catans dans le monastère de Sinaie. — De la quantité d'Allemands et de Catans qui sont sur les frontières. — Nouvelle de la victoire du vizir-azem sur les Allemands. — Arrivée du grand vizir à Belgrade ; on bat cette place en brèche nuit et jour ; on fait des préparatifs pour escalader les murs. — Départ du séraskier de Vidin pour Pancsova ; combat qui s'y livre ; victoire des Allemands sur les Turcs. — Fuite du séraskier ; son retour ; il fuit de nouveau. — Le grand imbrohor du vizir est envoyé au séraskier de Vidin avec un firman. — Arrivée du vali de Bosnie. — Prières que les Juifs font pour le Sultan. — Entrée du baïle de Venise à Constantinople. — Éloge que firent du Prince les tchocadars du caïmacam. — Défaite de Suleyman Pacha. — Le pacha revient de Perișanï à Bucarest. — Des deux compagnies de Silistrie. — Retour du divan-effendi. — Passage du Potloc par les Russes. — Départ des armées ottomane et tartare contre les Russes ; victoire des Tartares sur les Cosaques. — Le prince Grégoire demande à Véli Pacha des secours qu'il ne peut obtenir. — Déprédations que commirent les Catans, sous les ordres de Manos, dans le village de Negrești. — Conduite du vornic Andronakis ; il est enfermé au Vestiarat. — Kurde Djérid Mechmet aga meurt par le lacet. — Andronakis sort de prison. — Des Albanais envoyés à Slatina.

1er *juillet*. — La rixe, qui avait éclaté la veille entre les Albanais et les fusiliers, se ralluma avant l'heure du dîner. Le kékhaya de Suleyman Pacha courut sur les lieux avec quelques cavaliers et, tant par des menaces que par des exhortations, il empêcha la querelle de prendre des proportions plus graves.

2 *juillet*. — Le métropolitain de Philippopolis obtint son pardon de l'Église et, sur la promesse qu'on ne le poursuivrait pas, il quitta la retraite où il se tenait caché.

On envoie de grands approvisionnements de biscuit à Bender et en Crimée, et l'on apporte beaucoup de soin et de vigilance aux préparatifs de toute espèce.

Il y a eu de nouveau de sévères prohibitions dans le genre de celles qui avaient eu lieu sous le vizirat de Yegen Pacha.

Les Letchguis sont toujours en guerre avec la Perse, et ils semblent remporter des succès.

Des ordres ont été donnés pour que l'on fît des prières pour le Sultan dans les mosquées et dans les rues.

Sa Hautesse est malade de la fièvre intermittente.

Coltchac Pacha ayant adressé de nombreuses lettres à la Porte et au séraskier de Bender pour les informer que l'armée russe s'avançait et se plaindre qu'il était dans l'impossibilité de lui tenir tête, au cas où elle marcherait contre Hotin, le séraskier de Bender écrivit à ce sujet au gouvernement. Ayant reçu un firman qui le laissait maître d'agir à sa guise, il se prépare à quitter Bender dans cinq ou six jours pour aller à Soroca et, de là, s'il en est besoin, à Hotin, avec les troupes sous ses ordres. Il attend de cette dernière ville des informations relatives aux armées moscovites, à savoir si elles ont quitté Medjibodj [1] (où elles étaient campées et avaient construit des ponts pour passer le fleuve), ou si elles sont encore dans cette localité. Par le susdit firman, le prince Grégoire fut placé sous l'autorité du pacha, qui pouvait, si cela était nécessaire, l'envoyer à Bender ou l'emmener avec lui à Hotin.

Le prince Grégoire pria par lettre Véli Pacha de faire mention des boyards, quand il lui écrirait, et de les louer tant de leur fidélité à la Sublime Porte que de leur soumission à l'hospodar. Pour se conformer aux désirs du prince Grégoire, Véli Pacha lui envoya une lettre conçue dans les termes qu'il souhaitait.

Les Cosaques pillèrent Soroca et tuèrent le capitaine que le prince Grégoire y avait envoyé avec quelques slujitorĭ, qu'ils occirent également et dépouillèrent de ce qu'ils possédaient. Il y avait dans cette localité un boyard grec qui prit la fuite, mais les Cosaques s'emparèrent de ses domestiques et les mirent à mort. Les Cosaques, qui étaient au nombre de trois cents, pillèrent Soroca en plein midi. Pas un Turc n'était

---

1. Medjibodj, bourg de Russie, dans le gouvernement de Podolie, sur la rive gauche du Bog.

présent. Véli Pacha, à la réception de cette nouvelle, donna immédiatement ordre de partir à dix compagnies de serdenguetchtis, à deux ortas de djébedjis et à un orta d'artilleurs avec cinq canons, en tout trois mille hommes. Il disait qu'il leur adjoindrait deux pachas. Telles furent les troupes qu'il dirigea sur Soroca. A Hotin, il envoya d'abord le séraskier sultan et dix compagnies de serdenguetchtis avec un pacha.

Le prince Grégoire écrivit à Véli Pacha que l'armée russe était arrivée à quinze heures de Hotin, dans un endroit appelé Djingaudji [1], et qu'à la fête des Saints-Apôtres elle marcherait sur Hotin. Il ajoutait que les Polonais avaient, pour un motif inconnu, évacué Ocopi-Palanka, localité voisine de Hotin.

Véli Pacha reçut ordre de fournir trois cents ouvriers. Il transmit cet ordre au prince Grégoire pour qu'il s'occupât de les envoyer lui-même, mais, comme ils tardaient à venir, Véli Pacha entra en colère, et lança contre le prince Grégoire une sorte de mandat d'amener, en disant : « Puisqu'il ne veut pas envoyer les ouvriers, je vais le faire venir lui-même et l'envoyer où cela est nécessaire. » Toutefois, s'étant repenti de ce mouvement de vivacité, il n'expédia pas le mandat d'amener ; mais, comme il était malade, il demanda au Prince un médecin, qui lui fut procuré et par les soins duquel il recouvra la santé.

Le voïvode Kiowtski écrivit à son capi-kékhaya de Bender que l'armée russe allait marcher sur Soroca et non sur Hotin. Informé de cette nouvelle, Véli Pacha ne voulut point se mettre en route, avant de savoir de quel côté les Russes allaient se diriger, afin de pouvoir marcher contre eux.

Le voïvode Kiowtski écrivit de nouveau que l'armée russe

---

1. Bourgade de Russie, dans le gouvernement de Podolie.

s'était divisée en deux corps, dont l'un se dirigerait contre Hotin et l'autre contre Soroca.

On écrivit de la Porte à Véli Pacha qu'une promotion lui avait été accordée et qu'on la lui enverrait dans cinq ou six jours. Cette nouvelle causa une grande satisfaction à Véli.

5 juillet. — Suleyman Pacha quitta Bucarest pour se rendre à Perişanï avec les armées turque et indigène, ainsi que les boyards désignés par le Prince [pour faire partie de l'expédition], à savoir le grand serdar Radu Comăneanu, le grand armaş Paléologue, l'ancien grand armaş Joannitza, et d'autres boyards de seconde classe. Suleyman prit avec lui cinq canons (trois gros et deux petits) ; ses troupes se composaient d'environ deux mille hommes.

Le prince Alexandre, Ananias, métropolitain de Bethléem, et l'ancien grand spathar Ramadan partirent pour Constantinople, avec une escorte composée de gens au service du Prince.

Onze détenus s'évadèrent de la prison par les latrines ; la plupart ont déjà été repris.

7 juillet. — Le Prince se transporta avec toute sa cour à la métropole pour y habiter, tant à cause de la salubrité de l'air et de la douceur de l'atmosphère que pour la sécurité dont on jouit dans cet endroit retiré.

Le voïvode Kiowtski écrivit que les corps d'armée russes s'étaient réunis de nouveau et avaient pris la route qui va directement à Hotin.

Le prince Grégoire écrivit à Véli Pacha que la cavalerie moscovite, composée de huit mille Cosaques et Calmoucs, se trouvait avec six canons, à Kénar, localité située entre le Bog et le Dniester. L'armée russe, [ajoutait-il,] venant de Medjibodj et se dirigeant vers Camienietz, était arrivée à Tchernyi-Ostrov, et, là, abandonnant la route directe qui est impraticable, elle avait suivi le bord du Zbroutch, rivière qui se jette dans le Dniester près d'Ocopi-Palanka. De l'endroit où les Russes ont quitté la route directe jusqu'au Dniester, il y a quatorze heures de chemin. Ils se proposeraient de jeter en Moldavie une armée sous les ordres du prince rebelle, Dimitrașcu Cantemir.

Coltchac Pacha écrivit à Véli Pacha pour lui demander s'il consentirait, ou non, à faire franchir le Dniester par le séraskier sultan (car, si on laissait l'ennemi prendre ses positions sur ce fleuve, on aurait de la peine à l'en déloger, c'est pourquoi il fallait lui opposer le sultan tartare). Véli Pacha accorda l'autorisation demandée.

Hadji Véli Pacha manifesta l'intention de retirer de Jassi le commandant de cette ville, Sari Achmet Pacha, pour l'envoyer à Soroca ; mais, sur les instances du prince Grégoire, il ne donna pas suite à ce projet, car Son Altesse lui écrivit que, Cantemir se disposant à envahir la Moldavie avec [des troupes moscovites, la présence d'un pacha à Jassi était indispensable.

Le prince Grégoire envoya une copie du firman à Véli Pacha pour qu'il eût à faire partir tous les Turcs et à les diriger les uns sur Jassi, les autres sur Bender, d'autres enfin sur Hotin. En un mot, il fallait qu'il ne restât pas un seul Turc, mais que tous se missent en route.

Un bin-bachi passa par Galați avec cinq cents hommes, provenant, dit-on, des troupes de Saribeyoglou ; ils se rendaient à Bender. On attend de Constantinople à Ismaïl une autre armée turque.

Le séraskier de Vidin a quitté Rușava pour se rendre à la Nouvelle Palanque, en suivant la rive du Danube. Son armée se compose d'environ dix mille hommes, et il en attend vingt mille autres du camp impérial.

8 juillet. — Le voïvode Kiowtski écrivit à Véli Pacha que

l'armée russe, ayant rebroussé chemin, se dirigeait du côté de la Podolie, et était déjà à trente heures de Hotin.

L'endroit où se trouvent les Russes est voisin des frontières de Hongrie et l'on dit qu'ils pourraient bien aller au secours des Allemands, car la route de Hotin a été abandonnée, et les Cosaques, qui étaient du côté de Soroca et de Mohilev [1], ont tous rejoint l'armée.

A l'invitation adressée par Münich aux Polonais d'évacuer Camienietz, ils répondirent : « Nous ne céderons pas Camienietz. Occupez-vous de ce qui vous regarde ; mais, si vous voulez aussi nous faire la guerre, alors, très bien ! » Et, sans perdre un instant, ils fermèrent les portes de la ville et les murèrent avec des pierres, en ne laissant libre que la petite entrée. La réception de cette nouvelle plongea Münich dans une grande perplexité. Il se décida enfin à partir pour Ocopi-Palanka, comme on l'a déjà dit ; mais, depuis, il a changé d'avis, et il s'enfonce actuellement en Podolie.

10 juillet. — Coltchac Pacha écrivit à Véli Pacha pour lui faire savoir que l'armée russe, qui était de nouveau revenue du côté de Hotin, ne se trouvait plus qu'à douze lieues de cette ville, et pour le prier de lui envoyer des renforts aussi vite que possible.

On écrivit de Pologne au même Véli Pacha qu'un corps de troupes s'était séparé de l'armée russe et avait pris le chemin des frontières de Hongrie, que ce corps d'armée se composait de trente mille hommes, et allait, assurait-on, au secours des Allemands.

Véli Pacha quitta Bender pour se rendre à Dubossary [2] et

---

1. Mohilev, ville de Russie, chef-lieu du district de ce nom, dans le gouvernement de Podolie, sur la rive gauche du Dniester.

2. Dubossary, ville de Russie, dans le gouvernement de Kherson, sur la rive gauche du Dniester, au pied d'une montagne, à soixante kilomètres de Tiraspol et à deux cent quarante de Kherson.

y rester jusqu'à ce qu'il eût reçu un avis de Hotin, lui indiquant la direction qu'il aurait à prendre.

Münich chargea d'une lettre destinée à Véli Pacha un officier qui venait de Pétersbourg avec un message de la tsarine pour l'ambassadeur de France à Constantinople. Münich priait le pacha de laisser partir sans retard et en sûreté ledit officier, car le message qu'il portait avait trait à la paix. Véli Pacha fit accompagner l'officier par un tchocadar et l'envoya au prince Grégoire, auquel il recommanda de lui donner une escorte.

11 juillet. — On envoya de Constantinople deux galères pour aller chercher le baïle de Venise, car un ancien usage veut que les vaisseaux de guerre vénitiens ne franchissent pas les Dardanelles, mais s'arrêtent à Ténédos.

On conduisit deux fois de la prison à la Sublime Porte le khasnadar de Yegen Pacha. Après un assez long interrogatoire, on lui fit signer une déclaration, en vertu de laquelle, si l'on pouvait prouver que, depuis dix ans, sa fortune ou celle de son maître s'était accrue, on serait libre de lui infliger le châtiment que l'on voudrait; après quoi il fut élargi et obtint même la permission d'aller rejoindre Yegen Pacha.

Un vaisseau qui se rendit de Crimée à Constantinople y apporta la nouvelle que les Russes n'avaient pas encore paru dans la péninsule.

Les ambassadeurs d'Angleterre et des Pays-Bas à Constantinople reçurent des lettres de Vienne. On leur écrivait que, pour le moment, il n'était pas question de paix; que l'on attendait la nomination de médiateurs; que, du moins, les Allemands en désiraient, mais qu'il restait à savoir si cela serait du goût des Turcs.

A cause de l'état de faiblesse où il était tombé par suite de la fièvre dont il souffrait, le Sultan se transporta à Béchictach, et, pendant le trajet, la fièvre disparut, de sorte qu'aujourd'hui il est en meilleure santé.

L'ispravnic de Cîmpulung envoya deux prisonniers allemands bien garrottés. Ces prisonniers s'étaient enfuis de Roustchouc, de chez leur maître, Moustafa, capidji-bachi mubaïadji, et retournaient dans leur pays. Mû par un sentiment d'humanité, le Prince les prit à son service, remboursa le prix qu'ils avaient coûté et leur rendit la liberté.

On manda de Cîmpulung que quelques Catans avaient opéré une descente dans cette localité, et cette nouvelle produisit à Bucarest une grande perturbation. Mais, peu après, on reçut de Nona, ispravnic de Cîmpulung, une lettre qui disait que les Catans venus dans cette ville n'étaient pas plus de soixante, commandés par un capitaine. Dans l'espace de deux heures, ils avaient enlevé bœufs, chevaux et objets de différente nature, tué un prêtre et une religieuse, brûlé beaucoup de maisons et tous les barils des paysans qui leur étaient tombés sous la main, dévasté et livré aux flammes les villages de Dragomireștî [1] et de Rucăr [2]. En un mot, après avoir détruit tout ce qu'ils avaient trouvé en fait de meubles, après avoir tué et massacré, ils s'étaient retirés. La nouvelle de ce départ mit fin à l'agitation qui régnait dans la ville et la fit rentrer dans le calme. Tous les citoyens avaient pris les armes, dans la crainte que les Catans ne vinssent aussi à Bucarest.

Mais le Prince, désireux de pourvoir à la sécurité de sa capitale, enjoignit à tous les habitants de se munir d'armes et de se tenir continuellement en état de repousser les Catans, au cas

---

1. Dragomireștî, commune du district de Dîmbovița et chef-lieu de l'arrondissement de Dîmbovița. Treize cent cinquante habitants.

2. Rucăr, village du district de Muștel, arrondissement de Dîmbovița, forme commune avec Dîmbovițoara; population de la commune : deux mille neuf cent cinquante habitants.

où il se produirait une attaque de leur part. Les notables et les boyards de première classe avaient ordre de porter seulement l'épée, d'avoir une paire de pistolets dans les fontes de leur selle, enfin d'être armés de la sorte, eux et leurs serviteurs, dans leurs allées et venues à la métropole ; les boyards de seconde classe, les marchands, les gens du peuple, les militaires, en un mot, la population tout entière devait être armée et toujours prête à tenir tête à l'ennemi. Ce qui fut dit fut fait. Gouvernants et gouvernés, petits et grands, tout le monde, enfin, prit les armes, conformément aux ordres du Prince. Son Altesse commanda ensuite au prévôt des marchands, nommé Moschus, de réunir à la métropole tous les marchands, tant indigènes qu'étrangers, pour les exercer au maniement des armes. S'étant donc tous rassemblés, au nombre d'une centaine environ, à cheval et en armes, en présence du Prince et des boyards, ils commencèrent, à tour de rôle, à décharger leur fusil et leurs pistolets, et, quand ils eurent fini, ils rentrèrent chez eux. Indépendamment de ces manœuvres, le Prince voulut aussi que l'on exerçât les jeunes nobles indigènes. L'officier instructeur les mettait en ligne, d'abord avec les séimènes et les capitaines de Son Altesse et leur enseignait le maniement des armes. Ensuite on exerçait en particulier les fils des boyards de première et de seconde classe ; le Prince leur accorda une gratification de cinquante florins, les prit en qualité de gardes du corps, et en plaça chaque jour deux en sentinelle à la porte du palais, fait inouï jusqu'alors et dont l'histoire ne fournit pas d'exemple. Les choses se passèrent de la sorte ; ils faisaient journellement l'exercice à l'allemande et montaient la garde, nuit et jour, le fusil au bras, comme des tchocadars. Ce ne furent pas seulement les fils des boyards que le Prince astreignit à monter la garde, mais leurs pères eux-mêmes, de façon que deux de ces derniers étaient placés en sentinelle toute la nuit à la porte du palais, et que, toute la nuit aussi, deux autres, accompagnés de leurs gens et de quelques slujitorĭ, faisaient des patrouilles dans Bucarest. Les boyards et leurs fils mettaient autant de zèle que de plaisir à exécuter ces ordres, combattant ainsi pour leur prince et leur patrie.

12 juillet. — Les susdits Catans n'eurent pas plus tôt quitté Cîmpulung que six cents autres y arrivèrent avec cent cuirassiers allemands. Ils y restèrent cinq heures et repartirent sans avoir fait de mal à personne.

14 juillet. — Soixante-dix Catans s'étant rendus à Cîmpina avec leurs capitaines, Manos, fils du prévôt Zafiris, et Démétrius de Scheĭ [1], volèrent des chevaux, des bœufs, des hardes et une foule d'autres objets ; enfin, après avoir incendié la maison de l'ancien grand comis Constantin Cioranu et celle de la princesse Cîmpineanu, ils se retirèrent pour aller exercer ailleurs leurs déprédations.

15 juillet. — Un baron appartenant à l'armée russe passa par Bucarest. Il faisait grande diligence pour aller remettre au vizir et à l'ambassadeur de France les lettres dont il était porteur. Il eut, au palais, une entrevue avec le Prince, et, le lendemain, il se remit en route.

16 juillet. — La nouvelle étant arrivée le soir que des Catans avaient opéré une descente à Tîrgovişte, tout Bucarest fut en proie à une vive émotion, et le Prince fit partir sur-le-champ le divan-effendi avec des soldats ottomans et valaques, et aussi des petits boyards, en tout environ trois cents hommes, auxquels il adjoignit Coutchouc Mechmet le Géorgien, salahor du vizir, qui avait amené à Bucarest les milices choumliotes, pour marcher à leur tête contre lesdits Catans. Son Altesse, ayant réuni à la

---

1. Scheĭ, village du district de Buzău, arrondissement de Slanic, forme commune avec Ventilă-Vodă. En tout, mille cinq cent cinquante habitants.

métropole les boyards et toute l'infanterie, donna ordre à quelques boyards de prendre avec eux un certain nombre de slujitorĭ et d'aller faire des gardes de nuit dans les environs de Bucarest.

17 *juillet*. — Le lendemain matin, on reçut de Tîrgovişte la nouvelle que les soldats qui avaient fait leur apparition dans cette ville n'étaient pas des Catans, mais des Turcs. Ces derniers, au nombre de trente, allaient rejoindre Suleyman Pácha à Perişanĭ, et, comme ils portaient des habits bosniaques et hongrois, on les avait pris pour des Catans. Le colonel de Tîrgovişte les accueillit avec bienveillance, leur donna des vivres, et ils partirent pour Perişanĭ, sans s'être rendus coupables de la moindre vexation.

Malgré la fausseté de la nouvelle relative à l'apparition des Catans, le Prince, qui avait à cœur de pourvoir à la sécurité publique, accorda à tous ses sujets l'autorisation d'aller de leur plein gré et sans contrainte combattre les Catans. Il promit à quiconque rapporterait une tête d'Allemand ou de Catan une gratification de cinquante florins, et à celui qui rapporterait la tête du susdit Manos, capitaine des Catans, trois cents florins de récompense. De cette façon, un grand nombre de tchocadars, de coureurs [1], de serviteurs particuliers du Prince, de slujitorĭ et de gens du peuple s'enrôlèrent. Il s'en trouva environ six cents. Beaucoup d'entre eux ne possédaient pas d'armes, mais on leur en fournit aux frais de Son Altesse, et ils partirent.

Un nègre de l'armée du rebelle Saribeyoglou récemment tué, loup altéré de sang, brigand qui s'était rendu fameux par près de deux cents assassinats, qu'il reconnaissait avoir com-

---

1. Le mot *chăthir* que donne l'original signifie aussi valet de pied, laquais, fauconnier.

mis en Turquie, et que l'autorité recherchait activement, vint à Bucarest, avec deux Turcs aussi scélérats que lui, pour s'enrôler dans les compagnies de levends, que le Prince était en train de former. Un jour, étant entrés dans un cabaret, ils s'enivrèrent, se prirent de querelle, et, pendant que le nègre était sorti pour satisfaire un besoin, l'un de ceux qui restaient tua l'autre. A son retour, le nègre, voyant son camarade mort et baignant dans son sang, demanda qui l'avait tué et quelle était la cause de l'homicide. Le meurtrier répondit audacieusement que c'était lui qui l'avait assassiné et qu'il était capable d'infliger le même traitement au nègre lui-même, mais celui-ci le tua d'un coup d'épée. Sur ces entrefaites, survinrent les janissaires chargés de faire des patrouilles dans la ville; ils arrêtèrent le nègre et le conduisirent au tchaouch de l'odjac, qui, connaissant les faits et gestes de ce scélérat, le fit étrangler dans le palais et jeter à la voirie. Ainsi périrent misérablement les trois compagnons.

Les susdits Catans, qui avaient pillé Cîmpina et d'autres localités, allèrent, à leur retour, au monastère de Sinaie. L'higoumène, ayant appris leur arrivée, se cacha avec ses religieux dans les forêts voisines, ne laissant au monastère que trois moines extrêmement vieux. Une fois entrés dans le couvent, les Catans commencèrent à saccager et à fouiller les cellules, la cave et les cachettes, s'appropriant tout ce qui leur tombait sous la main, que cela appartînt au monastère ou aux chrétiens, qui y avaient déposé, comme dans un lieu sûr, ce qu'ils possédaient. Cette soldatesque audacieuse pénétra dans l'église vénérée de la Mère de Dieu et en creusa le sol dans l'espoir d'y trouver des trésors. Ces bandits renversèrent l'autel, jetèrent à terre le saint ciboire et dispersèrent les divines hosties. Et, comme si un pareil sacrilège n'eût pas suffi à ces impies, ils flagellèrent et battirent cruellement les trois vieux moines, pour les obliger à déclarer où l'on avait caché l'argent du monastère et ce qui appartenait aux fidèles. Mais les moines n'ayant rien dit, malgré les tortures qu'on leur fit subir, les Catans partirent avec le butin qu'ils avaient fait et allèrent à Slon de Piatra [1], village voisin de Temes.

Un grand nombre de personnes affirment qu'il n'y a pas dans ces quartiers-là plus de quinze cents Allemands et Catans; à savoir, cinq cents à Vama din Buzău, six cents à Bran [2], trois cents à Kronstadt et cent à Secel [3].

18 *juillet*. — Après le dîner, un tchocadar du grand vizir arriva du camp impérial avec une lettre pour le Prince, où était relatée la victoire des armées ottomanes sur les Allemands, près de Hissardjic. Le Prince revêtit le tchocadar d'un féredjé fourré de pattes de zibeline et lui fit présent de cinq cents piastres ; au domestique du tchocadar, il donna trente piastres et un coupon de drap. Le tchocadar partit pour aller en Moldavie vers le prince Grégoire, à qui Son Altesse avait déjà fait parvenir la nouvelle (car, la veille, avant l'arrivée du tchocadar, il avait reçu les lettres des capi-kékhayas), en lui envoyant tout exprès le second comis, Giannakis, que le prince Grégoire gratifia de cent florins. Le prince Constantin fit aussi annoncer cette joyeuse nouvelle à Véli Pacha, qui était à Bender, et à Coltchac Pacha, qui se trouvait à Hotin.

Avec ledit tchocadar, il en était venu un autre chargé de transmettre la même nouvelle au séraskier sultan et à Coltchac Pacha. Son Altesse le revêtit d'un kéréké.

---

1. Slon, village du district de Prahova, arrondissement de Teleajen, forme commune avec Ceraş. En tout, mille quatre cent vingt habitants.

2. Bran, habitation isolée dans le district de Muştel, célèbre par la bataille qui s'y donna, en 1340, entre Vlad Băsărab, prince de Valachie, et Louis, ro de Hongrie.

3. Secel (magy. Szecsel, all. Schwarzwasser), village de Transylvanie, à l'ouest de Hermannstadt, sur la route qui mène de cette ville à Mercurea (magy. Szerdahely, all. Reissmarkt).

TRADUCTION DE LADITE LETTRE DU GRAND VIZIR AU PRINCE CONSTANTIN

(Après les titres d'usage, on lit) : « Avec la grâce de Dieu,
« nous partîmes de Niš, le 5 rebi-oul-akhir, pour aller tirer
« vengeance des ennemis de la Sublime-Porte. Le cinquième
« jour après notre départ, étant arrivés à Semendria, nous y
« établîmes notre camp, avec l'intention d'y rester un jour
« pour attendre l'arrivée de nos gros canons et d'une partie
« de notre matériel de guerre. Mais Ali Pacha, vali de Rou-
« mélie, qui avait été envoyé en éclaireur, nous ayant fait sa-
« voir que les ennemis, après s'être mis en route, avec osten-
« tation et afin de faire parade de leurs forces, étaient venus
« camper à deux heures et demie de Hissardjic [1], nous envoyâ-
« mes en avant Mémich Pacha, vali de Caramanie. Nous fî-
« mes partir, vers le ïatsi [2], l'odjac des janissaires; nous partîmes
« nous-mêmes à six heures [3], et nous étions déjà à moitié che-
« min, à l'aurore, lorsque l'ennemi, au nombre de trente mille
« hommes d'infanterie et de cavalerie, fondit sur le pacha et
« les janissaires. Venu dans le dessein de nous surprendre à la
« faveur de la nuit, il attaqua nos troupes et le combat s'en-
« gagea avec furie. Voyant le carnage que l'on faisait d'eux,
« ceux des Allemands qui n'avaient pas été moissonnés par
« l'épée commencèrent à tourner le dos et à se mêler au petit
« nombre de troupes restées près de Hissardjic. Là, elles se
« retirèrent dans leurs retranchements, et nous arrivâmes avec
« nos soldats. Le sandjac-chérif fut placé dans un endroit si-
« tué à une portée de canon des lignes allemandes, et, du

---

1. Hissardjic est le nom turc de Grocka, chef-lieu d'un des arrondissements du district de Belgrade.
2. C'est-à-dire environ deux heures après le coucher du soleil.
3. C'est-à-dire minuit, ou six heures de nuit, à la turque.

« mercredi, à sept heures de nuit, jusqu'au jeudi soir, c'est-à-
« dire pendant dix-sept heures d'un effroyable combat d'artil-
« lerie et de mousqueterie, les ennemis burent la coupe amère
« de la mort. Les nôtres attaquèrent, à plusieurs reprises, les
« retranchements ennemis et battirent les Allemands de telle
« sorte que le sang coulait à flots et que les cadavres s'amon-
« celaient en tas énormes. Plus de douze mille hommes, tant
« officiers que simples soldats, tombèrent sur le champ de ba-
« taille et huit mille environ furent faits prisonniers. Ces der-
« niers affirmèrent que quatre illustres généraux avaient péri,
« et d'autres dirent que leur orgueilleux commandant en chef,
« de Wallis, avait été blessé, certains même assuraient qu'il
« avait été tué. Bref, le tiers à peu près de l'armée allemande,
« laquelle se composait, dit-on, de soixante mille hommes, a
« succombé sur le champ de bataille ou été emmené en capti-
« vité. Quand le soleil fut levé, et que l'on put mieux appré-
« cier l'étendue de leurs pertes et la grandeur de leur désastre,
« le susdit vali de Roumélie se mit à leurs trousses avec quel-
« ques troupes. Parmi ceux qu'il atteignit, il fit les uns pri-
« sonniers et tua les autres ; les vainqueurs, ayant pris les ten-
« tes des Allemands et tout ce qu'ils avaient abandonné dans
« leur camp, les poursuivirent jusqu'aux fossés de Belgrade
« et revinrent chargés d'un butin considérable. De notre
« côté, le nombre des morts a été de trois cents à peine, et ce-
« lui des blessés d'environ quatre cents. Nous n'avons perdu
« qu'un officier supérieur, Tahir Pacha, pacha de Delvino.
« Ce succès étant un des plus glorieux et des plus mémora-
« bles que nous ayons remportés, nous te le racontons pour la
« plus grande gloire de Dieu ; lorsque tu l'apprendras, tu fe-
« ras tirer des salves d'artillerie et de mousqueterie, en signe
« de joie et d'allégresse ; et, tandis que nous en transmettons
« la nouvelle à tous nos administrés, tu prieras du fond du

« cœur le Dieu qui donne la victoire d'accorder de longs jours
« à notre très puissant empereur. »

RELATION PLUS DÉTAILLÉE DU COMBAT QUE LES TURCS LIVRÈRENT AUX ALLEMANDS,
EXTRAITE DES LETTRES ADRESSÉES AU PRINCE PAR LES CAPI-KÉKHAYAS.

Le 9 juillet, nous arrivâmes à Semendria, ville située sur le bord du Danube, à huit heures en aval de Belgrade. Le 10, le grand vizir envoya en éclaireurs Ali Pacha, vali de Roumélie, avec toutes les troupes de cet éyalet, et Mémich Pacha avec cinq ou six mille levends; et, vers le soir, il fit partir l'aga des janissaires avec ses troupes. Celles-ci s'avancèrent ce jour-là jusqu'à Hissardjic, à quatre heures au-delà de Semendria, sur le bord du Danube. Les Allemands, l'ayant appris, envoyèrent, pendant la nuit, quinze mille hommes de cavalerie pour fondre inopinément sur le camp turc; le 11, au point du jour, ils arrivèrent à Hissardjic, mais sans pouvoir atteindre leur but, parce que Ali Pacha, homme pratique et versé dans les choses de la guerre, était sur pied et prêt à combattre. Les Allemands ne furent pas sitôt arrivés qu'il commença avec le plus grand courage à les attaquer; il les mit en déroute et les força à battre en retraite. Dans l'entre-temps, survint l'infanterie allemande et l'armée tout entière; pendant l'action, le grand vizir arriva également. Parti de Semendria à sept heures et demie de nuit, il était arrivé à Hissardjic à onze heures du matin, juste au moment où l'on se battait avec le plus d'acharnement et où l'armée ottomane avait besoin de secours. Voyant la situation, le grand vizir n'hésita pas longtemps; il mit ses troupes en ligne de bataille, assigna à chacun son poste et chargea les Allemands, en héros plein de valeur et au son de la musique. Il se tint à un quart d'heure environ de la ligne de bataille, avec le sandjac-chérif; et, d'heure en heure, il envoyait successivement les troupes au feu ; de cette façon, elles prolongèrent le combat jusqu'au soir et infligèrent aux Allemands une défaite des plus sanglantes. Quand le combat eut cessé et pendant que les troupes, harassées de fatigue, prenaient du repos dans les deux camps, les Allemands profitèrent de l'occasion, et, à trois heures de nuit, ils s'enfuirent honteusement, abandonnant leurs palissades. Les Turcs, ayant appris ce départ précipité, se mirent à leur poursuite, les pourchassèrent jusqu'à Ghémiclic-Tchesmessi, et les dispersèrent chemin faisant, leur tuant des hommes et faisant beaucoup de prisonniers. Ali Pacha, vali de Roumélie, les prit en queue et les contraignit enfin à rentrer dans leurs retranchements. L'endroit où se livra la bataille avait une lieue d'étendue et, sur le parcours du chemin que nous suivîmes, gisait un millier de cadavres allemands, et seulement dix ou quinze Turcs. Les forêts voisines étaient également jonchées d'Allemands qui avaient été tués en fuyant. La bataille eut lieu dans un emplacement très accidenté et non dans une plaine où pût manœuvrer la cavalerie et la lance, où il fût possible d'exécuter une charge impétueuse ; les Allemands étaient retranchés derrière leurs palissades, sur le penchant de collines plantées de vignes ; les Turcs se trouvaient en face, séparés d'eux par une vallée, qui, par l'obstacle qu'elle mettait à l'action de l'armée ottomane, prolongea le combat, qui dura dix-sept heures, c'est-à-dire depuis sept heures du matin jusqu'à minuit. Les Allemands manquaient aussi d'eau, car l'Albanais Déli Hussein Pacha, qui avait tenu garnison, pendant l'hiver, à Iagodina, ayant pris position du côté du Danube, leur coupait le chemin du fleuve. La chaleur excessive qu'il faisait ce jour-là affaiblit énormément les armées impériales. Les Turcs eurent peu de morts, mais beaucoup de blessés, principalement parmi les Albanais, qui supportèrent le premier choc des Allemands.

Les prisonniers que l'on a faits affirment que, en partant d'ici, les Allemands avaient l'intention de regagner les retranchements qu'ils ont à Vratchar, à deux heures en deçà de Belgrade; ils ajoutent que, dans le cas où les Impériaux se verraient obligés d'abandonner ces retranchements, ils entreraient dans Belgrade pour défendre cette place. On peut prévoir que l'on s'emparera de Belgrade, car il n'y a pas eu la moitié des troupes ottomanes présentes qui ait pris part à l'action, et il ne cesse d'arriver de tous côtés, c'est-à-dire d'Anatolie et de Roumélie, de la cavalerie et de l'infanterie. Les Turcs sont remplis de confiance, mais les Allemands sont dans la consternation. Il est glorieux pour les Turcs de s'être mesurés avec une armée allemande de soixante mille hommes de troupes régulières, dont la cavalerie est toute bardée de fer, et d'avoir néanmoins remporté la victoire. Il n'y avait dans les lignes ennemies ni Serbes ni Catans, mais tous Allemands réguliers. Cependant, après une lutte de dix-sept heures, chose inouïe à l'époque où nous vivons, les Turcs demeurèrent vainqueurs, et leur succès ne fut pas trop chèrement acheté.

On a interrogé un lieutenant-colonel de grenadiers, fait prisonnier dans l'action et détenu dans la tente du grand drogman. Cet officier a déclaré que de Wallis, ayant appris la venue d'un corps d'éclaireurs ottomans, avait eu la pensée de les faire attaquer à l'improviste par de la cavalerie, dans la conviction que ce corps était peu nombreux et très éloigné du camp. Il se proposait, après avoir taillé en pièces les éclaireurs, de lancer un corps de troupes régulières contre l'armée impériale turque, encore tout effrayée et bouleversée de la défaite des siens, de l'attaquer et de la mettre en déroute. Il dit aussi que le général de Wallis était au milieu de l'armée; que la garnison de Belgrade se montait à quarante mille hommes, dont quinze mille de cavalerie et vingt-cinq mille d'infanterie, et était venue tout entière prendre part à l'action ; qu'il y avait encore vingt-quatre mille hommes sous le commandement de Neipperg, général de Temesvar ; que ce général devait venir rejoindre de Wallis, mais que, ayant été fait prisonnier au début de la bataille, il ignorait s'il était arrivé.

Il se trouvait, dit-il, une armée de douze ou treize mille hommes en Transylvanie, et l'on attendait, en outre, d'Italie trois ou quatre mille hommes, déserteurs transylvains, dont on avait envoyé une colonie dans la péninsule. Il affirmait que Charles, prince de Lorraine, frère du duc de Toscane, était général d'un régiment dans l'armée de Belgrade. Le duc de Toscane était allé précédemment dans le Tyrol, et sa mère s'y était rendue de son côté ; celle-ci, après avoir donné sa bénédiction à son fils, était partie pour la Lorraine et lui pour la Toscane. L'armée auxiliaire se composait de huit mille hommes. De Wallis était un général brave et chevaleresque, très audacieux, mais emporté et violent ; il est le frère aîné de feu de Wallis, et est âgé de soixante-dix ans. Ce même prisonnier ajoute que les Allemands possédaient deux grands vaisseaux de guerre et d'autres plus petits, sur lesquels ils avaient mis trente capitaines. Le plus grand de ces vaisseaux, nommé *Il Cavallo,* portait quarante canons ; les autres vingt-cinq et trente, deux desquels étaient en amont de Belgrade, trois autres en aval et près de cette ville ; cinq enfin avaient été envoyés à Hissardjic, où fut livrée la bataille, avec ordre (les Turcs une fois vaincus, comme on l'espérait) d'aller battre en brèche Ada Calessi. Il y avait à bord de ces vaisseaux de quoi construire un pont, que l'on devait jeter sur le Danube, si cela était nécessaire. Les Turcs contraignirent ces vaisseaux à rebrousser chemin ; car, ayant amené des canons sur le bord du Danube, ils les bombardèrent, sans pouvoir, il est vrai, les couler à fond, mais ils les obligèrent du moins à se réfugier à Belgrade.

Un autre prisonnier, ayant été amené et interrogé, déclara qu'il était secrétaire du général italien Marulli ; que son régiment, composé de mille trente hommes, avait été réduit à deux cents, et que, sur trente-six officiers, cinq seulement étaient sains et saufs, les autres étaient blessés, et deux ou trois morts. Le susdit prince de Lorraine, frère du duc de Toscane, avait été blessé ; une balle avait atteint le général Marulli à la jambe, mais la blessure n'était pas mortelle. Le général Lerni est tombé sur le champ de bataille, ainsi qu'un autre dont nous n'avons pu savoir le nom. Bref, cet homme raconte qu'il y avait dix généraux, princes et capitaines de blessés, et que beaucoup d'officiers avaient disparu. Pendant la bataille, de Wallis lui-même avait disparu pendant quatre heures (le prisonnier ne put nous dire en quel endroit) et qu'ensuite, étant allé trouver le général Neipperg, qui venait alors d'arriver avec son armée, ils s'étaient consultés, et avaient jugé sage de battre en retraite ; ils s'étaient donc repliés et étaient rentrés dans leurs lignes. Il dit que Belgrade était tellement fortifiée qu'il la considérait comme imprenable, à moins que le manque de munitions et de subsistances ne l'obligeât à capituler. Le général de Waldeck, général dans le corps de Bavière, avait, dit-il, été mortellement blessé ; son frère fut aussi blessé, mais sa vie n'est pas en danger. Il affirma avoir entendu le général Marulli raconter avec douleur que, d'après les conjectures, l'armée allemande avait perdu dix à douze mille hommes, tant en morts que blessés et prisonniers. Il donnait pour certain que l'armée allemande tout entière se composait de cent deux mille hommes ainsi répartis : soixante-quatre mille à Belgrade, sous les ordres et le commandement du général de Wallis ; vingt mille à Temesvar, sous le commandement de Neipperg ; douze mille en Transylvanie et huit mille en Croatie. Sur les soixante-quatre mille hommes qu'il commandait, de Wallis en avait laissé sept mille pour la garde de Belgrade, et avait emmené le reste avec lui.

Après avoir été battue et mise en fuite à Hissardjic, l'armée impériale se rendit à Belgrade, laissa dans la place une garnison suffisante, puis passa le Danube, sur deux ponts que l'on avait construits sur ce fleuve et que l'on démolit ensuite. Les Allemands dressèrent leurs tentes en face de la ville, qu'ils gardaient ainsi de loin. Ils envoyèrent, en outre, quelques troupes dans la plaine de Semlin, située entre le Danube et la Save.

Le 15 juillet, le grand vizir arriva devant Belgrade avec ses troupes. Il prit aussitôt une redoute dans le faubourg, que les Allemands avaient, depuis longtemps, réuni à la ville par un mur. Grâce à de nouvelles redoutes que les Turcs ont prises chaque nuit, ils se sont approchés de la place, et ils la bombardent sans interruption. Les Allemands ripostent de la citadelle, mais sans faire beaucoup de mal aux assiégeants. Les travaux d'approche des Turcs s'étendent des bords du Danube aux bords de la Save, et l'on ne cesse de les pousser dans la direction de la ville, afin de se mettre à l'abri du canon. Les Turcs ont apprêté douze mille fascines de bruyère pour combler les fossés et monter à l'assaut ; ils ont également préparé des échelles pour escalader les murs. Les janissaires ont pris position du côté du Danube et les autres troupes du côté de la Save.

Toz Pacha, séraskier de Vidin, ayant quitté Ruşava, pour aller à la Nouvelle Palanque, conformément aux ordres qui lui avaient été donnés, reçut d'autres ordres lui enjoignant de quitter la Nouvelle Palanque et de marcher contre l'ennemi, qui était à Pancsova, localité située à quinze heures de la Nouvelle Palanque. Il se mit immédiatement en route, sans canons et sans subsistances, avec une armée assez peu nombreuse, car elle ne dépassait pas dix mille hommes. On attendait de Ruşava l'arrivée par eau et par terre de vivres et d'artillerie, mais on n'avait encore rien reçu.

17 *juillet*. — Ayant donc atteint Pancsova, sur le bord de la Temes, en face de Belgrade, et ne trouvant pas de pont pour traverser cette rivière, Toz Pacha établit son camp sur la rive. Une armée allemande s'avança jusqu'à cet endroit, et un combat s'engagea. Au premier choc, les troupes ottomanes eurent l'avantage ; Mourtaza Pacha s'élança, avec Djefer bey, Tékiéli et trois mille hommes, contre les Allemands, qui étaient environ vingt mille, et fit des prodiges de valeur ; mais, les troupes commandées par le séraskier pacha s'étant repliées et ayant rétrogradé, Mourtaza Pacha demeura seul avec ses soldats, qui prirent la fuite et eurent grand'peine à rejoindre les autres. Du côté des Allemands, les pertes furent considérables, insignifiantes du côté des Turcs. Le combat dura environ deux heures. Après deux heures de marche, des hommes de Toz Pacha, qui étaient demeurés en arrière arrivèrent et dirent que le grand vizir allait paraître à la tête de vingt mille hommes de renfort, et que quiconque était Turc devait rebrousser chemin et courir sus aux Allemands. Les Ottomans retournèrent donc sur leurs pas, mais, au bout d'une demi-heure de route, on apprit que les Allemands avaient rangé leur armée en bataille et s'avançaient contre les Turcs ; alors cette dernière méprise fut pire que la première. Pour la seconde fois, les Turcs prirent la fuite, et, après avoir marché jusqu'au soir et toute la nuit (car, à cause de l'obscurité, ils avaient perdu la route et erraient à l'aventure), ils arrivèrent à peine le lendemain, après midi, à la Nouvelle Palanque, regardant derrière eux, comme les lièvres du proverbe.

20 *juillet*. — Les Turcs étaient à la Nouvelle Palanque, lorsque le grand imbrohor du vizir arriva avec un firman en-

joignant à Toz Pacha de se remettre en marche contre les Allemands et lui notifiant l'envoi d'un renfort de vingt mille hommes d'infanterie et de dix canons. On lut le firman en présence de tout le monde, on se consulta sur le parti à prendre et l'on jugea prudent d'attendre deux ou trois jours les canons et les vivres qui devaient arriver de Ruşava, sauf à partir ensuite pour Pancsova.

Ali Pacha, vali de Bosnie, arriva à Bougurdelen, à douze heures au-delà de Belgrade.

Les Juifs de Constantinople ayant obtenu, en versant une somme d'argent, l'autorisation de faire des prières publiques en faveur du Sultan, se promenaient dans les rues et en caïques, par groupes de cent et de cent cinquante jeunes gens, en criant comme le font les Turcs en pareille circonstance. Un jour qu'ils passaient près de l'église arménienne de Balata, le hasard voulut qu'on y célébrât un mariage. Les Arméniens, qui étaient ivres, ne pouvant supporter la vue des Juifs, se prirent de querelle avec eux, et il en résulta une rixe violente. Des soldats survinrent qui arrêtèrent quelques Arméniens et les conduisirent à la Porte. Des hommes de la Porte arrivèrent aussitôt, arrêtèrent trois ou quatre prêtres et primats, pillèrent l'église et la mirent sous scellés, puis conduisirent tout droit en prison les prétendus délinquants. Hodja Sahbozi et d'autres notables se donnèrent beaucoup de peine pour les faire mettre en liberté ; mais, nonobstant la promesse d'une somme d'argent, on ne put y réussir et ils furent envoyés aux galères. Les prières publiques continuèrent encore quelques jours, puis on donna ordre aux Juifs de cesser ; mais ils obtinrent une nouvelle autorisation, et tous les jours ils en font.

Le baïle de Venise arriva à Constantinople.

Les tchocadars du caïmacam pacha, revenus de Bucarest à Constantinople, ne tarissaient pas en éloges sur le courage et le zèle du Prince. Ils disaient que, ayant parcouru Bucarest pendant deux jours incognito, ils avaient vu et parfaitement observé, sans être connus au début, l'empressement et le dévouement sincère du Prince qui enrôle des troupes à ses frais, distribue généreusement gratifications et soldes, et paye partout de sa personne. Ils affirmèrent que, s'étant eux-mêmes présentés pour se faire enrôler, il leur avait donné à chacun une prime de cinq florins, sans savoir qu'ils étaient les tchocadars du caïmacam pacha, et avait voulu les faire boulouc-bachis; que, petits et grands, tchocadars, marchands, zaïms, le Prince les retenait tous et les envoyait combattre les ennemis de l'empire ottoman; que si un vizir était animé d'un pareil courage, jamais l'ennemi n'aurait osé se montrer; que, tout cela, ils le disaient avec sincérité et non pour en tirer profit. Tels étaient les propos qu'ils tenaient ouvertement et avec un vif enthousiasme, en présence du caïmacam, du kékhaya-vékili, des grands fonctionnaires et des agas qui se rendaient à la Porte. Le caïmacam, qui les avait entendus, les envoya au secrétaire du kékhaya, qui écrivit dans les termes ci-dessus un rapport que l'on adressa au Sultan.

21 juillet. — On reçut la nouvelle que Suleyman Pacha, qui était allé en expédition contre les Allemands et les Catans de Perişanï, avait été vaincu par eux et revenait à Bucarest.

RELATION PLUS DÉTAILLÉE DE L'EXPÉDITION DE SULEYMAN PACHA A PERIŞANÏ.

Parti de Bucarest le 5 juillet, pour diriger, comme nous l'avons dit précédemment, une expédition contre les Allemands et les Catans qui étaient à Perişanï, et s'étant rendu à Dragomireştï [1], Suleyman Pacha quitta le matin cette localité, au son

1. Dragomireştï-din-deal, village du district d'Ilfov, arrondissement de Snagov,

de la musique, avec tout son matériel de guerre, toutes ses troupes et les boyards désignés pour l'accompagner. Le soir, ils atteignirent Florești [1], campèrent dans la plaine et y passèrent la nuit. Le pacha ayant visité les maisons et le parc d'Andronakis, avec les boyards, s'arrêta dans le kiosque de l'eau et y but le café. Les soldats ne touchèrent qu'aux fruits et aux légumes; les maisons et le parc étaient placés sous la garde de deux d'entre eux.

Le matin, tout le camp se mit en route avec ordre, ayant pour guides un capitaine et dix slujitorĭ. On s'avança jusqu'au village de Crovica Lumen [2], où les tentes avaient été dressées sur les bords de l'Argeș; on y fit halte, en tirant un coup de canon.

Un Roumain, qui venait de Nicopolis avec une voiture attelée de chevaux, se vit enlever de force ses chevaux par les soldats. Les boyards, ayant appris ce fait, coururent sur les lieux, reprirent les chevaux aux soldats et les rendirent au Roumain.

De l'endroit où il était campé, Suleyman Pacha ayant envoyé la nuit en éclaireur jusqu'à Perișanĭ Suleyman aga, chef des serdenguetchtis, avec cinquante hommes, ceux-ci ne firent tort à personne, pas même d'un morceau de pain, sur leur chemin, attendu que les vivres leur avaient été distribués en quantité suffisante.

Ils quittèrent Crovĭ [3] avec le même ordre et se rendirent au

---

forme commune avec Dragomirești-din-vale, Gulie, Popeștiĭ-luĭ-Mănuc, Popeștiĭ-Sinteĭ-Ecaterine et Zurbana.

1. Le village que Dapontès appelle Florești se nomme actuellement Floreasca au singulier. Il est situé aux portes de Bucarest entre Colentina et Baneasca.

2. C'est peut-être Crivina, village situé sur l'Argeș, dans le district d'Ilfov, arrondissement de Sabar, commune de Tigănie. Crivina est situé tout auprès de la route que suivait alors le pacha.

3. Crovĭ (on emploie actuellement le singulier Crov) est un village du district de

village de Petroaie ¹. Quand le pacha se fut retiré dans sa tente, on tira un coup de canon, et il n'y eut pas le moindre larcin de commis. De là, le pacha envoya des quartiers-maîtres au village de Popeștĭ ², et les suivit bientôt après avec ses troupes. Quand il y fut arrivé, le camp se forma à l'embouchure du Topoloveni ³. Là, quelques soldats, s'étant écartés du camp, se dirigèrent du côté de la montagne, où se trouvent des vignes ; ayant rencontré une voiture chargée de marmites, d'eau-de-vie et de vin, ils s'emparèrent des marmites, les remplirent de vin et d'eau-de-vie, et rentrèrent au camp en état d'ivresse. Les boyards ayant informé de ce fait le kékhaya du pacha, ce fonctionnaire fit aussitôt partir des hommes du pacha et des slujitorĭ, qui leur arrachèrent des mains le vin et l'eau-de-vie et les rendirent au propriétaire.

Le 10 juillet, ils partirent dans la direction de Piteștĭ et allèrent camper à Lunca ⁴, au confluent de l'Argeș et du Rîul Domneĭ ⁵. A l'arrivée du pacha au camp, on tira de nouveau le canon, comme d'habitude. Pendant qu'ils séjournaient dans cet endroit, il arriva une lettre du vornic de Cîmpulung, où il était dit que les Catans, ayant attaqué cette localité, avaient mis le feu et tué quelques personnes. Les boyards racontèrent ces

---

Dîmbovița, arrondissement de Bolintin ; il forme commune avec Miuleștĭ et Voineștĭ.

1. Petroaie, village du district de Dîmbovița, arrondissement de Corbie, forme commune avec Băloteasca, Ciupa, Bolintineanuluĭ, etc.

2. Popeștĭ, village du district d'Argeș, arrondissement de Piteștĭ, commune de Berendeiŭ. Le pacha, au lieu de suivre la rive gauche de l'Argeș, comme la route actuelle de Bucarest à Piteștĭ, avait traversé la rivière en quittant Petroaie.

3. Topoloveni, petit cours d'eau du district d'Argeș ; il se jette dans la Răstoaca.

4. Lunca, village du district d'Argeș, arrondissement de Cotmana, forme commune avec Mîrghie.

5. La Doamna, ou Rîul Domneĭ, prend sa source à la Valea-Rea, près de la frontière de la Transylvanie, et se jette dans l'Argeș, près de Piteștĭ.

faits au pacha, qui refusa d'y croire. Mais, le soir, le vornic de Cîmpulung lui-même étant venu et ayant raconté de vive voix au pacha les actes de brigandage des Catans, le pacha s'emporta contre lui, lui intima l'ordre de repartir aussitôt et d'envoyer des paysans garder les frontières de cette contrée-là. Ensuite, ayant réuni les officiers supérieurs ottomans, il se concerta avec eux sur le choix et l'envoi à Cîmpulung de trois cents hommes, qui, de là, devaient se rendre en Transylvanie et incendier le village de Moieţĭ [1]; mais aucun des agas ne voulut partir.

Le camp du pacha se trouvant près du marché de Piteştĭ, les soldats commencèrent à se livrer au pillage et à entrer dans les églises pour les dépouiller. Les boyards en informèrent le kékhaya du pacha, Achmet aga, qui monta à cheval, se mit tout seul à la poursuite des pillards et les chassa du bazar.

Il y avait un jour que le pacha était campé en cet endroit, lorsque les éclaireurs envoyés de Floreştĭ revinrent au camp. Ils n'étaient pas allés jusqu'à Perişanĭ, mais seulement jusqu'à Salatruc, et ils revenaient sans avoir rien fait.

L'higoumène du monastère d'Argeş et des boyards des environs vinrent au camp et offrirent au pacha des présents avec toute la soumission due à son rang. Ils y passèrent toute la journée du mercredi, et aucun d'eux n'eut à se plaindre des troupes.

Le 12 juillet, au matin, on partit dans l'ordre réglé d'avance, et on alla camper au-dessous du village de Zerneştĭ [2], à l'embouchure du Vîlsan [3]; et, quand le pacha entra dans sa tente, on tira de nouveau le canon, suivant l'usage.

---

1. Moieţĭ, village de Transylvanie.
2. Zerneştĭ, village du district et de l'arrondissement d'Argeş, forme commune avec Cacaleţĭ.
3. Le Vîlsan est un affluent de l'Argeş, dans lequel il se jette à Valca-Măruluĭ.

Le lendemain, ils partirent pour le monastère d'Argeş, et établirent leur camp dans la plaine qui s'étend au-dessus du monastère; et, à l'arrivée du pacha, on tira le canon. Le soir, les boyards allèrent prier le pacha de rester dans cet endroit deux ou trois jours, afin qu'il leur fût possible de se livrer à une enquête sur la situation des affaires et qu'ils tâchassent de faire un prisonnier. Ils le prièrent aussi de laisser quelques subsistances. Le pacha eut bien du mal à se décider, mais il ne resta qu'un seul jour, et refusa absolument de laisser des vivres.

Le 15 juillet, au matin, toute la cavalerie partit en avant; l'infanterie la suivit en bon ordre avec les canons, les munitions et les subsistances; venaient ensuite le kékhaya du pacha et les boyards. Ce ne fut qu'au prix de beaucoup de fatigues que l'on parvint jusque dans le district de Topolog [1], près de la rivière de ce nom, où l'on campa. Quand le pacha entra dans sa tente, on tira de nouveau le canon. Pendant que l'on était en cet endroit-là, il vint de Salatruc un martalogue qui dit aux boyards que, dans le district de Salatruc et dans le sentier de Spin [2], il y avait quatre cents Heiduques et Allemands préposés à la garde des passes. Les boyards firent part de cette nouvelle au pacha, et celui-ci non-seulement refusa d'y croire, mais les chassa de sa tente avec colère, en disant que tout cela n'était que des mensonges inventés pour jeter le trouble parmi les troupes et que, si même il y avait dix mille Allemands, il irait les attaquer. Après cette fanfaronnade, il s'empressa de choisir dans toutes les compagnies deux cents fantassins et quelques Albanais, leur donna pour guide le capitaine Hadji Stoica et cinq martalogues, puis leur enjoignit d'aller dans les envi-

---

1. Aujourd'hui arrondissement du district d'Argeş.
2. Spin, village du district d'Argeş, arrondissement et commune de Lovişte.

rons de Perișanï faire des prisonniers. S'étant avancés seulement jusqu'à Salatruc et ayant trouvé dans ce village quinze Heiduques en train de tuer des cochons et des poules, ils firent l'un d'eux prisonnier et le conduisirent au pacha. Interrogé au sujet des Allemands et des Heiduques, cet homme répondit qu'il y en avait quatre cents qui gardaient [les défilés de] la montagne dans cet endroit-là.

Le 16 juillet, on partit de Cepariï [1] en bon ordre et l'on alla camper à Salatruc ; à l'arrivée du pacha, on tira de nouveau le canon. On resta dans ce village jusqu'au lendemain après midi, sans que les soldats se rendissent coupables du moindre méfait.

Le 17, après le dîner, toutes les troupes partirent avec le pacha et allèrent camper à Rîul Alb [2], à une demi-heure de Perișanï ; là, on fit une courte halte, puis le pacha monta à cheval et se rendit à Perișanï, avec quelques soldats et plusieurs boyards. Dans cette localité, ils gravirent une montagne, du sommet de laquelle le pacha examina les retranchements ennemis à l'aide d'une longue-vue, afin de choisir, en connaissance de cause, l'endroit où il pourrait dresser ses tentes. Après être resté plus d'une heure sur cette montagne, il retourna à Rîul Alb, où était son camp.

Le lendemain matin, l'armée partit avec tout son attirail de guerre. Le pacha garda près de lui les subsistances, et l'on marcha en droite ligne sur les retranchements allemands. On campa dans le voisinage de l'ennemi et, après que l'artillerie eut été installée dans une redoute située sur la montagne, on tira deux coups de canon qui atteignirent une baraque allemande. Le pacha fit présent de dix florins au chef des artilleurs. Alors les

---

1. Ceparii ungurenï, village du district d'Argeș, arrondissement de Topolog ; forme commune avec Bîrseștï, Vădislava, etc.

2. Rîul Alb est, selon M. Frunzescu (*Dict.*, p. 400), une habitation isolée dans le district d'Argeș, arrondissement de Loviște.

Impériaux pointèrent deux petits canons sur le camp ottoman et tirèrent ; l'un des boulets vint tomber près de la tente du pacha, sans atteindre aucun de ceux qui se trouvaient là. Ils continuèrent de tirer, mais les boulets passaient par-dessus le camp, sans blesser personne. Un cheval fut seul atteint. Vingt Heiduques étant accourus pour défendre une redoute que les Allemands avaient du côté de la forêt, quelques soldats montèrent à cheval, sur l'ordre du pacha, et fondirent sur eux. A leur vue, les Heiduques, qui n'étaient pas en état de résister, se replièrent dans un autre de leurs retranchements et ouvrirent le feu contre les Turcs ; ceux-ci leur ripostèrent du haut d'une montagne où ils se tenaient. Les troupes ottomanes se précipitèrent ensuite à l'assaut d'une redoute allemande ; deux hommes seulement furent tués à coups de fusil, mais leurs camarades survinrent, s'installèrent près de la redoute et y plantèrent un drapeau. Le mercredi, toute la journée, on échangea des coups de fusil, quelques Turcs furent blessés, mais les Allemands abandonnèrent la redoute et se retirèrent dans leur grand retranchement. Les Turcs prirent possession de cette redoute, dans laquelle ils trouvèrent cent capotes, des pains, ainsi que quelques autres objets ayant appartenu aux Allemands et dont ils s'emparèrent. Mais, voyant qu'aucun de leurs compagnons d'armes ne venait à leur secours, ils retournèrent au quartier, laissant la redoute à la garde des soldats valaques.

Le lendemain jeudi, 19 juillet, de grand matin, le pacha voulant installer des canons dans cette redoute, on découvrit un passage par où l'on hissa une seule pièce avec laquelle on commença à tirer contre l'autre redoute allemande et à détruire les gabions remplis de terre, placés sur le haut de cette redoute. Les Allemands travaillaient avec beaucoup d'ardeur à réparer les gabions et les remettaient en place. On échangea ainsi des coups de feu toute la journée, les Allemands du pied de la montagne, les Turcs du sommet, mais personne ne put remporter le plus mince avantage. Si, cependant, les Turcs eussent voulu incendier à coups de canon les baraques allemandes, il leur eût été facile de les anéantir complètement, mais ils ne le voulurent pas.

Le soir du même jour, le pacha ayant donné ordre à un tchaouch de proclamer dans le camp que quiconque voudrait prendre part, comme volontaire, à l'attaque contre les Allemands qui aurait lieu le lendemain, recevrait une gratification de dix piastres, il se présenta un grand nombre d'hommes qui se firent enrôler. Ils allèrent ensuite, avec leurs étendards, trouver le pacha et chacun d'eux reçut les dix piastres promises. Après s'être préparés et avoir pris des sacs pleins de laine, ils attendirent le lendemain, jour fixé pour l'attaque, qui devait s'opérer de grand matin. Cependant, un des agas du pacha lui ayant dit qu'il était de mauvais augure de diriger une attaque contre l'ennemi un vendredi, jour de fête [pour les musulmans], on ajourna cette attaque au samedi matin.

Toute la journée du vendredi étant donc jour de repos, un grand nombre de Turcs s'introduisirent dans les jardins des alentours pour marauder des légumes et des fruits. Les Allemands en firent un prisonnier et apprirent de lui ce que les Turcs avaient résolu de faire. Alors Allemands et Heiduques mirent pied à terre, commencèrent à descendre du haut de toutes les montagnes, et coururent ensemble, en poussant des cris, vers la redoute où se trouvait le canon et que gardaient les soldats valaques. Un combat s'engagea ; les soldats valaques se défendirent courageusement à coups de fusil, pendant un quart d'heure, tout en criant aux Turcs d'accourir à leur aide. Quand le chef des artilleurs, qui combattait avec les slujitori, vit que, loin de venir à leur secours, les autres montaient à cheval, ceux-ci avec des selles, ceux-là à poil nu, et fuyaient du camp, il s'enfuit aussi avec les slujitorï, abandonnant le canon, qui fut repris par les Allemands.

Le pacha, voyant ses propres soldats fuir du camp, envoya vers eux son kékhaya pour les ramener au combat, mais ce fut en vain, car ces troupes insubordonnées refusèrent absolument de revenir. Le pacha se mit à leur poursuite, frappa de sa lance deux ou trois fuyards, mais il ne put obtenir le résultat qu'il espérait et il revint à Salatruc. Témoins de ce qui venait d'avoir lieu, les ennemis commencèrent à inviter par leurs cris, les reîtres à sortir de la redoute voisine de la route. Les Albanais du Prince avec le boulouc-bachi Haïdar aga et ses soldats dirigeaient un feu de mousqueterie contre les reîtres, tandis que d'autres amenaient les canons, y attelaient les chevaux et se dirigeaient vers Salatruc. Haïdar ayant chargé impétueusement les reîtres à la tête de ses hommes, un Turc frappa d'un coup d'épée l'étrier d'un Allemand et désarçonna le cavalier, mais son épée se brisa sur l'étrier sans l'entamer, car il était en fer. Il s'empara cependant du cheval et de l'étrier du reître, qui réussit à fuir. Haïdar aga tua de sa propre main deux Allemands, mais, se voyant dans l'impossibilité de tenir tête, lui et ses hommes, aux ennemis, dont le nombre allait toujours grossissant, il se replia vers l'armée, dans l'espoir qu'il lui viendrait quelque renfort. Les canons avaient déjà été descendus et mis en marche, quand les irréguliers choumliotes étant survenus coupèrent les traits, montèrent sur les chevaux et prirent la fuite. Les canons restèrent ainsi sur la place et les Allemands arrivèrent et s'en rendirent maîtres; non contents de cette capture, ils s'avancèrent encore davantage, et ayant trouvé le fourgon où était la caisse du pacha, également sans chevaux et rempli de toutes sortes d'objets, ils s'en emparèrent aussi. Courant ensuite au camp turc, ils firent main basse sur toutes les tentes, les subsistances, et tous les bestiaux du sluger; enfin ils pillèrent tout ce qu'ils rencontrèrent, puis rentrèrent dans la redoute. Voilà ce que firent les Allemands. Quant à Suleyman pacha, revenu à Argeș avec quelques soldats, puis, de là, à Pitești avec les boyards et plusieurs autres personnes, il rentra dans l'intérieur du pays.

24 *juillet*. — Suleyman Pacha arriva à Bucarest. Le Prince alla le recevoir en dehors de la ville avec de la musique, et ils dînèrent ensemble à Cotroceni; le pacha y laissa son armée, et logea, avec sa suite, dans le monastère de Mihai-Vodă.

26 *juillet*. — Deux compagnies de janissaires arrivèrent de Silistrie. Le divan effendi revint de Tîrgoviște avec ses soldats et les boyards qui s'y étaient rendus, sur l'invitation du Prince.

Le séraskier sultan et Coltchac Pacha informèrent Véli Pacha que, le 22 courant, l'ennemi avait jeté des ponts sur le Potloc [1], qui est situé entre Cernăuțĭ [2] et Unuțĭ [3], que la plus grande partie de l'armée russe, avec Münich et un autre général, avait passé cette rivière, et qu'un troisième général, resté en arrière avec quelques troupes et des bagages, avait cependant réussi à traverser la rivière, bien que dans un endroit abrupt et difficile. A cette nouvelle, Véli Pacha se hâta de partir, afin de prévenir les Russes et de les empêcher de sortir de la position défavorable où ils se trouvaient pour aller où bon leur semblerait; car deux prisonniers, que le séraskier sultan venait d'envoyer à l'instant même, ayant été soumis à un interrogatoire, l'un d'eux affirma que les Russes

1. Potloc, rivière de la Bucovine.
2. Cernăuțĭ (all. Czernowitz), capitale de la Bucovine actuelle, sur le Prut.
3. Unuțĭ, bourgade de la Bucovine.

allaient marcher sur Hotin, et l'autre qu'ils allaient descendre vers le Prut et suivre le bord de ce fleuve. Questionnés sur le chiffre de l'armée moscovite, ils répondirent qu'elle se composait de quatre-vingt mille soldats réguliers, de dix mille Cosaques et de sept mille Calmoucs, auxquels il fallait encore ajouter de la cavalerie moldave. Ils ajoutèrent que les Russes avaient commencé à faire des *yédics* pour se cacher dans la terre.

Après avoir transmis cette nouvelle à Véli Pacha, les susdits se mirent en route avec les troupes qu'ils trouvèrent à Hotin et tous les Tartares pour aller à la rencontre des Russes; d'autres troupes encore avaient été envoyées par le séraskier pacha. Un parti de Tartares, agissant de concert avec Atmadja Pacha, Catirdjoglou et les Lipcans de Hotin, attaqua les Cosaques. Un combat terrible s'engagea, dans lequel les Tartares mirent les Cosaques en déroute et leur firent un très grand nombre de prisonniers; les autres regagnèrent le gros de l'armée. Les Tartares occupèrent la partie de la plaine située du côté du Prut et cernèrent presque entièrement l'armée russe, qui était, comme nous l'avons déjà dit, dans un lieu boisé et rocheux. Les Tartares s'étendirent du côté de Cotzmann [1] et jusqu'à Horodenca [2]. Dans l'intervalle, Gentz Ali Pacha était arrivé avec une armée de dix mille hommes, et les deux pachas qui étaient à Soroca avec trois mille hommes, et qui avaient été envoyés par le séraskier pacha. Ce dernier devant bientôt arriver à Hotin, on va marcher contre les Russes avec toutes les troupes.

Le prince Grégoire partit de Botoșanï [3] et se dirigea du côté

---

1. Cotzmann, bourgade de la Gallicie.
2. Horodenca, bourg de Gallicie, sur la Glowca.
3. Botoșanï, chef-lieu du district de même nom, en Moldavie. Cette ville doit son nom à Batu-Khan, chef tartare, qui occupa le pays au XIIIe siècle. Quarante mille habitants.

Dorohoiŭ [1]. Il écrivit au séraskier pour demander quelques troupes, mais celui-ci lui répondit : « Nous partons avec toutes nos troupes. Que voulez-vous faire d'une armée? Nous ne pouvons rien distraire de notre effectif, ayant nous-mêmes besoin de tous nos hommes. » Le prince Grégoire sollicitait des secours, parce qu'il avait appris qu'un corps de Cosaques et de Catans, sous le commandement de Constantin Cantemir, se proposait d'envahir Jassi.

Trois compagnies de Catans, sous les ordres de Manos, opérèrent une descente dans le village de Negreștĭ [2], et, y ayant trouvé des émigrés [3] venus de différents côtés, et jusqu'à quarante ou cinquante voitures de petits boyards et d'autres habitants du pays, ils pillèrent et volèrent tout ce qu'ils possédaient, les dépouillèrent entièrement et tuèrent même un Tsigane. Giannakis, fils de Nona, ispravnic de Cîmpulung, et le capitaine Savvas, qui se trouvaient parmi les émigrés, prirent la fuite, mais leurs effets et leurs chevaux tombèrent au pouvoir des Catans, qui tuèrent un des domestiques de Nona, et emmenèrent prisonniers quatre autres de ses serviteurs ainsi que son neveu, Serban.

Le divan effendi s'étant rendu à Tîrgoviște avec une certaine quantité de soldats, comme nous l'avons relaté plus haut, Andronakis, vornic de cette ville, au lieu de prendre

---

1. Dorohoiŭ, chef-lieu du district de Dorohoiŭ, arrondissement de Coșula, située dans le voisinage de la rivière de Jijie et du lac de Dorohoiŭ.

2. Negreștĭ, village du district de Mehedințĭ, arrondissement d'Ocol; forme commune avec Husnicioara, Cernata, Dumbravița et Priboĭeștĭ. En tout douze cents habitants.

3. Il y a dans le grec μπεξένιαις, c'est le mot slavo-roumain *bejenie*, littéralement *émigration, migration*. Mais, à cette époque, on désignait surtout ainsi le lieu même où s'étaient réfugiés ceux qui avaient fui à l'approche de l'ennemi; c'était d'ordinaire dans les montagnes ou dans les forêts. A. C. Hypsilanti donne une parfaite interprétation de *bejenie*, quand il dit (p. 458) : τὰ καταφύγια τῶν δρυμώνων, τὰ μολδοβανιστὶ πεξένιαις λεγόμενα.

des mesures en vue de l'arrivée de ce fonctionnaire, et de préparer les vivres nécessaires pour une grande multitude de personnes, partit pour un village voisin. Le divan effendi l'ayant mandé près de lui pour lui parler au sujet des subsistances et des incursions des Catans, il ne se rendit à son invitation que le lendemain, et après une seconde et une troisième semonce. Questionné relativement aux vivres, il répondit qu'il n'y en avait nulle part et repartit pour sa résidence, sans daigner, dans une affaire aussi urgente, donner des preuves de bonne volonté, ni rendre le moindre service. Ayant appris la conduite d'Andronakis par le divan effendi, lors de son retour à Bucarest, le Prince se mit en colère contre le vornic et l'envoya chercher sur-le-champ. On l'amena, le 28 juillet, avec des ceps aux pieds du poids de soixante *grouchs,* et on l'enferma au vestiarat. Le Prince nomma vornic à sa place, Constantin Brezoianu, grand pittar; et, comme le dikæos de la cathédrale de Tîrgovişte, nommé Méthode, avait montré la même insouciance et s'était caché, il fut envoyé par Son Altesse au monastère de Snagov [1].

Le bruit s'étant répandu que les Catans faisaient des incursions et se livraient au pillage de différents côtés, le Prince et Suleyman Pacha résolurent d'envoyer par compagnies de cent hommes ou davantage des soldats turcs à la poursuite des Catans; mais Kurde Djérid Mechmet aga, boulouc-bachi des miri-levends du pacha, refusa d'obéir à cet ordre et s'ingénia de mille façons à déterminer un soulèvement et une révolte, comme aussi à détourner les levends d'une telle expédition contre les Catans. Instruit de cette affaire, le pacha mit le

---

1. Snagov, monastère situé dans le district d'Ilfov, arrondissement de Snagov; fondé, en 1470, par Vlad Tăpeș.

coupable en prison, le fit étrangler durant la nuit et jeter le matin à la voirie, afin que cette punition servît d'exemple à ses pareils.

30 *juillet*. — Le prince fit remettre en liberté le susdit Andronakis.

31 *juillet*. — Cinquante Albanais furent envoyés, avec quatre zapdjis, à Slatina, pour veiller à la sécurité du district. Comme ces Albanais étaient à pied, on leur donna des chevaux de l'écurie du Prince tout sellés et bridés, et ils furent de la sorte transformés en cavaliers.

AOUT 1739

Tchocadars du caïmacam pacha qui vinrent apporter une lettre au Prince. — Ali Pacha arrive au camp, traverse la Save et bombarde Belgrade. — Mort de Toz, séraskier pacha. — Le siège de Belgrade est poussé avec vigueur ; dangers que court la ville. — De Wallis charge un colonel de porter une lettre au grand vizir. — Sollicitude et courage dont fait preuve le grand vizir. — De la frégate qui vint de Crimée à Constantinople. — Ce que l'on apprit de l'équipage. — De la guerre qui va éclater entre l'Angleterre et l'Espagne ; causes de cette guerre. — Préparatifs des Suédois contre les Russes. — De la flotte suédoise. — Les Russes font assassiner un baron suédois et lui volent les lettres qu'il allait porter en Suède. — Des princes et des généraux qui furent tués à la bataille de Hissardjic. — Incendie des galions allemands. — Arrivée de la flotte ottomane à Belgrade. — Du prince Lobcovitz. — Lupuianu est nommé colonel. — Des janissaires qui violèrent une jeune fille. — Arrivée de l'ambassadeur de France au camp impérial ottoman. — De ce que dit le prisonnier qui fut interrogé par Véli Pacha. — De deux autres prisonniers qu'il interrogea. — Véli Pacha charge des troupes d'aller couper les convois de vivres des Russes. — Des deux Tartares qui amenèrent au Prince chacun un prisonnier. — Du rebelle Cantemir. — Situation où se trouve le prince Grégoire. — Retraite du général Lasci. — Longue-vue dont le prince Michel fit cadeau au Sultan. — Albanais envoyés par le Prince contre les Heiduques qui exerçaient leurs brigandages dans le cadilic de Teleorman. — Séimènes envoyés à Pitești. — Meurtres et déprédations que les Catans commettent à Lutești. — Conversation de Neipperg avec le grand vizir au sujet de la paix. — Hostilités incessantes des Turcs contre Belgrade. — Comme quoi il n'y eut pas de suspension d'armes. — Fausse nouvelle de la prise de Belgrade. — Nominations de fonctionnaires faites par le Prince. — De l'impôt sur le bétail. — Excès des Heiduques à Slatina. — On envoie contre eux le bin-bachi Haïdar aga. — Du nouveau séraskier Mémich Pacha. — Combat entre les Russes et les Ottomans ; victoire de ces derniers. — Mort du général Korf. — Lettre du général de Wallis à Münich. — Envoi d'une tête et de Catans. — Présents envoyés par le Sultan au grand vizir et aux pachas à l'occasion de la victoire. — Conférences quotidiennes. — On interdit aux Juifs de faire des prières publiques. — L'ancien baïle vénitien demande la permission de retourner à Venise. — Nomination de boulouc-bachis par le Prince. — On pend un Tsigane et un Valaque convaincus de trahison. — Fonds qui furent envoyés à Véli-Pacha. — Têtes de Catans que l'on envoya du cadilic de Teleorman. — Troupes dirigées sur Pitești avec Haïdar aga et le boulouc-bachi Photis. — Le palais que le Prince possède à Constantinople est infecté [par la peste]. — Disette de subsistances ; frayeur que Cantemir inspire au prince Grégoire. — Des voitures chargées de vivres qui furent envoyées à l'armée russe. — Lettres que les Polonais écrivent à Véli Pacha pour lui demander des secours. — Exil de Stéphanakis. — Retour du grand imbrohor à Constantinople. — Disette de vivres en Crimée. — Grande conférence pour la conclusion de la paix. — Maladie du grand vizir. — Le khasnadar aga se rend à Ruṣava. — L'agas Constantin est promu au grade de grand comis. — Châtiment que l'on inflige à un Valaque pour l'obliger à avouer s'il est espion. — La paix est, grâce à Dieu, conclue entre les Turcs et les Allemands. — Les Allemands refusent de céder Sebeș et Lugoș. — Le vali de Roumélie est nommé commandant de Belgrade. — Déposition de l'Istambol-effendissi. — Stéphanakis revient de l'exil. — Des Allemands envoyés à Buzău. — L'armaṣ Joannitza et Georgakis Canélos sont amenés avec les ceps aux pieds et livrés aux séimènes. — Le vestiar Fhiera est nommé ispravnic de Cîmpulung. — Du courrier qui alla annoncer la nouvelle de la paix au caïmacam. — Du tchocadar qui arriva le même jour à Constantinople avec la même nouvelle. — Retour du khasnadar ; lettres du grand vizir au Sultan. — Préparatifs de réjouissances à Constantinople. — Les Francs de Péra refusent de croire à la paix. — Les Russes remportent une victoire complète sur les Turcs et les Tartares. — Nombre des Turcs, des Tartares et des Russes. — Départ de Véli Pacha et des autres pachas pour Bender. — Prise de Hotin par les Russes qui font prisonnier Coltchac Pacha, commandant de la place. — Pétition que Véli Pacha adressa à la Porte. — Atmadja Pacha est envoyé au secours du prince Grégoire. — Retour du Prince au palais. — L'armaṣ Joannitza et Canélos sortent de prison. — Le grand comis Constantin est envoyé à Craiova. — Le Prince reçoit ordre par firman d'envoyer au Ghirdap mille ouvriers et cent mille paquets de ficelle. — Envois de vornics dans les cadilics du territoire de Craiova. — Le prince Grégoire établit des caïmacams à Jassi, passe la montagne et se rend à Vaslŭi. — Personnages que l'on envoya à Constantinople pour en ramener les princesses à Bucarest. — Le Prince désigne des boyards pour rendre la justice. — Jacques est envoyé à Giurgiu.

1er *août*. — Deux tchocadars du caïmacam pacha arrivèrent de Constantinople. L'un d'eux apportait au Prince une lettre élogieuse, en remerciement des nouvelles qu'il avait transmises au caïmacam quelques jours auparavant ; l'autre allait remplir la même mission auprès de Coltchac pacha et du prince Grégoire. Le prince Constantin les accueillit avec bienveillance et leur fit des présents ; ils partirent tous deux du côté de Bender, car le tchocadar envoyé vers Son Altesse était aussi porteur d'une lettre pour le séraskier Véli Pacha.

Voici la traduction de la lettre [adressée au Prince] : « La

« lettre que vous nous avez envoyée par nos tchocadars nous a
« mis au courant de la situation générale des affaires. Nous
« y avons appris que Tegmour Suleyman Pacha, chargé de
« veiller à la conservation de la Valachie, était parti pour
« Perişanï, dans les environs de Cîmpulung, avec quelques
« milliers d'hommes, afin d'attaquer les Allemands et les
« Catans qui sont en cet endroit; que l'on prend soin d'en-
« rôler d'autres troupes pour repousser l'ennemi; que l'on
« veille comme il convient à la sécurité des habitants, pour
« laquelle on fait preuve de la plus vive sollicitude. Les sus-
« dits tchocadars nous ayant confirmé verbablement tous
« ces faits, nous avons éprouvé une joie profonde, et, comme
« de tout temps, nous avons eu confiance en vous et que
« nous sommes témoins de votre fidélité et de votre zèle,
« nous vous avons écrit et envoyé la présente lettre. Quand,
« avec la grâce de Dieu, vous l'aurez reçue, continuez de
« faire preuve de courage et de diligence, de fidélité et de
« zèle. Occupez-vous de combattre et de repousser l'ennemi
« et ne manquez pas de nous faire connaître, comme aussi au
« camp impérial, les besoins et les nécessités du pays et te-
« nez-nous sans cesse au courant de la situation. »

Traduction d'une autre lettre du même caïmacam pacha :

« Afin que la situation de nos provinces et celle des en-
« nemis de la foi soit connue de notre très puissant Sultan,
« nous vous envoyons cette fois-ci, par son ordre impérial,
« deux tchocadars, nommés l'un et l'autre Ibrahim, et char-
« gés de vous remettre la présente lettre. Vous ne cesserez
« de nous envoyer des nouvelles, concernant les ennemis de la
« foi. Vous nous direz où ils se trouvent actuellement, quels
« sont leurs combats et leurs desseins, et, par la suite, vous
« nous écrirez et nous ferez connaître, un jour à l'avance,
« par lesdits tchocadars, la situation en détail et les évène-

« ments dont le pays sera le théâtre. Que vos bulletins soient
« d'une exactitude rigoureuse et rédigés avec beaucoup de
« soin et d'attention. Voilà ce que nous vous demandons de
« faire sans y manquer. »

Traduction d'une autre lettre du même :

« Le bruit s'étant répandu que les victorieuses armées qui
« composent le camp impérial avaient remporté un succès,
« et qu'au contraire l'armée allemande avait été honteuse-
« ment battue, notre très puissant empereur en ayant eu
« connaissance ne cesse, nuit et jour, d'avoir sa pensée et
« son entière sollicitude attachées aux armées qui se trou-
« vent dans ces pays, et attend la nouvelle des avantages
« qu'elles ont obtenus. Ecrivez-nous donc comme il con-
« vient, faites-nous savoir où sont présentement les ennemis
« de la foi, ce à quoi ils s'occupent et tout ce qui ar-
« rive de leur fait ; ajoutez-y toutes les autres nouvelles que
« vous pourrez connaître. Quand, avec la grâce de Dieu, la
« présente lettre vous sera parvenue, notez-nous en détail
« toutes les affaires, tant les présentes que les futures, et
« veillez avec le plus grand soin à la conservation des su-
« jets. »

Traduction de la lettre du kékhaya-vékili à Son Altesse :

« Nous vous informons que nous avons reçu la pétition et
« la lettre que vous nous avez envoyées par les tchocadars
« de notre maître. Nous avons remis la pétition à notre maî-
« tre, et nous lui avons fait savoir que vous vous occupiez
« avec le plus grand soin de la garde de vos administrés et
« des affaires de la Sublime Porte. Cela ayant été certifié par
« le rapport desdits tchocadars, notre maître s'est montré très
« satisfait ; et, comme de tout temps vous avez fidèlement
« servi l'empire avec zèle et courage, nous espérons que vous
« continuerez les mêmes services à l'administration impériale

« et que vous ne cesserez pas de nous tenir au courant de la
« situation du pays et de tout ce qui s'y produira par le fait
« des ennemis de la foi. C'est pour ce motif que la présente
« vous a été écrite et adressée. Quand, avec la grâce de Dieu,
« vous l'aurez reçue, vous nous ferez connaître la situation
« des ennemis et vous nous direz où ils se trouvent et ce qu'ils
« font. »

Ali Pacha Hékimoglou, ancien grand vizir, arriva de Bosnie, avec trente mille hommes de troupes. Le grand vizir lui fit une brillante réception, se rendit à sa rencontre et lui offrit un festin. Ledit pacha passa la Save, installa son armée dans la plaine de Semlin, et, de là, bombarda Belgrade. De ce côté la place est protégée par des fortifications, et il pouvait la démolir avec plus de facilité, principalement la vieille et vraie citadelle de la ville.

Le séraskier Toz Pacha étant revenu de Pancsova, le grand imbrohor du vizir fut chargé de porter un firman à Achmet Pacha, amiral du Danube, et un message audit séraskier, les invitant l'un et l'autre à se rendre près de lui pour prendre part à une conférence, attendu que Ali Pacha Hékimoglou était arrivé. L'amiral du Danube n'eut pas plus tôt reçu le firman qu'il partit avec l'imbrohor pour Pancsova où était le séraskier. Celui-ci, ayant ajouté foi à la lettre du grand vizir, partit avec les susdits et quelques personnes de son entourage. Ils montèrent dans une saïque qui les attendait, et, quand ils furent au milieu de l'eau, l'amiral du Danube se leva, baisa la main du séraskier, en lui disant que le Sultan l'exilait à la Nouvelle Palanque, avec deux de ses hommes seulement. Le séraskier se récria et dit qu'il irait avec toute sa suite; mais l'amiral du Danube lui répondit qu'il avait un firman prononçant contre lui la peine capitale; il le tira de son sein et le lui lut. Alors Toz Pacha demanda de l'eau pour faire ses ablutions ; et, comme on ne voulait pas lui laisser le temps de les faire, il tira rapidement son poignard, et le leva sur l'amiral du Danube pour lui couper la gorge ; mais, celui-ci s'étant jeté de côté, la lame dévia et le blessa à la main, ainsi qu'un tchocadar. Alors l'amiral du Danube dit une parole à ses gens, et ceux-ci déchargèrent leurs fusils sur Toz Pacha, qui tomba mort. On lui coupa la tête, l'imbrohor la prit et la porta au grand vizir. L'avoir de Toz Pacha fut immédiatement confisqué au profit du Trésor. On jeta en prison son kékhaya, son khasnadar, son silicdar, son mouhourdar, son divan effendi, et beaucoup d'autres de ses employés, en leur réclamant la fortune de leur maître. Sa mort fut la conséquence de l'échec qu'il avait éprouvé à Pancsova, et de son refus d'envoyer des renforts à Mourtaza Pacha dans sa lutte contre les Allemands. Toz Pacha avait, en effet, pris la fuite, abandonnant Mourtaza Pacha, qui, d'abord vainqueur des Impériaux, avait finalement été battu par eux, car, comme nous l'avons déjà dit, ils l'avaient trouvé seul et réduit à ses propres forces. Mais le motif réel de la mort de Toz Pacha est la haine que le grand vizir nourrissait depuis longtemps contre lui.

Le grand vizir donne des ordres pressants pour que l'on bombarde sans trêve la citadelle de Belgrade avec des canons de gros calibre et des mortiers. On y a déjà ouvert un grand nombre de brèches, mais, comme elle est bâtie en briques et en chaux, aucune partie ne s'est encore écroulée. Les tranchées ottomanes approchaient si près de la forteresse que l'on pouvait combattre à coups de fusil. Tout était préparé pour l'assaut : échelles, grappins, sacs remplis de foin et de laine, grands paniers ronds doublés de peaux de mouton, pour s'en faire un abri, s'avancer jusqu'auprès de la place en les roulant devant soi, en remplir les fossés, puis les mettre debout et s'en servir comme d'échelles.

2 *août*. — Les Turcs avaient lancé toute la nuit sur Belgrade une grêle de bombes et de boulets, lorsque, le jeudi, à l'aube, la terreur et l'épouvante s'emparèrent des assiégés. Quand il fut jour, ils hissèrent un drapeau sur la citadelle pour faire cesser le bombardement et pouvoir envoyer un parlementaire qui traitât de la reddition de la place. Le canon se tut de part et d'autre pendant cinq heures, ce qui permit au parlementaire, qui était colonel, de se rendre auprès du grand vizir et de l'ambassadeur de France, avec des lettres du général de Wallis. Celui-ci écrivait au grand vizir, pour lui demander la paix, promettant de lui livrer Belgrade, mais à la condition que l'on traiterait à ce prix, sans que la Porte exigeât davantage. Le grand vizir répondit par lettre que le siège de Belgrade était poussé avec vigueur et qu'il espérait, avec la grâce de Dieu, emporter la ville d'assaut. Cela occasionnerait une grande effusion de sang qu'il pouvait éviter, en rendant la place à composition. Après la capitulation, on tiendrait des conférences dans la plaine de Semlin et l'on conclurait la paix aux conditions les plus sages. Le colonel alla porter cette réponse et en rapporta une autre déclarant ces conditions inacceptables et demandant que l'on posât les préliminaires de paix et qu'ensuite Belgrade capitulerait. Le grand vizir répondit que les seuls préliminaires étaient l'acceptation de la frontière qui avait été tracée, du temps de Hussein Pacha, à la conférence de Karlowitz, et il congédia le colonel avec cette réponse.

Un tchocadar du grand vizir, voyant le drapeau hissé et le parlementaire qui était allé auprès du grand vizir, courut, sans attendre l'issue des pourparlers, féliciter Mourtaza Pacha de la reddition de la ville. Ce pacha se dépouilla de sa fourrure, l'en revêtit et lui fit cadeau de vingt florins.

Le grand vizir était rempli d'une telle sollicitude et se conduisait avec tant de grandeur d'âme qu'il fit élever, à une courte distance en arrière des retranchements des janissaires, un pavillon et un yatac-tchadiri, où il se tenait nuit et jour. Les autres grands fonctionnaires y restaient avec lui pendant le jour, mais, la nuit, chacun d'eux se retirait dans sa tente.

Une frégate arriva de Crimée à Constantinople. Le Sultan, l'ayant aperçue du yali de Ghioul Achmet aga où il se trouvait, lui donna ordre de s'approcher de cette habitation. Il fit venir ceux qui étaient à bord : Mahmoud aga, tchocadar de Nouman Pacha, un tchocadar du caïmacam pacha, et un des deux khassékis qui avaient été envoyés de Constantinople en Crimée. Il les interrogea et leur fit don de caftans. Voici ce qu'ils dirent : « Le capitan pacha se trouvait du côté d'Arabat[1], dans un endroit nommé Kinidjki-Bogaz, lorsque apparurent cinq mille cavaliers russes chargés de tenter ce passage, afin que le gros de l'armée pût par là pénétrer en Crimée. A cette vue, le capitan pacha mit aussitôt en ligne une armée assez nombreuse; après un combat opiniâtre, les Turcs mirent en déroute les Moscovites, leur tuant beaucoup de monde et faisant un grand nombre de prisonniers. Plus tard, quelques bâtiments russes, qui s'étaient montrés, furent coulés à fond. Le capitan pacha envoya deux prisonniers à Constantinople et deux autres au camp. [Les gens qui étaient sur la frégate] donnent comme certain l'incendie des munitions d'Azov et assurent que la garnison de cette place est si faible que, s'il y allait des troupes ottomanes, elles pourraient la reprendre avec une grande facilité.

On conduisit au palais du grand vizir, revêtus de leurs caftans, les trois personnages ci-dessus mentionnés, et le caï-

---

1. Arabat, bourgade de Russie, dans le gouvernement de Tauride, à 25 kilomètres de Caffa; elle est fortifiée.

macam pacha les revêtit également de caftans, après quoi l'on célébra des réjouissances.

L'Espagne, alliée avec la France, cherche noise à l'Angleterre; celle-ci a préparé cent sept navires de guerre et donne la haute paye aux matelots. Parmi ces vaisseaux, les uns sont destinés à la garde du pays, les autres à faire face à l'ennemi. Dix-sept ont reçu ordre de se rendre dans la Baltique, pour en défendre l'entrée aux navires français, dont six y ont déjà été envoyés, sans compter ceux qui font leurs préparatifs de départ. La cause de cette guerre vient de ce que les Espagnols ont capturé, l'an passé, un navire anglais dans la mer des Indes. Il s'était élevé, à cette occasion, un litige; les Espagnols avaient promis d'arranger l'affaire pécuniairement, mais il n'en ont rien fait; c'est pourquoi les Anglais, déçus dans leurs espérances et craignant le Prétendant, ont commencé leurs préparatifs avec une grande activité. Le roi d'Angleterre est surtout poussé par la multitude à faire la guerre à l'Espagne, et cette guerre allumera en Europe un vaste incendie.

Les Suédois se préparent également. On dit qu'ils ont sur pied quarante mille hommes, qu'ils ont les Français comme alliés, et que les Russes seront secourus par l'Angleterre. On ajoute que ce qui a réellement déterminé l'Angleterre à se mêler de cette affaire et à prêter main forte à la Russie, c'est qu'elle craint de voir le commerce français se développer dans la Baltique au détriment du sien.

La Suède équipe une flotte, et la France a l'intention d'en envoyer une autre qui se combinera avec la suédoise. La lutte qui se prépare bouleversera l'Angleterre, le Danemark, la Prusse et la Russie.

Un baron suédois, nommé Sinclair, qui portait des lettres en Suède, traversait la Pologne, de compagnie avec un marchand français, lorsqu'il fut rejoint sur les frontières de Saxe par deux officiers russes, qui lui demandèrent ses lettres. Sinclair les leur ayant refusées et surtout tiré sur l'un d'eux un coup de pistolet, ils le tuèrent et prirent ses lettres ainsi que celles du Français, auquel ils laissèrent la vie. Les ambassadeurs suédois se montrent très affligés que ces lettres aient été dérobées et que l'on sache leurs desseins et leurs agissements [1].

Parmi les personnages de marque qui ont péri dans la guerre turco-russe, on cite le prince de Waldeck, le prince de Hildburghausen, le prince Charles de Lorraine et le général Pallavicini. Le général Marulli a été blessé au sein, ainsi que le séraskier Ali, qui se trouve avec ses troupes à trois ou quatre heures à l'ouest de Belgrade.

Trois vaisseaux de guerre allemands étant restés en amont de Hissardjic et à trois heures en aval de Belgrade, pour empêcher la flotte ottomane de s'avancer jusque sous les murs de

1. Dans le texte grec, nous avons deux fois, par erreur, imprimé Σλίγκερ, alors que l'original donne bien Σίγκλερ. — On trouvera, à la fin du présent mois, une relation assez détaillée de l'assassinat du major Sinclair. Nous en avons eu une autre encore plus circonstanciée à notre disposition; celle-ci était insérée entre le mois d'août et le mois de septembre 1739, dans un manuscrit des *Éphémérides daces* que possède M. Christophe D. Georgiadès, de Samsoun. Ce jeune Grec, qui suit à Paris les cours de la Faculté de médecine, a eu l'extrême obligeance de faire venir ce manuscrit pour nous le communiquer. C'est une copie médiocrement écrite du manuscrit *Aristarchis*, exécutée à la fin du siècle dernier (l'*explicit* est du 14 juillet 1791). Le récit de l'assassinat de Sinclair, qui y est inséré, a été traduit de l'italien, et il est probable que la version italienne avait elle-même été faite sur l'ouvrage suédois que Keralio a résumé dans le second volume de son *Histoire de la Guerre des Russes et des Impériaux contre les Turcs* (pp. 266-316). Quoiqu'il en soit, l'intérêt palpitant que présente cette relation nous a engagé à reproduire le résumé fait par ce dernier auteur, sans nous astreindre à conserver scrupuleusement son style raboteux et en prenant soin de rétablir l'orthographe des noms propres, presque toujours estropiés. A en juger par le style, la traduction grecque que donne le manuscrit Georgiadès me semble devoir être attribuée à Dapontès. Elle occupe soixante-huit feuillets du manuscrit, lequel est de format in-4° ordinaire, à vingt-sept lignes à la page. Les manchettes sont écrites à l'encre rouge.

cette dernière place, le grand vizir envoya à l'amiral du Danube un firman conçu en termes sévères, par lequel il lui enjoignait d'avoir à incendier ou à couler ces navires, sinon il lui ferait trancher la tête. L'amiral du Danube marcha aussitôt contre les vaisseaux allemands avec toute sa flotte. Voyant que leurs navires couraient risque de tomber au pouvoir des Turcs (car il ne fallait pas songer à fuir, vu le mauvais temps et le peu d'élévation des eaux), les Impériaux y mirent le feu avec l'autorisation du général de Wallis, et descendirent tous à terre. Les Turcs s'élancèrent alors sur le rivage et firent prisonniers un grand nombre de matelots ainsi qu'un capitaine maltais.

La flotte ottomane arriva à Belgrade. Le grand vizir revêtit l'amiral du Danube d'une pelisse d'hermine *serhadlu*, et lui donna deux bourses pour les distribuer en gratifications aux matelots de la flotte.

On a dit que le prince Lobcovitz se disposait à opérer une descente dans une localité nommée Vădenĭ [1] et située à seize heures de Craiova, avec cinq mille Allemands et cinq cents Heiduques.

Le Prince nomma Constantin Lupuianu colonel de la compagnie de levends-slujitorĭ qu'il avait formée. Cet officier enseigne le maniement des armes aux slujitorĭ, conjointement avec trois transfuges allemands, qui connaissent la théorie militaire.

Six janissaires de Giurgiu violèrent dans le bazar extérieur une jeune fille, qui succomba, deux jours après, aux suites de cet attentat. Leur crime consommé, ils montèrent à cheval et allèrent dans un cabaret, où ils se mirent à boire et à manger. Instruit de ce qui s'était passé, le pacha se rendit, avec une troupe de levends, dans le village où étaient les janissaires et

---

1. Vădenĭ, village du district de Gorj, arrondissement d'Ocol.

les trouva en train de s'enivrer. Deux d'entre eux ayant opposé de la résistance furent blessés par le pacha, qui les fit tous garrotter et conduire à sa résidence. Trois se déclarèrent auteurs du viol; le pacha les livra au tchaouch de l'odjac, qui les fit étrangler pendant la nuit et jeter à la voirie. Leurs trois complices furent garrottés et envoyés en exil dans la forteresse de Nicopolis.

4 août. — L'ambassadeur de France arriva au camp. On le logea chez le réis effendi. Le lendemain, il fit une visite au grand vizir.

Un prisonnier russe interrogé par Véli Pacha, à qui on l'avait conduit, déclara que le bruit courait dans l'armée moscovite que l'on devait partir pour Hotin le 10 courant, et que, si l'on ne partait pas, c'est qu'alors on n'avait pas l'intention de conclure la paix. Interrogé au sujet des subsistances, il répondit : « Jusqu'à ce jour nous en avons eu, car les Polonais nous en ont fourni; mais ils nous en refusent actuellement et nous sommes dans une grande disette de vivres. » Interrogé si Münich avait laissé des troupes au delà du Dniester, il répondit qu'il avait laissé au gué trois mille hommes, qui y avaient creusé des retranchements et s'y étaient installés pour garder l'endroit. Interrogé si l'on avait appris dans l'armée russe que les Turcs avaient complètement battu les Allemands, il répondit que l'on avait entendu le contraire, c'est-à-dire que les Allemands avaient battu les Turcs et leur avaient enlevé une quantité considérable de canons et de butin, « et à cette occasion, ajouta-t-il, nous avons célébré des réjouissances pendant un jour et une nuit. » Interrogé si les Russes avaient fourni des renforts aux Allemands, il répondit qu'ils leur avaient donné huit mille hommes, et que les Allemands avaient envoyé six cents Serbes enrôlés avec l'argent moscovite.

On amena à Véli Pacha deux autres prisonniers : un Géorgien et un Italien. On leur demanda si d'autres de leurs compatriotes servaient dans l'armée russe ; ils répondirent qu'il y avait cinq cents Géorgiens et autant d'Italiens, et ils ajoutèrent que les troupes s'étaient soulevées contre le feld-maréchal Münich, en disant : « Jusques à quand nous traiterez-vous si « durement? Nous avez-vous donc amenés dans un pa- « reil pays pour nous y ensevelir? Pourquoi nous retenez-vous « au lieu de nous laisser combattre afin de vaincre ou mou- « rir? » Le feld-maréchal leur aurait répondu : « Patientez « encore quelque temps. Dans dix jours, nous marcherons « contre Hotin, sinon nous ferons la paix et nous retournerons « en Russie. »

Véli Pacha, ayant appris que les Russes tiraient des subsistances de la Pologne, donna immédiatement ordre à huit mille Tartares, auxquels il adjoignit quelques Turcs et quelques Lipcans, d'intercepter leurs convois tant au delà qu'en deçà de la frontière.

Deux Tartares, envoyés par le séraskier sultan au camp impérial, amenèrent au Prince deux prisonniers, un Russe et un Cosaque, qui avaient quitté l'armée pour aller fourrager et s'étaient laissés prendre. Interrogés, ils déclarèrent qu'il y avait cent mille hommes avec Münich, et une vingtaine de mille Russes et Cosaques au delà du Dniester.

Le prince Dimitrașcu Cantemir, qui s'était révolté en Moldavie et avait cherché asile auprès de Münich, se rendit à Terneuțī à la tête d'une armée moldave. Il avait la musique de Yaya Pacha et portait une capanitcha fourrée d'hermine.

Le prince Grégoire se trouvait à Isnovățī[1] dans une grande disette de vivres, attendu que les Tartares les avaient enlevés,

---

1. Isnovățī, village du district de Dorohoĭu, arrondissement de Prut-de-Jos.

et, durant quelques jours, il manqua absolument de pain. Les mazils moldaves commencèrent à l'abandonner, les paysans s'exaspérèrent et lui refusèrent l'obéissance. Il était en proie à une frayeur extrême, et il ne pouvait se tenir en place, ni nuit ni jour. Il était brouillé avec l'hetman Constantin, et ils restètèrent assez longtemps sans avoir de rapports ensemble. Il fit partir pour Constantinople son fils et celui du prince Michel, avec trente voitures chargées de bagage. Étant arrivés à Galaţĭ, ils reçurent de lui une lettre où il leur recommandait de n'y pas faire halte, attendu que la peste ravageait cette ville. En conséquence, ils se retirèrent dans un village voisin.

Un khasséki, venant de Crimée, passa [par Bucarest] avec deux prisonniers russes. On les interrogea, et ils déclarèrent que le général Lasci, à la tête d'une armée de quarante mille hommes d'infanterie et de cavalerie, s'était avancé jusqu'à dix heures de la frontière de Crimée, et y avait campé pendant deux jours; mais que le manque de fourrage et les maladies l'avaient contraint de rebrousser chemin.

5 *août*. — Le Sultan demanda une longue-vue à son médecin en chef. Celui-ci, qui était lié d'amitié avec le métropolitain d'Héraclée, le pria de lui en trouver une qui fût digne d'être offerte au souverain. Ce prélat répondit que le prince Michel en possédait une superbe et qu'il pouvait la lui envoyer demander de sa part. Le prince Michel donna sa longue-vue et y joignit une pétition, dans laquelle il priait que l'on interdît de le tourmenter à des créanciers qui ne le laissaient pas tranquille. L'ordre fut donné, et les créanciers cessèrent de persécuter leur débiteur.

Ayant appris que soixante-dix Catans s'étaient montrés dans le cadilic de Teleorman, où ils pillaient et saccagaient l'avoir des pauvres habitants, le Prince envoya à leur poursuite cinquante cavaliers albanais d'élite, avec leur capitaine, nommé Giannakis.

Cent séimènes furent envoyés à Pitești avec l'armaș Joannitza et Georgakis Canélos, pour veiller à la conservation du pays.

7 août. — Trois compagnies de Catans opérèrent une descente à Lupeștï [1], village de l'ancien grand comis Michel Bärbătescu, et, après avoir fait main basse sur tous les bestiaux tant du boyard que des paysans, ils tuèrent le curé et le pârcălab du village. De là, ils se rendirent au monastère de Butoïu [2], et, après l'avoir pillé, ils garrottèrent l'higoumène et le conduisirent à Drăgoïeștï [1]; il ne recouvra sa liberté que moyennant une rançon de quatre cents piastres. Ils volèrent ensuite les bestiaux de ce village et ceux de Constantin Crețulescu, second logothète, puis ils s'en allèrent, chargés de butin, à Curtea d'Argeș.

Beaucoup d'officiers allemands avaient déjà fait de nombreuses visites au grand vizir, lorsque le général de Neipperg, gouverneur du banat de Temesvar, y alla à son tour, accompagné du secrétaire de Talman et du sieur Momars, drogman de l'ambassade d'Allemagne. On lui fit une réception pleine de bienveillance; on le logea dans des tentes qui furent dressées auprès du pavillon du grand vizir. Neipperg montra les pleins pouvoirs qui l'autorisaient à entamer les négociations. Dans le même temps, il eut une entrevue avec l'ambassadeur de France. On traite de la paix, mais en secret. Le bruit court que les Allemands cherchent à traiter, en conservant chacun ses positions respectives, dans lesquelles, suivant l'opinion la plus répandue, est comprise la ville de Belgrade, car son fau-

---

1. Lupeștï, village du district d'Argeș, arrondissement de Pitești, forme commune avec Hinteștï.

2. Dans le district de Dîmbovița, près de Butoïu-de-Jos.

1. Drăgoïeștï, village du district de Gorj, arrondissement de Novacï, forme commune avec Crasna-ungurenï.

bourg est déjà au pouvoir des Turcs. Les Ottomans voudraient renouveler le traité de Karlowitz, avec l'adjonction d'un article autorisant la Porte à créer un royaume de Transylvanie. Il y a cependant de grandes espérances de paix.

La place était entièrement bloquée ; de part et d'autre, on ne cessait, ni nuit ni jour, de lancer des boulets et des bombes ; mais les Turcs en lançaient moitié plus que les Allemands.

Les hostilités n'ont pas été suspendues, de peur que les troupes ottomanes, considérant la paix comme certaine, ne se dispersassent.

8 *août*. — Le Prince reçut la nouvelle de la capitulation de Belgrade. La joie fut grande. Son Altesse revêtit de biniches les Lipcans qui avaient apporté la lettre, ainsi que le serviteur du vatav Joannakis (qui transmettait cette nouvelle) et leur donna une gratification pécuniaire. Bien que fausse, cette nouvelle fut cependant envoyée, car, comme nous l'avons déjà dit, un tchocadar du grand vizir étant allé l'annoncer à Mourtaza Pacha, chez qui se trouvait le vatav Joannakis, celui-ci, sans en attendre la confirmation, la transmit immédiatement à Son Altesse.

Le Prince nomma le grand comis Serban Ghindescu, grand paharnic ; le second logothète Constantin Cretulescu, agas ; le second vestiar Étienne Văcărescu, second logothète ; le troisième vestiar Fhiera, second vestiar ; le vatav des aprodes Jean, troisième vestiar, et vatav des aprodes Radu Brăiloiŭ, originaire des districts transolténiens ; clucer d'aria Constantin Argintoianu qui avait été par procuration ban de Craiova ; capitaine des dorobans Georges Serb, et logothète du vestiarat Serban Grecianu.

L'impôt sur le bétail fut promulgué.

9 *août*. — Quelques Catans et Heiduques, ayant opéré une descente à Slatina, mirent au pillage tout ce qui leur tomba

sous la main en fait de meubles et de bestiaux, et ne se retirèrent qu'après avoir incendié la ville.

Plusieurs d'entre eux passèrent dans le cadilic de Vlaşca, se rendirent à Corbiï [1] et au monastère de Glavacioc [2], pillèlèrent le mobilier mort et vif, et pourchassèrent un itchoglan du Prince et deux boyards qui parcouraient le pays pour faire la collecte des subsistances. Son Altesse donna ordre de marcher contre eux à Haïdar aga, bin-bachi des Albanais, avec ses soldats, auxquels il adjoignit d'autres capitaines et plus de cent slujitorï.

Le nouveau séraskier Mémich Pacha traversa la Danube et campa vis-à-vis du camp impérial avec une armée de vingt mille hommes, dont les éclaireurs s'avancèrent jusqu'à Slamcamin et parcoururent toute la banlieue de Temesvar.

Le 2 août, l'armée russe ayant quitté l'endroit où elle avait campé, entre le Prut et le Dniester, pour marcher contre Hotin, le séraskier Véli Pacha partit et se rendit au camp de Gentz Ali Pacha. Étant convenus de ne pas laisser les Russes s'avancer en ligne droite, mais d'aller à leur rencontre, Véli Pacha retourna à Hotin. Le lendemain, Gentz Ali Pacha alla au devant de l'armée russe; il engagea un combat avec les éclaireurs qui précédaient le gros de l'armée. Après deux heures de lutte, Ali Pacha les mit en fuite et remporta la victoire. Encouragés par ce succès, les Turcs s'élancèrent aussi sur l'armée russe; le séraskier sultan, Coltchac Pacha et Gentz Ali Pacha la prirent, chacun de son côté, par le centre, et la défirent. Ils tuèrent beaucoup de monde, s'emparèrent de trois gros canons et de huit petits, et firent un nombre très considérable de prisonniers, parmi lesquels des officiers; on

1. Corbiï-Ciungï, village du district de Vlaşca, arrondissement de Neajlov.
2. Dans le district de Vlaşca, arrondissement de Glavacioc; fondé par Vlad VI, en 1490.

dit qu'il s'y trouvait même un officier anglais. Münich fit halte avec ses troupes à cinq heures au-delà de Hotin, Les prisonniers affirmèrent que le général Korf avait été tué dans la bataille.

Après cette défaite des Allemands par les Turcs, de Wallis écrivit à Münich : « C'est pour avoir combattu à découvert que nous avons été vaincus et que tant de généraux ont péri. Gardez-vous donc bien de combattre sans retranchements, comme nous l'avons fait. »

12 août. — On envoya du cadilic de l'Olt une tête et deux Catans. Une dizaine de ces Catans ayant fait une descente dans le village de Serbaneștĭ [1], volèrent les moutons du grand vornic Crețulescu, puis se rendirent à Flor [2], village voisin de Serbaneștĭ. L'ispravnic de Slătina, Joannakis le Postelnic, les poursuivit, avec ses slujitorĭ, mais, comme il faisait nuit, ils purent à peine en prendre deux et en tuer un. Le Prince fit pendre aussitôt les deux prisonniers sur la colline de la métropole, et donna en cadeau à l'ispravnic du drap, du satin, de la toile de chanvre et de la laine ; au capitaine, un biniche, du satin, trente piastres et une aigrette ; aux soldats, cinquante piastres ; aux zapdjis chacun cinq piastres ; à l'oda-bachi, qui avait amené les Catans, il fit présent d'un biniche, d'une aigrette et de cinq piastres, et à chacun des slujitorĭ qui l'accompagnaient il donna cinq piastres et une aigrette.

Le khasnadar du Sultan arriva au camp. Il apportait au grand vizir une pelisse et un sabre ; aux pachas à trois queues des pelisses et de l'argent ; à tous les grands dignitaires qui

---

1. Serbăneștĭ-de-Sus, village du district de l'Olt, arrondissement de Serbăneștĭ ; forme commune avec Buta, Chitasca, Flor, Negrenĭ.

2. Flor, village du district de l'Olt, arrondissement de Serbăneștĭ ; forme commune avec Serbăneștĭ-de-Sus. Voy. la note précédente.

avaient assisté à la bataille de Hissardjic des oumoun-caftans ; au vali de Bosnie, il n'apportait rien, parce qu'il ignorait son arrivée. Le khasnadar était, en outre, chargé de deux hatti-chérifs : l'un qui nommait vizir Hussein Pacha, et l'autre, capidji-bachi Khalil bey, le premier gendre et le second fils cadet du grand vizir.

Il y avait tous les jours, sans interruption, une conférence à laquelle prenaient part le réis-effendi, le cadi du camp et le mectouptchi-effendi. Elle se tenait dans une tente dressée à cet effet entre celle du réis-effendi et celle de l'ambassadeur de France.

13 *août*. — On interdit complètement aux Juifs de faire des prières publiques, parce qu'elles étaient l'occasion de scènes par trop scandaleuses ; c'était au point que, dans l'endroit où elles avaient lieu, ils portaient des vessies pleines d'eau-de-vie qu'ils vendaient aux Turcs, ce qui donnait naissance à des rixes fréquentes. Hodja Daoud, bezerian-bachi de l'odjac, avait un fils qui était un jeune homme aussi vaniteux qu'étourdi. Dans ces cérémonies, il affublait ses gens d'un kiafet de janissaire, et portait lui-même un turban à deux pointes et d'autres vêtements turcs. Un jour que le fils adoptif de la sultane Hatidjé passait par l'Ok-Méidan, où se faisaient ces prières, il donna le salut aux Turcs, et, ne sachant pas que le jeune homme était Juif, il le salua de la même façon. Quelques Turcs, voyant ce qui s'était passé, lui firent observer qu'il ne devait pas donner à un Juif le même salut qu'à un Ottoman. Instruit de la bévue qu'il venait de commettre, le fils adoptif de la sultane Hatidjé fit battre le Juif par ses gens, et les bostandjis étant sortis du sérail impérial, le rouèrent de coups de bâton. Quelques odjaclis, qui se trouvèrent là, eurent bien de la peine à le délivrer.

Le baïle de Venise étant arrivé à Constantinople, l'autre

baïle demanda au caïmacam la permission de partir. Le caïmacam lui répondit qu'il ne pouvait le laisser partir, sans qu'il eût repris ses lettres de créance (ce qu'il ne pouvait faire sans l'autorisation du grand vizir). En conséquence, on envoya un homme au camp et l'on attend qu'il en rapporte une réponse concernant les lettres de créance.

Le Prince nomma deux autres boulouc-bachis des recrues : Anastase, ancien vornic de la Princesse, et Anastase de Janina, surnommé Moros.

Un Tsigane du monastère de Vale [1], non loin de Cîmpulung, et un ouvrier valaque du même couvent, ayant rencontré cinq Catans, les conduisirent au monastère. Ces bandits garrottèrent l'higoumène et le rouèrent de coups. Ils s'approprièrent ensuite tout ce qui leur tomba sous la main. Ayant découvert une cachette remplie d'objets et de vases sacrés appartenant au monastère, ils la vidèrent et se retirèrent chargés de butin. Quant aux deux domestiques traîtres, ils s'enfuirent dans les forêts d'Ocna Telega [2], sans avoir retiré le moindre profit de leur mauvaise action ; mais les calaraşi, instruits de l'affaire, arrêtèrent les fugitifs et les envoyèrent sous bonne garde au palais du Prince. On les pendit le lendemain.

On expédia à Véli Pacha cent bourses pour les dépenses des armées de Bender et de Hotin.

14 août. — Le capitaine Parascévas envoya du Teleorman l'oda-bachi des Albanais et deux hommes porter cinq têtes de Catans à Son Altesse. Le Prince revêtit l'oda-bachi d'un biniche et lui donna dix piastres et deux aigrettes. Il envoya au capitaine Parascévas un biniche, une aigrette et quatre-

---

1. Vale, monastère situé dans le district de Muştel.
2. Dans le district de Prahova.

vingt-dix piastres, dont soixante pour ses hommes, et à Serban Isvoranu, ispravnic du Teleorman, du drap et du satin.

15 *août*. — Le Prince envoya du côté de Pitești, où étaient l'armaș Joannitza et Georgakis Canélos, une autre troupe de plus de deux cents Albanais et séimènes sous les ordres de Haïdar aga et du bach-boulouc-bachi Photis, pour donner la chasse aux Catans, qui parcouraient le pays et dévastaient les villages.

Deux esclaves ayant été atteintes de la peste dans le palais que le Prince possède à Constantinople, les princesses partirent aussitôt pour Thérapia avec toute leur suite.

17 *août*. — Le prince Grégoire se trouvait au village de Drăgășanĭ[1] dans une grande disette de vivres; en outre, il redoutait extrêmement le prince Cantemir, qui était à Cernăuți avec une armée de douze mille Cosaques.

Quarante mille voitures de subsistances furent envoyées à l'armée russe; chacune d'elles était défendue par un Cosaque et un canon de petit calibre. Quelques Tartares se précipitèrent sur le convoi pour s'emparer des voitures, mais ils purent à peine en prendre cent vingt. A la vue de toutes ces voitures chargées de beau pain blanc, les Tartares manifestaient leur étonnement et disaient : « Les Russes mangent et boivent bien, mais, grâce à Dieu, cela ne nous empêche pas de les battre ! »

Quelques magnats polonais écrivirent, le 8 courant, au séraskier Véli Pacha que, indépendamment des déprédations et des vols qu'elles avaient commis lors de leur passage sur le territoire de la République, les armées moscovites ayant enlevé six jeunes filles encore vierges à des magnats de distinction que ce rapt avait plongés dans la honte, ils étaient dé-

---

1. Drăgășanĭ, petite ville du district de Vîlce, arrondissement de l'Olt.

cidés, en raison de ces faits, à prendre les armes contre la Russie. Ils ajoutaient que, fidèles à leur constante et sincère amitié pour la Sublime-Porte, ils tenaient une armée de vingt mille hommes prête à marcher au secours des Ottomans, et qu'ils ne laisseraient plus sortir de leur pays un seul grain de blé destiné aux Russes. Enfin, ils conjuraient le séraskier de leur envoyer quelques Tartares et quelques Lipcans, afin de les employer comme guides et auxiliaires dans leur expédition contre les Moscovites. Le séraskier fit bon accueil aux messagers qui apportèrent ces lettres et les revêtit de caftans; il les combla d'éloges pour l'amitié que les Polonais témoignaient à la Turquie; mais, pour l'armée qu'ils promettaient de fournir, il dit qu'on la leur demanderait lorsqu'on en aurait besoin. Enfin, pour les troupes tartares que sollicitaient les Polonais, il répondit que, l'ennemi étant en vue, il leur était présentement impossible de les donner. Après cette déclaration, il congédia les messagers.

Stéphanakis Cremmydis, clucer d'aria, fut exilé à Turtucaia, sur la rive droite du Danube, pour avoir eu l'audace de prendre de force un séimène appartenant à la garde du Prince.

Le grand imbrohor arriva à Constantinople. Il revenait d'Asie-Mineure, où il avait été envoyé en qualité de souroudji.

Un homme venu de Crimée à Constantinople affirma que le général Lasci avait battu en retraite avec son armée et que, présentement, la Crimée était à l'abri du danger, mais que la disette s'y faisait cruellement sentir. Cet homme apportait des échantillons de pain et de biscuit, et demandait des secours en subsistances.

18 août. — Une conférence publique fut tenue en présence des deux vizirs Ali Pacha et des autres hauts fonctionnaires, sauf le grand vizir, et la paix y fut résolue aux conditions suivantes : Les cinq cadilics transolténiens, Ada Calessi, Orsova, Mehadia, Belgrade, Bougurdelen [1] (qui est une palanque à douze heures de Belgrade et sur la rive droite de la Save), Sebeș, Lugoș et toute la plaine de Semlin seraient cédés à l'Empire ottoman, et le banat de Temesvar resterait aux Allemands. Tels seraient les préliminaires sur lesquels se négocierait la paix. La discussion d'une ou deux questions encore pendantes serait renvoyée à une conférence ultérieure et l'affaire se terminerait ainsi. On ajoutait que la paix avec les Russes se négociait simultanément.

Le grand vizir est malade; on le dit atteint de la peste. Il a nommé vékil Ali Pacha, vali de Bosnie, et l'a chargé, en ce qui concerne la paix, d'embrasser le parti qu'il jugerait le plus sage.

Le khasnadar impérial quitta le camp, avec ordre du Sultan de se rendre à Ada Calessi, pour examiner cette forteresse et lui en donner la description. Il y alla en caïque, par le Danube.

19 août. — Le Prince revêtit d'un caftan l'agas Constantin le Zagorien et l'honora du grade de grand comis.

20 août. — Un Valaque, qui savait l'italien, étant venu de Kronstadt à Bucarest par une route insolite, fut arrêté comme espion et mis en prison. Puni et cruellement battu, il n'avoua rien autre chose sinon que, après s'être enrôlé à Kronstadt dans une compagnie de Russes, il avait regretté sa détermination, et s'était enfui pour retourner dans son pays.

21 août. — Grâce à Dieu, la paix a été conclue entre les Turcs et les Allemands. A quatre heures de jour, le cadi du camp [2], le réis-effendi [3], le mectouptchi-effendi [4], le comte de

---

1. Bougurdelen est le nom turc de la ville serbe de Chabats.
2. Il s'appelait Esaad (Voy. DE HAMMER, XIV, 463).
3. Il se nommait Moustafa (ID., *ibid.*).
4. Il se nommait Raghib (ID., *ibid.*).

Neipperg, l'ambassadeur de France, le grand drogman Alexandre Ghica revêtirent des pelisses, les autres des caftans, et, après la lecture des capitulations, on échangea les traités. Le vali de Roumélie est entré dans la ville de Belgrade, où il attend que les Allemands évacuent la forteresse et lui en remettent les clefs.

Les Allemands ont refusé catégoriquement de céder Sebeş et Lugoş; ils n'ont abandonné que les autres localités mentionnées ci-dessus. Le banat de Temesvar leur reste également; et les palanques situées sur le Danube seront démolies sans pouvoir être reconstruites à l'avenir.

Le grand vizir revêtit Ali Pacha, fils d'Abdi Pacha, d'une pelisse, et lui attacha une aigrette enrichie de joyaux, et le nomma commandant de Belgrade, sans lui retirer les fonctions de vali de Roumélie; il lui abandonne, en outre, [le bénéfice de] toutes les promotions à faire dans le nouvel éyalet. Ali Pacha doit prendre possession de la citadelle aussitôt qu'elle aura été évacuée par les Allemands, à qui l'on a donné mille voitures pour emporter leurs bagages.

L'Istambol-effendissi a été destitué pour avoir fait administrer trois cents coups de bâton à quatorze boulangers, faisant partie des trente qui avaient adressé au caïmacam une requête dans laquelle ils se plaignaient que l'Istambol-effendissi avait élevé le prix du pain. Cette requête avait été prise en considération et l'Istambol-effendissi avait reçu ordre d'examiner l'affaire et de l'arranger, mais il avait fait battre les pétitionnaires. On lui donna pour successeur Békirzadé-effendi, kiabètè maazoul.

24 août. — Stéphanakis Cremmydis revint d'exil, avec l'autorisation du Prince.

L'ispravnic Alexis envoya, des défilés de Buzău, deux fuyards allemands appartenant au régiment de Fürstemberg:

l'un vice-caporal et l'autre mousquetaire. Le Prince les fit provisoirement incarcérer à Văcărești.

Le Prince fit amener avec les ceps aux pieds et livrer aux séimènes l'armaș Joannitza et Georgakis Canélos, pour avoir eu la lâcheté de fuir à la nouvelle qu'une multitude d'Allemands et de Catans était arrivée à Argeș, sans avoir pris la précaution de vérifier le fait, envoyés qu'ils étaient dans cette contrée pour veiller à sa conservation. Le Prince envoya à leur place Georges, capitaine des dorobans, avec quelques soldats turcs et valaques.

25 *août*. — Le Prince nomma le second vestiar Fhiera ispravnic de Cîmpulung et du cadilic de Muștel. Le lendemain, Fhiera partit pour se rendre à son poste.

26 *août*. — Le caïmacam se trouvait au divan, à quatre heures de jour, lorsqu'un courrier arriva en toute hâte du camp impérial (c'était le tartare du vali de Bagdad, qui, se trouvant au camp pour des affaires de son maître et prêt à se mettre en route, avait été chargé de porter la nouvelle que, Belgrade ayant capitulé, l'aga des janissaires était aussitôt entré dans la ville, les janissaires avaient occupé les portes, le général des djébedjis avait pris possession des munitions, et le topdji-bachi des canons. A cette nouvelle, le caïmacam leva la séance et, après avoir interrogé le courrier à deux ou trois reprises et s'être assuré que telle était bien la vérité, il l'envoya sur l'heure au Sultan avec son messager. Quand le Sultan fut convaincu de l'exactitude de la nouvelle, il fit don au courrier de cinq bourses, lui accorda une paie quotidienne de vingt aspres et gratifia d'une bourse le messager qui l'accompagnait. On tira ce jour-là même une salve d'artillerie. Cette heureuse nouvelle causa une vive satisfaction, tant aux hauts dignitaires qu'à tous les autres employés de la Porte, petits et grands. Pas un tchocadar ne resta à son

poste, mais tous couraient, allaient et venaient, bondissant d'allégresse, donnant et recevant des félicitations pour cette très joyeuse nouvelle.

Le lendemain, il arriva un tchocadar du mectouptchi-effendi, qui était parti du camp le même jour que le tartare, et avait dépensé en route trois cents piastres pour frais de poste. Lui aussi affirma verbalement (car il n'apportait pas de lettre) ce qu'avait dit le premier courrier, dont les déclarations se trouvèrent ainsi confirmées.

Le khasnadar du Sultan, qui était parti avant la capitulation de Belgrade, arriva également. Il apportait à Sa Hautesse des lettres du grand vizir, dans lesquelles celui-ci l'entretenait de plusieurs affaires. En voici le résumé : Le jour où arriva l'ambassadeur de France, un colonel, accompagné d'un secrétaire, sortit de Belgrade et demanda instamment la conclusion de la paix. Dans une entrevue, à laquelle assista l'ambassadeur de France, nous eûmes une assez longue conversation, et nous renvoyâmes à Belgrade le colonel et le secrétaire, après leur avoir fait une réponse appropriée à la circonstance. Ils revinrent et demandèrent d'une façon pressante que la paix fût conclue, moyennant la capitulation de Belgrade. Ils ne dissimulèrent pas que l'Empereur inclinait à prendre ce parti. A la suite de trois conférences consacrées à cette affaire, après aussi que les deux parties eurent fait les déclarations nécessaires et que l'on eut produit les lettres de l'Empereur revêtues de son sceau et adressées au général de Wallis, à qui elles conféraient pleins pouvoirs pour conclure la paix, on résolut de rendre Belgrade, et le grand vizir demanda que la délimitation des frontières fût réglée de la façon suivante : Du bas pays jusqu'à Sebeș, Lugoș et Mehadia, et du haut pays jusqu'à Bougurdelen, à la condition que toutes les palanques situées entre ces localités et dans leurs environs resteraient aux Turcs, sans qu'ils fussent astreints à en démolir aucune. Quant à la paix avec la Russie, les lettres du grand vizir disaient que l'ambassadeur de France, ayant montré à Ostermann et à Münich les lettres qui lui donnaient pleins pouvoirs, avait pris sur lui de conclure la paix dans l'espace de quinze jours à l'honneur de la Porte, et que cette affaire avait été l'objet de nombreuses conférences.

On fait à Constantinople des préparatifs de réjouissances. La flotte sera illuminée avec des lampions placés au haut des mâts et il y aura, en outre, d'autres divertissements du même genre. Les janissaires ont reçu ordre de décorer leurs casernes avec des branches de laurier et choses analogues.

Les Francs de Péra étaient dans une grande effervescence et n'ajoutaient pas foi à la paix, mais forgeaient dans leur esprit maintes suppositions. Cependant ceux qui s'entretenaient de cet évènement avec eux, les y faisaient croire bon gré mal gré.

Le Prince reçut la nouvelle que, le 16 du présent mois, le séraskier Véli Pacha ayant engagé un combat avec Münich, les armées ottomanes avaient subi un échec en escarmouchant avec les Russes. Accoutumés à vaincre et, partant, remplis de courage, et méprisant les Russes, les Turcs les avaient attaqués, en poussant des cris, comme c'est leur habitude, après avoir élevé des retranchements et établi leur camp vis-à-vis d'eux. Mais les Russes, à la vue de l'attaque des Ottomans, au lieu de marcher droit sur eux, suivirent une autre route, les prirent par derrière et les enveloppèrent. Les Turcs, ne trouvant rien autre chose à faire, s'élancèrent, infanterie et cavalerie, en poussant des cris, contre les Russes. Ceux-ci commencèrent par leur lancer deux ou trois bombes ; puis, au fur et à mesure qu'ils les voyaient approcher, jusqu'à deux et trois cents projectiles; enfin, quand il les virent prêts à fondre sur eux, ils ouvrirent un feu si intense qu'il ébranla la terre et se prolongea comme un roulement de tonnerre non interrompu. Épouvantés de cette attaque, les Turcs prirent la fuite, rentrèrent dans leur camp et se mirent en devoir de plier leurs tentes. Alors les Calmoucs, les Cosaques et les Catans, se détachant de l'armée moscovite, se mirent à la poursuite des fuyards, les taillèrent en pièces, s'emparèrent de leur camp tout entier, de leurs munitions et de leurs canons (les Turcs ne purent en sauver que cinq ou six). Tout le reste, même les tentes du séraskier et des autres pachas, tomba entre les mains des Russes. Les cuisiniers chargèrent précipitamment sur leurs épaules les marmites des odjacs et réussirent à les sauver.

L'armée ottomane était forte de trente ortas de janissaires à pied, tous de mille hommes, de mille bostandjis, de cent quatre-vingts compagnies de serdenguetchtis, de deux cents atic-agas avec quelques hommes, de cinq compagnies de miri-levends, de mille taraclis, plus mille janissaires à cheval, trois cents lipcans, trois pachas à trois queues, savoir le séraskier Véli Pacha, Gentz Ali Pacha et Coltchac Pacha; trois pachas à deux queues : Ibrahim Pacha, Sinec Pacha et Atmadja Pacha. Cela faisait un total de douze mille hommes, auxquels il faut ajouter quatre-vingt mille Tartares. Ils avaient quatre-vingts canons. Les Tartares Nogaïs ne se trouvaient pas sous les ordres du sultan, mais seulement les Boudjaclis. De bostandjis et de janissaires à pied, il n'en resta pas même un cent.

L'armée russe se composait de quatre-vingt mille hommes. Elle campa durant douze jours près du pont de Trula, à Cernăuțî. Elle a mis dix jours à se rendre dans le voisinage de Hotin.

Véli Pacha, vaincu et en fuite, arriva, le 20 août, sur les hauteurs de la Resina, près de Codru, et apprit que Gentz Ali Pacha avait passé par là, le 19 au soir, avec les autres pachas, y avait campé durant la nuit et était parti le matin pour Bender ; enfin, que le séraskier sultan venait derrière lui.

Dans cet endroit, des Lipcans qui venaient de Hotin et Yerli, aga de cette ville, apportèrent à Véli Pacha la nouvelle que, le 17 courant, c'est-à-dire le lendemain de la défaite des Turcs, les Russes étaient entrés à Hotin et avaient pris possession de la ville, que Coltchac Pacha, commandant de cette place, l'avait rendue à composition, ne se sentant pas capable de résister à l'ennemi. Les Russes l'avaient fait prisonnier avec son harem et sa suite, et l'avaient fait passer sur le territoire polonais, vis-à-vis de Hotin.

Véli Pacha arriva à Bender le 25 août. Il y trouva les autres pachas, avec lesquels il rédigea un rapport où il relatait tout ce qui s'était passé, envoya ce rapport à la Porte, et attendit une réponse dans la crainte et le tremblement, à cause de la défaite que les Russes lui avaient infligée. Le séraskier sultan entra dans le territoire moldave.

Telle était la situation des affaires, lorsque le prince Grégoire écrivit à Véli Pacha, pour lui demander des secours, par crainte de Cantemir. Atmadja Pacha lui fut envoyé avec un certain nombre de troupes.

27 août. — Le Prince quitta la métropole[1] et rentra au palais avec toute sa suite.

On retira d'entre les mains des séimènes, par ordre du Prince, les deux susdits boyards : l'armaș Joannitza et Georgakis Canélos.

---

[1]. Nous avons vu précédemment, page 227, que le Prince avait transféré son domicile à la métropole, le 7 juillet 1739.

29 *août*. — Le Prince envoya à Craiova le grand comis Constantin le Zagorien, pour procéder, de concert avec l'évêque de Rîmnic et le ban, à la régularisation des affaires du pays. Il le chargea de porter à l'évêque, en témoignage de son respect, une mitre, un omophorium, et deux candélabres d'argent, dont l'un à trois branches et l'autre à deux.

30 *août*. — Un tchocadar du grand vizir apporta au Prince un firman lui enjoignant d'envoyer sans retard au Ghirdap mille ouvriers et cent mille rouleaux de ficelle, pour les besoins des navires qui devaient porter des subsistances à Belgrade.

Le Prince envoya dans les cinq cadilics transolténiens cinq vornics : dans celui de Vîlce, Georgakis Canélos ; dans celui de Romanați, Constantin Chiotis, ancien grand armaș ; dans celui de Jiul-de-Jos, le capitaine Eliascu ; dans celui de Mehedinți, Radu, ancien ispravnic de Ploiești, et dans le Jiul-de-Sus, le postelnic Léonard.

Le prince Grégoire, qui se trouvait dans la plaine de Galata (Moldavie), écrivit au séraskier sultan de lui envoyer des secours. Il les attendait, lorsqu'il apprit que ses grand'gardes d'Isnovăți (car il en avait placé de ce côté-là du Prut) en étaient venues aux mains avec celles de Cantemir, et que, du côté de Cantemir, il y avait eu un homme de tué et deux du sien. Cependant, les gens du prince Grégoire, ayant fait un prisonnier, le lui amenèrent ; interrogé, cet homme, qui était un Moldave de Cantemir, répondit que, la veille, Cantemir avait passé le Prut à Isnovăți, avec les Cosaques, les Russes, les autres troupes, et les Valaques qu'il avait sous ses ordres ; que le maréchal Münich, avec l'armée russe, l'avait franchi dans la partie inférieure de son cours et se disposait à prendre la route de Stefănești [1]. Quant à Cantemir,

---

1. Stefănești, commune du district de Botoșani, arrondissement de Stefănești. Trois mille quatre cent vingt habitants.

il allait marcher directement sur Jassi. Informé de cela par d'autres sentinelles avancées et n'étant pas en force d'entrer en ligne et de résister, le prince Grégoire s'éloigna de Jassi, et nomma caïmacams le grand logothète Sturdza et le grand vornic Cantacuzène. Il passa la montagne, se rendit entre Scînteïe [1] et Vaslŭi [2], donna avis de ce qui se passait au séraskier sultan et attendit la réponse dans l'endroit où il se trouvait.

Quand la paix fut conclue entre les Turcs et l'Empereur, que le calme fut rendu aux populations, que les affaires eurent repris leur cours primitif, que les négociations furent entaméees avec les Russes, et que la Valachie eut cessé d'être le théâtre des déprédations des Allemands, le prince Constantin pensa à faire revenir à Bucarest les princesses et toute leur suite. En conséquence, il envoya à la capitale le grand vameș Chrysoscoulos Vlastos, l'ancien colonel Pascalis, Démétrakis Djanoglou et le bach-boulouc-bachi Anastase, avec tout l'attirail nécessaire et une nombreuse escorte de seimènes, afin que les princesses pussent quitter Constantinople avec ce cortège.

Nonobstant les occupations indispensables que lui imposait chaque jour l'exécution des ordres de la Porte, le Prince fit choix de douze grands boyards (pris en dehors du grand vornic, du grand logothète et du vestiar, absorbés par d'autres services d'une plus grande nécessité) et les chargea de siéger quatre à tour de rôle, pendant deux jours chaque semaine, pour examiner et juger les affaires litigieuses des habitants, rendre des verdicts conformes à la justice et donner acte de leurs dé-

---

1. Scînteïe, village du district de Vaslŭi, arrondissement de Mijloc; forme commune avec Bodeștĭ.

2. Vaslŭi, ville du district du même nom, arrondissement de Mijloc, sur le Bîrlad; sept mille sept cent soixante habitants.

cisions aux personnes jugées. Ces nominations et l'établissement de cette juridiction obtinrent l'approbation et l'éloge de tout le monde.

Jacques fut envoyé à Giurgiu pour acheminer de cette ville sur le Ghirdap mille ouvriers et y expédier les ficelles dont on avait demandé l'envoi.

RELATION

DE L'ASSASSINAT DU MAJOR SINCLAIR

Sinclair partit de Constantinople, le 15 avril 1739, pour se rendre à Stockholm. Il était accompagné d'un marchand français, nommé Couturier. Lorsqu'il passa par Hotin, le pacha de cette ville lui donna à lire une lettre en polonais, où il était dit qu'une grosse récompense avait été promise à celui qui arrêterait le major Sinclair, qu'on l'attendait à Léopol, et qu'il devait se garder de suivre cette route.

Cet avis fut confirmé par un Polonais qui arrivait de Varsovie et avait été au service du ministre de Pologne près la Porte ottomane. Cet homme affirma qu'un Grec, habitant Léopol, l'avait maintes fois assuré qu'on attendait le major Sinclair, et que ce Grec lui avait paru déterminé à ne pas laisser échapper l'occasion de gagner quelques centaines de ducats, s'il pouvait avoir connaissance du passage de cet officier. Le complot était donc certain. Le duc de Courlande et le comte d'Ostermann, désireux de connaître l'objet des négociations de Sinclair, avaient résolu de le faire arrêter, pour s'approprier ses papiers, et avaient expédié des ordres en conséquence au maréchal Münich. Le pacha de Hotin conseilla au major de passer par Stanislav, résidence de M. Potocki, grand général de la couronne, le fit escorter jusqu'à cette ville, et lui donna des lettres pour le palatin de Kyjev.

1er *juin* 1739. — Sinclair, arrivé à Stanislav, dit à un cavalier que lui avait donné pour guide l'officier polonais qui commandait dans la petite ville de Sténac, de le mener à une auberge. Ce cavalier le conduisit chez un Juif, qui était voisin de la demeure du colonel russe Darewski. Aussitôt les valets du Russe arrivant dans l'hôtellerie, sous prétexte de boire du brandevin, considérèrent très attentivement le major suédois et son compagnon de voyage. Ils en rendirent compte à leur maître, qui fit partir à l'instant son secrétaire pour Léopol.

Peu après l'arrivée des voyageurs, un lieutenant russe les conduisit chez l'adjudant général Savvas, qui les reçut poliment. Un des officiers qu'ils y trouvèrent leur demanda leur nom, leur état et leurs passeports. Ils répondirent que Sinclair était un gentilhomme suédois, et Couturier un marchand français ; les passeports ne contenaient pas d'autres qualifications. On insista vis-à-vis de Sinclair, en lui demandant s'il n'était pas militaire et ajoutant qu'il en avait l'extérieur. Il répondit qu'il ne l'était pas ; et celui qui l'interrogeait dit alors qu'on donnait souvent des passeports à des officiers, comme s'ils étaient marchands. On fit aussi quelques questions à Couturier sur son passeport. Ensuite le lieutenant qui les avait amenés les contraignit d'aller boire avec lui dans sa chambre, et parut avoir dessein de les enivrer pour les faire parler ; mais il s'enivra lui-même et les délivra ainsi de ses importunités.

Le lendemain, ils obtinrent sans difficulté des passeports du grand général Potocki, avec une instruction sur la route qu'ils devaient tenir, et un ordre général aux commandants militaires de les faire escorter dans toute la Pologne.

3 *juin* 1739. — Ils quittèrent Stanislav, et n'en étaient pas

fort loin lorsque deux personnes à cheval les rejoignirent et les saluèrent très poliment. L'une était un petit garçon vêtu de blanc qu'ils avaient vu à Stanislav chez le colonel russe ; l'autre portait la livrée de ce colonel. Après avoir dit quelques mots à l'escorte, ces deux hommes prirent les devants.

Un des soldats polonais dit à Sinclair que c'était un des officiers de la garnison de Stanislav avec son domestique, et qu'ils étaient pressés, disaient-ils, de se rendre à Léopol. Cependant ils restèrent en arrière dans une petite ville que Sinclair traversa quelques heures après. Cet officier remarquait à chaque changement d'escorte que ceux qui étaient relevés disaient quelques mots très bas à ceux qui les remplaçaient. Il paraissait donc qu'ils avaient des ordres verbaux à se communiquer.

7 juin 1739. — Arrivé à Lugensko, il présenta au gouverneur de cette ville les ordres du grand général, et en obtint une escorte. Tandis qu'il l'attendait, il se présenta un Juif qui demanda au laquais de Sinclair quel chemin son maître se proposait de tenir, disant, avoir d'avoir eu la réponse, qu'un autre Juif de Gniev voulait profiter de l'escorte. La demande parut suspecte. Le Juif, interrogé par le gouverneur, à la sollicitation de Sinclair, donna des réponses ambiguës, parut effrayé, dit qu'un autre Juif l'avait engagé à prendre cet éclaircissement en lui donnant trois rixdalers. Le gouverneur fit arrêter cet homme, et promit de ne le mettre en liberté que vers le soir du lendemain.

8 juin 1739. — Les deux voyageurs, continuant leur route, furent rejoints à Gogov par un cavalier que leur envoyait le gouverneur de Lugensko, pour les informer qu'ils étaient suivis par quelques personnes déguisées en Cosaques. Ils se hâtèrent d'arriver à Holstein, sur les frontières de la Silésie, et leur escorte, avant de les quitter (9 juin), les accompagna jusqu'à deux milles dans cette province.

Ils allèrent ensuite à Lublinitz, où ils se proposaient de rester peu de temps ; mais il leur fut enjoint de ne pas sortir de cet endroit, jusqu'à ce qu'un commissaire eût visité leurs passeports, et se fût assuré qu'ils ne venaient pas d'un endroit infecté de peste. Ils furent donc visités par le commissaire, reçurent de lui un passeport pareil à celui que leur avait donné le général Potocki, et se rendirent à Breslau (13 juin).

Sinclair y logea dans le faubourg, à l'Épée d'or, chez un aubergiste nommé Jean Theiler. Il choisit cette hôtellerie, afin que personne ne sût qu'il venait de Constantinople, et qu'il avait dessein de séjourner deux jours, pour attendre le départ de la poste ordinaire, qui était plus sûre et moins dispendieuse (lundi 15 juin 1739). Mais, ayant appris qu'elle ne partirait que dans quatre jours, il demanda des chevaux de poste extraordinaires.

Son laquais, nommé Bunek, était de Breslau. Il avait obtenu son congé, et un nommé Scholtz l'avait remplacé. Bunek, ayant sa liberté, s'en alla dans sa famille, mais ce ne put être sans que les magistrats en fussent instruits. Le directeur comte de Schafgotch, apprenant que cet homme venant de Constantinople n'en avait pas sa déclaration, le fit venir à l'Hôtel-de-Ville, l'interrogea sur toutes les circonstances du voyage de son maître, lui demanda ses passeports, et le retint en prison pendant trois semaines.

Sinclair, informé de ce qui se passait à l'égard de son laquais, se hâta d'envoyer chercher les chevaux qu'il avait demandés. Il se préparait à partir, lorsque le chancelier du couvent de Saint-Vincent, dans la juridiction duquel était l'hôtellerie, s'y transporta par ordre du comte de Schafgotch. Il y dressa un procès-verbal, et interrogea d'abord et séparément la maîtresse de l'hôtellerie, puis le major, ensuite le marchand. Il leur fit ôter leurs armes et garder la porte de leur chambre par deux sentinelles. Il visita très exactement tous leurs passeports et toutes leurs lettres, excepté celles du Grand Seigneur et du vizir que Sinclair tenait dans un coffre. L'officier de justice voulut prendre un rouleau de papiers contenant les pouvoirs et instructions du roi de Suède, écrites par ce prince même, pour les faire voir au comte de Schafgotch ; mais le major s'y opposa, en disant qu'il les présenterait à M. le Directeur, s'il le désirait.

Le chancelier porta cette procédure au comte de Schafgotch, et dit devant le laquais de Sinclair que son maître avait sûrement quelque ennemi dans Breslau. Le comte le renvoya quelques heures après à l'hôtellerie pour faire au major des excuses de ce qui était arrivé, et lui dire que la crainte de la peste avait fait donner les ordres les plus rigoureux d'arrêter toutes les personnes venant de l'étranger, mais qu'il était libre de continuer sa route.

Sinclair protesta de nouveau contre le traitement qu'il venait d'éprouver (16 juin), et partit le lendemain pour Grünberg, par le chemin de Neumarck.

17 *juin* 1739. — Le même jour, deux étrangers, suivis de quatre hommes revêtus de livrées, venant par le chemin d'Oels et de Vartemberg, arrivèrent à Breslau. Ils descendirent au Cerf-bleu et se dirent officiers russes. L'un d'eux, nommé le capitaine Kutler, avait un habit vert ; l'autre, qu'on nommait le lieutenant Lewitski, était vêtu de rouge. La livrée était brun roux avec le galon rouge et bleu. Un des quatre hommes qui la portaient dit qu'il était bas officier, que les autres étaient dragons, et qu'il y avait deux Allemands et deux Russes.

Les officiers témoignèrent beaucoup d'empressement pour voir le directeur Schafgotch. Ils déclarèrent qu'ils étaient des officiers russes qui venaient lui communiquer des affaires très importantes. Le comte leur ayant fait demander par son coureur quel était l'objet dont ils voulaient l'entretenir, ils lui écrivirent une lettre et n'eurent audience qu'à huit heures du soir. Il les fit prier par un page de se rendre chez le chancelier, où il tint pour eux une séance extraordinaire. Ils ne lui célèrent point qu'ils poursuivaient un major suédois, nommé Sinclair, venant de Constantinople, pays ennemi; que cet officier était porteur de dépêches dangereuses; qu'il venait de négocier des conventions qui intéressaient toute la chrétienté; qu'ils avaient ordre de l'arrêter; qu'on leur avait dit qu'il était parti de Breslau ce même jour, et qu'ils le priaient de les seconder promptement. Alors le comte leur communiqua une lettre qui portait que le major Sinclair, si les Russes parvenaient à l'arrêter, serait détenu, mais d'une manière décente et convenable; que ses effets et papiers seraient scellés avec son propre cachet et celui du directoire, après qu'on aurait pris un relevé des suscriptions de toutes ses lettres; mais que ni lui ni ses effets ne seraient livrés que par les ordres du directeur, auquel on devait donner, à l'instant même de la détention, une information détaillée.

Les Russes, revenus à leur auberge, reçurent bientôt leurs passeports, et partirent vers minuit avec leurs quatre laquais et deux postillons (16 juin); les portes de la ville restèrent ouvertes jusqu'à cette heure, par ordre du magistrat. Ils furent enregistrés à la poste, l'un sous le nom et titre du bade Kutler, capitaine, l'autre sous celui de Lewitski, lieutenant; et l'on sut ensuite qu'un nommé Kutler était en effet depuis huit ou neuf ans au service de la Russie. C'était un gentilhomme catholique de la Haute-Silésie. Il avait fait des études aux Jésuites de Breslau, et connaissait dans cette ville le médecin Helvic, chez lequel il attendit l'audience du comte de Schafgotch : ce fait a été certifié par le médecin et par sa femme. Kutler était de taille médiocre. Il avait le visage long et blême, portait ordinairement la tête penchée, et était âgé d'environ trente ans. Sa mère vivait encore et ne demeurait pas loin de Rabor. Il était capitaine au régiment d'infanterie de Butler et avait suivi avec quelques autres officiers M. Braun, colonel du régiment de Kyjev, qui était parti vers la fin d'avril de la ville du même nom, pour se rendre à l'armée de l'Empereur. Il y avait déjà longtemps que ce Kutler croisait aux environs de Jaroslav, de Cracovie et de Varsovie, disant qu'il voyageait pour son plaisir, qu'il allait quitter le service de la Russie et se retirer chez lui.

Quant à son camarade, un gentilhomme polonais, habitant Léopol, assura que les officiers russes qui poursuivirent le major suédois étaient de la garnison de cette ville et qu'un d'eux était un nommé Lewitski. Un autre gentilhomme polonais du même endroit et un nommé Biazzo Voutico, de Smyrne, qui remplissait auprès de Rakoczi l'office de drogman, confirmèrent ce témoignage, et affirmèrent que Lewitski était lieutenant dans le régiment de Rokiskipolk, cavalerie. Plusieurs lettres dignes de foi venues de Léopol assurèrent qu'il était de notoriété publique qu'un Polonais, nommé Lewitski, officier au service de Russie, était un de ceux qui avaient poursuivi Sinclair; qu'il habitait Léopol, lorsque l'officier suédois passa en Pologne, et qu'il en partit furtivement. Ces témoignages réunis à ceux des quatre hommes en livrée et du registre de la Poste ne laissent pas lieu de douter que le second de Kutler n'ait été ce Lewitski. Il était grand, robuste, bien fait, âgé de vingt à vingt-cinq ans, ayant les cheveux noirs. Nijna était sa patrie.

Dès que le secrétaire de Darewski leur eut appris l'arrivée de Sinclair, ils sortirent de Léopol avec un Juif de cette ville, qui s'associa un autre Juif, afin que l'un pût veiller sur le major suédois et l'autre faire l'office de courrier pour donner les avis. Kutler et Lewitski avaient pris d'abord deux chemins différents, mais ils se réunirent quand ils surent que Sinclair allait à Breslau.

Ces deux Russes et leurs gens sortis de cette ville s'informaient sur toute leur route du major suédois, dont ils parlaient comme d'un espion qu'ils poursuivaient pour l'arrêter et le faire périr. Ils apprirent à Neustædel que Sinclair était passé, il y avait environ deux heures, et qu'il suivaient le chemin de Grünberg. A la vue des ordres du directoire impérial dont ils étaient porteurs, on leur donna promptement des chevaux et deux postillons. Ils demandèrent en route à l'un de ceux-ci combien il y avait de Neustædel aux frontières de Saxe, et à celles de Pologne. Le postillon leur dit que la Pologne était à quatre milles et la Saxe à trois. Ils engagèrent ces deux hommes à faire diligence, et promirent à chacun d'eux un ducat, s'ils atteignaient celui qu'ils suivaient depuis si longtemps. Ils ajoutèrent que le voyage leur coûtait déjà plus de cinq cents ducats.

Sinclair et Couturier couraient en chaise de poste. Ils traversaient, vers les trois heures de l'après-midi, le petit village de Zauche, à trois milles de Neustædel et à un mille de Grünberg, lorsqu'ils furent aperçus par les Russes. « Voilà notre maraud, dit Kutler à ses postillons, c'est celui qui est du côté droit. » Les Russes ralentirent leur pas en traversant le village, et se remirent au grand galop, quand la chaise en fut sortie. Sinclair, les ayant aperçus, demanda au postillon qui le menait s'il les connaissait. Cet homme répondit que non, mais qu'il voyait parmi eux un de ses camarades. Il ajouta qu'il n'y avait rien à craindre : « C'est peut-être, dit-il, une précaution que le gouverneur de Breslau prend pour votre sûreté. »

Lorsque la chaise eut repris le grand chemin, à une portée de fusil du village, les Russes vinrent l'entourer en se plaçant trois de chaque côté ; ils avaient tous des pistolets tant à la ceinture qu'à l'arçon de la selle, et portaient aussi des épées ou des sabres. L'un d'eux ordonna au postillon d'arrêter ; alors Kutler s'avança, saluant très poliment le major, lui demanda en français s'il ne venait pas de Breslau, et s'il n'était pas M. Sinclair ? « Oui, » répondit le Suédois. « Je me vois avec peine, répartit le Russe, obligé de vous annoncer qu'il faut retourner sur vos pas. Vous savez que, lorsqu'un homme d'honneur est chargé de quelques ordres, il doit les exécuter. » En même temps, il ordonna au postillon de tourner. Sinclair lui ayant demandé quels étaient ces ordres, le Russe répondit avec beaucoup de marques de politesse : « Vous les verrez, Monsieur, au premier endroit commode, et reconnaîtrez que vous n'êtes pas entre les mains de voleurs de grand chemin. »

Ils repassèrent le village de Zauche et prirent le chemin de Christianstadt, par Heide et Fürstenau. A ce dernier endroit, Couturier remarqua que l'officier russe donnait des ordres secrets. Quelques moments après, il lui témoigna combien il était surpris de se voir détenu comme un prisonnier, après avoir présenté au gouverneur de Breslau un passeport du marquis de Villeneuve, ambassadeur de France à Constantinople, dont la protection méritait les plus grands égards, surtout en ce moment où il faisait l'office de médiateur entre la Porte et les puissances chrétiennes contre lesquelles elle était en guerre. La réponse de Kutler fut un sourire dédaigneux.

Lorsqu'il fut un peu plus loin, Sinclair lui demanda plusieurs fois à voir ces ordres dont on lui parlait : on lui promit que ce serait à la ville prochaine. Le major et Couturier, insistant de nouveau, dirent qu'ils voulaient enfin savoir sur quel ordre ils étaient arrêtés et à quel endroit on les menait. Alors Kutler leur montra un papier sur lequel était un grand sceau. Il l'ouvrit à moitié, en leur disant : « Les voilà, puisque vous les voulez voir. Ils portent que, Sinclair étant chargé de mémoires que l'on tient pour dangereux, il est enjoint à moi, Kutler, de l'arrêter partout où je le pourrai joindre, et de m'assurer de la vérité. »

Sinclair objecta que ses papiers avaient été visités à Breslau, et Kutler répondit que cet examen ne paraissait pas avoir été fait avec assez de soin ; mais qu'ils n'avaient rien à craindre, que les lettres des têtes couronnées étaient toujours respectées et que, s'il n'avait pas d'autres papiers, la commission serait bientôt faite. « Au reste, ajouta-t-il, vous savez bien que ceux qui sont aux arrêts remettent leurs armes. » Les deux prisonniers, ne prévoyant pas qu'ils dussent en avoir besoin, livrèrent celles qu'ils avaient.

Kutler envoya ensuite un de ses postillons dire au maître de poste de Neustædel qu'ils avaient trouvé celui qu'ils cherchaient, et le maître de poste fit passer aussitôt cette nouvelle au directoire de Breslau. Les magistrats avaient beaucoup d'inquiétude sur le sort du major suédois. Dès qu'ils le surent entre les mains des officiers russes, ils firent partir un courrier chargé d'une lettre pour ces officiers. Cet homme disait sur la route que c'était un ordre et que, s'il pouvait les rejoindre assez promptement, il sauverait la vie au major Sinclair.

Les Russes étant arrivés à un bois situé à deux milles de Zauche, y firent entrer la chaise et s'arrêtèrent à vingt pas du chemin. Ils renvoyèrent un guide qu'ils avaient pris à Fürstenau. Ensuite ils voulurent visiter les effets de Sinclair. Celui-ci fit quelques représentations et donna les clefs à Kutler. Alors le Russe, d'un ton irrité, commanda qu'on ouvrît les coffres. Mais, à l'instant, il changea de pensée, disant qu'ils trouveraient un lieu plus commode. Ils se remirent donc en chemin. Les deux officiers, toujours auprès de la chaise, se consultaient entre eux et demandaient souvent au postillon s'ils étaient loin des frontières.

Vers les huit heures du soir, ils parvinrent à l'extrémité du bois, et découvrirent de loin la petite ville de Naumburg. A cette vue, Sinclair et Couturier sentirent quelque joie, Kutler fit arrêter ici pour la troisième fois, disant qu'il ne voulait pas donner les deux prisonniers en spectacle à toute la ville, en y entrant de jour, qu'ils pouvaient l'attendre dans le bois jusqu'à la nuit et qu'il allait à Naumburg chercher un logement. Il partit aussitôt suivi d'un seul postillon. Lorsqu'ils furent éloignés, le Russe demanda au postillon s'il y avait des troupes dans la ville et si l'on pouvait toujours passer sur le pont. Le postillon, qui l'ignorait en fit la demande à un homme qu'ils rencontrèrent. Celui-ci répondit qu'on passait le pont librement et en sûreté, mais qu'il n'y avait point de garnison dans Naumburg, et Kutler parut fâché qu'il n'y en eût pas.

Lorsqu'il fut dans la ville, il renvoya le postillon dire aux autres qu'ils pouvaient suivre; mais aussitôt il le rappela pour lui dire qu'ils marchassent lentement et n'arrivassent à la ville qu'à la nuit obscure, parce qu'alors ils finirait son affaire avec Sinclair et visiterait son coffre. Kutler revint bientôt à la chaise et Sinclair lui demanda s'il avait trouvé un bon logement. « Oui, répondit le Russe, quoiqu'un peu étroit ; et nous aurons à souper. Maintenant, continua-t-il, après avoir dit quelques mots à part à Lewitski, la visite peut se faire ; mais auparavant, dit-il, en s'adressant à Couturier, il faut que je vous parle. » En même temps il s'éloigna, et celui-ci le suivit à vingt pas de la chaise. Kutler, ayant lu dans ses tablettes, lui demanda s'il n'était pas M. Peiner Couturier, commis à Constantinople. « Je suis, répondit-il, Couturier et non pas mon commis Peiner. Quelque bienveillance que j'aie pour lui, j'aimerais mieux qu'il fût ici que moi. » Le Russe lui répéta qu'ils n'avaient rien à craindre et qu'ils n'étaient pas avec des voleurs. Il lui demanda ensuite : « Quelles sont vos affaires? Pourquoi allez-vous à Stockholm, et comment avez-vous connu Sinclair? » — « Vous pouvez, lui dit Couturier, vous être instruit de ces particularités par l'interrogatoire que j'ai subi à Breslau; mais, si vous voulez le savoir de moi-même, vous allez être satisfait. » Alors il répondit aux questions du capitaine russe et finit en disant que l'envoyé de Suède à Constantinople avait présenté le major Sinclair aux ministres étrangers comme un officier du plus grand mérite, et qu'ils en avaient tous pris et conservé cette idée. « Je vois, lui dit alors Kutler, qu'il a aussi votre confiance; vous pourriez cependant être en meilleure compagnie. Vous me paraissez un honnête homme, et lui ne l'est pas. Cet espion-là nous a coûté bien de l'argent et bien de la peine. »

Il revint à la chaise et ordonna la visite. « Mais, dit-il, que celui dont on examinera les effets soit seul présent, et que les autres se tiennent à l'écart. » Ensuite il parla quelque temps à Lewitski.

Sinclair et Couturier employèrent ces moments à s'entretenir : celui-ci était dans la plus violente inquiétude. Le major tâchait de le rassurer et lui témoignait combien il était affligé de le voir partager cette malheureuse fortune. « Ils vont sans doute, ajouta-t-il, vous laisser aller; mais ils m'enverront, moi, plus loin que Stockholm. Si vous y arrivez bientôt, comme je l'espère, faites-moi l'amitié de dire et de certifier que je ne suis en aucune manière la cause de mon malheur. »

Kutler étant revenu prit Sinclair à part, lui parla quelques moments, et pria Couturier de s'éloigner avec Lewitski :

alors le coffre du major fut ouvert. Un des postillons en tira deux lettres cachetées que l'officier russe examina, mais sans les ouvrir. Il parut désirer qu'on ôtât du coffre tous les effets. Ensuite, changeant d'idée, il demanda où étaient les papiers. « A gauche, au fond, » dit Sinclair. — « S'ils y sont certainement, répartit Kutler, nous les y trouverons toujours. » Le major l'en assura et referma le coffre. On visita aussi le porte-manteau, où l'on ne trouva que du linge.

Les deux officiers russes se parlèrent ensuite quelques moments, et appelèrent Couturier. En même temps, Lewitski, ayant regardé sur toutes les avenues, conduisit Sinclair à l'écart dans un petit taillis, et deux des soldats les suivirent. A peine Couturier avait-il ôté à moitié la chaîne de sa valise, qu'il vit une lumière et entendit un coup d'arme à feu vers l'endroit où était Sinclair. Il demanda ce que c'était. « Rien, dit Kutler d'un air agité ; refermez votre valise, nous la visiterons ailleurs. » Au même instant, Couturier et un des postillons virent Sinclair sauter entre les arbres avec assez de force, se tourner vers eux, et Couturier l'entendit prononcer en français : « Mon Dieu, Jésus, mon Dieu! » Alors Lewitski, appelant ses soldats, courut avec eux le sabre à la main sur le Suédois, et on entendit les coups dont ils le frappaient.

Couturier, plein d'effroi, attendait la mort à chaque instant et demandait la vie. Kutler, qui était allé au lieu de l'exécution, l'assura en revenant qu'on ne lui ferait aucun mal, pourvu qu'il gardât le silence. Couturier supplia aussi Lewitski en langue latine de lui accorder la vie et la liberté. Lewitski lui répondit : *Ne timeas. Peccatum esset contra Spiritum Sanctum male facere viro probo sicut tu. Iste habuit quod merebat. Erat inimicus magistri : inimicus magistri est inimicus Dei; et puto me non peccasse interficiendo eum.* C'est-à-dire : « Ne craignez rien. Ce serait pécher contre le Saint-Esprit que de faire du mal à un honnête homme comme vous. Celui-là n'a eu que ce qu'il méritait. Il était ennemi du maître ; l'ennemi du maître est l'ennemi de Dieu : et je ne crois pas avoir péché en le tuant. »

Un des postillons voulut aller à l'endroit de l'assassinat. Kutler le rappela en jurant et en l'injuriant. Il cria que tous ses gens montassent à cheval, et demanda si l'on avait fouillé le major. On lui répondit qu'il l'avait été, mais qu'il ne s'était trouvé aucune lettre dans ses poches. Lewitski monta dans la chaise avec le négociant français, et les soldats l'entourèrent. En ce moment, on entendit dans le bois un profond soupir. Aussitôt le lieutenant russe y envoya deux soldats pour consommer le meurtre, si le malheureux Sinclair respirait encore.

Kutler ayant pris les devants avec un postillon, celui-ci l'interrogea sur la conduite qu'il devait tenir à l'égard de l'évènement dont il venait d'être témoin. « Soyez tranquille, dit le Russe, et ne parlez pas avant que nous soyons à Neustædel ; celui que nous avons expédié ne méritait pas d'être parmi d'honnêtes gens. »

La chaise arriva vers dix heures du soir à Christianstadt. Les Russes s'y arrêtèrent deux heures pour se reposer ; mais, tandis qu'ils dormaient, deux de leurs soldats gardaient Couturier. Ils prirent ici deux chariots, l'un pour eux et le marchand français, l'autre pour leur équipage, et suivirent par Sorau et Triebel le chemin de Dresde.

Le malheureux Couturier, respirant à peine entre ces deux assassins, s'abandonnait aux plus sinistres idées. Ils m'ôteront aussi la vie, disait-il ; ils ne diffèrent de me tuer que pour ne pas laisser deux cadavres si voisins l'un de l'autre ; mais encore quelques pas, et j'aurai le même sort. Les deux Russes, le voyant morne, pensif, et tremblant d'horreur et d'effroi, lui parlaient l'un en latin et l'autre en français, puis parlaient entre eux polonais ou russe. Kutler lui répéta qu'il n'avait rien à craindre ; mais il lui prescrivit de ne parler à personne, et de ne faire aucune question ni sur eux, ni sur leur pays, ni sur l'endroit où ils allaient. « Vous ne le saurez jamais, ajouta-t-il ; et, si par quelque moyen vous échappiez de nos mains, vous avez vu par vous-même que nous savons trouver ceux que nous cherchons. Vous ferez donc mieux de garder le silence, et d'attendre que nous vous relâchions ; alors vous pourrez dire *tout ce que diable vous voudrez.* » Ce furent ses propres termes.

Les deux officiers russes voulurent persuader à Couturier que leur dessein n'avait pas été d'ôter la vie au major Sinclair ; qu'ils voulaient seulement lui lier les mains derrière le dos, et lui mettre un bâillon ; mais qu'il avait fait quelques pas en arrière et tiré sur Lewitski un coup de pistolet. « Je suis surpris, dit le négociant, que Sinclair ait eu un pistolet à mon insu ; mais vous devez l'avoir, ajouta-t-il, faites-le moi voir. » Kutler répondit qu'on n'avait pas pu le trouver, et qu'il craignait que le mort n'eût pas été fouillé avec assez d'exactitude. « Il avait peut-être, dit-il, quelques poches secrètes. »

Ils arrivèrent à un bois dans lequel était une petite maison voisine du chemin. Ils y entrèrent, fermèrent les portes et visitèrent les effets de Sinclair. Kutler, ayant trouvé les lettres du Grand Seigneur et du vizir, demanda au négociant ce que c'était. Couturier dit qu'il ne le savait pas, qu'il croyait que c'étaient quelques modèles d'écriture turque et autres bagatelles que l'envoyé de Suède faisait passer à quelques-uns de ses amis. Lewitski en ouvrit une, et Kutler voyant les caractères turcs et la suscription : « Ah ! dit-il avec joie, ce sont des lettres du Sultan. Je ne donnerais pas ceci pour cent mille roubles. » Ils trouvèrent dans le coffre le portrait de l'envoyé et celui du major Sinclair, avec plusieurs autres effets. Couturier leur dit qu'il y en avait que le ministre de Suède envoyait à ses parents, et qu'il les lui avait recommandés aussi bien qu'à Sinclair. Il les pria donc de les lui remettre, pour les porter à leur destination, mais Kutler répondit qu'il devait être content d'avoir ce qui lui appartenait, suivant la déclaration que le major en avait faite. « Quant aux portraits, dit-il, ils peuvent nous servir. » Et en même temps il les prit. Couturier représenta qu'une partie de l'argent qui était dans le coffre lui appartenait. Kutler lui répondit : « Les héritiers du mort vous le rendront. Nos gens ont bien mérité ce butin ; nous l'avons déjà partagé entre eux. » Ils se remirent ensuite en chemin, et arrivèrent à Dresde au lever du soleil (19 juin).

Ils s'y arrêtèrent dans une auberge du faubourg. Là Kutler visita les effets de Couturier avec le plus grand soin, se fit lire par lui-même une partie de ses papiers, les prit tous, même ses passeports, et partagea les habits et le linge de Sinclair avec Lewitski, demandant de temps en temps au négociant français quelle en était la valeur, afin que les parts fussent égales. Ensuite ils s'habillèrent pour aller en ville, et prirent des habits du major suédois. Couturier, qui était présent lorsque Kutler changea de chemise, remarqua qu'il avait des raies rouges sur le dos. Kutler prit aussi la perruque de Couturier; et, faisant un paquet de tous ses papiers, il les remit à un des soldats. C'était celui qui avait eu l'épée de Sinclair, parce qu'en l'assassinant il avait brisé la sienne.

Ils sortirent et laissèrent trois soldats avec le négociant. Celui-ci demanda instamment que son passeport au moins lui fût remis. Mais Kutler répondit que le tout lui serait bientôt rendu ; qu'il espérait le mener à un homme dont il serait bien reçu. Ils revinrent le soir, à onze heures, dans un carrosse à six chevaux, et vêtus d'autres habits. Ils s'étaient, dirent-ils, fort amusés de la frayeur de Couturier ; et un homme grave leur avait dit qu'ils pouvaient bien à présent lui ordonner de se taire et le laisser aller. « Comment pouvons-nous savoir, ajouta Kutler, si vous n'avez pas de mauvais desseins contre nous? » — « Vous savez ce qui en est, répondit Couturier, et vous pouvez bien, en effet, me laisser en liberté. » — « Pas encore, lui dit le Russe ; je veux lire tous les papiers, et surtout une lettre fort longue, et qui est en chiffres. La prudence demande que je vous accompagne encore quelques milles. »

20 *juin*. — Ils quittèrent Dresde à trois heures du matin, toujours accompagnés des quatre soldats, et arrivèrent vers six heures au fort de Sonnenstein. Ils se rendirent aussitôt chez le lieutenant-colonel Rantski, commandant en second, et lui présentèrent un ordre. Cet officier le lut deux ou trois fois, en le considérant très attentivement. Ensuite ils quittèrent ce lieu et y laissèrent Couturier, en lui promettant qu'il serait bientôt en liberté.

30 *juillet*. — Cependant il fut détenu dans ce fort pendant cinquante-six jours. Ce fut le trente juillet seulement que M. Kaiserling, ministre de Russie à la cour de Saxe, demanda par un *pro memoria* que le négociant français fût interrogé sur quelques faits.

13 *août*. — Quatorze jours après, l'auditeur général de Saxe vint lui faire trente-huit questions, auxquelles il fit autant de réponses qu'il confirma par le serment. Le seize août, on lui rendit ses effets et ses armes. Il fut conduit à Dresde chez le ministre de Russie, parce qu'ayant été mis en prison, dit l'auditeur, sur la demande de ce ministre, il devait lui

être présenté. M. Kaiserling lui fit beaucoup de compliments, et l'obligea de recevoir cinq cents ducats pour continuer son voyage. Couturier se mit aussitôt en route, et vint à Stockholm raconter le sort de l'infortuné Sinclair.

La détention de ce négociant au fort de Sonnenstein avait pour objet de cacher quelque temps le crime et les assassins. Ceux-ci restèrent peu de temps à Dresde. Ils en partirent le vingt-et-un juin, passant par Bantslau, Hainau et Lignitz. Ils n'osaient plus voyager qu'avec les plus grandes précautions. Aux environs de ce dernier endroit, ils passèrent un bois, tenant leurs armes apprêtées, et leurs soldats ayant le pistolet à la main. Kutler prenait sur les registres de la poste le titre et le nom de comte de Brinck. Ils passèrent la nuit à Kleinklotzen, et tâchèrent de cacher aux postillons la route qu'ils voulaient prendre. Cependant, on a su qu'ils étaient partis le vingt-deux juin avec six chevaux venus de Grossklotzen et s'étaient rendus à Beiche, pour y passer le bac de l'Oder; mais ce passage était alors interdit. Ce fut inutilement que, pour l'obtenir, ils envoyèrent leurs passeports à Glogau; ils furent obligés d'aller y passer la rivière et prirent ensuite par Fraustadt.

23 *juin*. — Le corps du major Sinclair fut trouvé cinq jours après l'assassinat. Un berger, que le hasard conduisit dans cet endroit, ayant vu le cadavre, courut le dire à Naumburg. Les magistrats y envoyèrent une garde, et en firent passer l'avis à Sorau. Aussitôt le comte Promnitz y envoya son médecin, le docteur Finger, avec un officier de justice. Ils trouvèrent le corps couché le visage contre terre, les bras étendus. Lorsque les habits furent ôtés, ils virent à l'estomac la blessure d'un coup de feu, dans laquelle on trouva une petite balle de pistolet. Il y avait à la tête deux coups de sabre profonds et un qui l'était moins; trois coups d'épée dans

le dos au dessous de l'aisselle gauche, dont deux traversaient la poitrine ; un autre sous le bras gauche, et un coup de sabre à la main gauche ; les marques des coups d'épée étaient aux vêtements. Le visage était entièrement défiguré ; on ne put pas distinguer si c'était par la corruption ou par les assassins, pour qu'il ne fût pas reconnu. Il y avait auprès du corps trois morceaux d'une lame d'épée très pointue, un anneau d'or au doigt, et dans les poches une boîte d'écaille avec du tabac. Ces pièces furent déposées avec les vêtements au château de Naumburg. Le corps fut enterré le lendemain, à quelques pas de l'endroit où on l'avait trouvé.

La nouvelle de ce meurtre parvint promptement à Stockholm. Le baron Payer de Haslakt revenait de Constantinople, envoyé par le ministre de Suède auprès de la Porte. Deux gentilshommes, qui le rencontrèrent à quatre milles de Breslau, lui dirent que des officiers russes avaient assassiné, entre Neustædel et Grünberg, par ordre de l'Impératrice, un major suédois nommé Sinclair, et plusieurs autres personnes le lui confirmèrent. Il apporta cette fâcheuse nouvelle dans la capitale, où bientôt il en arriva d'autres avis, mais surtout on en reçut par les ministres suédois dans les cours étrangères. Le crime ayant été commis sur les terres de l'Empereur, le roi de Suède fit demander à la cour de Vienne une information juridique et la poursuite des coupables. Il ordonna d'envoyer sur les lieux un homme capable d'y prendre d'abord en secret une connaissance des faits, qui le mît en état d'assister avec avantage à la procédure et de veiller à ce qu'elle fût faite avec l'attention et la régularité nécessaires.

On recevait de toutes parts des relations de cet attentat ; on en découvrait chaque jour quelques circonstances ; on accusait des officiers russes ; on nommait les assassins ; on disait que le directoire impérial de Breslau les avait favorisés ; les peuples outragés dans leurs droits demandaient justice ; la fermentation n'était pas moins vive dans les cours ; celle de Suède accusait hautement ; celles de Vienne et de Pétersbourg cherchaient les moyens de se justifier.

15 *juillet*. — L'envoyé de Russie à la cour de Suède fit part au président de la chancellerie des lettres qu'il avait reçues de l'Impératrice et du ministre Ostermann ; il lui témoigna combien cette princesse était fâchée d'un si funeste évènement. « Le major Sinclair a été assassiné, répondit le président, c'est tout ce que nous savons encore. »

16 *juillet*. — Le lendemain, le même envoyé présenta un mémoire concernant cette affaire. Il y disait que lui et tous les ministres de Russie étaient chargés par l'Impératrice de déclarer qu'elle n'y avait aucune part, et de représenter que nul homme sensé ne pouvait lui imputer ce crime, dont elle devait la première connaissance à une lettre datée de Grünberg et arrivée le 2 juillet à Pétersbourg par la poste de Berlin. « Cependant, continuait-il, comme on a pu savoir dans toute l'Europe les bruits répandus depuis la dernière diète de Suède, concernant les dispositions peu favorables de ce royaume à l'égard de la Russie ; comme on a parlé d'une alliance offensive et défensive entre la Suède et l'ennemi naturel de la chrétienté, on pourrait être induit à croire que Sa Majesté l'Impératrice, pour découvrir une trame aussi dangereuse, aurait fait commettre ce meurtre, d'autant plus qu'il est imputé à deux officiers russes. Mais, outre que tous ces bruits lui ont paru mériter peu de croyance, la paix de sa conscience et l'honneur lui sont trop chers, pour qu'elle voulût découvrir même le secret le plus important par de semblables moyens, qu'elle regarde comme infâmes, qu'elle déteste, qui lui font horreur. Cet exécrable attentat ayant été commis sur les terres de l'Empereur et du roi de Pologne,

elle a prié ces deux souverains d'ordonner que les auteurs en soient recherchés avec le plus grand soin. Et, quoiqu'elle ne puisse pas se persuader qu'ils soient de ses sujets, elle fait déclarer expressément qu'elle emploiera tous les moyens de les découvrir et de les prendre, pour montrer à toute la terre l'horreur que lui inspire une telle action, et le désir qu'elle a d'éviter tout ce qu'elle saura pouvoir altérer la concorde qui règne entre elle et la couronne de Suède. »

Vers le même temps, le résident de l'Empereur à Stockholm déclara qu'on lui avait mandé qu'un major suédois, nommé Sinclair, avait été poursuivi et tué aux environs de Christianstadt par des officiers russes ; qu'il n'en avait été fait aucune mention à la cour de l'Empereur au nom de celle de Pétersbourg ; silence qui paraissait confirmer que les officiers russes avaient outrepassé leurs ordres et agi contre la volonté de l'Impératrice ; que la cour de Vienne avait encore moins tenté de s'opposer au voyage du major Sinclair, quoiqu'il se fût répandu généralement que cet officier avait été envoyé pour conclure avec la Porte une alliance offensive et défensive. Suivant cette même déclaration et les rapports du directoire de Breslau, le sieur Colombofski, résident de Russie à la cour de Pologne, avait prié le sieur Kinner, résident de l'Empereur en cette même cour, d'écrire au directoire de Breslau, pour l'engager *à favoriser l'enlèvement de Sinclair, officier chargé de dépêches aussi avantageuses pour les infidèles que nuisibles aux deux empires alliés, et à toute la chrétienté...* La cour de Vienne, qui ne savait ni le départ, ni la route du major suédois, n'avait chargé d'ordre à cet égard ni son résident en Pologne, ni le directoire de Breslau. Mais, comme elle avait prescrit en général au résident Kinner de seconder les ministres de Russie, il avait pu se prêter à l'enlèvement du major Sinclair, d'autant plus que le droit naturel et celui des gens autorisent à empêcher par des moyens permis le dommage qu'on veut nous faire et l'avantage de nos ennemis.

Le sieur Kinner avait donc écrit à la réquisition du résident de Russie, mais sa lettre n'était parvenue à Breslau que huit heures après le départ du major suédois ; s'il y fut retardé, c'est qu'on le traita comme un voyageur venant des pays suspects de maladies contagieuses. Dès qu'on eut visité son passeport de santé, toutes les voies lui furent ouvertes ; tous les moyens lui furent offerts, pour éviter le danger qu'il pouvait craindre. D'ailleurs le résident Kinner n'avait demandé qu'un ordre d'arrêter Sinclair et de le remettre à la juridiction prochaine, avec injonction d'en instruire la cour et d'attendre de nouveaux ordres : les Russes prévinrent ces mesures.

Après avoir suivi Sinclair dans toute la Pologne, ils le rejoignirent vers Grünberg, mais ils n'osèrent le tuer qu'aux environs de Christianstadt. Cette précaution prouvait que la cour de Vienne n'y avait point de part. Elle fit même alors faire à cet égard des représentations à la cour de Pétersbourg par son ministre en cette cour. Enfin, c'était sur les ordres de M. Kaiserling, ministre de Russie à la cour de Saxe, que le négociant français Couturier avait été détenu à Sonnenstein, et ce fut à ce ministre qu'on le présenta lorsqu'on le mit en liberté.

A ces raisons justificatives l'Empereur joignit les faits. Dès qu'il eut appris le crime, il en témoigna son indignation ; il ordonna des perquisitions, au cas que les coupables fussent en son empire. Mais ils n'y avaient pas commis l'assassinat, et n'y étaient pas rentrés ensuite. Cependant il fit ordonner en Silésie les recherches demandées par le roi de Suède.

11 août. — Ce prince fit faire la même demande au roi de Pologne, qui répondit comme les autres, par son résident, que le crime commis en la personne du major Sinclair lui paraissait atroce, et qu'il ferait faire à cet égard les plus exactes recherches; mais que s'il était prouvé que le lieu de l'assassinat fût en Silésie, et qu'on eût engagé la cour de Vienne à des informations, il serait superflu d'en faire en Saxe; au surplus que, pour prouver la sincérité de sa conduite en cette affaire, il avait ordonné à son résident de donner copie de la demande faite par le baron de Kaiserling pour détenir Couturier, l'interroger, le relâcher ensuite, et d'y joindre celle de l'interrogatoire de ce négociant.

L'Empereur ayant permis que la procédure fût faite en présence d'un envoyé de Sa Majesté suédoise, le docteur Greuning fut chargé d'y assister. Il fit d'abord sur le lieu des informations particulières, et, dès qu'il sut que les ordres de Sa Majesté impériale étaient parvenus à Breslau, il se fit connaître au directoire, et demanda que les perquisitions fussent commencées à Neustædel, ce qui lui fut accordé. On y entendit tous les postillons qui avaient accompagné Sinclair et les Russes; on interrogea ensuite à Breslau ceux qui avaient eu connaissance du passage de ces officiers : tous les témoins déposèrent les faits qui viennent d'être racontés. Il fut évidemment prouvé par la procédure que le crime avait été commis par deux officiers russes et quatre soldats, sur des ordres émanés de la cour de Russie : aucune précaution n'avait été négligée pour le succès de ce projet médité depuis longtemps.

Dès l'été de 1737, on avait fait copier le portrait de M. de Sinclair par un peintre protégé de M. Bestuchef, envoyé de Russie. Ce fut le sieur Fünk, secrétaire de l'envoyé, qui en fit la demande au peintre, en disant que cet officier était bel homme, mais que c'était aussi une belle fille qui désirait ce portrait, et qu'il le priait de ne pas le nommer. Le sieur

Fünk s'adressa encore au même peintre pour le portrait d'un autre officier ; mais la fin tragique du major suédois était connue ; le peintre refusa de faire ce portrait pour le sieur Fünk; en protestant qu'il était trop fâché de lui avoir fait celui du malheureux Sinclair.

Les papiers enlevés à cet officier furent remis à la poste de Hambourg, le 9 octobre, par un courrier de l'Empire, qui dit qu'ils venaient de Francfort-sur-Main, et qui en prit reçu. Ils furent envoyés aussitôt à la cour de Suède, où, le paquet enveloppé de toile cirée ayant été ouvert, on y trouva toutes les dépêches publiques et particulières dont Sinclair était chargé. Les cachets avaient été rompus puis réunis.

Les informations étaient complètes, les faits attestés et les assassins connus. L'Impératrice de Russie ordonna qu'ils fussent arrêtés ; le prince et le ministre, dont ils avaient servi la cruelle politique, n'osèrent pas les défendre : ils livrèrent leurs vils instruments à la justice du souverain. Au lieu des magnifiques récompenses que les corrupteurs avaient fait briller à leurs yeux, ces deux criminels se virent traînés dans les cachots de la Sibérie. Un troisième officier russe, le lieutenant Wiersolowski, avait eu part au crime, quoiqu'il n'eût pas été présent à l'assassinat : il avait accepté la même commission ; il eut le même sort. Ces trois coupables méritaient sans doute une captivité perpétuelle. Cependant Élisabeth, ayant monté sur le trône, écouta ceux qui lui parlèrent en leur faveur, et, cédant à sa clémence naturelle, les fit placer dans des régiments de garnison, vers les frontières de la Sibérie.

Après avoir obtenu justice des auteurs subalternes de ce meurtre, le roi de Suède voulut rendre les derniers devoirs à son malheureux sujet. Le corps fut exhumé le 29 novembre, et transporté à Stralsund, où il fut enterré avec les honneurs et les regrets dus à un citoyen mort pour la patrie d'une mort barbare.

SEPTEMBRE 1739

Départ du tchocadar qui avait apporté le firman. — Argent que l'on envoya à Jacques. — Les Russes se mettent à la poursuite du prince Grégoire ; ses tribulations ; il se rend à Galați. — Nomination d'un ispravnic à Cîmpulung. — Évacuation du territoire valaque par les Allemands et les Catans. — Le Prince reçoit les articles des préliminaires de paix. — Mission de Paléologue en Moldavie. — Arrivée du général Michel à Bucarest. — Mission du portier Basilakis à Brăila et de Moros à Focșani. — Du firman adressé à Suleyman Pacha. — Des voleurs et du Catan amenés au Prince. — Arrivée d'Orlic à Bucarest. — Des Allemands qui se réfugièrent auprès du Prince. — Nomination d'un ispravnic à Tîrgoviște. — Conclusion de la paix avec les Russes. — Arrivée d'un aga du grand vizir avec un firman réclamant l'argent donné aux milices de Choumla. — On amène des voleurs valaques. — Addition de nouveaux articles au traité de paix avec la Russie. — Nobles allemands que le grand vizir emmena avec lui comme otages de la paix. — Nomination d'un defterdar à Belgrade. — Le grand drogman s'efforce de se faire nommer conseiller secret. — Il réussit à peine à se faire accorder huit bourses, payables par la Moldavie et la Valachie. — Chevaux que l'on donna à l'ambassadeur de France. — De l'aga des janissaires. — Mécontentement du Sultan au sujet de la paix avec les Russes. — Les hauts fonctionnaires de la Porte sont revêtus de pelisses et décorés d'aigrettes ; le grand drogman est exclu de cette faveur. — Le silicdar impérial se rend au camp. — Mémich Pacha est envoyé à Silistrie. — Mort de la validé-sultane. — Yegen Pacha est transféré dans une autre localité. — Le grand drogman réussit à obtenir que la nomination des drogmans de la flotte se fasse par son intermédiaire. — De Stéphanakis Démakis. — Envoi à Bender de fonds et de moucaréris. — Victoire remportée sur les Russes en Crimée. — Excès que commirent en Moldavie les Russes et les Cosaques. — Réception faite au maréchal Münich par les caïmacams moldaves. — Ordres de Münich. — Fossés dont on entoure Jassi. — Münich quitte Jassi et y laisse les princes rebelles. — Fuite des gens du prince Grégoire. — Route que suit Münich avec ses troupes. — Nominations faites par les princes. — Les Tartares font prisonniers des émigrés moldaves. — Les Moldaves sont trompés par les princes. — Catans de Coltchac Pacha. — Informations concernant les Russes transmises à Bender par le voïvode Kiowtski. — Les Russes font des réquisitions de vivres sans trouver la moindre opposition. — Ils saccagent les villages. — Des cossévis et des Heiduques de Bender et du Boudjac. — Les Moldaves révoltés tuent tous ceux qu'ils rencontrent. — Les Cosaques mettent à la torture un certain Stavros. — Déprédations qu'ils commettent à Lunca. — Le prince Dimitrașcu va chercher sa sœur. — Frayeur et fuite des Moldaves au bruit qu'on allait les réduire en esclavage. — Des Tsiganes qui furent dépouillés par les Cosaques. — Des Cosaques qui enlevèrent des bestiaux aux Moldaves. — Envois du prince Constantin au prince Grégoire. — Le prince Grégoire écrit au prince Constantin pour lui demander l'autorisation d'acheter des vivres en Valachie. — Départ de Dracos et de deux autres personnes pour Constantinople. — Du manifeste de Münich qui fut saisi en Transylvanie. — Du firman que le Prince reçut concernant l'acquisition de bœufs. — Des Allemands envoyés par l'ispravnic d'Argeș. — Arrivée des princes Cantemir à Focșanĭ; trouble que cette nouvelle met dans Bucarest. — L'arrivée des princes est confirmée; fuite de l'ispravnic Georgitza; sa sœur et Pavlakis sont faits prisonniers. — Le Prince désigne des boyards pour se rendre et rester auprès du prince Grégoire. — Paléologue est nommé ispravnic. — Conférence du Prince avec les boyards au sujet des Russes; décision qui y est prise. — Du firman que reçut le Prince pour le reste des subsistances commandées. — Des transfuges allemands. — Vols et déprédations des Russes; leur départ de Focșanĭ. — Arrivée de Catans. — Mise en liberté de Pavlakis et de la sœur de l'ispravnic. — Pétition qu'adressèrent au Prince les habitants de Focșanĭ relativement aux Russes et aux Cosaques. — Le prince Grégoire quitte Macșinenĭ pour se rendre à Galațĭ. — Mission de Basilakis à Craiova. — Hongrois de Rakoczi qui se réfugient auprès du Prince. — Seconde mission de Jacques à Giurgiu.

1er *septembre*. — Mechmet aga, tchocadar du vizir, partit satisfait, après avoir reçu du Prince, à titre de présent, trois cents piastres, une montre, une paire de pistolets, du drap et du satin.

2 *septembre*. — Les préparatifs nécessaires pour l'équipement de mille ouvriers et la fourniture des ficelles étant impossible à Giurgiu, Jacques partit pour Rușava afin de procéder à ces préparatifs. On lui envoya d'abord d'ici mille cinq cents piastres, soit en tout neuf bourses, indépendamment des cinq autres bourses qu'il avait prises avec lui, lors de son départ.

Le prince Grégoire écrivit à ses fils de quitter *(en blanc dans les deux manuscrits)*, pour se rendre à Galațĭ. Quant à lui, il était à Fălcĭ [1] et il partit aussi pour Galațĭ. Ses cochers et tous ses domestiques l'abandonnaient et prenaient la fuite,

---

1. Fălcĭ, commune du district du même nom, arrondissement du Prut.

ainsi que ceux des petits boyards. Sur les voitures, il remplaçait les cochers par des petits boyards, qui se trouvaient ainsi obligés de conduire les chevaux. Les Russes le poursuivirent jusqu'à Vasluĭ, cherchant à s'emparer de sa personne. Il eut bien de la peine à leur échapper et s'enfuit à Puțenĭ [1] ; là, il prit le chemin de Galațĭ et les Russes entrèrent à Jassi.

[*Dapontès a intercalé ici un catalogue, en langue turque, des diverses troupes qui furent alors envoyées à Bender. Nous croyons inutile de donner la traduction de ce document; il suffira de dire que les troupes désignées pour se rendre dans cette ville se composaient de douze mille neuf cent soixante hommes de cavalerie et de trente-sept mille cinq cents hommes d'infanterie* [2].]

4 *septembre*. — Serban Grecianu fut revêtu d'un caftan par le Prince et nommé ispravnic de Cîmpulung.

Par suite de la conclusion de la paix avec l'Empereur, les Allemands et les Catans évacuèrent complètement, grâce à Dieu, la malheureuse principauté de Valachie, c'est-à-dire Perișanĭ, Rîmnic et les cinq cadilics transolténiens. Le Prince et les habitants recouvrèrent la tranquillité, ce dont ils glorifièrent et remercièrent Dieu.

6 *septembre*. — On envoya au Prince les articles préliminaires du traité de paix entre l'Empereur et la Porte ottomane. Nous croyons devoir en donner ici une traduction fidèle.

---

1. Puțenĭ, village du district de Tecuciŭ, arrondissement de Bîrlad.
2. Ce catalogue de troupes ne figure pas dans le manuscrit des *Éphémérides daces* appartenant à M. Georgiadès. Ce manuscrit se borne à dire que le chiffre des troupes qui reçurent ordre de se rendre à Bender se montait à plus de cinquante mille hommes, dont environ treize mille de cavalerie.

SEPTEMBRE 1739

PRÉLIMINAIRES DE LA PAIX DE BELGRADE, SIGNÉS PAR LE GÉNÉRAL NEIPPERG, PLÉNIPOTENTIAIRE DE L'EMPEREUR, ET PAR L'AMBASSADEUR DE FRANCE, PLÉNIPOTENTIAIRE ET MÉDIATEUR.

La paix qui avait été conclue antérieurement entre l'Empire d'Allemagne et l'Empire ottoman ayant été rompue par des causes imprévues, le sérénissime empereur Charles VI, pour éviter une plus grande effusion de sang, a voulu faire succéder l'amitié à l'inimitié et, à cet effet, la médiation de la France ayant été requise et acceptée, Son Excellence M. le marquis de Villeneuve, ambassadeur de France à la Porte ottomane, a commencé à agir en qualité de médiateur. Mais, dans la suite, l'armée ottomane s'étant trouvée devant Belgrade, Sa Majesté impériale, en vue de parvenir plus tôt au rétablissement de la paix et de la tranquillité de ses provinces, nous a donné ses pleins pouvoirs pour travailler à cette négociation et la conclure [1]. En conséquence, nous nous sommes rendu au camp du grand vizir et dans la tente de Son Excellence l'Ambassadeur de France, qui est chargé de la susdite médiation; et, après diverses conférences tenues conjointement avec ledit ambassadeur, du consentement du grand vizir de l'Empire ottoman, Elhadj Mechmet Pacha, avec Son Excellence Ali Pacha, vali de Bosnie, ancien grand vizir ; Son Excellence Ali Pacha, vali de Roumélie ; et sous les yeux du très honoré Hassan, aga des janissaires ; du defterdar Atif Moustafa effendi et de tous les chefs des odjacs, tant de cavalerie que d'infanterie ; du très honoré Essad molla, actuellement cazaskier d'Anatolie ; du très honoré Moustafa, réis-effendi ; du très honoré Raghib Mechmet effendi, mectouptchi du grand vizir ; il a été

1. C'est Neipperg qui parle.

convenu des articles préliminaires suivants, sous la garantie de Sa Majesté Très Chrétienne et par la médiation de sondit ambassadeur.

ARTICLE PREMIER.

La forteresse de Belgrade, que les armées impériales ont occupée en l'année 1717, sera évacuée et rendue à l'Empire ottoman avec son ancienne enceinte, avec les réparations qui y ont été faites et les ouvrages qui y sont inséparablement attachés. On laissera, de plus, à l'Empire ottoman les magasins à poudre, arsenaux, casernes, avec tous les édifices publics et particuliers qui existent dans le faubourg de la ville. Tout le reste des nouvelles fortifications, murailles et fortins, tant du château que de la ville, jusqu'au chemin couvert et glacis inclusivement, comme encore celles qui se trouvent vis-à-vis, au-delà tant du Danube que de la Save, jusqu'aux endroits appelés Segherdem et Sev [1], seront démolies, avec cette condition qu'on ne causera aucun dommage à ce qui a été cédé à l'Empire ottoman.

ARTICLE DEUX.

La forteresse de Chabats [2], nommée en turc Bougurdelen, sera pareillement rendue à l'Empire ottoman, dans l'état où elle se trouvait anciennement, et sous les conditions déjà stipulées à l'égard de la forteresse de Belgrade.

---

1. Nous n'avons pu identifier ces deux localités, qui ne figurent pas dans le texte des préliminaires publié par Laugier.
2. Chabats, ville de Serbie, située sur la Save; chef-lieu de district et siège d'un des trois évêchés suffragants du métropolitain de Belgrade. Construite par Mahomet II, en 1470, elle fut la première place forte dont les Serbes s'emparèrent dans la guerre de l'Indépendance

Tout ce qui se trouve dans lesdites forteresses de Belgrade et de Chabats en artillerie, munitions de guerre, vivres, et autres choses semblables susceptibles d'être transportées, y compris les vaisseaux de guerre et autres bâtiments qui sont sur le Danube et la Save, appartenant à l'Empereur, resteront en son pouvoir; en échange de quoi, il restera à la Porte ottomane, desdites places de Belgrade et de Chabats, ce qui a été stipulé ci-dessus.

Article trois.

Sa Majesté impériale cède à la Porte ottomane la province de Serbie, dans laquelle se trouve la forteresse de Belgrade. Les deux fleuves du Danube et de la Save seront les limites des deux empires ; et, pour ce qui est de la Bosnie, les limites en seront les mêmes qu'elles étaient par le traité de Karlowitz.

Article quatre.

Sa Majesté impériale cède à la Porte ottomane toute la Valachie autrichienne, y compris la partie des montagnes; elle lui abandonne en même temps le fort de Perişanï, qu'elle y a construit et qui sera démoli, sans pouvoir être rétabli par les Turcs.

Article cinq.

L'ile et la forteresse d'Orsova, ainsi que le fort Sainte-Élisabeth, resteront à l'Empire ottoman dans leur entier. Le banat de Temesvar restera de même dans son entier à Sa Majesté impériale, jusqu'aux confins de la Valachie autrichienne, à l'exception de la petite plaine ou langue de terre, qui est vis-à-vis de l'île d'Orsova, et qui se trouve renfermée par la Cserna, petite rivière qui vient de Mehadia; par le Danube, par un ruisseau qui sert de frontière à la Valachie autrichienne, et enfin par les premières hauteurs des montagnes dudit banat, qui sont vis-à-vis de l'île, laquelle plaine ou langue de terre restera à l'Empire ottoman ; étant néanmoins convenu que si les Turcs peuvent parvenir à détourner la Cserna, de façon qu'elle passe derrière et attenant Alt-Orsova, en ce cas, ladite place de Alt-Orsova, sans y comprendre son territoire, devenant contiguë à la langue de terre ci-dessus désignée, sera et appartiendra à la Porte ottomane, sans cependant que les Turcs puissent jamais fortifier cet endroit, étant accordé à cet effet à la Porte ottomane le délai d'une année pour détourner la Cserna, passé lequel temps elle perdra tout son droit sur ladite localité de Alt-Orsova, qui restera à l'Empereur. Les fortifications de Mehadia, qui, par les confins ci-dessus, reste à l'Empereur, seront détruites incessamment par les Turcs, sans pouvoir être rétablies par Sa Majesté impériale ; et celles qu'on est convenu ci-dessus de démolir sur les bords du Danube et de la Save, qui restent à l'Empereur, ne pourront pas non plus être rétablies par Sa Majesté impériale.

CONCLUSION.

A PARTIR du jour de la signature des présents préliminaires, toutes les hostilités et contributions cesseront de part et d'autre, et les esclaves qui pourraient avoir été faits depuis la signature, dans l'ignorance d'icelle, seront réciproquement restitués. Il est, en outre, convenu que, dudit jour de la signature des préliminaires, il sera donné des ordres pour faire retirer incessamment tous les corps de troupes ottomanes qui sont dispersés dans le banat de Temesvar, à l'exception de celles qui seront occupées à raser Mehadia, qui se retireront aussitôt après la démolition de cette place; et il leur sera rigoureusement défendu d'exercer, en se retirant, aucune violence contre les sujets de Sa Majesté impériale.

Il sera accordé un plein et entier pardon aux sujets qui, dans le cours de la présente guerre, peuvent avoir pris parti contre leur légitime souverain, et notamment aux habitants de Mehadia et des contrées environnantes.

Dix jours après la signature des présents préliminaires, il sera tenu des conférences pour régler tous les autres points qui peuvent avoir besoin de l'être, et parvenir à un traité définitif dont les ratifications seront échangées ensuite dans la forme usitée en pareille circonstance.

Lorsque les préliminaires qui doivent servir de base au traité de paix entre Sa Majesté impériale et la Porte ottomane seront acceptés et signés, il sera pareillement tenu sans retard des conférences pour travailler à la paix entre la Porte ottomane et la tsarine de Russie, par l'entremise de l'Ambassadeur de France, médiateur et plénipotentiaire de ladite impératrice.

Cinq jours après la signature des présents préliminaires, le jour de la signature non compris, on mettra la main à la démolition, qui sera continuée sans relâche, sous les yeux des commissaires que la Porte ottomane nommera de chaque ordre des milices; et on observera toutes sortes de précautions dans la démolition des susdites fortifications, pour qu'elle soit faite selon ce qui a été convenu. Elle sera terminée dans le délai dont on conviendra, après en avoir conféré avec les ingénieurs; et, pour sûreté de ladite démolition, il sera donné par Sa Majesté impériale des otages d'une qualité convenable, qui passeront dans le camp du grand vizir cinq jours après la signature des préliminaires, en même temps que les commissaires turcs entreront dans la ville, et qui resteront auprès des Turcs jusqu'à ce que la démolition soit finie. Après qu'on aura démoli les fortifications qui sont auprès de la porte de Wurtemberg, ladite porte sera consignée à un vizir, qui logera avec cinq cents hommes dans la maison et les casernes du prince Alexandre, depuis lesquelles il sera tiré jusqu'aux remparts une barrière, qui séparera ce quartier du reste de la ville, dont la communication sera interdite aux troupes ottomanes, par des corps de garde qui seront établis, de part et d'autre, auprès de ladite barrière ; l'entrée du côté de la ville au-delà n'étant permise qu'au commandant et aux officiers dudit corps de troupes de cinq cents hommes, lesquels n'entreront dans ladite ville que lorsque la démolition et l'évacuation seront entièrement terminées ; ce qui sera pareillement observé à l'égard du château, dont les troupes ottomanes ne pourront prendre possession qu'après la démolition entière de ce qui doit être détruit et l'évacuation de ce qui doit être conservé.

Nous, comte de Neipperg, chambellan actuel de Sa Majesté impériale, général d'infanterie, gouverneur provisionnel du duché de Luxembourg, comté de Chigni et banat de Temesvar [1], colonel d'un régiment d'infanterie, et plénipotentiaire de Sa Majesté impériale, en vertu des pleins pouvoirs qu'Elle nous a donnés, et qui ont été communiqués à la Porte ottomane, déclarons avoir reçu les articles préliminaires ci-dessus, au nom de Sa Majesté impériale, promettant d'en rapporter les ratifications en bonne et due forme. En foi de quoi avons signé les présentes de notre main et scellé du sceau de nos armes.

Nous, marquis de Villeneuve, conseiller d'État, ambassa-

---

1. Ici nous nous écartons un peu du texte, pour suivre Laugier, dont la rédaction est préférable.

deur extraordinaire et plénipotentiaire du Roi de France, déclarons que les articles préliminaires ci-dessus ont été convenus et arrêtés entre l'Empereur et la Sublime Porte, sous la médiation et garantie du Roi de France, et par notre entremise, en vertu de nos pleins pouvoirs. En foi de quoi nous avons signé les présentes de notre main et les avons fait sceller du sceau de nos armes. Au camp près de Belgrade, le 1ᵉʳ septembre 1739.

TRAITÉ DE PAIX CONCLU A BELGRADE ENTRE L'EMPEREUR ET LA PORTE [1].

Au nom de la très sainte et indivisible Trinité. Les bons offices employés pour assoupir les différends survenus entre la sérénissime et très puissante princesse Anne, autocratice des Russes, et la Sublime Porte ayant été inutiles ; et de là étant arrivé malheureusement que la paix qui avait été heureusement conclue entre les deux empires à Passarowitz, le 22 juillet 1718, aurait été interrompue avant le temps, non sans une grande ruine des peuples et des pays, et qu'il se serait élevé une guerre funeste et cruelle entre le très auguste et très puissant prince Charles VI, élu empereur des Romains, toujours auguste (*le reste des titres comme dans le traité de Passarowitz*), d'une part ; et le sérénissime et très

---

1. Ce traité ne figure pas dans les manuscrits *M* et *A*, mais seulement dans le manuscrit appartenant à M. Georgiadès. Le texte grec, est à très peu de chose près, conforme à la traduction donnée par Laugier (*Hist. de la paix de Belgrade*, II, pp. 294-325), que nous nous sommes contenté de reproduire avec quelques légères modifications.

puissant prince sultan Mahmoud Khan, empereur des Ottomans, d'Asie et de Grèce, d'autre part ; non seulement dans le temps de cette guerre survenue, il y aurait eu des négociations salutaires pour concilier les esprits et éviter l'effusion ultérieure de sang humain ; mais et depuis la rupture du congrès de Niemirowa, l'ouvrage de la paix, commencé auparavant, aurait, par la miséricorde de Dieu, et par la médiation du sérénissime et très puissant prince Louis XV, Roi de France très chrétien, été conduit à sa fin. Et comme le très illustre et très excellent seigneur Louis Sauveur, marquis de Villeneuve, conseiller d'État du Roi très chrétien, son ambassadeur extraordinaire et plénipotentiaire près la Porte ottomane, aurait rempli, dès le commencement de la négociation, la fonction de plénipotentiaire de Sa Majesté impériale et royale, l'affaire en est venue au point que Sa Majesté impériale et royale, mue par le désir de rétablir plus tôt la paix, a donné ses pleins pouvoirs au très illustre et très excellent seigneur le comte de Neipperg, chambellan actuel de Sa Majesté impériale, général de l'artillerie, colonel d'un régiment d'infanterie, et gouverneur par provision des duchés de Luxembourg, comté de Chigni et banat de Temesvar, pour conclure la paix avec l'Empire ottoman ; lequel comte de Neipperg, muni de ces pleins pouvoirs, s'étant rendu au camp des Turcs devant Belgrade, et dans la tente de l'ambassadeur de France, après avoir eu diverses conférences, du consentement du suprême vizir de l'Empire ottoman, l'excellentissime seigneur Elhadj Mechmet Pacha, avec les très honorés seigneurs Ali, pacha de Bosnie, ci-devant suprême vizir, actuellement séraskier de l'armée ottomane, et Ali, pacha de Roumélie, auxquelles conférences sont intervenus Hassan, aga des janissaires, et tous les chefs des ordres de milice, infanterie et cavalerie, avec les très honorés Essad effendi cazaskier ;

Moustafa, réis-effendi ; Raghib Mechmet, mectouptchi ; Atif Moustafa, defterdar, et les autres principaux ministres de l'Empire ottoman, sur quelques articles préliminaires de paix, qui auraient été signés le 1ᵉʳ de ce mois de septembre, entre le très illustre et très excellent comte de Neipperg d'une part, et le suprême vizir de l'Empire ottoman d'autre part, avec la médiation et sous la garantie du Roi très chrétien, requises des deux parts. Desquels articles, quelques-uns ayant été déjà exécutés, ainsi qu'on en était convenu, il restait conformément au dernier article à convenir dans l'espace de dix jours du traité solennel et définitif. C'est pourquoi ayant tenu de nouvelles conférences avec les susmentionnés, on est enfin parvenu à convenir des articles de paix suivants, par ce traité solennel et définitif, entre l'illustrissime et excellentissime comte de Neipperg, plénipotentiaire de l'Empereur d'une part, et le très magnifique Elhadj Mechmet Pacha, suprême vizir de l'Empire ottoman, en vertu de la pleine et absolue puissance attachée à sa fonction, d'autre part, avec l'intervention de l'illustrissime et excellentissime marquis de Villeneuve, médiateur, et sous la garantie du Roi très chrétien.

Article premier.

La ville de Belgrade, occupée en 1717 par les armées de l'Empereur, sera évacuée et rendue à l'Empire ottoman avec son ancienne enceinte, les réparations de cette enceinte qui subsistent actuellement, et toutes les fortifications qui lui sont inséparablement unies. Les arsenaux, magasins à poudre, casernes, et tous les autres édifices de ladite ville, publics et particuliers, appartiendront à l'Empire ottoman. Toutes les autres fortifications nouvelles, murs et bastions dont la ville et le château sont munis, seront démolis avec leurs chemins couverts et leurs glacis, ainsi que les petits forts situés vis-à-vis de Belgrade, sur les bords du Danube et de la Save, à condition que ce qui vient d'être cédé à la Porte ottomane n'en sera point endommagé.

Article deux.

De même la forteresse de Chabats, nommée par les Turcs Bougurdelen, sera restituée à l'Empire ottoman, dans l'état où elle était autrefois et aux mêmes conditions stipulées pour la ville de Belgrade. Les armes, l'artillerie, les vivres et toutes les munitions de guerre, qui se trouvent dans lesdites places de Belgrade et de Chabats, tous les autres effets transportables, les vaisseaux de guerre et toutes les barques qui sont sur les deux fleuves, appartenant à l'Empereur, resteront en son pouvoir ; et de même l'Empire ottoman restera maître, dans lesdites places de Belgrade et de Chabats, de tout ce qui a été stipulé ci-dessus en sa faveur.

Article trois.

Sa Majesté impériale et royale cède à la Porte ottomane la province de Serbie où Belgrade est située. Les limites des deux empires seront le Danube et la Save ; et celles de la Serbie seront, du côté de la Bosnie, les mêmes qui avaient été réglées par le traité de Karlowitz.

Article quatre.

Sa Majesté impériale cède à la Porte ottomane toute la Valachie autrichienne, en y comprenant les montagnes. Elle cède de même, dans cette province, le fort de Perişanï, bâti aux frais de Sa Majesté impériale, à condition qu'il sera démoli et qu'il ne pourra être rétabli par la Porte ottomane.

Article cinq.

L'ile et la forteresse d'Orsova et le fort Sainte-Élisabeth appartiendront, dans l'état où ils sont actuellement, à l'Empire ottoman. Le banat de Temesvar appartiendra tout entier à l'Empereur jusqu'aux confins de la Valachie, excepté cette petite plaine qui est en face de l'île d'Orsova, et qui se trouve circonscrite d'un côté par la rivière de Cserna, qui vient de Mehadia, de l'autre par le Danube et un ruisseau qui borne la Valachie autrichienne, et enfin par les premières hauteurs du banat qui sont vis-à-vis d'Orsoya, selon une ligne qui sera tirée d'une rivière à l'autre, en gardant partout une égale distance entre lesdites hauteurs et le Danube ; laquelle plaine restera à l'Empire ottoman, à condition que, si les Turcs viennent à bout de détourner toutes les eaux de la Cserna, de manière à les conduire derrière et attenant Alt-Orsova, alors Alt-Orsova devenant contigu à ladite plaine, sans y comprendre son territoire, appartiendra à la Porte ottomane ; bien entendu qu'elle ne pourra jamais le fortifier. On accorde à la Porte ottomane le terme d'une année pour détourner les eaux de Cserna, après lequel terme expiré, elle perdra tous ses droits sur Alt-Orsova, qui restera à l'Empereur. Les fortifications de Mehadia, qui, suivant les limites qu'on vient d'établir, doit appartenir à l'Empereur, seront incessamment démolies par les Turcs et ne seront point rétablies à l'avenir par les Impériaux. Les fortifications situées le long du Danube et de la Save, dont la démolition a été stipulée, ne seront point rétablies par les Impériaux, à qui les lieux doivent appartenir.

Article six.

La démolition des places qui a été commencée, ainsi qu'il en a été convenu dans les susdits articles, sera continuée sans interruption, pour être achevée le plus tôt possible. En attendant, conformément à la permission spéciale qui a été donnée, le très honoré pacha, séraskier de Roumélie, avec cinq cents hommes seulement, se tiendra dans l'endroit de la ville de Belgrade qui a été désigné ; et suivant la stipulation expresse qui a été faite dans la conclusion des articles préliminaires, il ne sera permis qu'au seul pacha, aux officiers qui sont auprès de lui, et point à d'autres, de passer les barrières qui feront la séparation de leur quartier, si ce n'est après que toutes les fortifications de la ville auront été démolies. La même règle s'observera pour la démolition du château de Belgrade, que les soldats ottomans n'occuperont que lorsque toutes les fortifications qui doivent être détruites seront renversées et évacuées.

Et comme, d'autre part, il a été statué qu'à compter du jour de la signature des préliminaires, toutes les hostilités cesseront ainsi que les contributions, il est nécessaire qu'on envoie des ordres, s'ils n'ont pas déjà été envoyés, pour que tous les esclaves, faits depuis le jour de ladite signature, soient rendus sans rançon. Les troupes ottomanes qui sont répandues dans le banat de Temesvar, excepté celles qui seront employées à la démolition de Mehadia, en sortiront incessamment, et ces dernières partiront immédiatement après la démolition faite, en évitant les unes et les autres de faire aucun tort ou insulte aux sujets de Sa Majesté impériale.

Article sept.

Dans les endroits où les rives du Danube et de la Save sont, d'un côté, à l'Empereur, et, de l'autre, à la Porte ottomane, le cours des eaux sera commun aux deux nations, soit pour toutes sortes de pêche, soit pour l'abreuvement des bestiaux et autres usages nécessaires, pourvu cependant que les sujets respectifs, qui iront à la pêche, ne passent pas la moitié du fleuve. Les moulins, où ils ne pourront pas nuire à la navigation, seront placés du consentement mutuel des gouverneurs des lieux. Pour la commodité commune, il sera libre aux sujets des deux nations, de remorquer leurs bateaux contre le courant, sur la rive opposée, sans empêchement et sans frais, lorsqu'ils ne pourront le faire sur la rive qui leur appartient. Et si, dans les lits du Danube et de la Save, il vient à se former des îles, ou s'il y en a de toutes formées, elles appartiendront à celle des parties contractantes dont elles avoisinent davantage la rive, ce qui sera mesuré par les commissaires nommés conformément à l'article ci-après pour le règlement des limites, dans le terme qui y est stipulé. Et pour l'habitation commode des habitants, il leur sera permis, de part et d'autre, de bâtir des villages dans les derniers confins, partout où ils voudront, sans empêchement et sans exception quelconques.

Article huit.

Tous les boyards ou autres de condition inférieure, Valaques ou Moldaves, ou autres sujets de l'Empire ottoman, de quelque grade et dignité qu'ils soient, qui, pendant la guerre, ont pris parti pour l'Empereur, pourront, en vertu de cette paix et du parfait oubli du passé qui y est stipulé, retourner, s'ils veulent, dans leurs maisons, y demeurer et jouir paisiblement, comme tous autres, de leurs habitations, biens et terres. Il sera également accordé une amnistie générale à tous les sujets de part et d'autre, qui, pendant la guerre, se sont retirés de l'obéissance de leur souverain légitime pour passer dans le parti opposé ; il leur sera permis de retourner dans leurs anciennes demeures. Principalement les sujets de la Serbie et du Banat, qui, pendant la guerre, ont suivi le parti ou de l'Empereur ou de la Porte ottomane, seront affranchis de toute peine, et pour la vie et pour les biens.

Article neuf.

Tous les privilèges qui ont été accordés pour les religieux et pour l'exercice de la religion chrétienne, selon le rit de l'Église catholique romaine, par les prédécesseurs de l'Empereur, dans ses royaumes, soit par les précédentes capitulations sacrées, soit par d'autres signes impériaux, soit par édits et mandements spéciaux, tant avant la paix de Passarowitz que depuis, tous ces privilèges, et spécialement ceux qui, à la réquisition de l'Empereur, ont été accordés aux religieux de l'ordre de la Très sainte Trinité de la Rédemption des Captifs, le sérénissime empereur des Ottomans les confirmera, pour être observés à l'avenir, en sorte que les susdits religieux puissent librement réparer et rétablir leurs églises, exercer leurs fonctions anciennement accoutumées, et qu'il ne soit permis à personne contre les susdites capitulations et lois, de molester, ou par insulte ou par exaction d'argent, lesdits religieux et autres, de quelque ordre et condition qu'ils soient ; mais qu'ils jouissent de la protection impériale accoutumée. De plus, il sera permis à l'ambassadeur de l'Empereur près la Porte ottomane d'exposer ce qui lui sera commis par rapport à la religion et aux lieux que les chrétiens visitent dans la sainte cité de Jérusalem et dans les autres endroits où lesdits religieux ont des églises, et faire à cet égard toutes les instances convenables.

Article dix.

Les esclaves publics faits de part et d'autre, pendant cette guerre et la précédente, et qui sont encore détenus dans les prisons publiques, pourront, en considération de cette paix, espérer leur délivrance et ne plus être longtemps laissés dans les misères de la captivité, sans lésion de la clémence impériale, de la générosité et des bonnes coutumes ; mais, suivant l'usage ancien, tous ces captifs, à compter du jour de ce traité, seront, de part et d'autre, remis en liberté dans l'espace de deux mois. Pour les autres qui sont au pouvoir des particuliers ou des Tartares, il leur sera libre, pourvu qu'ils professent la religion chrétienne, d'obtenir leur liberté, moyennant une rançon honnête et médiocre, autant que faire se pourra. Que si l'on ne peut faire une telle convention avec le maître du captif, les juges des lieux feront la composition ; que si l'on ne peut y parvenir encore par cette voie, les captifs seront délivrés en prouvant par témoignage ou par serment qu'ils ont payé leur rançon ; et les maîtres du captif ne pourront s'opposer à son rachat par avidité d'un plus grand gain. Lorsque l'ambassadeur de la Porte, qui doit être envoyé à la cour de Sa Majesté impériale, voudra s'employer à la délivrance des captifs ottomans, les ministres et les officiers de l'Empereur le seconderont, pourvu que ces captifs persistent dans la religion mahométane ; et si, de la part de l'Empire ottoman, on n'envoyait personne, soit avant soit après ladite ambassade, pour racheter les captifs, il sera de la probité des gouverneurs impériaux de contraindre les maîtres à relâcher les captifs ottomans, d'après la preuve que leur rançon a été payée, et de les faire conduire sur les frontières ; et, afin que cette sainte œuvre soit effectuée de part et d'autre avec une égale piété, jusqu'à ce que les captifs soient respectivement délivrés en la manière ci-dessus, il sera employé de bons offices réciproques pour que ces malheureux soient traités avec humanité.

Article onze.

Les marchands des deux nations exerceront librement, sûrement et paisiblement le commerce dans les États des deux empires. L'entrée et la sortie libre dans les royaumes et provinces de l'Empire ottoman sera accordée à tous les sujets et marchands, sujets des provinces soumises à l'Empereur, de quelque nation qu'ils soient, par terre, et par mer sur leurs propres vaisseaux, à la manière usitée jusqu'à présent avec le pavillon et les lettres patentes de Sa Majesté impériale. L'achat et la vente leur sera libre, en payant les droits qu'on a payés jusqu'à présent : ils ne seront point molestés, mais au contraire protégés, en sorte que la faveur dont ont joui jusqu'à présent, dans les États de l'Empire ottoman, les autres Chrétiens exempts de tribut, les nations mêmes les plus amies, et principalement les Français, les Anglais et les Hollandais, soit censée accordée aux marchands sujets de l'Empereur, afin qu'ils puissent jouir des mêmes sûretés et avantages. De même les sujets et marchands de l'Empire ottoman, lorsqu'ils entreront sur les terres de l'Empereur, ne seront pas traités d'une manière différente ; et, lorsqu'ils y exerceront le commerce, ils seront constamment protégés et défendus.

Il sera sérieusement enjoint aux Algériens, aux Tunisiens, aux Tripolitains et autres à qui il est nécessaire de l'ordonner, de ne contrevenir désormais en aucune manière aux conditions de paix et aux capitulations faites séparément.

Les Dulcignotes, sur la mer Adriatique, seront également réprimés, ainsi que tous les autres sujets de l'Empire ottoman, afin que désormais ils s'abstiennent de la piraterie, d'infester les vaisseaux marchands et de leur causer du dommage. On leur ôtera leurs barques, frégates et autres navires, et on les empêchera d'en construire d'autres ; de manière que toutes les fois que ces brigands auront contrevenu de quelque façon que ce soit aux capitulations de paix, après les avoir obligés de restituer les prises, de réparer le dommage et de rendre les captifs, ils soient sévèrement punis, suivant la plus grande rigueur des lois.

Article douze.

Quant au commerce de Perse, il a été convenu qu'il sera permis aux sujets de l'Empereur, en payant les droits mentionnés dans l'article précédent, d'aller par le Danube et les États du Grand Seigneur exercer le commerce en Perse. De même les marchands persans, soit qu'ils viennent de États de l'Empereur en Turquie, soit qu'ils passent par la Turquie dans les États dudit Empereur, ne pourront, sous aucun prétexte, être assujettis qu'au seul droit de cinq pour cent, et à l'imposition qu'on nomme vestie.

Article treize.

Quoique la présente paix ait été conclue de bon accord, suivant les conditions ci-dessus, cependant, afin que tout ce qui a été promis et accepté concernant les limites, ait son entier effet, il sera nommé de part et d'autre, dans l'espace d'un mois, des commissaires experts fidèles et pacifiques, lesquels, avec un cortège convenable et tranquille, s'assembleront dans un lieu commode à leur choix, pour, le plus tôt que faire se pourra, distinguer et déterminer par des bornes et signes manifestes, les limites désignées dans les articles précédents, et faire exécuter promptement et soigneusement ce qui a été stipulé de part et d'autre.

Article quatorze.

Les limites déterminées par les commissaires, en conséquence du présent traité, seront, de part et d'autre, saintement et religieusement respectées, en sorte que, sous aucun motif ou prétexte, on ne puisse les étendre, les transporter, les changer; qu'il ne soit permis à aucune des parties contractantes d'exercer ou prétendre aucune juridiction ou pouvoir sur le territoire de l'autre, au-delà des limites marquées, ou d'obliger les sujets de l'autre partie à des actes d'obéissance, à payer un tribut quelconque pour le passé ou dans l'avenir, ou les soumettre à toute autre espèce de vexation qu'on pourrait imaginer; mais que toute altercation cesse réciproquement.

Article quinze.

Pour éviter toutes les disputes, différends et discordes qui pourraient naître dans la suite, sur les objets concernant les limites, là où il sera besoin d'y remédier, on choisira promptement, sur les confins respectifs, des commissaires en nombre égal, qui ne seront point gens difficultueux, mais graves, honnêtes, prudents, experts et pacifiques. Ils s'assembleront dans un lieu convenable, sans armée, avec une égale suite de personnes pacifiques. Ils écouteront toutes et chacune des contestations, les discuteront, les décideront et les accommoderont à l'amiable. Ils établiront, en un mot, un tel ordre que chaque partie, sans tergiversation ou prétexte, contienne ses sujets et les oblige sous les plus grièves peines à observer la paix sincèrement et constamment. Que si les contestations étaient de nature à ne pouvoir être terminées par les commissaires, on en rendra compte aux deux très puissants empereurs, afin qu'ils puissent trouver des expédients pour aplanir les difficultés et faire cesser les disputes, de manière que ces sortes de contestations soient terminées, autant que faire se pourra, dans un très court espace de temps, et que l'accommodement ne soit en aucune façon négligé ou tiré en longueur. Et, comme dans les précédentes capitulations, les duels et les mutuelles provocations au combat ont été défendues, à l'avenir elles le seront pareillement; et ceux qui oseront en venir à quelque combat singulier seront sévèrement châtiés, comme transgresseurs de la paix.

Article seize.

Les incursions et invasions hostiles, et toute insulte faite clandestinement ou à découvert, les dévastations et dépopulations du territoire de l'un et de l'autre empire seront expressément et sévèrement défendues. Les transgresseurs du présent article, quelque part qu'on les prenne, seront aussitôt mis en prison et punis sans rémission, selon la gravité du délit, par le juge du lieu où ils auront été arrêtés. Les choses enlevées seront recherchées avec diligence, et, si on les retrouve, elles seront rendues avec toute sorte d'équité à ceux à qui elles appartenaient. Les capitaines, les commandants et gouverneurs des deux parties auront ordre d'administrer la justice à cet égard sans aucune négligence, sous peine non-seulement de perdre leur emploi, mais encore la vie et l'honneur.

ARTICLE DIX-SEPT.

Si ce traité de paix et d'amitié conclu entre les deux sérénissimes et très puissants empereurs vient, ce qu'à Dieu ne plaise, à changer en inimitié, on en avertira tous les sujets des deux empires, qui seront sur les fleuves ou sur les terres limitrophes, de quelque condition qu'ils soient, afin qu'après avoir liquidé leurs dettes, ils puissent se retirer en sûreté au-delà de leurs confins.

ARTICLE DIX-HUIT.

Il sera désormais défendu de donner asile et retraite aux méchants, aux sujets rebelles et mécontents; mais chacune des parties contractantes sera obligée de punir ces sortes de gens, ainsi que tous les voleurs et brigands, quand même ils seraient sujets de l'autre partie, si elle les surprend dans les terres de son obéissance. Que si on ne peut pas les saisir, on indiquera aux capitaines et aux gouverneurs les lieux où ils se cachent, et on leur donnera ordre de les punir; que si ces officiers négligent de punir ces sortes de scélérats, ils encourront l'indignation de leur empereur, ils seront privés de leur emploi, ou ils seront punis pour les coupables. Et, afin qu'il y ait plus de sûreté contre l'insolence de ces méchants, il ne sera permis à aucune des parties contractantes d'entretenir ce qu'on appelle des Heiduques, espèce de brigands qui, n'étant à la solde de personne, vivent de rapines. Ces sortes de gens ainsi que ceux qui les nourriront seront punis; et, quoiqu'ils promettent de s'amender, on ne les en croira point, on les éloignera des confins, et on les transférera dans des lieux plus reculés.

Article dix-neuf.

Et, de peur que la sûreté des limites et le repos des peuples ne reçoivent quelque atteinte, les lieux où la Porte ottomane assignera la demeure de Michel Csaki et des autres Hongrois qui se sont soustraits à l'obéissance de l'Empereur et qui, pendant la guerre, ont cherché asile chez les Turcs, seront éloignés des provinces limitrophes. Il sera pourtant permis à leurs femmes de les aller rejoindre et de demeurer avec eux.

Article vingt.

Et, afin d'affermir et de consolider la présente trêve et l'amitié entre les deux très puissants empereurs, on enverra, de part et d'autre, des ambassadeurs extraordinaires, lesquels, depuis leur entrée dans les confins respectifs jusqu'à leur retour, seront reçus avec égalité et convenance de cérémonial, honorés, traités, soignés ; et, en signe d'amitié mutuelle, ils apporteront un présent convenable, et proportionné à la dignité de l'un et l'autre empereur, se mettront en route en même temps au mois de mai, après avoir déterminé leur marche par une correspondance réciproque, et, arrivés près de Belgrade, seront échangés, suivant l'usage établi entre les deux empires. Et il sera permis aux deux ambassadeurs de demander ce qu'ils voudront dans les cours impériales respectives.

Article vingt-et-un.

La règle et la forme de réception, les honneurs et le traitement des ministres envoyés de part et d'autre seront observés désormais suivant les usages des temps précédents, avec égalité de cérémonial, et selon les prérogatives attachées au caractère des envoyés. Il sera permis aux ambassadeurs et résidents de l'Empereur, ainsi qu'à tous les gens de leur maison, d'user du vêtement qui leur plaira, sans qu'on y mette d'empêchement. Les ministres de l'Empereur, soit qu'ils aient caractère d'ambassadeur, ou qu'ils soient envoyés, résidents ou chargés d'affaires, jouiront des mêmes immunités et privilèges que les envoyés et agents des autres princes, amis de la Porte ottomane; et même, pour distinguer la prérogative de la dignité impériale, ils jouiront de tous les privilèges accoutumés, de la manière la plus favorable; ils pourront librement avoir des drogmans et envoyer des courriers. Tous ceux de leurs gens qui viendront de la Cour de Vienne à la Porte, ou qui y retourneront, pourront aller et venir en sûreté, et on leur donnera toute sorte de faveurs, pour qu'ils fassent leur voyage commodément.

Article vingt-deux.

Ces conditions et articles, convenus dans la forme ordinaire, seront ratifiés par les deux empereurs. Les diplômes solennels de ratification seront, dans l'espace d'un mois, à compter du jour de la signature, ou plus tôt, réciproquement échangés par l'excellentissime ambassadeur du Roi très chrétien près la Porte ottomane, plénipotentiaire médiateur, actuellement résidant au camp ottoman ; et, chacune des deux parties tenant ferme dans ses promesses, il ne sera rien fait au contraire.

Article vingt-trois.

Cette trêve durera, Dieu aidant, et sera étendue à vingt-sept ans, à dater du jour de la signature; et, après ce terme expiré ou avant qu'il expire, il sera libre aux deux parties de proroger, s'il leur plaît, cette paix à un plus grand nombre d'années.

Ainsi, d'un libre et mutuel consentement, que tout ce qui vient d'être stipulé entre l'Empereur et le Sultan, leurs empires et royaumes par terre et par mer, leurs provinces, villes, bourgs, sujets et clients, soit saintement, religieusement et inviolablement observé. Qu'il soit ordonné sérieusement aux gouverneurs des deux parties, capitaines-généraux, soldats, et à tous ceux qui vivent sous leur obéissance et protection, que, se conformant entièrement aux susdites conditions, clauses, pactes et articles, ils évitent en toute manière de s'offenser et molester mutuellement, sous quelque prétexte que ce soit, contre cette paix et amitié ; mais que, s'abstenant au contraire de toute espèce d'inimitié, ils cultivent le bon voisinage, s'assurant que, s'ils contreviennent à cet avertissement, ils seront très sévèrement punis.

Que le khan de Crimée lui-même et toutes les nations tartares, de quelque nom qu'on les désigne, soient astreints à observer les droits de cette paix, réconciliation et bon voisinage et à s'abstenir de toutes sortes d'hostilités envers les provinces de l'Empereur, ses sujets et clients. Et si quelqu'un, soit Tartare ou autre, ose entreprendre quelque chose contre ces capitulations impériales, ou contre quelqu'un de leurs articles, qu'il soit châtié avec la dernière rigueur.

Que ladite paix, le repos et la sûreté des sujets des deux empires commencent du jour de la signature des préliminaires. Que depuis ce moment toute inimitié cesse et que les sujets, des deux parts, jouissent de toute sûreté et tranquillité. A cette fin, et pour que les hostilités soient plus promptement réprimées, qu'on envoie au plus tôt des mandements et des édits de paix, pour être publiés par tous les gouverneurs des frontières. Et, parce qu'il faut du temps pour que la nouvelle de la paix puisse parvenir partout où il est besoin, on donne un mois, au delà duquel celui qui aura fait quelque hostilité, sera passible des peines ci-dessus stipulées. Et, afin que les conditions de paix contenues dans les présents articles soient observées avec le plus grand respect et d'une façon inviolable, et comme l'excellentissime Elhadj Mechmet Pacha, grand vizir de l'empire ottoman, en vertu de la pleine et absolue puissance que sa dignité lui confère, a donné un instrument légitime et valable, écrit en turc et signé de lui, nous, en vertu de nos instructions et de nos pleins pouvoirs, nous avons délivré les présentes écrites en latin, comme un instrument légitime et valable. Fait au congrès, près de Belgrade en Serbie, le 18 septembre 1739.

Signé GUILLAUME RENAUD, COMTE DE NEIPPERG.

---

7 *septembre*. — Le grand armaş Paléologue fut chargé par le Prince d'une mission du côté de la Moldavie.

Le général Michel [Csaki] arriva de Jassi à Bucarest. Il attend que la Porte veuille bien lui désigner l'endroit où il doit fixer sa résidence.

8 *septembre*. — Le grand portier Basilakis fut envoyé à Brăila pour le service du Prince.

Le boulouc-bachi Anastase Moros se rendit également à Focşanï pour une affaire analogue.

Tegmour Suleyman Pacha fut autorisé à prendre, suivant l'usage ottoman, cent khardjs pour ses dépenses quotidiennes.

Après la conclusion de la paix, quand les Allemands et les Catans eurent évacué la Valachie, tous les Valaques qui avaient pris les armes et ravageaient leur propre pays, les uns comme Catans, les autres comme brigands et voleurs, se trouvèrent comme des geais déplumés, et se laissaient arrêter chaque jour en grand nombre par les boyards et les soldats du Prince. Aujourd'hui, 10 septembre, on en a amené quatre et un Catan régulier. Le Prince a fait mettre ce dernier en liberté, et jeter les autres en prison.

L'hetman Orlic arriva de Moldavie et logea au monastère de Radu Vodă. Étant venu voir le Prince, celui-ci le reçut avec toute la bienveillance convenable, et, après une longue conversation, qui roula sur différentes questions, il retourna chez lui.

11 *septembre*. — Huit Allemands vinrent de Rîmnic, au-delà de l'Olt, chercher asile auprès de Son Altesse. Le Prince, touché de leur malheur et de leur misère, les engagea à son service.

15 *septembre*. — Le Prince revêtit d'un caftan Michel Bărbătescu, et le nomma ispravnic de Tîrgovişte.

Le Prince était à table, en train de dîner, lorsque arriva du camp impérial l'ancien grand armaş Serban, capi-kékhaya du prince Grégoire et fils de feu Balassakis Moussélim, venu pour présenter ses hommages à Son Altesse ; il lui annonça, par la même occasion, que, Dieu aidant, la paix avait été conclue entre la Russie et la Porte ottomane. A cette nouvelle tant désirée, le Prince rendit grâces à Dieu, dispensateur de la paix, et, dans la joie profonde qu'il éprouva, il revêtit le messager d'un contoche fourré de zibeline. Après quoi, le capi-kékhaya repartit immédiatement pour se rendre auprès du prince Grégoire, son maître, qui résidait dans le voisinage de Focşanï, à cause de l'occupation de Jassi par les Russes.

TRAITÉ DE PAIX ENTRE LA RUSSIE ET LA PORTE.

Au nom du Créateur du ciel et de la terre, source des grâces, Dieu de toute sainteté. Une guerre sanglante et ruineuse ayant éclaté entre Sa Majesté la très puissante princesse Anne, impératrice et autocratrice de toutes les Russies [1], d'une part, et le sérénissime et très puissant prince le sultan Mahmoud, fils du sultan Moustafa, d'autre part, ces souverains, cédant ensuite au désir de la réconciliation qui est si agréable à Dieu, ont jugé bon de faire cesser l'effusion du sang, en renouant les liens d'une paix éternelle, et de rétablir une parfaite tranquillité entre les domaines, terres et sujets des deux parties; c'est pourquoi, grâce à la médiation du Roi de France, l'affaire a été amenée au point que, par le moyen des ministres accrédités de part et d'autre, savoir, de la part de l'Impératrice de Russie, l'excellentissime marquis de Villeneuve, conseiller d'État du Roi de France et son ambassadeur extraordinaire [près la Sublime Porte], et, de la part de la Sublime Porte, Elhadj Mechmet Pacha, grand vizir de l'empire ottoman, après plusieurs conférences tenues entre ledit ambassadeur et les hauts fonctionnaires de la Porte, une paix solide et inébranlable a été conclue aux conditions suivantes :

ARTICLE PREMIER.

Que, dès aujourd'hui, toute hostilité et inimitié entre les deux parties reste effacée et annulée; que toute haine ayant pour cause des actes d'hostilité ouverte ou d'autres soit mise dans un oubli perpétuel, et que la discorde fasse place à une paix

---

1. Nous supprimons les titres, pour plus de brièveté.

solide et inviolable tant sur terre que sur mer. Que les présentes conventions soient observées d'une façon constante et inaltérable entre Sa Majesté la tsarine et Sa Majesté le sultan, leurs héritiers et successeurs, comme aussi entre les sujets et habitants des deux nations, de manière qu'à l'avenir il ne se produise aucune mésintelligence publique ou secrète.

ARTICLE DEUX.

Et, comme de part et d'autre on a la sincère intention d'établir entre les deux empires une paix constante et durable, afin que les sujets respectifs puissent en profiter et vivre dans le repos, le bon ordre et la tranquillité, et afin que tout ce qui peut donner matière à discussion soit parfaitement levé et aboli, il a été convenu, pour cet effet, d'un commun accord, que les limites des deux empires seront les mêmes qui avaient été établies par les traités antérieurs, et précisément comme elles seront clairement expliquées dans une convention qui sera faite en conséquence de ce traité.

ARTICLE TROIS.

La forteresse d'Azov sera rasée, et, pour assurer d'une manière plus solide la paix tant désirée de part et d'autre, le territoire de ladite forteresse, selon les limites fixées par le traité de 1700, restera désert et neutre, et servira de barrière entre les deux empires. Comme compensation, il sera permis à la Russie d'élever une nouvelle forteresse dans le voisinage de l'île de Circasse, laquelle île, située dans le fleuve du Don, est l'ancienne frontière de la Russie; et, de son côté, l'empire ottoman pourra construire une forteresse sur la frontière du Couban, vers Azov [1], suivant la détermination qui sera faite de l'emplacement des susdites forteresses, par les commissaires nommés des deux parts, à l'équité et la discrétion desquels on remettra la décision, et encore avec la condition que l'ancienne forteresse de Taganrog déjà démolie ne sera pas rétablie, et que la Russie ne pourra construire de vaisseaux ni sur la mer d'Azov, ni sur la mer Noire.

Article quatre.

Et, afin que les sujets des deux empires soient plus positivement instruits des limites qui seront déterminées, aussitôt après la confirmation du présent traité de paix, les deux empires nommeront et expédieront les susdits commissaires ayant la capacité requise, et munis de pleins pouvoirs et d'instructions suffisantes pour que leur commission ne soit sujette à aucune difficulté et que, venant à se rassembler en vertu du présent traité, ils marquent, sans délai et conformément au présent traité, les limites entre les deux empires, et après avoir mis dans les lieux convenables les bornes et signaux qui doivent servir désormais et toujours, ils confirment, avec les instruments et écritures accoutumés, toutes lesdites limites, en y spécifiant toutes les particularités concernant lesdites limites; lesquels commissaires devront avoir rempli et parachevé leur commission dans l'espace de six mois, à compter du jour de l'échange des ratifications du présent traité.

Article cinq.

Les Cosaques et les Calmoucs, sujets de l'empire de Russie,

---

1. Je me conforme ici au texte donné par Laugier, car, par suite d'une inadvertance, l'original grec n'est guère compréhensible.

ainsi que toute autre nation sujette dudit empire, n'entreprendront aucune invasion et ne commettront aucune hostilité contre les Tartares de Crimée, sujets de l'Empire ottoman, ni contre les autres Tartares et ne leur feront aucun mal ou dommage. Les sujets s'abstiendront de toute entreprise pareille et de toute autre atteinte à cette sainte paix ; et si effectivement ils viennent à commettre quelque sorte de témérité, en tel cas ils seront punis avec rigueur. De même les sujets de l'Empire ottoman, les Tartares de Crimée, et généralement tous les autres sujets de la Porte ottomane, n'entreprendront aucune incursion et ne commettront aucune hostilité contre les villes, bourgs et lieux du domaine de l'Impératrice de Russie, ainsi que contre ses sujets tant de la grande que de la petite Russie, et contre les villes des Cosaques, sujets de Sa Majesté impériale, et leurs ports situés sur le Dnieper, le Don et ailleurs, ni contre les petites forteresses et leurs habitants, en deçà des limites de l'empire de toutes les Russies [1], telles qu'elles seront convenues et fixées ; ils ne commettront aucune hostilité et éviteront de causer aucun dommage secrètement comme à découvert, en faisant des esclaves, en emmenant les bestiaux, ou en inquiétant les habitants. Et s'ils osent, en quelque façon que ce soit, faire tort ou dommage, ou agir hostilement contre les sujets de Sa Majesté impériale, ils ne seront point protégés ; mais, selon la justice, la coutume, et la gravité du délit, ils seront rigoureusement punis. On recherchera tout ce qui pourrait avoir été violemment enlevé de part et d'autre, et on le restituera aux propriétaires.

---

1. Il y a le singulier dans le grec, mais j'adopte comme préférable la version de Laugier.

Article six.

Quant à la petite et à la grande Cabarta, il est convenu des deux parts que l'une et l'autre resteront libres et ne seront soumises à aucun des deux empires, mais serviront de barrière entre eux; et que, de la part de la Sublime Porte, ni les Turcs ni les Tartares ne s'ingèreront dans ces pays et ne les inquiéteront, et, de même que de la part de l'Empire de Russie ils ne seront point molestés, mais que toutefois ledit empire prendra des otages des deux Cabartas, pour le seul motif de maintenir la tranquillité, étant libre à la Porte ottomane d'en faire autant pour la même fin; et, au cas où les habitants des deux Cabartas donneraient sujet de plainte à l'une des deux puissances, il sera permis de les châtier et de les punir.

Article sept.

Tous les prisonniers et esclaves faits soit avant, soit depuis la guerre, en quelque occasion et pour quelque motif que ce soit, détenus jusqu'à présent dans les deux empires, soit militaires ou de toute autre condition (excepté ceux qui, dans l'Empire de Russie, se seraient faits chrétiens, et ceux qui, dans l'Empire ottoman auraient changé de religion), sans délai, après la ratification de ce présent traité de paix, sans échange et rançon, tous, sans exception aucune, tant qu'il s'en trouvera pour le présent et à l'avenir dans les empires, seront aussitôt délivrés et renvoyés; et, au sujet de la liberté desdits prisonniers, on publiera les ordres les plus exprès dans toutes les villes et provinces des deux empires, afin que leur affranchissement et leur congé soient effectivement accordés sans difficulté ou tergiversation aucune. Et tous les esclaves, qui, depuis la conclusion de ce traité ou durant cette paix, auront été faits furtivement dans les États de Sa Majesté impériale, conduits en captivité, et se trouveront dans la Crimée, le Boudjac, le Couban ou ailleurs, parmi les Turcs, Tartares et autres sujets de la Sublime Porte, seront délivrés et rendus sans rançon; et à toutes les personnes qui, avec des passeports de Sa Majesté impériale, iront dans ces contrées pour délivrer les esclaves russes, pourvu qu'elles se bornent à exécuter tranquillement leur commission, il ne sera fait aucune violence; et quiconque, contrairement à la justice, leur causera quelque dommage, sera puni.

Article huit.

Si, après la conclusion et ratification du présent traité de paix, quelqu'un des sujets des deux puissances ayant commis quelque acte de désobéissance ou de révolte, se réfugie dans l'un des deux empires, il ne pourra être reçu ou protégé, mais il sera incontinent rendu, ou du moins expulsé du territoire de l'empire où il se trouvera, afin que, à cause de pareilles gens, il ne survienne aucun refroidissement entre les deux empires. Et sauf ceux qui, ayant abandonné leur pays, auront changé de religion, si quelque sujet de l'une des deux puissances vient à fuir, lorsqu'il sera réclamé d'une part ou de l'autre, il sera réciproquement rendu.

Article neuf.

Le commerce, étant un des fruits de la paix et une source de profit pour les empires et les peuples, sera permis aux marchands, sujets de la Sublime Porte, qui pourront l'exercer librement dans tout l'empire russe, dans les mêmes conditions qu'il est permis aux marchands des autres puissances et en payant les mêmes droits. Et réciproquement il sera permis à tous les marchands, sujets de l'empire de Russie, d'exercer aussi librement le commerce dans les États de la Porte ottomane. Mais, pour ce qui regarde le commerce des Russes sur la mer Noire, il sera fait sur des bâtiments appartenant aux Turcs.

ARTICLE DIX.

SI, durant cette paix, il survient des différends entre les sujets des deux empires, en ce cas, les juges et commandants des frontières feront, avec toute sorte de droiture, les recherches nécessaires ; et ces contestations traitées entre les deux empires seront terminées par tous moyens convenables, pour mieux assurer la conservation de la paix et de l'amitié ; et, à l'occasion de ces disputes entre les sujets des provinces limitrophes, il ne s'entreprendra point d'hostilités d'aucune part ; mais on procurera de part et d'autre, avec toute sorte d'attention, le maintien inaltérable de la tranquillité.

ARTICLE ONZE.

IL sera permis soit aux séculiers, soit aux ecclésiastiques russes, d'aller librement visiter Jérusalem ou les autres lieux de pèlerinage ; et non seulement il ne sera exigé de ces voyageurs aucun tribut ou payement par les sujets de l'empire ottoman, mais encore on leur délivrera les passeports nécessaires, comme la Sublime Porte a coutume de les donner aux autres Européens. De plus, on n'exercera aucun acte d'injustice contre les ecclésiastiques russes, durant le séjour qu'ils feront sur les terres soumises à la domination ottomane.

Article douze.

Quant au titre impérial dont il a été fait souvent mention de la part de Sa Majesté de toutes les Russies, on en traitera incessamment à l'amiable, et on en conviendra à la satisfaction des deux parties, selon que le requiert la suprême dignité et puissance de Sa Majesté.

Article treize.

Pour affermir encore davantage la paix entre les deux empires et la sûreté des articles du présent traité et de tout ce qu'exigeront les affaires des sujets respectifs, la résidence des ministres de Sa Majesté impériale est permise à la Porte, avec le caractère que sadite Majesté jugera convenable; et, relativement aux privilèges et franchises, lesdits ministres seront reçus et honorés comme les ministres des autres puissances les plus distinguées.

Article quatorze.

Et, afin que la présente paix et bonne amitié entre les deux empires soit encore mieux établie et affermie, des deux parts on enverra des ambassadeurs extraordinaires à l'époque qui sera déterminée et fixée ultérieurement; lesquels ambassadeurs seront échangés à la frontière sur le pied de l'égalité, reçus, honorés et traités avec les mêmes cérémonies, et en la même forme et manière qui se pratique pour les ambassadeurs réciproques entre les puissances les plus distinguées et la Porte ottomane. Et en signe d'amitié, ces ambassadeurs seront respectivement chargés, de porter des présents convenables à Sa Majesté l'Impératrice de Russie et au sérénissime et très puissant Prince des Ottomans.

ARTICLE QUINZE.

En outre, il a été convenu que, dans un délai de trois mois, à compter du jour de la signature du présent traité, les instruments de ratification d'icelui seront échangés par l'entremise de l'excellentissime ambassadeur de France.

Conclusion. Afin que les conditions de la présente paix, contenues dans les quinze articles ci-dessus soient des deux côtés exécutées à l'avenir et maintenues inviolables, on déclare que, en vertu de ce traité, les traités conclus antérieurement resteront sans validité, sauf la question des frontières qui sera réglée plus tard avec tout le soin désirable. Et, comme confirmation des articles ci-dessus, il est entendu que, ayant été convenu dans l'article IV que la Sublime Porte nommerait des commissaires pour la délimitation des frontières et que ces commissaires seraient subordonnés au khan de Crimée, s'il survenait, de la part de l'un ou de l'autre empire, des choses non prévues par le présent traité et de nature à troubler la paix, il serait immédiatement remédié de part et d'autre avec justice et équité. Et, pour que lesdits articles et traités puissent à l'avenir être observés et maintenus en vigueur par les deux parties, le grand vizir a consigné à l'illustrissime ambassadeur de France l'instrument de ladite paix écrit en langue turque, et l'ambassadeur de France, en sa qualité de médiateur, a également consigné au grand vizir le même instrument écrit en langue italienne. Et, si le présent traité vient à être consenti et ratifié, alors le susdit ambassadeur, selon les pouvoirs que lui a conférés le sérénissime roi de France, y ajoutera sa garantie.

Signature de l'ambassadeur de France. Le projet de paix ci-dessus ayant été examiné et approuvé dans différentes conférences tenues avec les ministres de la Porte, Nous Louis Sauveur, marquis de Villeneuve, conseiller d'État, ambassadeur extraordinaire et plénipotentiaire du Roi de France à la Porte ottomane, en vertu des pleins pouvoirs qui nous ont été donnés par Sa Majesté la tsarine de toutes les Russies, que nous avons communiqués à la Porte, déclarons être convenu, au nom de sadite Majesté de toutes les Russies, avec le magnifique seigneur Elhadj Mechmet Pacha, grand vizir de l'empire ottoman, en vertu du plein et absolu pouvoir que lui donne son ministère, des conditions contenues dans les articles ci-dessus ; et, en ayant reçu l'instrument authentique écrit en langue turque, signé et scellé par le susdit grand vizir de l'empire ottoman, nous lui avons remis le présent instrument écrit en langue italienne et souscrit par nous en français, et scellé du sceau de nos armes, nous réservant néanmoins la ratification de Sa Majesté de toutes les Russies, et, au cas qu'elle soit donnée, nous promettons de garantir ledit traité pour et au nom du roi de France, saufs et réservés néanmoins les prééminences et droits auxquels nous n'entendons qu'il soit dérogé. Fait au camp de Belgrade, sous les tentes du Congrès le 18 septembre 1739.

Signé Villeneuve.

Les trois articles suivants furent ajoutés au traité de paix ci-dessus, à Niš [le 3 octobre 1739 [1]] et constituent l'explication de l'un des articles du susdit traité.

A. Depuis la partie occidentale du Dnieper, en tirant vers la Pologne, les limites resteront fixées et déterminées comme elles le furent dans la convention du 22 octobre 1705.

B. Du côté oriental du Dnieper, en commençant à la source de la rivière Saliva-Konskievadi, on tirera une ligne droite jusqu'à la source occidentale du grand fleuve Berda; et toutes les terres et eaux contenues dans l'enceinte formée par le Dnieper, la rivière Saliva-Konskievadi, ladite ligne et le grand fleuve Berda, resteront à l'empire ottoman. De même toutes les terres et eaux qui sont par delà lesdits fleuves, rivières et lignes, resteront à l'empire de toutes les Russies, excepté ce dont il sera fait mention dans l'article suivant.

C. Pour ce qui regarde le terrain situé entre le grand Berda et le fleuve Mius, les limites resteront comme elles furent déterminées par le traité de 1700.

La révolte et la désertion des cinq cents janissaires qui étaient en expédition contre Perişanï, comme nous l'avons dit précédemment, furent cause de la honteuse défaite [qui y fut infligée aux Turcs par les troupes allemandes, et] que Suleyman Pacha fit connaître par lettre au grand vizir, à son retour à Bucarest. Un aga du grand vizir arriva porteur d'un firman et arrêta Émir Mechmet aga, colonel de ces janissaires, qui se trouvait à Bucarest et lui réclama tout l'argent que le Trésor

---

1. Au lieu de cette date, que j'emprunte à Laugier, le texte grec dit simplement : *ainsi qu'on le verra plus loin sous la date du 16 courant* (5 n. st.).

avait dépensé pour ses hommes en solde, subsistances et gratifications, ce qui formait une somme d'environ soixante-cinq bourses. Cette réclamation plongea le colonel dans un grand embarras, et il essaya, par des suppliques, d'amener la Porte à réduire le chiffre de ses exigences.

Le capitaine Pagonis amena du cadilic d'Argeș trois voleurs valaques, qui furent mis en prison.

16 *octobre* [1]. — Des lettres de la tsarine étant arrivées à Niš, on tint une autre conférence relative à la paix ; après une addition de nouveaux articles au traité, le baron Cagnioni, qui avait apporté de Russie les susdites lettres, repartit pour ce pays, honoré d'une pelisse par le grand vizir.

Le grand vizir amena à Constantinople, à la suite de l'armée, cinq gentilshommes allemands, qui n'étaient autres que les cinq dignitaires mentionnés dans les articles du traité comme devant être les ôtages de la paix conclue avec l'Empereur.

Achmet effendi, nouzoul-émini, fut nommé defterdar de Belgrade. Il eut pour successeur [dans la charge qu'il laissait vacante] Abdi aga, bach-bakicouli.

Le drogman impérial, Alexandre Ghica, travaille à obtenir la dignité dont fut revêtu son grand-père, c'est-à-dire celle de secrétaire intime ; il appuie ses prétentions sur ce que, comme son aïeul, il a servi d'interprète au moment de la paix. Jusqu'à ce jour, toutefois, il n'a pas vu se réaliser ses désirs. Il a, cependant, réussi à obtenir le revenu de la métropole de Belgrade. Il s'est fait délivrer le firman impérial qui s'accorde à la prélature, c'est-à-dire aux évêques et aux métropolitains, de sorte qu'il est chargé, par procuration, d'administrer ce troupeau perdu.

C'était, en outre, l'usage d'accorder aux interprètes,

---

1. Pour la fixation de cette date, voir page 356, note 1.

comme on l'avait fait pour son grand-père et ses oncles, une indemnité impériale applicable aux frais que nécessitait leur voyage à la suite de l'armée ; mais, pour un voyage de quatre années, il n'a pu, malgré ses prières, obtenir du gouvernement qu'un firman, en vertu duquel la Moldavie et la Valachie doivent lui verser chacune quatre bourses, à titre de dédommagement des dépenses considérables qu'il a dû faire.

Les chevaux des voitures de l'ambassadeur de France étant exténués de fatigue, les capi-kékhayas de Valachie reçurent ordre de lui en procurer d'autres.

L'aga des janissaires fut honoré de trois queues de cheval.

On dit que le Sultan est mécontent de la paix avec les Russes ; il aurait voulu tirer d'eux une vengeance plus éclatante, pour les punir d'avoir exercé tant de ravages dans les provinces de l'Empire ottoman.

Le grand vizir étant arrivé à Niš, les hauts fonctionnaires furent revêtus de pelisses et décorés d'aigrettes. Le susdit drogman demanda aussi une aigrette et employa les prières pour l'obtenir. Il ne réussit pas, il est vrai, à se faire attacher cette aigrette, mais on la lui envoya.

Le silicdar impérial arriva au camp pour inviter, de la part du Sultan, le grand vizir à se rendre à Constantinople.

Mémich Pacha fut envoyé à Silistrie avec des troupes, qu'il devait employer à la défense de la Moldavie, au cas où la paix avec les Russes ne serait pas consentie et ratifiée.

La validé sultane mourut. Cette mort affligea beaucoup le Sultan, qui, dans sa douleur, quitta le sérail de Béchictach pour se rendre au palais.

Yegen Pacha, ancien grand vizir, fut transféré de Rhodes à Chios, à titre de clémence.

Un firman fut rendu qui décidait que ce serait sur la proposition du grand drogman (qui avait réussi à obtenir ce privilège) que se ferait à l'avenir la nomination des drogmans de la flotte.

Stéphanakis Démakis, médecin d'Ali Pacha, vali de Roumélie, fut nommé drogman de Belgrade.

Chehsivarzadé, bey des salahors impériaux, fut envoyé à Bender avec de l'argent et des *moucaréris* pour les pachas.

Youssouf bey, salahor impérial, arriva au camp avec la nouvelle d'une victoire remportée sur les Russes en Crimée.

17 septembre. — Les troupes moscovites, cosaques et calmouques se livrèrent, lors de l'occupation de Jassi, à tant d'actes de pillage, de déprédation, d'injustice et de brigandage, qu'il nous serait impossible d'en écrire une relation exacte et complète ; nous nous bornerons à en donner un aperçu sommaire. Ils dépouillèrent les maisons des boyards, et s'approprièrent leur argent, leurs effets mobiliers et leurs bestiaux. Privés de toute leur fortune mobilière, éloignés de leurs femmes, séparés de leurs enfants, les boyards se trouvaient dans un embarras extrême et se demandaient avec anxiété quand cesserait l'invasion moscovite. Beaucoup d'entre eux exprimaient en soupirant le désir qu'il leur fût possible d'aller en Valachie chercher un asile auprès du Prince.

Le feld-maréchal Münich se rendit à Jassi et y resta deux jours. Les caïmacams lui firent une réception pleine de magnificence, après quoi il retourna au camp. Il imposa à Jassi une contribution de guerre de huit mille florins ; les Juifs en payèrent deux mille, et les monastères furent mis sous scellés jusqu'à entier payement du reste.

Münich rendit une ordonnance sévère interdisant à qui que ce fût d'expédier des lettres ou d'en faire porter par ses gens ; tout contrevenant était passible de la peine capitale.

On creusa autour de Jassi des fossés de huit brasses de large sur douze de profondeur.

En quittant Jassi, Münich laissa dans cette ville deux mille hommes avec un commandant, ainsi que les deux fils du prince Dimitrașcu et le fils de Duculețu, lesquels étaient en contestation et se disputaient à qui gouvernerait la Moldavie, la Valachie, les districts turco-danubiens et le Boudjac.

Les itchoglans du prince Grégoire, les calarași et les domestiques des boyards prenaient la fuite et se rendaient auprès des susdits princes. Il ne resta au camp du prince Grégoire qu'un petit nombre de soldats turcs et moldaves.

Münich se rendit au pont de Kerman. Il ne faisait guère que deux heures de route par jour avec ses troupes.

Une simple parole des susdits princes suffisait pour acheminer des troupes sur Bender, Bräila et le Boudjac.

Quelques Tartares ayant rencontré, en se rendant dans le Boudjac, des émigrés moldaves, les firent prisonniers et leur prirent leurs bestiaux. Le prince Grégoire, instruit de ce fait, les délivra des mains des Tartares, grâce à l'intervention du séraskier sultan, et plusieurs des coupables furent même punis.

A l'instigation des susdits princes, beaucoup de Moldaves, induits en erreur, se joignirent aux Russes.

Après s'être joints aux Russes et les avoir quittés pour passer en Hongrie, vingt Catans de Coltchac Pacha se rendirent à Niamț et pillèrent un monastère dans les montagnes voisines de cette ville ; mais ils furent pris par les gardiens des défilés et envoyés au prince Grégoire.

Le voïvode Kiowtski écrivit à Bender que le général Biron, fait antérieurement prisonnier par les Turcs et mis en liberté après la prise de Hotin, avait été envoyé par le maréchal Münich à Kyjev avec Coltchac Pacha et les autres prisonniers ottomans ; que Münich, ayant laissé à Hotin trois mille hommes de troupes, s'était rendu sur le bords du Prut, à huit heures de Hotin, et s'y était installé dans un camp retranché qu'il avait fait faire en cet endroit ; et qu'il avait envoyé à Tuțora [1] quinze mille hommes de cavalerie pour y tenir garnison. Informés de ces nouvelles par ailleurs, les habitants de Bender, craignant qu'il ne marchât contre leur ville, attendu qu'il s'était approché de Călărași [2] et de Chișinău [3], furent complètement bouleversés et saisis d'une frayeur telle qu'ils voulaient abandonner femmes et enfants et prendre la fuite.

Les Polonais écrivirent encore que les Russes achetaient en Pologne et payaient comptant toutes les subsistances dont ils avaient besoin, et que personne ne pouvait les en empêcher.

Les Cosaques pillent et saccagent tant les villages polonais et tartares que ceux des environs de Bender.

Les cossévis remplissent le Boudjac et les environs de Bender. Beaucoup de Heiduques s'y sont également montrés.

Les Moldaves rebelles ont commencé à massacrer tous ceux qu'ils rencontrent, aussi le séraskier pacha a-t-il envoyé une armée contre eux.

Quelques Cosaques, s'étant rendus à Orbeni [4], s'emparèrent d'un certain Stavros, à qui ils demandèrent dix bourses et qu'ils torturèrent cruellement.

Trente Cosaques parcouraient la vallée du Trotuș [5], ravageant les villages qui s'y trouvent.

Le prince Dimitrașcu se rendit à Niamț, pour en retirer la

---

1. Tuțora, ville de Bessarabie.
2. Călărași, ville de Bessarabie.
3. Chișinău, ou Kichinef, ville de Bessarabie.
4. Orbeni. Il y a trois villages de ce nom dans le district de Putna. Nous ne savons de laquelle de ces localités il est question ici.
5. Le Trotuș est une rivière qui prend sa source dans les Carpates et va se jeter dans le Siret à Domnești, village du district de Putna. On peut voir dans le Dictionnaire de Frunzescu (p. 493) le nom de tous les villages que baigne le Trotuș.

princesse sa sœur et les autres grandes dames qui y étaient détenues prisonnières.

Les habitants de Focşanï [1] ayant entendu dire par quelques personnes que le séraskier sultan avait reçu un firman impérial lui enjoignant de réduire la Moldavie en esclavage, en punition de la révolte des Moldaves, furent saisis d'une profonde terreur, et toute [la population de] la frontière se réfugia dans les montagnes.

Quinze Cosaques, qui se rendaient à Bacău [2], dépouillèrent quelques orpailleurs tsiganes et leur volèrent cent bourses.

Une quarantaine de Cosaques se rendirent à Roman [3] et s'y emparèrent d'une certaine quantité de bestiaux, sous prétexte qu'ils appartenaient à des Turcs; ils dépouillèrent également quelques rouliers moldaves.

Voulant s'acquitter d'un devoir de parenté et de bon voisinage, le prince Constantin envoya, à titre de présent, au prince Grégoire (qui se trouvait près de Focşanï, à cause de l'incursion des Russes, et était dans une grande disette de vivres) cinq cents kilès de farine, mille kilès d'orge, cinquante vaches, cent moutons et six cents oques de beurre.

Les troupes ottomanes s'étant réunies pour porter secours au prince Grégoire, celui-ci, horriblement gêné (comme nous venons de le dire) par le manque de subsistances, écrivit au Prince pour le prier de lui accorder la permission d'acheter une certaine quantité de provisions à Focşanï de Valachie [4].

---

1. Focşanï, ville du district de Putna, dont elle est le chef-lieu, arrondissement de Bilieştï. Vingt mille trois cent vingt-cinq habitants.
2. Bacău, ville située dans le district du même nom, dont elle est le chef-lieu, arrondissement de Bistriţa-de-Sus. Treize mille cent dix-huit habitants.
3. Roman, chef-lieu du district du même nom, arrondissement de Moldova. Seize mille neuf cent vingt habitants.
4. Situé sur le Milcov, Focşanï formait alors deux localités distinctes : Focşanï de Moldavie sur la rive gauche et Focşanï de Valachie sur la rive droite.

Le Prince accueillit cette demande avec plaisir; il écrivit à Georgitza, ispravnic de Focşanĭ, et au capitaine Pavlakis, de laisser l'homme envoyé par le prince Grégoire acheter dans cette localité tout ce dont il aurait besoin. Ainsi fut fait.

19 septembre. — Dracos Soutzos, ancien grand logothète et premier capi-kékhaya du Prince, partit pour Constantinople avec son frère Dimitraşcu, ancien grand comis, et Constantin [1], ancien grand comis et fils du feu sluger Georgakis.

22 septembre. — On saisit en Transylvanie un manifeste de Münich et de Lasci, publié au nom de la tsarine et dans lequel on lisait : « Les chrétiens orthodoxes ainsi que les personnes d'une autre nationalité [2] qui voudront se rendre en Moldavie soit pour y habiter, soit pour y combattre avec les Russes, recevront de grosses récompenses. Ceux qui fixeront leur domicile en Moldavie seront, pendant quatre années, exempts d'impôts et de toute espèce de redevance, et ceux qui combattront avec les Russes seront, leur vie durant, affranchis de toute contribution. » Beaucoup de personnes, surtout des Allemands, se rendirent à cet appel, ainsi qu'un nombre très considérable de Catans.

23 septembre. — Deux tchocadars, l'un de Hussein Pacha, commandant de Vidin, l'autre du defterdar de cette ville, apportèrent au Prince un firman lui enjoignant de prendre à son compte cent paires de bœufs, et d'en payer le montant au Trésor, à raison de cinquante piastres la paire.

Joannitza, ispravnic du cadilic d'Argeş, envoya cinq trans-

---

1. Constantin Xypolytos, fils de Georges. Voyez la notice que nous avons consacrée à ce personnage, p. 17, note 1.

2. La nationalité et la religion n'ont pas cessé de se confondre en Orient. Le Grec de l'empire ottoman, qui n'a plus de patrie, ne dit pas toujours, pour se distinguer du Turc, « je suis *Romios* », mais parfois « je suis chrétien ».

fuges allemands sans armes. Le Prince les incorpora dans la compagnie de Lupuianu.

24 septembre. — Vers le soir, la nouvelle étant arrivée du côté de Focşanï que les deux frères Cantemir, Constantin et Dimitraşcu, s'étaient rendus à Focşanï, le 22 courant, au matin, avec un certain nombre de Russes et de Cosaques, et qu'ils avaient pillé monastères, églises, boutiques, habitations; fait prisonniers l'ispravnic de la ville, sa sœur Roxandre, le capitaine Pavlakis et le vameş Canakis; enfin, chassé de Serbăneştï, village moldave, le prince Grégoire, qui avait eu peine à leur échapper et était passé à Macsineni, en territoire valaque, cette nouvelle inattendue fut un sujet de trouble et de bouleversement tant pour le Prince que pour les boyards et tout le reste de la population.

25 septembre. — Un domestique de l'ispravnic Georgitza étant arrivé le matin avec des lettres pour le Prince, la nouvelle de la veille se trouva confirmée, à savoir que la plupart des rebelles étaient moldaves, qu'ils avaient pénétré dans la résidence de l'ispravnic, que celui-ci s'était sauvé par une fenêtre, était entré dans une hutte, y avait changé de vêtements et s'était enfui, habillé en paysan, du côté d'Odobeştï [1]; qu'ils s'étaient emparés de Pavlakis, qui fuyait du côté de la Valachie avec la sœur de l'ispravnic, et les avaient conduits à Odobeştï, où était leur camp; enfin qu'ils étaient restés à Focşanï jusqu'au soir, avaient fait main basse sur tout ce qu'ils avaient rencontré, puis étaient rentrés à Odobeştï, laissant dans le bazar un détachement avec quatre canons.

Le Prince, informé de cette attaque et de cette incursion des princes Cantemir ainsi que de l'arrivée du prince Grégoire à

---

1. Odobeştï, petite ville du district de Putna, arrondissement de Gîrle. Trois mille dix habitants.

Macsinenï [1], choisit aussitôt deux boyards : Andronakis, vornic de Tîrgoviște, et le vameș Georgakis d'Andrinople, et (mettant en pratique le précepte de l'apôtre : *Secourez vos frères dans leurs nécessités*) les envoya auprès du prince Grégoire avec ordre de se mettre à sa disposition pour tout ce dont il pourrait avoir besoin. Il nomma, en outre, grand ispravnic de la frontière le grand armaș Paléologue, précédemment envoyé auprès du prince Grégoire et y résidant.

Dans une conférence relative à l'invasion du territoire valaques par les Russes et les Cosaques, conférence à laquelle le Prince convoqua les principaux boyards, tous approuvèrent comme bonne et sage la résolution d'envoyer les princesses à Craiova, lieu sûr et à l'abri du danger, dans le cas où les ennemis s'approcheraient de Bucarest. Après quoi les boyards de première et de deuxième classe, ainsi que toute la population et les soldats du Prince, attendraient, en usant de vigilance et de circonspection, ce qui se produirait, afin que, si les ennemis s'avançaient davantage et dirigeaient une attaque sur Bucarest, ils fussent en état de défendre leur vie et leur avoir. On envoya par tout le pays des lettres faisant connaître cette décision, afin que tout le monde se tînt sur ses gardes, prêt à faire face à l'ennemi et à lui résister.

26 *septembre*. — Ali effendi, kessédar d'Abdi aga, ancien bach-bakicouli, apporta au Prince un firman relatif au reste de l'orge réquisitionnée l'année précédente.

Il arriva deux transfuges allemands, qui furent incorporés dans la compagnie de Lupuianu.

27 *septembre*. — On apprit que les Russes et les Cosaques, qui avaient, comme nous l'avons dit, tout ravagé à Focșanï et

---

1. Macsinenï, commune de Rîmnic-Sărat, arrondissement de Marginea-de-Jos. Six cent vingt-cinq habitants.

qui se trouvaient à Odobeștĭ, ayant reçu ordre soit du maréchal Münich, soit d'un autre de leurs chefs, de rebrousser chemin, avaient dépouillé le monastère de Mera [1], emmené les boyards préposés à la garde de ce couvent ainsi que leurs femmes, et le soir du même jour, qui tombait le 24, étaient partis d'Odobeștĭ pour Roman, chargés de butin. N'ayant pu réussir à vendanger les vignes d'Odobeștĭ [2] (car ils en avaient vendangé bon nombre d'autres), ils lâchèrent dedans deux mille bœufs et chevaux, qui détruisirent non seulement les raisins, mais encore les ceps. Après ces déprédations et beaucoup d'autres, les Russo-Cosaques évacuèrent enfin le territoire valaque, emmenant avec eux cinq Turcs qu'ils avaient faits prisonniers à Focșanĭ. Ces bandits avaient pour chefs Ivan Vasilovitch, brigadier; Basilakis, Gréco-Laze, colonel de Cosaques; Syméon, colonel de Calmoucs; Étienne, colonel de Catans, lesquels étaient tous quatre au service desdits princes et frères Cantemir.

Quelques Catans de Rakoczi entrèrent au service du Prince.

28 *septembre*. — Un domestique du capitaine Pavlakis vint annoncer au Prince la mise en liberté de son maître, ou plutôt son rachat aux Russo-Cosaques, moyennant une assez grosse somme d'argent, ainsi que la mise en liberté de la sœur de l'ispravnic.

En même temps que cet homme, d'autres messagers arrivèrent avec une lettre collective de tous les habitants de Focșanĭ, dans laquelle ces malheureux retraçaient, avec force plaintes, les mauvais traitements que leur faisaient endurer les Russo-Cosaques. Il disaient qu'aussitôt après avoir pillé Foc-

---

1. Mera, monastère situé dans le district de Putna, arrondissement de Gîrle, village de Mera. Il fut fondé, en 1706, par Antiochus Cantemir.

2. Les coteaux voisins d'Odobeștĭ sont plantés de vignobles qui produisent des vins rouges très estimés.

şanï, ils avaient tiré quatre coups de canon avec les pièces qu'ils menaient à leur suite, avaient poussé des cris et fait un grand tumulte, déchargeant leurs fusils et courant à cheval dans toutes les directions. Ils avaient agi de la sorte dans la pensée que, si le prince Grégoire était à Focşanï avec une armée ottomane, ils allaient l'effrayer et lui faire prendre la fuite ; mais il n'y avait que cinquante Turcs et un tchaouch, que Sari Mechmet, pacha de Bräila, y avait envoyés pour garder la ville, et autant de marchands ottomans, qui, entendant ces clameurs soudaines, montèrent aussitôt à cheval et prirent la fuite. Les ennemis s'élancèrent à leur poursuite, mais ne purent en prendre que cinq, qu'ils mirent à mort. Ensuite, après qu'on eut donné l'ordre de piller le bazar de Focşanï, ils saccagèrent et ravagèrent chez tout le monde ; ils pillèrent les maisons des boyards et celles des personnes d'un rang inférieur; ils s'approprièrent tout ce qu'ils trouvèrent ; ils dévalisèrent cent boutiques de marchands chrétiens [1], arméniens et juifs ; puis, battant et torturant les gens, ils leur demandaient de l'argent. Les prêtres et les marchands allèrent tous se jeter aux pieds du prince Cantemir et des colonels, leur demandant grâce et les priant de leur restituer ce que bon leur semblerait. Non seulement on ne leur rendit rien, mais on ne daigna pas même les regarder ; on les traitait de rebelles et de traîtres, parce que, au lieu d'être allés au-devant d'eux avec des vivres, ils avaient envoyé ces vivres au prince Grégoire et aux Turcs. Le monastère de Focşanï où ils étaient logés, mangeaient et buvaient, et qu'ils avaient juré leurs grands dieux de respecter et de ne pas dépouiller du plus petit objet lui appartenant, ces parjures, ces sacrilèges volèrent, à leur départ, tous les chevaux de

---

1. C'est-à-dire les *orthodoxes*, car, pour les Grecs, les Arméniens sont des hérétiques.

ses écuries, emmenèrent en esclavage les Juifs et leurs enfants ainsi que ceux des Arméniens. Bref, ils se livrèrent à un pillage, à une razzia, à une dévastation telle que jamais rien de pareil ne s'était produit ; enfin, quand les Russo-Cosaques furent partis et eurent passé sur l'autre rive de la Putna, une centaine d'entre eux, restés du côté des vignes, enlevèrent dans quelques villages plus de mille bestiaux qu'ils emmenèrent à leur camp ; ils dépouillèrent, en outre, des gens qui allaient vendanger et commirent dans les vignes des dégâts considérables.

29 *septembre*. — Le prince Grégoire, ayant appris le départ des Russo-Cosaques de Focşani, et le rappel, par le feld-maréchal Münich, du reste des armées moscovites, reprit courage, et retourna de Macsineni à Galaţi.

Le grand portier Basilakis fut envoyé à Craiova pour y enrayer un peu la fougue insensée et sans frein de Gazi Pacha, ainsi que les excès et les abus qu'il commettait ; et, en outre, pour examiner le compte des subsistances fournies aux troupes de cette localité et demander audit pacha les certificats nécessaires.

Des Hongrois de Rakoczi, demeurés sans protection, vinrent demander du service au Prince, qui leur donna une gratification pécuniaire et les incorpora dans la compagnie de Lupuianu.

Jacques, étant revenu à Bucarest, fut envoyé de nouveau à Giurgiu pour régler des comptes urgents de l'aga du Ghirdap [1] et d'autres affaires locales. On lui donna cinq cents piastres et une lettre pour remettre, de la part du Prince, à Mémich Pacha, qui allait partir pour Roustchouc.

---

1. Il est plusieurs fois question du Ghirdap dans les *Éphémérides daces*. Ce mot roumain (de racine turque) signifie *tourbillon d'eau, tournant, gouffre, brisants*. Nous croyons qu'il désigne ici les brisants du Danube aux Portes de fer. L'aga du Ghirdap était sans doute chargé de veiller à la sécurité de la navigation dans cette partie du fleuve.

OCTOBRE 1739

Des Allemands et des Catans qui vinrent chercher asile auprès du Prince. — Des musiciens du prince Grégoire qui prirent la fuite. — Retour à Giurgiu du cadi de cette ville. — Fuite et terreur que causa aux frontières le bruit de l'arrivée des Russes. — Le Prince empêche Mourtaza Pacha de traverser la Valachie. — Nouvelle apparition à Ghindești de deux compagnies de Russo-Cosaques; trouble à Bucarest, mesures que l'on y prend. — Suleyman Pacha et le prince Jean se rendent à Afumați. — Du pacha que Sari Mechmet Pacha désigne pour aller avec des troupes réprimer les incursions des voleurs et des Cosaques. — Du médecin qui est envoyé à Mémich Pacha. — Lettre que le grand vizir adresse au Prince relativement aux Russes; conférence du Prince avec les boyards. — Des janissaires qui battirent un Juif et lui volèrent ses effets et son argent. — Mouvement administratif des dignitaires. — Hodja revient du camp à Bucarest. — Mémich Pacha envoie un secours de troupes à Bucarest; sa lettre au Prince. — Permission que le Prince accorda au peuple; le grand paharnic Ghindescu est nommé serdar des troupes à la tête desquelles il doit marcher contre les Russes. — Indignation du Prince contre le grand sluger Barbuțanu. — Jacques est chargé d'une troisième mission à Giurgiu, à l'effet d'empêcher les troupes turques qui se proposaient de venir en Valachie de mettre leur projet à exécution. — Retour du saradj-bachi du grand vizir, venu apporter une lettre; gratification qui lui est accordée. — On amène des prisonniers. — Le Prince empêche Mourtaza Pacha de venir en Valachie. — On amène encore de nouveaux prisonniers. — Départ des voleurs et des Cosaques; l'évêque de Buzău s'en va avec eux. — De Tott apporte les lettres de l'impératrice de Russie, par lesquelles cette princesse ratifie le traité de paix. — Le gouverneur de Belgrade demande du sel en Valachie. — Letchguis qui arrivent à Bucarest. — Visite que leur chef fait au Prince. — Détails que Constantin Ghindescu transmet au Prince concernant les Cosaques. — Dimitrașcu Zătranu est nommé logothète du vestiarat. — Le grand spathar revient du camp à Bucarest. — De Djefer bey qui était venu à Bucarest avec les troupes de deux éyalets. — Des esclaves. — Départ d'Omer aga pour Constantinople. — Du porte-drapeau des itchoglans qui apporta au Prince une lettre du prince Grégoire. — Les Moldaves se mettent à la poursuite de Cantemir. — Boyards moldaves qui partent avec les Russes. — Famine en Moldavie. — Le grand spathar du prince Grégoire est chargé par celui-ci d'aller chercher les princes. — Mémich Pacha envoie des ordres écrits ordonnant aux troupes des éyalets de quitter Bucarest. — Noces de Pîrvu, fils du ban. — Départ des Letchguis. — Arrivée à Bucarest de l'évêque de Rîmnic; son entrevue avec le Prince. — Ordre écrit de Mechmet Pacha enjoignant aux alaï-beys de quitter Bucarest. — Fiançailles du bach-bakicouli. — Commissaires qui sont nommés pour fixer la délimitation des frontières entre l'Empire et la Turquie. — Échange des capitulations. — Nomination d'un ambassadeur ottoman près la Cour de Vienne. — Les prisonniers allemands sont rendus. — Momars est chargé de porter les capitulations à l'Empereur. — L'Empereur se fait lire les articles du traité de paix avec l'Allemagne.

1er *octobre*. — TRENTE Allemands et Catans sans ressources et à moitié nus, qui avaient été au service de Rakoczi, vinrent, avec leur chef, chercher asile auprès du Prince. Son Altesse les reçut par humanité et les incorpora dans la compagnie de Lupuianu.

Le prince Grégoire ayant quitté Serbăneștĭ et s'étant rendu à Macsineni, à cause de l'invasion des Russo-Cosaques, ainsi que nous l'avons raconté, quatre de ses musiciens, joueurs de hautbois et de cor, prirent la fuite. Il écrivit à ce sujet au Prince pour le prier de les faire rechercher et renvoyer près de lui. Son Altesse ayant donné des ordres à cet effet, deux musiciens furent retrouvés et renvoyés au prince Grégoire bien et dûment garottés.

2 *octobre*. — Le Prince ayant mandé près de sa personne le cadi de Giurgiu, pour la ratification de quelques affaires urgentes relatives au pays, lui fit présent, lors de son départ, de trois cents piastres, de deux objets en or, de coupons de drap et de satin ; au naïb du cadi, il fit cadeau d'un coupon de drap et de trente piastres, et tous deux s'en allèrent satisfaits.

3 *octobre*. — Le bruit s'étant répandu à la frontière de Focșanĭ que les Russes et les Cosaques revenaient pour ravager la contrée, les habitants, encore sous la terreur de leur première incursion, se dispersèrent tous loin de Focșanĭ et de Rîmnic et allèrent se cacher dans les montagnes et les forêts environnantes. Les Turcs qui, à la suite de l'arrivée des Russes, avaient été, sur l'ordre du Prince, envoyés avec les boyards

pour veiller à la conservation du pays, furent, eux aussi, saisis de frayeur, quittèrent Rîmnic et se rendirent à Buzău. Le Prince ayant reçu par eux la nouvelle du bruit qui courait et celle de la dispersion des habitants de la frontière, il y eut de nouveau ici, à Bucarest, une grande perturbation.

5 *octobre*. — Ayant appris que Mourtaza Pacha avait été nommé à Brăila, et prévoyant qu'il voudrait passer par la Valachie (ce qui serait préjudiciable pour le pays), le Prince prit les devants, lui écrivit une lettre amicale et lui envoya en même temps une montre en or à titre de présent. De cette façon, Mourtaza se rendit par le Danube à Brăila,

7 *octobre*. — Des lettres du kékhaya de Suleyman Pacha (lequel kékhaya avait été antérieurement envoyé à Buzău avec quelques Turcs, pour veiller à la sécurité de cette ville) et de Paléologue, grand ispravnic de la frontière, arrivèrent à Bucarest. Elles faisaient savoir que, à Ghindeștï [1], village à une heure et demie de Buzău, on avait vu deux compagnies de Russo-Cosaques. A cette nouvelle, une grande confusion se répandit de nouveau dans Bucarest, d'autant plus que le susdit kékhaya y était arrivé, après avoir quitté Buzău et s'être d'abord réfugié à Ghergița [2]. Le Prince tint une conférence avec les boyards, et, après avoir pris les mesures de précaution habituelles, il fit partir immédiatement Georges, capitaine des dorobans, ainsi que Costakis et un certain nombre de slujitorï à cheval, avec ordre d'aller examiner ce qui se passait du côté de Buzău et de marcher contre l'ennemi, si besoin en était. Il

1. Nous ne trouvons pas de village du nom de Ghindeștï en Roumanie. Celui dont le nom se rapproche le plus de celui-ci est Ghințeștï, mais il est situé dans le district de Roman, à une grande distance de Buzău. Il faut peut-être lire Gileștï, village du district de Buzău, arrondissement de Buzău, qui forme commune avec Pănătău et plusieurs autres villages.

2. Ghergița, village du district de Prahova, arrondissement de Cîmp, forme commune avec Belciug, Răteștï et Ungurenï. En tout, dix-neuf cent trente habitants.

envoya ensuite le divan-effendi avec un détachement assez nombreux. En outre, il ordonna d'une façon rigoureuse aux boyards de Bucarest, ainsi qu'à tous ses autres sujets de se tenir armés et prêts à marcher. Il chargea des boyards, des marchands et des gens du peuple de faire des patrouilles dans les environs de Bucarest et de garder les grands ponts et les routes. Ainsi fut fait. On faisait sentinelle pendant la nuit et on exécutait des rondes à toute heure.

8 *octobre*. — Le lendemain, Suleyman Pacha et le prince Jean se rendirent au village d'Afumaţĭ [1], avec quelques troupes ottomanes et indigènes, pour garder les routes et, en cas de besoin, marcher contre l'ennemi.

A la vue de ce qui se passait, le Prince écrivit à Sari Mechmet Pacha, qui était à Brăila, pour le prier de lui envoyer des secours. Celui-ci donna immédiatement ordre de partir à Hamza Atmadja Pacha et à Émir Moustafa Pacha; et un tchocadar d'Atmadja Pacha vint apporter à Son Altesse une lettre par laquelle celui-ci portait à sa connaissance l'ordre qu'ils avaient reçu, l'informait qu'ils s'étaient rendus à Focşanĭ pour veiller à la sécurité du pays, et repousser l'ennemi, s'il se hasardait à tenter quelque incursion. Le susdit tchocadar apportait un bouyourouldi de Mechmet Pacha pour Suleyman Pacha et son kékhaya, leur ordonnant de se joindre eux et leurs troupes à Atmadja Pacha et à Émir Moustafa Pacha.

Mémich Pacha envoya au Prince, par un tchocadar, une lettre pleine d'amabilités, pour le prier de vouloir bien lui envoyer son médecin. On lui envoya aussitôt Pétrakis Dépastès [2].

Le saradj-bachi du vizir-kékhayassi arriva du camp impérial

---

1. Afumaţĭ, village du district d'Ilfov, arrondissement de Dîmboviţa; forme commune avec Boltaşĭ. En tout, onze cent quarante habitants.
2. Il est question de ce médecin dans une lettre de Georges Chrysogonos à Dapontès (*Catalogue historique*, pp. 197-198).

avec une lettre du grand vizir pour le Prince, où il était dit que le gouvernement ayant reçu, de la part des pachas qui étaient en Moldavie et de celle du prince Grégoire, un rapport constatant que les ennemis de l'Empire ottoman ne cessaient de piller la susdite province, des pachas à trois queues et des pachas à deux queues, ayant sous leur commandement des troupes nombreuses, avaient reçu ordre de se mettre à la poursuite des ennemis et de les chasser du pays, et que Suleyman Pacha et le Prince devaient, avec tous les boyards, veiller à la sécurité de la Valachie et se tenir prêts à marcher à l'ennemi, s'il poussait ses incursions jusque-là ; que, en outre, ordre avait été donné à Hussein Pacha, gouverneur de Vidin, de tirer vengeance de l'ennemi, si le besoin s'en faisait sentir. Tel était le contenu de la lettre du grand vizir. Quand le Prince en eut pris lecture, il délibéra avec les boyards sur le parti à prendre. On jugea prudent que Son Altesse devait demeurer tranquille et ne pas sortir de Bucarest, pour une foule de raisons, mais surtout afin de ne pas jeter le trouble parmi la population. On décida que le Prince et tous les boyards principaux parcourraient Bucarest pendant la nuit. En conséquence, à dix heures du soir, le Prince quitta son palais, accompagné de boyards et de dorobans, et parcourut, jusqu'à minuit tous les quartiers, les faubourgs et les bazars de Bucarest. Il apporta dans cette ronde toute l'attention et le soin désirables, et il ne manquait pas de questionner ceux qui étaient chargés de faire faction durant la nuit.

Durant cette même nuit, trois janissaires ayant rencontré, en dehors de Bucarest, un Juif qui s'en allait en voiture du côté de Giurgiu, avec sa femme et son enfant, par crainte des Russo-Cosaques, ils blessèrent cet homme (non mortellement) et firent main basse sur tous les objets qu'ils trouvèrent dans la voiture, ainsi que sur une somme d'argent qui dépassait deux bourses. Le Juif, ayant rebroussé chemin, se rendit auprès du Prince, et lui raconta son malheur, avec force larmes et lamentations. Sur un ordre de Son Altesse, quelques Turcs partirent avec Moustafa, capitaine des Lipcans, à la recherche des susdits voleurs. Ils en arrêtèrent deux, qu'ils amenèrent garrottés, mais ils ne purent découvrir le troisième. Les effets du Juif furent retrouvés et rendus à leur propriétaire, seuls les bijoux et l'argent ne purent être retrouvés.

10 *octobre*. — Le Prince revêtit de caftans et nomma grand comis Antonakis, vornic de Tîrgovişte; Constantin Argintoianu, grand pittar; grand armaş Constantin Brezoianu, qui était grand pittar; et enfin Joannitza Balianu, colonel des vunatorï.

Hodja Ali effendi revint du camp impérial à Bucarest. Il s'était acquitté, à la satisfaction du Prince, des fonctions de capi-kékhaya, que Son Altesse lui avait confiées.

Ce n'était pas seulement à Mechmet Pacha, à Bräila, que le Prince avait écrit, comme nous l'avons dit, pour demander du secours. Il en avait encore demandé en même temps à Mémich Pacha, qui était à Silistrie. Ce dernier lui envoya (11 octobre) Gramada Achmet aga avec cent hommes; il donna, en outre, des ordres de départ [pour la même destination] aux troupes de deux éyalets, et envoya tout exprès au Prince un tchocadar avec une lettre, où il lui disait que, en raison de son attention pour Son Altesse, et aussi en considération de la fidélité, de la sincérité et du zèle que le Prince avait, de tout temps, apportés au service de la Sublime Porte, non-seulement il obtiendrait de lui les secours qu'il avait sollicités, mais que, s'il y avait lieu, il irait lui-même, avec toutes ses troupes, lui prêter main-forte et protéger le pays.

12 *octobre*. — Le Prince ne se contenta pas de ces mesures, car il aurait désiré, si c'eût été possible, expulser dans une

seule et même journée les voleurs qui infestaient la Valachie, attendu qu'il ne se passait pas de jour où il n'apprît leurs rapines et leurs pillages multipliés. Ces bandits, s'étant rendus dans le cadilic de Secuïenï et dans les vignes des alentours, dépouillaient hommes et femmes, boyards et boyardes, et leur enlevaient jusqu'à leur chemise. [En vue de réprimer ces actes de brigandage,] le Prince donna à tous ses administrés indistinctement la permission de marcher contre les voleurs, et il promit à quiconque rapporterait une tête deux cents piastres de récompense, s'il était boyard, et cent piastres, s'il appartenait à une classe inférieure. Un grand nombre de gens, encouragés par cette promesse, s'enrôlèrent. Indépendamment des troupes ottomanes, qui étaient au nombre de dix compagnies, le Prince équipa encore des slujitorï valaques, des Albanais et des Catans Hongrois ; il leur paya leur solde, leur donna une gratification, mit à leur tête, en qualité de serdar, le grand paharnic Serban Ghindescu, qu'il revêtit d'un caftan, et les fit partir sans retard. Les nouveaux enrôlés se mirent pareillement en route. En outre, le susdit Atmadja Pacha quitta Buzău, avec Émir Moustafa Pacha et Catirdjoglou, pour marcher contre ces voleurs cosaques, qui avaient leur camp du côté du monastère de Ventilă Vodă[1].

LISTE DES TROUPES QUE LA PORTE OTTOMANE PEUT, AU BESOIN, METTRE EN MARCHE D'APRÈS LE PRÉCIS DE LA SUSDITE LETTRE DU GRAND VIZIR AU PRINCE.

Douze mille fantassins des districts turco-danubiens.

Dix mille hommes de cavalerie avec Mourtaza Pacha, gouverneur de Salonique ; Abdoullah Pacha, beylerbey de Sivas ;

---

1. Ventilă Vodă, monastère situé dans le village du même nom, district de Buzău, arrondissement de Slănic.

Mechmet Pacha, gouverneur d'Angora [1], Djefer Pacha, frère de Tegmour Pacha, et Sirvanli, youz-bachi.

Quatre mille avec les sipah et silicdar-térékéli.

Cinq mille cinquante serdenguetchtis baïractari, canonniers, djébedjis et janissaires.

Deux mille hommes d'infanterie avec Mechmet Pacha.

Total : trente-trois mille [cinquante] hommes.

En outre : tous les Tartares avec le séraskier sultan du Boudjac, et l'armée de Mémich Pacha avec le prince de Moldavie.

Toutes ces troupes ont reçu l'ordre de se tenir prêtes à marcher contre les Russes, en cas de nécessité.

Le grand sluger Barbuțanu s'opposant aux ordres donnés par Son Altesse relativement à la distribution habituelle de la viande, le Prince ordonna, dans son indignation contre lui, de le livrer aux séimènes; mais bientôt après il lui rendit la liberté.

Ayant appris que les janissaires qui étaient à Roustchouc se proposaient de venir à Bucarest à cause de l'incursion moscovite, et prévoyant le ravage qu'ils allaient faire dans le pays, le Prince envoya Jacques pour les empêcher de mettre leur dessein à exécution, en affirmant qu'un nombre de troupes suffisant avait reçu ordre de marcher contre les Russes et qu'on n'en avait pas besoin d'autres.

Le susdit saradj-bachi du kékhaya-bey, qui avait apporté une lettre du grand vizir, gratifié par le Prince d'une somme de cinq cents piastres ainsi que de coupons de drap et de satin, manifesta son mécontentement de ces présents. Il ne fallut pas moins de mille piastres pour l'apaiser et il repartit satisfait, emportant les réponses.

---

1. Angora, l'ancienne Ancyre, ville de la Turquie d'Asie, chef-lieu du liva du même nom, dans l'éyalet de Bozauk. Les Turcs l'appellent *Ankara* et *Enguru*.

14 octobre. — On amena trois prisonniers faits sur les bandes cosaques et calmouques ; on les interrogea, et ils déclarèrent, entre autres choses, que trois mille hommes avaient pénétré dans le pays pour se livrer au pillage. Le Prince les envoya au camp impérial ottoman.

Mourtaza Pacha écrivit au Prince qu'il était prêt à marcher contre l'ennemi, et qu'il n'attendait plus qu'une réponse ; mais, par une sage réponse, le Prince l'empêcha de venir.

On amena des montagnes deux autres prisonniers. L'un était un Russe, porte-drapeau de dragons, et l'autre un Valaque. Interrogés, ils affirmèrent que, le 11 du présent mois, les bandes cosaques étaient parties, avaient franchi les frontières et étaient entrées en Transylvanie par Temes, redoutant les armées ottomanes qui marchaient contre elles, et, après avoir appris que le Prince s'était rendu à Alfumați avec des troupes et marchant contre elles, ils ajoutèrent que, s'étant enivrés à Telega [1] et ayant perdu leurs chevaux, ils avaient été seuls faits prisonniers.

Des lettres venues de différents endroits faisaient connaître la fuite de ces voleurs en Transylvanie, et ajoutaient que l'évêque de Buzău, Misaël, Valaque de nationalité, avait suivi lesdits Russo-Cosaques spontanément et de sa propre volonté, et s'était enfui avec eux, trahissant ainsi, sans la moindre nécessité, sa patrie et son diocèse.

Le prince Grégoire transmit par lettre à Son Altesse les nouvelles suivantes : La tsarine, ayant agréé la paix avec l'Empire ottoman, avait écrit au généralissime Münich de rentrer en Russie avec toutes ses troupes ; un gentilhomme français,

---

1. Il y a deux localités de ce nom dans le district de Prahova, arrondissement de Prahova : Telega-de-Jos et Telega-de-Sus, qui forment commune avec Buștenarĭ et Melicești.

nommé Tott [1], était parti pour Constantinople porteur de cette nouvelle ; quelques jours auparavant, ce gentilhomme avait été envoyé par l'ambassadeur de France auprès de Münich pour cette seule et unique affaire, et le prince Grégoire disait lui avoir donné une escorte pour l'accompagner jusqu'à Constantinople.

[Ali Pacha fils d'] Abdi Pacha, gouverneur de Belgrade, envoya un tchocadar porter au Prince un firman par lequel il lui demandait dix mille oques de sel, à raison d'une aspre et demie l'oque, payables à la caisse du defterdar de Belgrade. Il le priait d'expédier ce sel avec des voitures jusqu'à Rușava, où le defterdar de Belgrade le ferait prendre et, de là, transporter à destination. Ce sel devait entrer dans la fabrication du pain des troupes en garnison à Belgrade. On expédia la commande demandée.

16 *octobre*. — Deux cent cinquante volontaires ottomans Letchguis arrivèrent pour prendre part à l'expédition contre les bandes cosaques ; et, comme il pleuvait le jour de leur arrivée et qu'il ne trouvèrent pas à leur goût le local qu'on leur donna comme logement, ils se précipitèrent tous ensemble dans la cour du palais princier, à l'heure du dîner, poussant des cris et menant grand tapage, en barbares qu'ils sont. Mais Hodja Ali effendi les apaisa immédiatement, et ils allèrent loger dans le monastère de Saint-Georges.

---

1. Le baron de Tott, père, était d'origine hongroise. Il fut employé utilement par Villeneuve tant auprès de l'armée du général Münich que sur d'autres points. Desalleurs, successeur de Villeneuve, lui confia également une mission auprès du khan des Tartares. L'habileté avec laquelle il avait conduit les différentes affaires dont il fut chargé, la grande connaissance qu'il avait de traiter avec les Turcs et les Tartares, son extrême facilité à parler le turc et le polonais firent jeter les yeux sur lui, en avril 1755, pour accompagner de Vergennes à Constantinople. Étant allé, en septembre 1757, à Rodosto, visiter ses anciens compagnons d'infortune qui s'y étaient retirés avec Rakoczi et lui avaient survécu, il y fut atteint par une fièvre qui l'enleva en peu de jours.

17 octobre. — Le capitaine de ces barbares, nommé Hassi bey, vint faire visite au Prince. Son Altesse l'accueillit d'une façon bienveillante, le revêtit d'un contoche fourré de ventre de renard, et gratifia son frère de coupons de drap et de satin.

18 octobre. — Constantin Ghindescu, fils du grand paharnic Serban, qui était tombé au pouvoir des bandes de Cosaques et avait recouvré sa liberté, moyennant rançon, écrivit au Prince que, bien que le nombre desdits Cosaques ne dépassât pas trois mille, ils avaient cependant commis tant de dégâts et de rapines qu'il était impossible de les décrire. Ils avaient volé un millier de chevaux et plus de cinq cents bœufs. Quand ils trouvaient des tonneaux pleins de vin ou d'eau-de-vie, ils en jetaient une partie, buvaient l'autre et emportaient le reste, Ils s'en allaient ayant chacun deux ou trois chevaux chargés de chaudrons, d'habits, de chemises, de linge, et d'objets de diverse nature. Ce qu'il y avait de beau et de fin, leurs chefs se l'adjugeaient, de même que l'argent dont il les trouvaient nantis, et ils leur abandonnaient les choses de peu de valeur. C'est ainsi que, chargés de dépouilles et de butin, ils repassèrent la frontière et pénétrèrent en Hongrie. Ils se proposaient d'entrer à Kronstadt et d'aller ensuite rejoindre le gros de l'armée russe. Mais lorsqu'ils arrivèrent à la douane, les Allemands qui étaient dans cet endroit, ne voulurent pas les laisser passer, avant de connaître l'avis du prince de Hermannstadt, à qui ils écrivirent à ce sujet.

20 octobre. — Le Prince revêtit d'un caftan Dimitrașcu Zătranu, du cadilic de l'Olt, et le nomma grand logothète du vestiarat.

Le grand spathar Joannakis revint du camp impérial et le Prince l'accueillit avec une grande bienveillance, attendu qu'il s'était acquitté d'une façon satisfaisante de la charge de capi-kékhaya, que Son Altesse lui avait, comme il a été dit, confiée conjointement avec Hodja Ali effendi.

22 *octobre*. — Djefer bey arriva avec les susdites troupes des deux éyalets, et ils logèrent dans les faubourgs. Le lendemain, Djefer bey alla faire visite au Prince avec quatre alaïbeys ; le Prince les accueillit amicalement, revêtit Djefer bey d'un contoche fourré de ventre de renard et les autres, de caftans.

24 *octobre*. — Lobcovitz, prince de Hermannstadt, ayant écrit au Prince qu'il avait un grand nombre de prisonniers turcs et qu'il désirait les échanger contre des prisonniers allemands, Son Altesse écrivit aussitôt au grand vizir ainsi qu'aux trois vizirs qui étaient dans le voisinage (Mémich Pacha, à Silistrie ; Sari Mechmet, à Brăila ; et Hussein Pacha, à Vidin) et leur envoya les noms des prisonniers.

25 *octobre*. — Déli Hadji Omer aga partit de Bucarest pour Constantinople, très satisfait du Prince et des boyards. On le reconduisit avec le cortège princier accoutumé.

Vers le soir, le porte-drapeau des itchoglans arriva de Moldavie avec des lettres du prince Grégoire pour Son Altesse, par lesquelles il lui faisait savoir que, le 13 du présent mois, il avait eu une entrevue avec le séraskier sultan, à six heures de Jassi, sur le bord du Prut, et qu'il avait décidé que ledit sultan irait à Causanï ; il ajoutait que, ce jour-là même, les Russes avaient quitté Jassi, après avoir rempli de terre les retranchements qu'ils avaient faits.

Le 15, le prince Grégoire rentra dans Jassi, sa capitale. Trois ou quatre jours auparavant, il avait fait partir Sari Achmet Pacha et le grand vestiar Palatis, avec des Turcs, des Tartares, des Lipcans de Hotin, et des Moldaves, en tout environ mille hommes, avec ordre, aussitôt les Russes sortis de Jassi, d'entrer dans cette ville et de lui en faire tenir avis. Le prince Constantin fut satisfait d'apprendre cette nouvelle, et fit don de soixante piastres et d'un coupon de drap au porte-drapeau qui avait apporté la letttre.

Le prince Cantemir ayant quitté Jassi avec les troupes russes, calmouques et cosaques et quelques rebelles moldaves qu'il avait sous ses ordres, les Lipcans de Hotin, de pauvres Moldaves (hommes et femmes) et un grand nombre de prêtres se mirent à ses trousses et lui tuèrent une quantité considérable de Calmoucs et de Cosaques. Cantemir fut saisi d'une vive frayeur et s'enfuit, aussi vite que possible, pour se mettre en sûreté, car il savait qu'on le poursuivait et qu'on cherchait à le faire prisonnier pour tirer de lui vengeance de tous les méfaits, rapines et injustices qu'il avait commis en Moldavie. Il avait, notamment, pillé le monastère de Galata [1], qui est un couvent consacré au Saint-Sépulcre. Ayant ouvert la cachette, il en avait retiré et s'était approprié une foule d'objets de prix, appartenant à des boyards et à des marchands, qui les avaient déposés en cet endroit pour y être gardés.

Il y trouva, en outre, dix bourses de florins en numéraire appartenant au métropolitain de Brăila, qui les y avait envoyées et qu'on avait mises dans cette cachette comme en un lieu sûr, et il s'en empara également.

Le métropolitain de Side [2], originaire du Péloponnèse, père spirituel du prince Grégoire, qui l'honorait et l'aimait par dessus tout, suivit les Russes, avec son fils Stavros, second vestiar et gendre de Lupu, grand serdar. L'agas, fils du vornic

---

1. Galata, beau monastère situé près du village du même nom dans le district de Jassi, arrondissement de Copoŭ. Il fut fondé, en 1590, par le prince Pierre.

2. En marge du manuscrit *A*, avec un signe de renvoi indiquant qu'il s'agit du métropolitain de Side, Dapontès a écrit de sa main, à une époque ultérieure : *En ce qui concerne celui-ci, le renseignement était faux.* — Side, aujourd'hui Eski-Adalia, bourg de la Turquie d'Asie, dans l'éyalet de Caraman, liva de Tékié, sur la Méditerranée, au sud-est et non loin de l'embouchure du Keupru-Sou (Eurymédon).

Lupu, Joannitza, grand vameș, et beaucoup d'autres boyards de première et de deuxième classe suivirent pareillement les Russes.

Il règne une très grande famine en Moldavie [1]; la merța, ou kilès valaque, vaut vingt-cinq piastres.

Le prince Grégoire écrivit à son grand spathar d'aller chercher les princes [2] à Isaccca (où il les avait envoyés à cause des

---

1. La merța est une mesure de capacité pour les céréales; elle vaut dix demerlii (boisseaux) ou 2 hectol. 15 litres.

2. Ils s'appelaient SCARLATOS et MATTHIEU. — Matthieu, le cadet, épousa la fille de Georges l'Hetman, capi-kékhaya du prince Grégoire son père. Ce fut ce même même Georges qui lui fit obtenir la charge de grand interprète de la Porte, ce qui coûta à son père une somme de deux cents bourses d'argent. Il remplaçait Callimachi que le grand vizir avait envoyé en exil à Ténédos. S'il faut en croire Hypsilanti, le nouvel interprète était un jeune homme (il n'avait que vingt-trois ans) d'une profonde ignorance, prêtant à rire à tout le monde et ne sachant ni parler ni traduire. Son père lui adjoignit comme conseil et comme guide dans l'exercice de ses fonctions l'ancien drogman de l'ambassade de Suède, Loucakis. Grégoire Ghica étant venu à mourir, Matthieu fut nommé prince de Valachie, grâce aux intrigues de son beau-père. Arrivé à Bucarest, il ne tarda pas à s'aliéner tous les esprits. Son grand postelnic, Alexandre Soutzos, créa, dans l'espace de trois mois, trente stolnics, vingt paharnics et cinquante serdars, tous gens grossiers et de basse extraction, vrais paysans du Danube, qui causèrent un énorme préjudice au vestiarat, car ils ne payaient plus le șfert. Ce Soutzos n'était pas très exigeant, il se contentait de dix aunes d'étoffe pour créer un boyard. Le spathar Nicolas Rosetti et l'agas Démétrius Soutzos marchaient sur les traces du susdit postelnic. Des plaintes réitérées, qui arrivèrent à Constantinople, déterminèrent la Porte à envoyer à Bucarest un commissaire chargé d'une mission conciliatrice. A son arrivée, les habitants s'assemblèrent dans la maison commune, et, emmenant avec eux le métropolitain et les boyards, ils se rendirent à la demeure du commissaire turc, pour y déposer leurs plaintes contre le prince. Sur le rapport que le commissaire envoya à Constantinople, Matthieu reçut ordre de se rendre à Jassi, en qualité d'hospodar de Moldavie, dont le prince alors en exercice, Constantin Racovița, passa en Valachie avec la même qualité. Il n'avait régné que neuf mois. Voy. A. COMNÈNE HYPSILANTI, pp. 367-368. Scarlatos, que son père avait désigné par testament pour lui succéder, fut supplanté par son frère Matthieu, que son beau-père Georges l'Hetman fit élever à l'hospodarat. Cependant, il fut nommé prince de Moldavie, en mars 1757, et, en 1758, Constantin Maurocordato ayant été déposé, Scarlatos lui succéda en Valachie. En 1761, il fut déposé et exilé à Lemnos, d'où il ne tarda pas à revenir à Constantinople. Le 12 août 1765, il fut nommé pour la seconde fois prince de Valachie et il mourut à la fin de l'année 1766. Ses deux capi-kékhayas

temps troublés que l'on traversait), et de ramener de Galaţĭ à Jassi tous ses bagages.

27 octobre. — Les chefs des troupes des susdits éyalets reçurent de Mémich Pacha l'ordre écrit de quitter Bucarest pour aller à Brăila. Cette mesure, qui fut l'œuvre du Prince, était motivée par les rapines et les excès que ces troupes avaient, dès leur arrivée, commencé à exercer envers les pauvres habitants.

28 octobre. — Le Prince posa de ses propres mains la couronne nuptiale sur la tête de Pîrvu, fils du grand ban Matthieu Cantacuzène, dans la haute églises du palais. Il alla ensuite, avec les principaux boyards, au festin qui eut lieu dans la maison du grand vestiar Grigoraşcu Grecianu.

29 octobre. — Les chefs desdits Letchguis vinrent au palais faire leurs adieux au Prince ; après quoi ils partirent tous et se rendirent à Turtucaia.

L'évêque de Rîmnic vint, avec les principaux higoumènes des monastères du banat de Craiova, et se rendit auprès du Prince pour lui offrir ses hommages. Ce respectable prélat trouva près de Son Altesse un accueil rempli de bienveillance et d'aménité. Les higoumènes se présentèrent à leur tour, le Prince leur fit également une réception empressée et leur affirma qu'il leur prêterait en toutes choses aide et protection.

31 octobre. — L'itch-tchocadar de Sari Mechmet Pacha de Brăila, apporta aux alaï-beys des troupes des éyalets un bouyourouldi leur enjoignant, par ordre du Sultan, d'avoir à se rendre à Brăila.

On célébra les fiançailles du bach-bakicouli avec la fille du grand vizir.

Alexandre Hypsilanti et Constantin Mourouzi réussirent à lui faire donner pour successeur son fils Alexandre. Il fut nommé le 12 décembre 1766. Voy. A. C. HYPSILANTI, pp. 367, 374, 377, 389, 404, 410.

Mechmet effendi, mevcoufatdji, fut désigné pour tracer les frontières de Mehadia à Belgrade ; et Séid effendi, sipahiler kiatibi, pour tracer celles de Belgrade jusqu'à la Bosnie.

Le 25 du même mois, le vizir-azem donna un grand banquet à l'ambassadeur de France, à l'arsenal. Le tchaouch-bachi alla chercher l'ambassadeur et marcha en tête du cortège. Les cinq gentilshommes allemands, donnés comme ôtages, et le fils de l'ambassadeur assistaient à la cérémonie. Après une conversation assez longue, l'ambassadeur prit place à la première table avec le grand vizir, l'ancien caïmacam, actuellement nichandji pacha ; à la seconde, le fils de l'ambassadeur, avec le capitan pacha et l'aga des janissaires ; à la troisième, les ôtages avec le defterdar effendi, le réis effendi et le mectouptchi effendi. Après le repas et les cérémonies d'usage, l'ambassadeur remit au grand vizir le traité de paix signé par l'Empereur, et reçut du grand vizir le traité signé par le Sultan ; et, pendant que se faisait l'échange de ces traités, on tirait des salves d'artillerie et on se livrait à la joie ; on revêtit ensuite l'ambassadeur d'une pelisse de zibeline recouverte de brocart ; le grand drogman, d'une pelisse et toutes les personnes de la suite de l'ambassadeur de manteaux d'honneur (hilats).

Le lendemain, c'est-à-dire le 26, Djanibi Ali effendi fut nommé ambassadeur à Vienne.

Georgakis Ramadan, drogman de la flotte, alla conduire chez l'ambassadeur de France quarante-et-un esclaves allemands, puis huit autres, et les lui remit [à l'occasion de l'échange des traités de paix].

RELATION PLUS DÉTAILLÉE DE L'INVITATION DE L'AMBASSADEUR ET DE L'ÉCHANGE DES TRAITÉS.

Le vizir-azem, s'étant rendu à l'Arsenal avec l'ancien caïmacam pacha, envoya le grand drogman Alexandre [Ghica] inviter l'ambassadeur de France au banquet; il envoya également vingt tchaouchs, le colagous-tchaouch, le tchaouchlarémini, deux compagnies de janissaires, le capidji-bachi, et le tchaouch-bachi avec cent cinquante chevaux tout enharnachés. Ce fut avec ce cortège, auquel se joignirent le sieur Momars[1], les cinq gentilshommes allemands et tous les nationaux français, que l'Ambassadeur se rendit à l'Arsenal, où il fut traité par le grand vizir. Après le dîner, le grand vizir tira de son sein le sceau impérial, le baisa et le remit au tchaouch-bachi; celui-ci, le tenant sur sa tête, le remit au réis-effendi. On apporta aussitôt de l'eau dans un vase, on plongea le sceau dedans; on apporta ensuite une cassolette avec de l'ambre

1. Momars, premier interprète de l'ambassade d'Autriche à Constantinople, est l'auteur du beau poème grec bien connu, intitulé Βοσπορομαχία ou *Contestation entre les deux rives du Bosphore*. Il le composa, ainsi que nous l'apprend le titre du livre, en 1762. On lit dans la préface que, quoique étranger, Momars connaissait admirablement le grec usuel, tel qu'il était alors parlé à Constantinople, c'est-à-dire mélangé d'une forte dose de turc. Ayant eu le malheur de perdre sa femme, qu'il aimait tendrement, et resté veuf avec deux petites filles, dont la vue ravivait sans cesse des blessures cruelles, Momars était tombé dans une mélancolie si profonde que l'on craignait pour sa raison. Il eut le bonheur de trouver dans Jean Rizos un ami dévoué en même temps qu'un habile médecin. A l'effet de combattre le mal qui minait Momars, Rizos lui conseilla d'écrire la *Bosphoromachie*, et ce sage avis produisit le résultat que l'on en espérait. Une note publiée par la *Pandore* (XV, p. 70) nous apprend que Momars avait laissé son poème imparfait et que ce fut le patriarche œcuménique Callinicos qui y mit la dernière main. La première édition parut en 1766, à Leipzig, chez Breitkopf, par les soins du célèbre Eugène Bulgaris; la seconde fut publiée en 1792, à Venise, par Cyr Khærétis, qui devint par la suite médecin du sultan Mahmoud (1811).

dont il le parfuma, puis il en scella les capitulations impériales et les remit au grand vizir. Celui-ci, tenant de la main droite les capitulations de la Sublime Porte, les échangea contre celles de l'Empereur, que l'ambassadeur de France tenait de la main gauche. Le grand vizir les déposa sur un coussin et l'ambassadeur de France les remit à Momars. On fit ensuite la distribution des pelisses. Le fils de l'ambassadeur fut revêtu d'une fourrure d'hermine.

C'est Momars qui fut chargé de porter à l'Empereur les capitulations du Sultan.

Le 22 du même mois, avant la cérémonie que nous venons de décrire, le vizir-azem s'était rendu au sérail et le réis-effendi avait lu au Sultan les articles du traité de paix avec l'Autriche, et, quand il eut terminé, il fut revêtu d'une pelisse de zibeline.

PRÉCIS SOMMAIRE D'UNE LETTRE DE L'EMPEREUR ADRESSÉE A SES AMBASSADEURS DANS LES DIFFÉRENTES COURS EUROPÉENNES, PAR LAQUELLE IL LEUR FAIT SAVOIR QUELS ONT ÉTÉ LES AUTEURS DE LA DÉFAITE DES ARMÉES ALLEMANDES PAR LES TURCS, AINSI QUE LES CAUSES DE LA REDDITION DE BELGRADE ET DE LA PAIX RUINEUSE CONCLUE AVEC L'EMPIRE OTTOMAN.

Il signale comme auteur principal de la défaite le feld-maréchal comte de Wallis, à cause de sa désobéissance à tous les ordres et recommandations de l'Empereur, qui étaient les suivants :

« Il a reçu ordre d'aller d'abord à Tchouprija, mais, au lieu de cela, il a évité l'ennemi et s'est dirigé sur Semendria. C'est cette faute qui a donné naissance à tous les échecs et revers que les armées allemandes ont essuyés par la suite.

« Il a reçu ordre, si le grand vizir marchait contre lui, de livrer bataille avec toute l'armée et non pas avec une partie des troupes ; mais lui, contrairement à cet ordre, en est venu aux mains avec l'ennemi, n'ayant autour de lui que sa cavalerie et dix-huit compagnies de grenadiers.

« Les dispositions prises par de Wallis dans son engagement avec les Turcs ont été absolument contraires aux principes de l'art militaire. Qui aurait pu prévoir qu'une si grande faute serait commise par un général si habile et si versé dans les choses de la guerre ?

« L'issue funeste de la bataille de Grocka est due à l'imprévoyance de de Wallis et non au manque de bravoure de l'armée allemande.

« Dans cette bataille, les troupes sous les ordres de Neipperg se montaient à douze mille hommes, dont la majeure partie a péri par suite des marches continuelles ou par le combat, dans lequel il y a eu six mille hommes tués et blessés.

« De toutes les nouvelles que de Wallis transmettait, on ne pouvait inférer aucune vérité.

« Il a été plus coupable encore dans la conclusion de la paix ; car, loin de se borner à user des pouvoirs que l'Empereur lui avait confiés, il les a dépassés, en s'occupant de choses qui n'étaient pas de son ressort, et en agissant à sa tête. C'est pour cela que l'Empereur lui a retiré ses pouvoirs, pour les donner au comte de Neipperg, homme habile, et qui assistait à la paix de Passarowitz.

« Mais, antérieurement, de Wallis qui s'était entretenu avec le grand vizir de choses absolument déplacées dans sa bouche écrivait à un sien ami que, tous les généraux et les officiers étant désespérés, il y avait profit à rendre Belgrade, pour que la paix fût conclue sans retard.

« Il écrivit à l'Empereur qu'il fallait conclure la paix, sans laisser passer un jour ni même une heure. L'Empereur, se défiant de ces communications, écrivit aux autres généraux, pour leur demander la vérité et leur avis sur la situation.

« Bien qu'ayant reçu l'autorisation de conclure la paix, Neipperg ne devait cependant céder qu'une partie de ce que de Wallis avait promis, et non pas le tout.

« Neipperg a commis, lui aussi, une faute, en se rendant au camp ottoman, sans y être autorisé par l'Empereur, et il s'est livré lui-même entre les mains de l'ennemi.

« La nouvelle de cette visite de Neipperg au grand vizir fut notifiée à l'Empereur par de Wallis, étonné lui-même de cette démarche intempestive.

« Le marquis de Villeneuve, ambassadeur de France, ayant écrit à l'Empereur que Neipperg, aussitôt qu'il commença à parler de la paix avec les Ottomans, leur promit la ville de Belgrade entièrement rasée, l'Empereur lui retira ses pouvoirs concernant la conclusion de la paix, pour avoir dépassé la limite desdits pouvoirs et transgressé l'ordre de Sa Majesté, lequel portait que, lorsqu'il ne lui resterait plus aucun espoir de conserver Belgrade, il pourrait l'abandonner, à la condition que Ruşava serait entièrement démolie. Mais lui, sans attendre la réponse de l'Empereur, à cause du bref délai qu'on lui avait accordé, conclut la paix et la signa, livrant ainsi aux Ottomans, non-seulement Belgrade, mais encore d'autres endroits, contrairement aux ordres de l'Empereur, agissant en cela, non comme un ambassadeur, mais comme prisonnier volontaire des Turcs.

« Il loue le général Sükow, commandant de la forteresse de Belgrade, comme étant un sincère et fidèle serviteur de la maison d'Autriche, et pour avoir écrit à l'Empereur qu'il pouvait défendre la place depuis le 14 août jusqu'à la fin de septembre, attendu que les choses prenaient une tournure plus favorable.

« L'Empereur conjecture encore, d'après quelques autres circonstances, que les Turcs étaient dans l'impossibilité de prendre la place de vive force, car le grand vizir a donné immédiatement son adhésion, et aurait accepté Belgrade, si même elle eût été détruite.

« Avant que l'Empereur connût la façon dont la paix avait été conclue, Neipperg abandonna une porte de la ville aux Turcs.

« Il avait été convenu que la démolition de la muraille commencerait le 6 septembre, et Neipperg n'a pas tenu compte de cette date.

« L'Empereur a examiné avec soin tous les articles du traité de paix, et il n'en a pas trouvé un seul qui fût conforme aux ordres qu'il avait donnés au comte de Neipperg.

« Comme il appert de l'article deux, il a été, prétend-il, véritablement autorisé à céder aux Ottomans la forteresse de Chabats, mais seulement après qu'elle aurait été rasée, et, comme conséquence, les Turcs devaient démolir la forteresse de Ruṣava et les Allemands conserver Belgrade, comme l'ambassadeur de France l'avait dit aux Turcs; mais le comte de Neipperg a fait tout le contraire, et non-seulement il a abandonné la forteresse de Ruṣava aux Ottomans dans l'état où elle se trouve, mais il leur a encore cédé celle de Chabats avec toutes ses fortifications et ses fossés, lorsque le grand vizir se serait contenté de Belgrade (pour s'en retourner avec son honneur sain et sauf, attendu qu'il avait promis de s'emparer de cette ville), et de prendre possession du reste d'après la désignation de l'Empereur.

« Dans l'article trois, il mentionne les frontières de la Bosnie, question à laquelle l'Empereur n'a pas fait la moindre allusion dans toutes les lettres qu'il lui a adressées, et que les Ottomans n'avaient pas l'intention d'agiter.

« Dans l'article quatre, en ce qui concerne la Valachie transolténienne, l'Empereur avait dit de l'abandonner aux Ottomans, mais à la condition que les routes qu'on y avait ouvertes, conformément au traité de Passarowitz, fussent détruites, avec défense d'en tracer de nouvelles à l'avenir.

« La faute capitale du comte de Neipperg est celle qu'il a commise dans le dernier article du traité, relativement à la paix avec les Russes ; car il a promis de conclure la paix avec eux en cinq jours, et de combler les lacunes du traité en dix autres jours, chose pour laquelle il est d'usage d'accorder un délai plus étendu.

« Cette conclusion prompte et précipitée de la paix démontre la grande culpabilité du comte de Neipperg et du comte de Wallis, qui, sans attendre les ordres de l'Empereur, a commencé à évacuer et à démolir la forteresse de Belgrade, abandonnant aux Ottomans une porte de la ville, acte absolument contraire aux règlements militaires et aux ordres de l'Empereur.

« La précipitation des susdits a rendu vaines toutes les instructions de l'Empereur, et causé un dommage des plus sérieux à l'Empire et à la Chrétienté tout entière.

« Si l'Empereur n'eût pas ratifié cette paix, dit-il, les Ottomans n'auraient pas été en droit de trouver cela mauvais, pour peu qu'ils eussent examiné, d'après les principes du droit, les circonstances mentionnées ci-dessus, car cette paix a été l'œuvre d'un homme qui était plus prisonnier qu'ambassadeur.

« Enfin, dit-il, puisque ce qui est fait ne se défait pas, l'Empereur, voulant bien passer par dessus toutes les circonstances défavorables qui se sont produites au cours des négociations, a accepté, à contre-cœur, la paix qui a été conclue ; il a confirmé et ratifié en toute sincérité et vérité les articles du traité, afin qu'ils soient, à l'avenir, immuables et invariables, comme s'ils étaient tous à l'avantage de l'Empire. C'est dans cette intention qu'il a choisi le marquis de Villeneuve, ambassadeur de France, et l'a autorisé à donner, sans hésitation, la confirmation du traité.

« De même il a ordonné au comte de Neipperg de faire aux Turcs des déclarations conçues dans le même sens.

« L'Empereur a porté tous ces faits à la connaissance des différentes cours chrétiennes, et tout spécialement à celle de la Cour de Russie, car il veut que l'on sache que le comte de Neipperg a non-seulement outrepassé les pouvoirs qu'il lui avait conférés, mais encore que toutes les conclusions étaient contraires aux instructions impériales et à celles du Sénat, qui n'a eu aucune part aux évènements et n'en est point responsable. Il ajoute que, quand le temps en sera venu, il ne manquera pas de punir les coupables selon les lois de l'équité. »

NOVEMBRE 1739

Du cheval que Mémich Pacha envoya au Prince. — Des médecins qui vinrent à Bucarest. — Gazi Pacha quitte Craiova. — Troupes concentrées à Brăila. — Les bandes de Cosaques se voient refuser le passage par la Hongrie. — Accueil bienveillant que la Porte fait à M. Tott. — Brătăşanu vole l'argent du Prince. — Brătăşanu et l'higoumène de Cobie sont traduits devant le divan princier. — Leur exil au monastère de Snagov. — Détails concernant Hotin que Sari Pacha transmet par écrit au prince Grégoire. — Münich est remplacé par Romanzov. — Le prince Grégoire loge dans le palais de Sturdza. — Ce que disent les habitants de Focşanï concernant les Russes. — Lettre que Mémich Pacha envoya au Prince. — Mission de Jacques à Giurgiu. — Lettre du prince Grégoire au prince Constantin relativement à Münich.— Le prince Grégoire met en prison Cantacuzène.— Le prince Grégoire écrit au métropolitain de Moldavie, qui avait pris la fuite, de revenir à Jassi. — Retour du prince Grégoire au palais. — Présent que le Prince envoya à Mémich Pacha. — Du diacre qui fut arrêté pour contrefaçon des sceaux. — Gens que le prince Grégoire envoie chercher la princesse sa femme. — Officiers russes qui se rendent à Constantinople avec des lettres. — Mécontentement que ces lettres causent à la Porte et à l'ambassadeur de France; ce que l'on dit à ce sujet. — Distribution de la solde; certitude que la Porte a de la paix. — Retards qu'on apporte à l'entrée de l'ambassadeur persan à Constantinople. — Mort d'Eupragiotis; de sa charge. — Le métropolitain de Philippopolis bat les gens qui l'embarquaient pour l'exil, prend la fuite et se cache. — Le pacha qui était à Jassi est nommé gouverneur de Hotin. — L'ispravnic de Teleorman est amené et livré aux séïmènes; nomination de Corbanu. — Le grand postelnic est envoyé à la rencontre des princesses. — Arrivée du médecin Scordylis. — Les primats de Buzău et les vatavs des montagnes sont mis en prison. — Heureuse arrivée des princesses à Bucarest. — Le clucer Radu est nommé ispravnic de Ialomiţa. — Lettres du gouverneur de Vidin et de son kékhaya au Prince. — Brătăşanu et l'higoumène obtiennent leur pardon. — Lettre du grand vizir au Prince, relativement à la défaite des Allemands et à la conclusion de la paix.

1ᵉʳ *novembre*. — Le médecin Dépastès étant revenu de Silistrie, le séraskier Mémich Pacha envoya au Prince un cheval et une lettre pleine d'éloges et de remerciements.

Deux médecins de Kronstadt vinrent à Bucarest sur l'invitation du Prince; c'étaient Zeiler Fonozi, fils de feu Zudezzi, calviniste, et Bolto, papiste saxon, tous deux praticiens célèbres.

Le Prince reçut du grand vizir une lettre où il était dit que Son Altesse s'étant chargée de l'administration des cinq cadilics transolténiens, avec promesse de veiller à leur intégrité et de les défendre contre les incursions des Heiduques et des voleurs, il se conformait à sa demande en retirant de Craiova Gazi Pacha qui s'y trouvait (et auquel il adressait un ordre séparé), en lui signifiant de se hâter de partir pour le poste où il était appelé. Cette mesure fut prise sur les instances du Prince, car, à la vue des rapines et des excès que Gazi Pacha commettait journellement, il avait envoyé un rapport au grand vizir, pour le prier de donner son changement à ce pacha; ce qui fut fait.

Environ quinze mille hommes de troupes ottomanes se réunirent à Bräila, sous le commandement de Sari Mechmet Pacha, afin d'être prêts, en cas de besoin, à marcher contre l'ennemi, et, en cas de non-nécessité, à rentrer dans leurs foyers.

Les bandes de Calmoucs et de Cosaques s'étaient vu refuser par les gardes-frontières l'autorisation de traverser la Hongrie, avant l'arrivée de la réponse du général de Hermannstadt, à qui l'on en avait référé, ainsi que nous l'avons dit ci-dessus. Le général répondit qu'il ne fallait les laisser passer sous aucun prétexte. Contrariés par cette décision, ils prirent le chemin de la Moldavie, afin de passer par Hotin. Le prince Grégoire, ayant appris leur dessein, fit partir l'alaï-bey de Hotin avec trois cents Lipcans, deux cents spahis et deux cents Tartares, ainsi que des boyards avec trois cents Moldaves. Ces troupes ayant marché à la rencontre des Cosaques, ceux-ci n'osèrent pas pénétrer en Moldavie, mais ils se rendirent à Baïe [1] en traversant les montagnes avec toutes sortes de difficultés, et prirent la route de Tchirimouri pour gagner Coutiri, en Pologne, où ils rejoignirent, non sans peine, le gros de l'armée.

M. Tott, s'étant rendu dans la capitale et ayant remis à la Sublime Porte les lettres de la tsarine, fut l'objet d'un accueil des plus bienveillants. On le revêtit d'un manteau d'honneur et le grand drogman d'une pelisse. Cela fait croire que la ratification des articles de paix par l'Impératrice ne tardera pas à arriver, et que, Dieu aidant, la paix tant désirée avec les Russes sera enfin conclue.

5 *novembre*. — Grigoraşcu Brătăşanu, tchaouch des aprodes, désigné pour opérer la perception de la dîme [2] et de l'impôt sur les bêtes à cornes [3], et voulant s'approprier les fonds qu'il avait encaissés, se présenta un jour, à l'improviste, devant le Prince et lui dit : « Des voleurs ont pénétré dans ma maison durant la nuit; ils ont fait main basse sur l'argent que j'avais déjà touché et ont brûlé les bordereaux timbrés et imprimés de l'impôt sur le bétail; c'est à peine si j'ai pu me sauver, avec un ou deux de mes serviteurs, pour venir vous annoncer cette nouvelle. » Le Prince, soit par un effet de la sagesse qui est innée en lui, soit par une inspiration divine (car Dieu conduit les méchants entre les mains de la justice), le Prince, disons-nous, n'ajouta pas foi au récit de Brătăşanu; malgré cela, il ne se livra pas à une enquête précipitée, mais, grâce à une instruction lente et sagement conduite, il découvrit la supercherie de ce jeune fou et acquit la certitude que

---

1. Il y a deux villages de ce nom en Roumanie assez voisins de la frontière, Baïe-de-arama dans le district de Mehedinţi, arrondissement de Cloşani, et Baïe-de-fer dans le district de Gorj, arrondissement de Novaci.
2. Dejmărit.
3. Văcărit.

nul autre que lui n'avait volé l'argent. En conséquence, il manda par lettre quelques paysans de l'endroit qui avaient eu connaissance de la fourberie et de l'astuce de Brătăşanu ; il les fit comparaître au divan pour y être jugés avec le tchaouch inculpé de vol; mais ils criaient qu'ils étaient les victimes de Brătăşanu (car il les accusait d'avoir commis le vol) et que c'était lui qui avait en sa possession les fonds du Prince. Mais Brătăşanu niait. Enfin, lecture ayant été donnée d'un billet de l'un de ses domestiques qui établissait d'une façon évidente son astuce et sa culpabilité, il fut mis en prison par ordre du Prince. Son Altesse, désirant lui faire avouer sa faute à lui-même, commanda aux boyards de le soumettre à un interrogatoire particulier. Ayant donc été interrogé, il confessa la vérité de sa propre bouche et déclara que l'argent et les bordereaux étaient chez lui. La vérité une fois découverte, le Prince désigna Étienne Văcărescu, second logothète, et Contantin Asanoglou, second armaş, pour accompagner Brătăşanu chez lui ; ils y trouvèrent les bordereaux et le reste de l'argent (car il en avait déjà dépensé la plus grande partie) et ils remirent le tout entre les mains du Prince. Quant au tchaouch, on le livra derechef aux séimènes.

6 *novembre*. — Brătăşanu avait eu pour conseillers de cette machination et complices de ce vol l'higoumène du monastère de Cobie, et quelques-uns de ses domestiques. On les arrêta tous, le lendemain, et, le Prince s'étant rendu dans la salle du divan, on les amena ainsi que Brătăşanu qui, pour plus de honte et de confusion, tenait entre ses mains l'argent et les bordereaux, Le Prince ayant interrogé les susdits complices, ils avouèrent leur faute. En conséquence, il livra l'higoumène (comme étant moine et prêtre) au métropolitain, pour qu'il le punît d'abord conformément aux règlements ecclésiastiques, et l'envoyât ensuite en pri-

son comme ayant participé au vol des deniers publics (la somme s'élevait à près de deux mille cinq cents [piastres]) et des bordereaux portant le sceau du Prince. Son Altesse livra Brătăşanu aux capitaines des slujitorĭ, afin qu'ils se fissent restituer par lui la somme qu'il avait volée et l'employassent au payement de leurs soldes mensuelles. Pour combler le déficit, le Prince ordonna la vente des propriétés de Brătăşanu. Ses domestiques furent mis en liberté. Brătăşanu et l'higoumène étant sous les verroux, le Prince donna ordre de les conduire en exil; et, à deux heures de nuit, le capitaine désigné à cet effet les prit tous deux en voiture et les conduisit au monastère de Snagov, conformément aux instructions qu'il avait reçues.

Le prince Grégoire écrivit au pacha de Brăila que, le 25 du mois d'octobre dernier, Münich avait quitté Hotin et s'était rendu au camp moscovite (qui se trouvait sur les terres de Pologne), afin de conduire l'armée dans l'endroit désigné pour ses quartiers d'hiver; il ajoutait que, de là, il devait aller à Pétersbourg, attendu que l'Impératrice lui en avait donné l'ordre; qu'il avait laissé à Hotin mille hommes d'infanterie sous le commandement d'un major, qui était aussi allé à Jassi, et auquel il avait enjoint de rester à Hotin, jusqu'à ce que le gouvernement turc envoyât un homme pour reprendre possession de cette ville, et que cet homme, une fois arrivé, n'entrât pas dans Hotin, avant que le major eût écrit à l'Impératrice et eût reçu d'elle une réponse l'autorisant à livrer la place. Il disait encore que les Russes, n'ayant pu emmener les canons de gros calibre à cause de leur poids, les avaient remplis de poudre, avaient enfoui dans la terre la gueule de ces pièces, puis y avaient mis le feu et les avaient ainsi fait voler en éclats; quant aux autres, ils les avaient pris avec eux. Bien qu'ils n'eussent pas rasé la forteresse, ils l'avaient mise dans un tel état qu'elle n'était pas susceptible d'être réparée et qu'elle menaçait ruine. Ils avaient renversé le palais du pacha et les maisons des habitants, et les avaient percées de mille trous, cherchant s'il n'y avait pas quelque chose de caché. Ils avaient transporté sur le territoire polonais, en face de Hotin, les rayas de cette ville avec femmes et enfants, et s'étaient partagé la plupart comme esclaves.

L'Impératrice, ayant rappelé Münich à Pétersbourg, nomma à sa place Romanzov [1] commandant de toutes les armées, Russe de nationalité et, par son grade, second de Münich.

Depuis sa rentrée à Jassi jusqu'à ce jour, le prince Grégoire habite dans les maisons de Sturdza, car son palais a été démoli par les Russes, et l'on ne pouvait trouver ni maçons pour le réparer, ni animaux pour transporter les matériaux nécessaires. Jassi était réduit à un tel état de dénument que, si l'impôt sur le bétail eût alors été promulgué, on aurait à peine réuni trente bourses.

Il ne châtia aucun des habitants, soit boyards, soit simples citoyens, mais il fit mettre en prison le capitaine des vunatorï pour avoir livré aux Russes les munitions qui se trouvaient à Jassi.

Les habitants de Focşanï et tous les Valaques et Moldaves de la frontière disent que, quoique, du temps du feu tsar Pierre, Bräila eût été pillée, pas un Moldave n'avait été molesté par les Russes, mais que ceux-ci payaient tous leurs achats le double, plutôt que de faire tort aux gens du pays, au lieu que maintenant ils commettent tant de ravages et d'actes de destruction, que l'on n'a pas souvenir d'avoir jamais vu pareille chose.

---

1. Il y a dans le texte original PEMENTZÓK. De même dans le sommaire qui se trouve en tête du présent mois.

7 *novembre*. — Un tchocadar de Mémich Pacha apporta au Prince une lettre lui notifiant l'arrivée du grand vizir à Constantinople, l'accueil aussi bienveillant que magnifique qu'il avait trouvé auprès du Sultan, la ratification de la paix avec les Allemands, et quelques autres nouvelles.

Le Prince gratifia le tchocadar de quarante piastres et de coupons de drap et de satin, puis le renvoya avec une lettre de remerciements pour le Pacha.

Jacques fut envoyé à Giurgiu pour examiner avec l'amiral du Danube le compte relatif à ce que la Principauté avait reçu ordre de fournir pour les besoins de l'expédition impériale, et il arrêta ce compte.

Le prince Grégoire écrivit au prince Constantin que le maréchal Münich avait passé le Dniester avec toutes les troupes moscovites, et que, sans laisser absolument aucun corps d'armée prendre ses quartiers d'hiver en Pologne, il s'était dirigé vers les frontières russes. Il ajoutait que, après avoir conduit jusqu'à Hotin les boyards moldaves qu'ils avaient emmenés avec eux, les Russes les avaient laissés retourner en Moldavie.

De ces boyards, le prince Grégoire fit enfermer seulement Georgakis Cantacuzène de Teleajen, et désigna deux tchocadars et des séimènes pour le garder, attendu qu'il avait, en beaucoup de choses, agi de complicité avec les Russes et s'était montré hostile au prince Grégoire. Deux jours après il l'envoya dans son village de Teleajen [1].

Le prince Grégoire écrivit au métropolitain de Moldavie [2], qui avait, lui aussi, suivi les Russes, de revenir prendre possession de son siège archiépiscopal, lui assurant avec serment qu'il n'avait rien à redouter ni à craindre.

---

1. Teleajen, village du district de Prahova, arrondissement de Teleajen.
2. Il s'appelait Antoine.

Les boyards lui écrivirent dans le même sens.

Le prince Grégoire retourna loger au palais.

8 *novembre*. — Le Prince chargea Théologis d'aller conduire de sa part à Mémich Pacha une voiture à quatre chevaux, dont il lui faisait cadeau.

14 *novembre*. — Un diacre du clergé séculier, Valaque de nation, fut arrêté, du côté de Cîmpina, pour avoir contrefait les borderaux princiers imprimés de l'impôt sur le bétail, c'est-à-dire comme faussaire. Le métropolitain le suspendit sur le témoignage de deux prêtres séculiers, et, après qu'on lui eut coupé les cheveux, il fut mis en prison.

Le prince Grégoire envoya le grand comis, frère de Neţelu, à Constantinople avec six rădvans, huit fourgons (*camares*) et vingt séimènes pour ramener à Jassi sa mère et sa femme.

15 *novembre*. — Deux officiers russes se rendirent à Constantinople ; l'un d'eux était celui qui avait accompagné Tott, le 7 septembre, de Belgrade auprès du maréchal Münich avec les réponses de la Porte aux lettres de la tsarine, et que Münich avait envoyé à Pétersbourg ; ils étaient accompagnés d'un tchocadar de Véli Pacha, et d'un certain Imbou [1], ex-jeune de langue du Roi de France, qui était entré au service du prince Grégoire. Ce voyage faisait croire à tout le monde qu'il s'agissait de la ratification et de la réponse définitive de l'Impératrice. Il n'en était cependant pas ainsi ; mais la tsarine écrivit à Münich ce qu'elle avait à répondre, et Münich l'écrivit à l'ambassadeur de France, comme son opinion personnelle et sans tirer le moindre corollaire. Il espérait, disait-il, que sous peu arriverait la réponse définitive et la décision de la tsarine. Il disait qu'il avait retiré ses troupes de la Moldavie et leur avait fait prendre leurs can-

---

1. Imbou. Il y a dans le grec Ἰμποῦ, qui peut aussi donner *Ibou*.

tonnements, que lui-même allait se rendre à Kyjev ; qu'il laissait à Hotin une vingtaine d'hommes avec un commandant, en attendant que la Porte désignât quelqu'un pour prendre possession de la place.

Il priait, en outre, l'ambassadeur de leur faire vendre un port sur la mer Noire du côté de Ghelendjic-Bogaz. Cette proposition fut faite par l'ambassadeur à la Porte, mais on refusa absolument d'en entendre parler. Quand on eut reçu ces lettres, l'affaire des Moscovites fut débattue entre le réis-effendi, le mectouptchi-effendi et le grand drogman, et, le cinquième jour, ils écrivirent les réponses et envoyèrent un homme [1] [pour prendre possession de Hotin].

Toutes ces lettres équivoques des Russes déplurent beaucoup au gouvernement turc, et l'ambassadeur de France en fut tout particulièrement mécontent, surtout après qu'il s'était porté garant de cette affaire et l'avait prise sous sa responsabilité (car on dit que tout récemment, postérieurement toutefois aux premiers préliminaires, dans lesquels ne figuraient pas la garantie et la signature de l'ambassadeur, on en aurait envoyé d'autres de Niš, mais ceux-ci revêtus de sa signature), et l'on conjecture que, si l'on ne met pas un terme à ces affaires, la France se trouvera offensée et, partant, intéressée à faire respecter son honneur, et qu'elle mettra tout en œuvre pour obliger la tsarine à acquiescer à la conclusion de la paix. Mais, puisque Hotin a été pris après les préliminaires où figurait la démolition d'Azov, il fallait ou que Azov restât aux Russes, ou, si la Porte insistait pour que cette ville fût démolie conformément aux premiers traités, que Hotin subît le même sort. La plupart sont d'avis que c'est de cette façon que la paix sera

---

1. Il y a dans l'original : *le susdit homme*, c'est-à-dire l'homme que Mänich demandait qu'on envoyât prendre possession de Hotin.

conclue. Le grand drogman fait tous ses efforts, par l'entremise de l'ambassadeur de France, pour que Hotin soit démoli ; d'un autre côté, le prince Grégoire n'épargne rien et fait à Münich de brillantes promesses pour que Hotin soit retranché de la Moldavie. Mais l'opinion générale est que Hotin restera à l'empire ottoman, Azov aux Russes, et que la paix sera conclue ainsi.

L'enrôlement (yazi) a eu lieu il y a trois jours. Aujourd'hui on a distribué la solde ; et, comme il n'a pas été décidé que des firmans seraient envoyés suivant la coutume pour que l'on s'occupât des préparatifs d'expédition, il s'en suit que la Porte possède quelque certitude secrète et positive de la conclusion de la paix ; car, pendant le ramazan, on ne tient pas de grand divan, et cela se décide habituellement dans un divan public, en présence de tous les anciens odjacs réunis à cet effet.

L'ambassadeur persan est proche de Constantinople, mais on retarde son arrivée, pour que son entrée dans la capitale ait lieu durant le ramazan, époque à laquelle on n'examine pas d'affaires. De cette façon, la chose sera renvoyée après le baïram, et l'on gagnera du temps. On agit de la sorte, dans la crainte qu'il n'ait à proposer quelques questions difficiles à trancher dans les circonstances présentes.

Démétrakis Eupragiotis, beau-père du grand-drogman et premier archiviste de la grande Église du Christ, mourut. On trouva en sa possession quinze bourses en numéraire ; sa fortune atteignait le chiffre de cent bourses avec les maisons et les objets mobiliers. Il eut pour successeur Mikhalakis Rosetti, ancien grand spathar du Prince.

Comme le métropolitain de Philippopolis ne voulait pas rester tranquille, mais scandalisait de nouveau la grande Église du Christ, le patriarche fit une pétition [au gouvernement] pour qu'on embarquât ce prélat pour l'exil. Cependant quelques personnes, qui avaient eu connaissance qu'il se proposait de fuir secrètement, étant allées pour l'arrêter, il les roua de coups, prit la fuite et se cacha à Péra.

Sari Mechmet Pacha, gouverneur de la Moldavie, fut nommé gouverneur de Hotin.

17 *novembre*. — Ayant appris que Serban Isvoranu, ispravnic de Teleorman, n'observait pas ses ordres et molestait les habitants de ce cadilic, le Prince le priva de sa charge et le fit amener à Bucarest avec les entraves aux pieds. Il le remplaça par Constantin Corbanu. Il fit subir à Isvoranu un long interrogatoire, le confronta avec les paysans et, après avoir acquis les preuves de sa culpabilité, le livra aux séimènes.

19 *novembre*. — Le grand postelnic Dimitrașcu fut envoyé à Oltenița avec un appareil convenable pour faire aux princesses une réception digne de leur rang.

L'évêque de Rîmnic fut invité à célébrer dans l'église du palais une quarantaine de messes (σαραντα λειτουργον) pour le Prince. Et, en conséquence, il a commencé à officier.

23 *novembre*. — Le médecin Nicolas Scordylis [1], de Paros, se rendit de Constantinople à Bucarest, sur l'invitation du Prince.

24 *novembre*. — Le Prince fit amener à Bucarest et jeter en prison quelques primats de Buzău, et des vatavs des montagnes qui ne lui avaient pas donné avis de la susdite incursion des Cosaques.

25 *novembre*. — Le dimanche 25, jour de la fête de sainte Catherine, les princesses arrivèrent heureusement au monastère

---

1. Nicolas Scordylis fut premier médecin du prince Constantin, ainsi que nous l'apprend Dapontès, dans son *Catalogue historique*, p. 129. Nous croyons, du moins, que les mots τοῦ αὐθέντου μου qu'il emploie doivent s'entendre de Constantin; ils pourraient aussi, à la rigueur, s'appliquer à Jean Maurocordato, frère de Constantin, à la cour de qui Dapontès remplit diverses fonctions.

de Văcăreştĭ ; c'étaient Smaragda, belle-mère du Prince, Catherine, sa femme, avec leurs deux filles, le prince Alexandre et la princesse Sultane, frère et sœur de Son Altesse, tous ses parents et ses proches ainsi que tout le personnel de sa maison. [A la nouvelle de leur arrivée,] le Prince se rendit à Văcăreştĭ avec toute la noblesse, un cortège de troupes sous les armes, et la musique ; il fit aux princesses une réception aussi joyeuse que magnifique, au milieu de l'allégresse et de l'enthousiasme général ; après quoi, il reprit le chemin du palais, louant et remerciant Dieu d'avoir bien voulu lui accorder le bonheur de revoir ceux qui lui étaient chers. Derrière le Prince suivaient les princesses, entourées de toutes les boyardes, qui étaient venues à leur rencontre et qui retournèrent avec elles au palais.

26 *novembre.* — Le Prince revêtit d'un caftan l'ancien second clucer Radu et le nomma ispravnic de Ialomiţa.

27 *novembre.* — Hussein Pacha, gouverneur de Vidin, écrivit au Prince, à titre d'intermédiaire, pour le prier de vendre les douanes des cadilics transolténiens à Mechmet aga, aga de serdenguetchtis, à raison de cinq mille piastres par an. Son kékhaya écrivit, en outre, que c'était une règle établie que la Petite-Valachie donnât annuellement aux gouverneurs de Vidin quinze charretées de bois, cinq cents charretées de foin, mille oques de miel et quinze cents oques de beurre, choses que le pacha réclamait actuellement comme une redevance accoutumée et en vigueur du temps de ses prédécesseurs. A la lettre du pacha, le Prince répondit que l'homme qu'il envoyait à Vidin lui dirait verbalement qu'il ne voulait pas vendre les douanes ; à celle du kékhaya, il répondit que de semblables exigences de la part du pacha n'étaient ni recevables ni exécutables, car il était impossible que le Prince et un vizir exerçassent simultanément leur autorité dans une

seule et même province de l'empire. Son Altesse chargea Manos de porter ces réponses à Vidin.

28 *novembre*. — Cédant aux prières et aux supplications réitérées de ses parents et de ses plus fidèles boyards qui le conjuraient de pardonner à Grigoraşcu Brătăşanu et de lui accorder la liberté, le Prince donna ordre de le ramener ainsi que l'higoumène de l'exil de Snagov, où ils étaient ; et chacun d'eux retourna chez soi.

Ces jours-là, le Prince reçut un firman qui lui notifiait en détail la défaite des Allemands, la prise de Belgrade et la conquête de plusieurs autres localités et contrées de l'empire d'Autriche, ainsi que la façon dont la paix avait été conclue entre la Porte ottomane et l'Empire, à savoir que le feld-maréchal Neipperg s'était jeté aux pieds des fonctionnaires de la Porte en les suppliant, et que le Roi de France s'était porté garant par une déclaration signée et revêtue de son sceau.

DÉCEMBRE 1739

Mission de Hodja et de Jacques relativement à la démolition des maisons turques. — La peste se déclare dans le harem de Son Altesse ; le Prince change de domicile. — Mémich Pacha envoie à Lichireştĭ un chef de volontaires pour arrêter les brigands qui s'y trouvaient. — Cause des ravages exercés à Jassi par les Russes. — Émission de billets d'imposition faite par le prince Grégoire. — Mission de Basilakis à Vidin. — Les princesses vont habiter au monastère de Radu Vodă. — La peste se déclare dans le harem du prince Jean. — Pétition que le Prince adressa à la Sublime Porte. — Du Valaque et de sa fille qui furent tués par les Turcs. — Excès que les Heiduques commettent dans le banat de Craiova, pétition que les habitants adressent au Prince à ce sujet ; lettre que le Prince leur écrit ; ordres qu'il donne pour l'expulsion des Heiduques. — Rations de vivres données par le Prince aux armées impériales ; tribut du banat de Craiova ; paix avec la Russie. — Des Craioviens qui furent revêtus de caftans. — Lettre que le Prince écrivit aux Turcs qui occupaient par la violence un grand nombre de villages du banat de Craiova. — Du capitaine de Heiduques qui tua un Turc et un séimène. — Munificence du Prince ; il fait remise des présents qu'on était dans l'usage de lui offrir à la fête de Noël. — Réduction et fixation du tribut du banat de Craiova ; les capi-kékhayas empêchent le renouvellement ou *moucarĕri* que voulait faire le vizir-azem. — Présents offerts au Sultan à l'occasion du baïram. — Vischniakov apporte à Constantinople la ratification du traité de paix conclu avec la Russie. — Entrée de l'ambassadeur de Perse à Constantinople ; propositions qu'il fait ; de Tahmas Kouli Khan. — Les professeurs vont présenter leurs hommages au Prince, suivant l'usage ; éloges qu'ils prononcent. — Firman envoyé aux pachas qui étaient à Brăila. — Des Russo-Cosaques qui s'emparèrent des effets que les Moldaves avaient déposés en Pologne ; Cantemir demande au commandant [de Stanislawow] de lui livrer ce qui appartenait au Prince. — Réconciliation du prince Constantin et du prince Grégoire. — Lettre du secrétaire intime relative à cette réconciliation. — Réponse du Prince. — Procès-verbal des articles de ladite réconciliation. — Arrivée d'Alexandre Soutzos avec des firmans. — Lettre du Sultan au Prince. — Arrivée du gédicli zaïm avec des firmans. — Firman adressé à Hussein Pacha. — Autre firman adressé au même. — Firman adressé au pacha et au defterdar d'Ada Calessi. — Firman adressé au cadi de Nicopolis. — Firmans adressés aux juges des districts turco-danubiens. — Firman adressé au Prince. — Troisième firman adressé au Prince. — Liste des présents du baïram.

1ᵉʳ *décembre*. — Comme les maisons turques qui existaient

sur le territoire valaque causaient un préjudice énorme au vestiarat et étaient une source de dommages pour les habitants, le Prince chargea Hodja Ali effendi et Jacques de se rendre dans les parties des districts turco-danubiens situées sur la rive gauche du fleuve et dans le district de Ialomița [1] pour y démolir et faire entièrement disparaître les maisons turques qui s'y trouvaient.

4 *décembre* — Trois esclaves ayant été atteintes de la peste, en une seule nuit, dans le harem du Prince, Son Altesse transféra immédiatement son domicile dans la maison du grand postelnic Dimitrașcu. Quant aux princesses, elles se rendirent au monastère de Văcărești, avec leurs filles et le Prince Alexandre.

5 *décembre*. — Le séraskier Mémich Pacha envoya en deçà de Lichirești [2] un chef de volontaires avec trente hommes pour opérer l'arrestation de deux brigands turcs, nommés Kiouverdjic Hassan et Djolac Omer Doudinès; ils s'en emparèrent et les condisirent au pacha.

6 *décembre*. — Toutes les rapines et les actes de pillage dont les Russes se sont antérieurement rendus coupables au préjudice des Moldaves, ils les commirent par haine du prince Grégoire. Ce fut aussi pour le même motif qu'ils renversèrent les maisons de Frumossa [3] et de Galata [4]; ils voulaient également démolir la Fontaine et la Tour de l'Horloge, mais ils n'en eurent pas le temps [5].

---

1. Ialomița est encore aujourd'hui le nom d'un des districts de la Valachie; il a pour chef-lieu Stirbeï.

2. Lichirești qui n'est plus aujourd'hui qu'une habitation isolée dans le district de Ialomița, arrondissement de Borce, était, à l'époque de la présente guerre, une bourgade de quelque importance (Voy. A. Comnène Hypsilanti, Τὰ μετὰ τὴν ἅλωσιν, p. 783).

3. Frumossa, monastère situé au sud et dans le district de Jassi.

4. Galata, monastère situé au sud dans le village de Galata, district de Jassi, non loin de cette ville.

5. A une époque postérieure, Dapontès a écrit en marge de ce paragraphe, dans le manuscrit *A* : *C'est faux, sauf pour Frumossa.*

Le prince Grégoire fit une émission de bulletins d'impôt de trois séries différentes. La première, qui était de six florins (le florin étant estimé à deux piastres et dix-huit aspres), fut appliquée aux itchoglans, aux capitaines, aux aprodes, aux armaşels et autres fonctionnaires de cette nature qui avaient abandonné leur poste, lors de l'invasion moscovite ; la seconde série, qui était de quatre florins, fut appliquée aux paysans ; et la troisième, qui était de deux florins, fut appliquée aux slujitorĭ.

8 décembre. — Comme les districts transolténiens étaient mis au pillage par les fonctionnaires d'Ada Calessi, les janissaires de Vidin et d'autres Turcs, et qu'il en résultait un grave préjudice pour les habitants, le Prince envoya à Hussein Pacha, gouverneur de Vidin, le portier Basilakis, avec mission d'arranger cette affaire.

9 décembre. — Les princesses quittèrent Văcăreştĭ et se rendirent au monastère de Radu Vodă. Le Prince s'y étant transporté de son côté, cet édifice servit en même temps de de palais et de lieu de réunion pour les boyards.

Une esclave du prince Jean mourut aussi de la peste.

10 décembre. — Le Prince adressa à la Porte une supplique où il lui dépeignait la triste situation dans laquelle se trouvait le pays situé sur les deux rives de l'Olt, par suite des agissements du gouverneur de Vidin, du pacha d'Ada Calessi et des autres Ottomans riverains du Danube ; et il priait le gouvernement de vouloir bien rendre des firmans pour la suppression absolue et radicale de ces abus.

12 décembre. — Un Valaque qui allait chercher dans le district de Ialomiţa du blé qu'il y avait déposé dans un silo, prit avec lui sa fille, âgée de douze ans. A leur retour, il furent rencontrés par des Turcs qui les hachèrent l'un et l'autre en morceaux.

Les capitaines indigènes de Heiduques qui se trouvent dans le cadilic transolténien de Jiul-de-Sus, ne voulant pas déposer les armes, même après la conclusion de la paix, et faire leur soumission au Prince, quoiqu'il leur accorde leur pardon, et promette d'oublier entièrement tout le mal qu'ils ont fait, ces capitaines continuent à parcourir le pays avec des bandes de huit ou dix voleurs ; ils tuent et détruisent, brûlant des hommes et pillant tout ce qui leur tombe sous la main : animaux, objets mobiliers, habits des malheureux boyards indigènes et des paysans. Ils ont brûlé, dans le village de Corbenï [1], une dame veuve nommée Bibeasca, et un prêtre, dans le village de Corșor [2]. Ces scélérats ont dévalisé plusieurs marchands dans le village de Stefănești, puis les ont brûlés de telle sorte que l'on voyait leurs entrailles. Dans la journée, ils se tiennent chez eux, comme s'ils étaient étrangers à ces excès et à ces actes de cruauté ; mais, la nuit, ils sortent, vêtus en brigands et armés, pour commettre leurs rapines et leurs assassinats. A la vue d'un pareil état de choses, et incapables de supporter plus longtemps les forfaits des Heiduques, les habitants des deux cadilics de Vîlce et de Jiul-de-Sus se sont réunis pour adresser au Prince une pétition remplie de lamentations, où ils le prient, à chaudes larmes, d'avoir compassion de leurs maux, et d'envoyer des hommes qui arrêtent ces voleurs, ces ennemis de leur propre pays. Ils le prient, en outre, de leur faire restituer ce qui leur a été dérobé, ajoutant que si, cet hiver, on n'inflige pas à ces bandits la punition qu'ils méritent, ils redoubleront d'audace, quand le printemps sera venu, et commettront des crimes plus nombreux et plus horribles, ce qui causera un préjudice considérable au vestiarat, ainsi

---

1. Corbenï, village du district de Gorj, arrondissement d'Ocol.
2. Corșor, village du district de Gorj, arrondissement de Amara.lie.

que ces voleurs le proclament eux-mêmes et s'en vantent ouvertement.

Après avoir pris lecture de ce rapport et s'être consulté avec les principaux boyards, le Prince donna ordre au grand ban Matthieu Cantacuzène (qui était à Bucarest) et au grand armaș Brezoianu (qui se trouvait à Craiova avec les bordereaux d'impôt) de marcher contre les voleurs avec trois grands capitaines et quatre cents hommes tant d'infanterie que de cavalerie. Il écrivit, en outre, à tous les habitants des districts montagneux, où se trouvaient les voleurs, d'avoir à se tenir prêts et en éveil, afin d'être à même de se joindre aux forces qu'il avait envoyées contre les Heiduques, auxquels il accorda de nouveau du temps pour renoncer à leur genre de vie. Il déclara que ceux d'entre eux qui, dans le délai de dix jours, auraient mis bas les armes et seraient venus lui faire leur soumission, non-seulement obtiendraient le pardon de tout le mal qu'ils avaient fait et seraient à l'abri de toute punition et châtiment, mais encore trouveraient, auprès de sa personne, miséricorde et protection. Si, au contraire, ils persistent dans leur criminelle conduite, le Prince autorisera les boyards et les soldats qu'il a envoyés à marcher contre eux et à pendre tous ceux dont ils s'empareront; il ira lui-même à leur poursuite, à la tête d'autres soldats, et y enverra, en outre, Suleyman Pacha, avec de nombreuses troupes ottomanes, lequel exterminera tous les rebelles et réduira en esclavage les villages où ils habitent avec leurs femmes et leurs enfants. Après avoir fait ces recommandations et beaucoup d'autres encore en vue de l'intérêt commun, le Prince donna ordre aux boyards désignés à cet effet de partir avec les troupes.

14 décembre. — Le Prince reçut des capi-kékhayas une lettre dont il fut donné lecture aux boyards, attendu qu'il y était question de deux affaires importantes et indispensables; savoir, de celle concernant les subsistances fournies pour l'ordinaire des troupes impériales qui étaient à Bucarest avec mission de veiller à la sécurité du pays, et de celle relative au tribut imposé au banat de Craiova.

Le defterdar effendi avait d'abord opéré un rabais considérable sur la note des frais faits pour la fourniture des subsistances, mais, ayant reçu une gratification de deux mille florins-zermahboubs, il promit d'augmenter le chiffre et de prêter en cela toute l'assistance dont il était capable. Pour le tribut imposé au banat de Craiova, quoique fixé, dès le principe, par une décision du grand vizir, à la somme de trois cents bourses, les capi-kékhayas avaient supplié le defterdar effendi de leur venir aussi en aide et de parler au grand vizir, à l'effet d'obtenir une réduction ; mais le defterdar effendi leur avait répondu qu'il ne pouvait faire lui-même cette démarche, car, comme il s'agissait d'une perte pour le Trésor, il craindrait d'éveiller sur son compte des soupçons de vénalité. Il leur avait conseillé d'adresser une pétition au grand vizir, après s'être préalablement assurés des dispositions favorables du kékhaya bey, et leur avait promis que lui-même ne manquerait pas de parler en leur faveur. Les capi-kékhayas écrivirent donc la pétition, se munirent de trois mille florins-zermahboubs, et se rendirent chez le kékhaya bey. Celui-ci introduisit les capi-kékhayas auprès du grand vizir ; ils lui offrirent leurs hommages, comme c'est l'usage, lui remirent la pétition, et lui présentèrent leurs cadeaux, c'est-à-dire les florins. Le grand vizir lut la pétition et demanda les motifs pour lesquels le Prince ne pouvait pas accepter le chiffre du tribut, c'est-à-dire les trois cents bourses. Les capi-kékhayas firent une réponse appropriée à la circonstance ; ils exposèrent les déprédations, les enlèvements de personnes qui avaient eu lieu précédemment, et le préjudice qu'avaient causé au banat les armées ottomanes et tartares d'une part, et les armées allemandes d'autre part ; et ils ajoutèrent que, si le tribut de la Valachie, qui est de trois cent soixante-dix bourses, pouvait à peine être payé entièrement par douze cadilics, à plus forte raison trois cents bourses ne pourraient l'être par cinq cadilics ravagés et dépouillés.

Le grand vizir se montra opposé à la réduction, et, réfutant les allégations des capi-kékhayas, il disait que Son Altesse pouvait retirer annuellement des districts transolténiens huit cents bourses, à cause de la multitude des habitants et grâce à la grande mine de sel qui s'y trouve ; c'est ce dont, disait-il, beaucoup de gens l'avaient assuré, lorsqu'il était à Vidin en qualité de séraskier. Les capi-kékhayas répondirent que la grande mine de sel existait bien, mais que, si on la mettait en exploitation, cela occasionnerait la fermeture de celles qui sont en Valachie. Le grand vizir ajouta enfin : « Ce n'est pas le chiffre du tribut qui met le Prince dans une gêne et un besoin pareils, mais les gratifications qu'il donne chaque jour inutilement aux pachas des environs, ainsi qu'aux agas et aux tchocadars qui vont et viennent [à sa cour], abus qu'il avait promis de redresser. »

Après cette conversation, le grand vizir leur ordonna d'aller trouver le defterdar, de s'entretenir avec lui au sujet de ce tribut, et il dit que l'on arrangerait l'affaire.

La lettre des capi-kékhayas annonçait, en outre, la conclusion de la paix avec les Russes, et disait que le message par lequel la tsarine donnait avis de la ratification du traité, l'ambassadeur de France l'avait envoyé par son drogman au grand vizir, qui avait gratifié ce dernier de deux cents florins, mais que l'on attendait l'arrivée prochaine de Vischniakov, qui devait apporter à Constantinople les capitulations de la tsarine au sujet de la paix.

15 *décembre*. — Le Prince revêtit de caftans trois boyards craioviens et les créa, Constantin Obedeanu, ispravnic du Jiul-de-Jos; Radu Brăiloiŭ (qui était vatav des aprodes) et Zătranu Barbu, ispravnics du Jiul-de-Sus.

Békir, pacha d'Ada Calessi, le defterdar de cette même localité, l'aga des janissaires et le cadi détenant sous leur autorité vingt-cinq villages du banat de Craiova, où ils avaient nommé des sou-bachis, qui percevaient les impôts, le Prince leur écrivit d'avoir à laisser libres lesdits villages ainsi que toute autre localité, car la Porte avait fixé pour les cinq cadilics transolténiens un tribut de trois cents bourses, et les avait placés sous l'autorité du prince de Valachie. A la réception des lettres de Son Altesse, les susdits retirèrent, bon gré mal gré, leurs sou-bachis des villages. De cette façon, ce territoire fut mis à l'abri du pillage des Ottomans d'alentour, et les habitants purent enfin respirer.

Un capitaine de Heiduques craiovien, nommé Panu Roşanu, qui se trouvait en Transylvanie, pénétra sur le territoire du banat de Craiova, avec quelques compagnons de rapine. S'étant rendu dans le village de Runc [1], où il avait quelques amis, ils allèrent ensemble au cabaret, y burent jusqu'au soir, et n'en sortirent que quand ils furent ivres. Ayant appris que deux marchands turcs étaient logés dans une maison avec deux séimènes craioviens, ils s'y rendirent, et, les trouvant endormis, ils tuèrent un Turc et un seimène; les deux autres échappèrent au danger par la fuite. Le Prince donna ordre aux gens de la localité de tâcher d'arrêter les assassins et de les lui envoyer chargés de fers.

24 *décembre*. — Conformément à une ancienne coutume, le jour de la veille de Noël, les boyards offraient comme présent

---

1. Runc, village du district de Gorj, arrondissement de Vulcan.

au Prince de grandes coupes à boire en argent, des tapis et des fourrures de lynx, mais le Prince, obéissant à un sentiment de libéralité et de grandeur qui est inné en lui, accueillit leurs bonnes intentions, mais ne voulut pas accepter les cadeaux. La Princesse accepta les présents que les boyardes ont aussi l'usage de lui offrir à cette occasion.

Des courriers à cheval arrivèrent de Constantinople avec des lettres des capi-kékhayas. Ces lettres ayant été lues en présence des boyards, la joie fut universelle, car le grand vizir qui avait d'abord cherché, comme nous l'avons dit ci-dessus, non seulement à ratifier sa décision relativement aux trois cents bourses, mais encore à exiger le tribut de trois cents bourses pour chacune des trois années écoulées depuis que les Turcs avaient reconquis le banat de Craiova, le grand vizir, disons-nous, (par la volonté et la miséricorde du Dieu de sainteté, grâce aussi aux efforts persévérants et aux soins tant du Prince que des capi-kékhayas, moyennant le concours et la protection du defterdar effendi) usa d'une indulgence telle que de trois cents bourses il en déduisit cent, et fixa le tribut à deux cents. Quant au tribut des trois années précédentes, il fit la remise entière de celui de la première, arrêta à soixante-dix bourses celui de la seconde, et à cent cinquante celui de la troisième, qui est l'année courante, de sorte que, la présente année une fois écoulée, deux cents bourses seront payées annuellement. Ces diverses décisions ont été ratifiées par un firman impérial, qui sera envoyé au Prince.

Le grand vizir cherchant à confirmer de nouveau le Prince dans sa dignité (ce que les Turcs appellent faire le *moucaréri*), sous prétexte que tel était l'usage et que cela était mentionné dans les registres de l'Empire, les capi-kékhayas travaillèrent de nouveau à le détourner de ce projet et, se jetant derechef aux pieds du defterdar, ils le prièrent de leur venir encore en aide dans cette affaire, attendu que cela dépassait les forces du Prince et nécessitait de très grosses dépenses. Le defterdar leur conseilla de nouveau de présenter une pétition et promit de s'employer tout entier à servir leurs intérêts.

Les capi-kékhayas se retirèrent donc, écrivirent la pétition, préparèrent six mille florins-zermahboubs, allèrent d'abord chez le kékhaya-bey, auquel ils offrirent mille florins et qui leur assura son concours et son assistance la plus complète. Après quoi, ayant épié l'occasion favorable, ils entrèrent chez le grand vizir, au moment où il sortait du bain, lui remirent la pétition et le billet de six mille florins. Le grand vizir fit aux capi-kékhayas un accueil plein de bienveillance, se mit à leur adresser une foule de questions, leur énuméra les bienfaits dont il les avait comblés, et leur dit que le Prince était son protégé et sa créature. Les capi-kékhayas le remercièrent beaucoup et lui répondirent ce que de raison, puis, s'enhardissant, ils commencèrent à lui parler de la situation du banat de Craiova, lui énumérant les rapines et les vexations commises dans le pays par Moustafa aga, qui y avait été nommé moussélim, ainsi que par les janissaires de Vidin et les autres Ottomans. Le grand vizir prêtait attention à ce que disaient les capi-kékhayas, il s'étonna de tant d'excès et promit de redresser sans retard tous ces abus. Ensuite, après s'être, comme il convient, prosternés devant lui jusqu'à terre et lui avoir souhaité de nombreuses années, les capi-kékhayas sortirent, remplis de joie et d'allégresse. S'étant rendus chez le defterdar, ils lui firent part de tout ce qui s'était passé et lui offrirent, à titre de remerciement, deux mille florins d'or. C'est ainsi que se terminèrent d'une façon heureuse et favorable ces deux grandes et indispensables affaires.

Les capi-kékhayas offrirent au Sultan les présents d'usage

à l'occasion du baïram et furent, selon la coutume, revêtus de caftans impériaux.

Vischniakov étant arrivé à Constantinople avec les capitulations de la paix, le grand vizir, le nichandji pacha, et les autres hauts fonctionnaires se réunirent à l'Arsenal, et le tchaouch-bachi fut chargé d'aller chercher, en grande pompe, l'ambassadeur de France, comme cela s'était pratiqué lors de l'échange des traités avec l'Empire. Vischniakov accompagna l'ambassadeur avec les capitulations de la tsarine. Quand ils furent arrivés, on s'entretint pendant quelque temps, puis on fit, selon la coutume, l'échange des instruments du traité. On revêtit ensuite l'ambassadeur de France d'une pelisse de zibeline recouverte de brocart, le fils de l'ambassadeur d'une pelisse en pattes de zibeline, et Vischniakov d'un féredjé fourré d'hermine, puis on leur amena deux superbes chevaux sortant des écuries impériales et tout enharnachés. Des salves d'artillerie furent tirées de tout côtés afin que chacun connût la conclusion de la paix, dont les articles demeurèrent tels qu'ils avaient été rédigés à Belgrade.

Le lendemain, le Sultan alla à Yali Kiosque; tous les oulémas et les odjacs s'y rendirent et, le souverain leur ayant annoncé la conclusion de la paix, ils firent tous des prières pour lui, comme c'est l'usage.

On remit sans retard à Vischniakov tous les esclaves russes qui se trouvaient au bagne. Et, quand on eut proclamé partout la paix et l'affranchissement des esclaves, ceux-ci commencèrent à fuir de tous les pays chrétiens ou turcs, et il s'en réunit un nombre assez considérable dans la résidence de Vischniakov.

Le defterdar émini Yandjicli bey fut nommé ambassadeur près la cour de Russie.

L'ambassadeur de Perse arriva à Constantinople et fut honoré d'une grande escorte. Il apportait aux hauts fonctionnaires turcs des cadeaux de toute espèce, et il fut revêtu d'une pelisse de zibeline. Il présenta certaines observations délicates concernant les affaires de la Caba, que la Porte fait difficulté de conclure. Sur ces entrefaites, un homme du vali de Bagdad arriva porteur d'une lettre où il était dit que Tahmas Kouli Khan équipait de nouveau des troupes, et que l'on pouvait se demander si les provinces limitrophes de la Perse n'allaient pas devenir derechef le théâtre de quelques sanglantes catastrophes.

Les professeurs des écoles princières vinrent, selon l'usage, présenter leurs hommages à Son Altesse avec tous leurs élèves. Ils prononcèrent, en grec, en latin et en valaque, des discours remplis d'éloges et de remerciements, et reçurent de la munificence du Prince une généreuse gratification.

27 *décembre*. — Les pachas réunis à Bräila furent invités par firman à se rendre dans leur gouvernement respectif. Il ne resta dans cette ville que Sari Mechmet Pacha, attendant, lui aussi, un ordre et un gouvernement.

Les Russo-Cosaques ayant su que les boyards moldaves avaient mis leurs effets mobiliers en garde à Horodenca, se rendirent à l'improviste dans cette localité et les pillèrent. Puis présumant, à cause de cela, que les richesses des princes Constantin et Grégoire ainsi que celles de Coltchac Pacha pourraient bien se trouver en Pologne [1], et principalement (comme on le leur avait dit) à Stanislawow [2], dans la voïvodie de l'hetman Kiowtski, le prince rebelle Cantemir prit le chemin de

---

1. Au lieu de Βλαχίαν (Valachie), qui est dans le texte grec, il faut lire Λαχίαν (Pologne), autrement la phrase incidente *et principalement à Stanislawow* ne serait pas intelligible.

2. Ville de Galicie, chef-lieu du cercle de Stanislawow, à environ 130 kilomètres de Léopol et 50 de Kolomea.

cette ville avec des troupes. Ayant été trouver le commandant de la forteresse, il lui demanda de le laisser entrer, afin qu'il pût chercher la fortune desdits princes ; mais le commandant se garda bien d'ouvrir la porte de la forteresse et répondit qu'il n'y avait dedans rien de semblable. Cantemir se retira irrité et menaçant de revenir raser le château, à la tête de forces considérables. Bien que le commandant n'eût pas été intimidé, il ne laissa pas de donner ordre à tous les marchands de retirer leurs dépôts et de les transférer ailleurs. Ce qui fut fait.

Comme il existait entre notre prince Constantin et le prince Grégoire une mésintelligence secrète due tant à des causes intimes qu'à des circonstances fâcheuses déjà passées et au malheur des temps, les deux princes autorisèrent leurs capikékhayas de Constantinople (et le prince Grégoire tout spécialement son frère Alexandre, grand drogman et secrétaire de la Porte) à avoir une conférence à ce sujet pour y rechercher en commun les moyens de mettre un terme à toute espèce de scandales, afin que pût refleurir entre eux une affection sincère et fraternelle. Grâce au Dieu de sainteté et moyennant l'acceptation de quelques capitulations, ce but fut atteint, comme les deux lettres suivantes en font foi.

LETTRE QUE ALEXANDRE GHICA, SECRÉTAIRE INTIME ET GRAND DROGMAN DE LA PORTE OTTOMANE, ADRESSA AU PRINCE CONSTANTIN MAUROCORDATO.

« Très haut, très pieux et très illustre Prince, je salue Votre Altesse que Dieu garde, en priant Celui qui est le dispensateur de toutes grâces de vous conserver en bonne santé et de vous maintenir pendant de longues et heureuses années sur votre glorieux trône. Après de nombreuses conférences tenues, selon l'ordre de Votre Altesse, avec vos serviteurs les boyards qui sont ici, en vue de rétablir la paix entre Votre Altesse et le prince Grégoire, nous venons vous soumettre d'un commun accord les capitulations qui nous ont paru raisonnables aux uns et aux autres. Je prie Votre Altesse de les examiner et, si tel est son bon plaisir, de les ratifier; j'espère que votre glorieuse signature fera disparaître toute froideur entre Vous et Son Altesse le prince Grégoire, mon frère, à qui ces mêmes capitulations ont été envoyées par moi, afin qu'il les signe également. Nous voulions signer nous-même ces capitulations, en notre qualité de plénipotentiaire dans cette affaire, mais les boyards de Votre Altesse ont mieux aimé, pour plus de déférence, qu'elles fussent immédiatement ratifiées par Vous. Je n'ai pas voulu moi-même négliger l'occasion de vous donner une marque de pareille déférence, et j'attends les ordres glorieux, princiers et fraternels de Votre Altesse, à laquelle Dieu veuille accorder de longues et illustres années!

« Constantinople, le 30 décembre 1739 [1].

« De Votre Altesse le tout obéissant serviteur,

« Alexandre Ghica. »

RÉPONSE DU PRINCE CONSTANTIN MAUROCORDATO.

« Illustrissime secrétaire intime et grand drogman de la Porte ottomane, grand logothète de la grande Église du Christ, monseigneur Alexandre Ghica, notre bien-aimé cousin, Nous

---

[1.] Le texte grec porte par erreur 1740

saluons affectueusement Votre Altesse et Nous vous embrassons fraternellement, en priant Dieu de vous conserver pendant de longues années dans une santé parfaite et une continuelle prospérité. Nous avons reçu avec plaisir votre honorée lettre et nous avons été très satisfait de vous savoir en bonne santé. Nous avons pris connaissance de ce que vous nous marquez, et nous avons lu les capitulations rédigées à la suite des conférences tenues en vue de rétablir l'union et la bonne intelligence entre Votre Altesse, notre commun frère et Nous. Ces capitulations nous ayant paru acceptables, nous les avons confirmées et ratifiées en y apposant notre signature ; et nous ne doutons pas que ce lien de bon accord et d'affection fraternelle et sincère ne reste entre nous, Dieu aidant, indestructible, indissoluble et à l'abri de tout changement. Cependant, nous vous demandons d'une façon toute spéciale que non seulement vous gardiez envers nous cette affection, en ne cessant de remplir vos devoirs de parenté, mais que, allant plus loin encore, vous tâchiez de devenir notre auxiliaire dans nos nécessités et nos affaires. Et de même que, par la miséricorde de Dieu, vous avez hérité de l'honneur et de la charge de feu notre commun aïeul de glorieuse mémoire, de même aussi puissiez-vous être le parfait imitateur de sa vertu et de son intégrité ; puissiez-vous suivre sans dévier les traces de cet homme à jamais mémorable ! Votre Altesse n'ignore pas, et tout le monde est à même d'attester, de quelle façon il se conduisait vis-à-vis des différents princes, bien qu'ils ne fussent pas ses parents, mais des étrangers. Feu le Prince mon père nous a souvent raconté de vive voix que non seulement il traitait ces princes en amis, mais qu'en toute occasion il était pour eux un auxiliaire vigilant et un collaborateur actif dans leurs nécessités et leurs affaires. C'est pour cette raison que tout le monde l'adorait, célébrait ses louanges et priait le ciel de lui accorder l'accomplissement de chacun de ses désirs ; en outre, Dieu lui fit la grâce de terminer sa vie mortelle au sein d'une félicité constante, entouré d'une célébrité qui ne cessa jamais et d'une gloire à laquelle ne fit pas défaut l'abondance de toutes les grâces et bénédictions d'en haut. Que Votre Altesse marche donc sur les traces de notre aïeul ; qu'elle s'applique à l'imiter avec toute l'ardeur dont elle est capable et Dieu lui accordera, qu'elle n'en doute pas ! la jouissance de tous les biens terrestres. Quant à nous, nous remplirons envers elle nos devoirs fraternels et au delà ; non seulement nous considérerons Votre Altesse comme notre bien-aimé frère, mais nous traiterons sa glorieuse maison comme la nôtre, nous regarderons ses enfants chéris comme nos enfants, et spécialement notre bien-aimée filleule, à qui nous donnons notre bénédiction paternelle et que nous embrassons avec tendresse. Quand l'époque de son mariage sera venue, nous ne laisserons pas à Votre Altesse les prérogatives paternelles, mais nous l'en dépouillerons et nous remplirons, avec toute la libéralité possible et la plus profonde affection, les obligations qui incombent à son père spirituel. Nous marquons ceci à Votre Altesse, non parce que nous doutons d'Elle, ce qu'à Dieu ne plaise, mais pour Lui faire connaître de quelle cordiale et fraternelle affection nous sommes animés à son égard. Nous saluons amicalement notre très chère belle-sœur, l'illustrissime grande drogmanesse ; nous bénissons de tout cœur et embrassons vos enfants chéris et nos bien-aimés neveux. Puissions-nous avoir de nouveau une honorée lettre de Votre Altesse, nous informant de votre bonne santé (que nous désirons), et puisse Dieu vous accorder de longues et heureuses années.

« 15 janvier 1740.

« De Votre Altesse, *etc.* »

PROCÈS-VERBAL DES CAPITULATIONS INTERVENUES ENTRE LE PRINCE CONSTANTIN MAUROCORDATO ET LE PRINCE GRÉGOIRE GHICA.

A la suite d'un refroidissement survenu entre Son Altesse le prince de Moldavie, monseigneur Jean Grégoire Ghica voïvode, notre bien aimé frère, et Nous, ne voulant pas souffrir que le scandale prenne racine entre nous, Nous avons chargé nos boyards les capi-kékhayas résidant à Constantinople de conférer avec l'illustrissime grand drogman de la Sublime Porte et grand logothète de la grande Église du Christ, monseigneur Alexandre Ghica, sur les moyens à prendre pour rétablir entre nous l'union et l'amitié. Conformément donc à l'autorisation par nous donnée, les susdits ont, d'un commun accord, rédigé les capitulations suivantes [1].

Article premier. Les tracasseries et la mésintelligence cesseront de part et d'autre ; et entre les deux très hauts princes et l'illustrissime drogman de la Porte, il régnera une concorde parfaite et une affection fraternelle. Les capi-kékhayas des deux princes agiront comme s'ils servaient un seul et même maître, et dans leurs conversations avec les hauts fonctionnaires ottomans ils diront et proclameront hautement ce qui a été fait pour opérer le rapprochement des deux princes et des deux pays. Ils travailleront de concert à ce que les amis de l'un deviennent les amis de l'autre. Et, pour faciliter les relations d'affaires entre les deux pays les princes entretiendront ensemble une correspondance simple, exempte d'apprêt, et respirant l'affection fraternelle et la sincérité.

Article deux. L'union et la concorde entre les deux princes seront perpétuelles. Chacun d'eux gouvernera le pays où

---

1. Nous ne donnons qu'une traduction libre de tout ce document.

il se trouve actuellement, sans proposer, de quelque façon que ce soit, des innovations ou une permutation aux hauts fonctionnaires de la Porte. Et, dans le cas où ces fonctionnaires parleraient à l'un des deux princes de permutation ou de déposition, il en informerait l'autre immédiatement, et, tout en tenant la chose secrète, on ferait tout son possible pour affermir celui dont le pouvoir serait menacé. Si cependant les grands fonctionnaires voulaient nous contraindre à permuter, nous nous y refuserions énergiquement et remédierions à cela, en maintenant l'amitié entre nous, comme il est dit dans le premier article. En outre, nous aurons grand soin qu'une tierce personne n'intervienne pas, de façon à ce que nous puissions rester au poste que nous occupons.

Article trois. Le grand drogman de la Porte aura pour les deux princes la même sincérité et la même affection ; et, dans les affaires que pourraient lui soumettre les capi-kékhayas, affaires ayant trait à l'intérêt des deux princes ou des deux provinces, ou à la réparation de quelque dommage, il prendra notre défense auprès des grands fonctionnaires de la Porte. Et, en signe d'amitié fraternelle, il recevra chaque année six mille piastres, qui lui seront envoyées trimestriellement par le prince Constantin, et ce sans préjudice des autres six mille piastres qui lui sont données à titre de cadeau pascal.

Article quatre. Le prince Michel [1] se trouvant dans une situation précaire, chacun des deux princes lui servira une pension annuelle de trois mille piastres, afin qu'il reste tranquille ; mais s'il venait à mettre, par ses agissements, le trouble dans les principautés, ladite somme d'argent serait affectée à la répression dudit prince.

Article cinq. Le grand drogman ayant proposé de régler

---

1. Michel Racoviţa.

l'affaire relative aux fournitures de blé faites lors de la permutation, il a été convenu que les deux princes acquiesceraient à ce que nous aurions trouvé juste et conforme à l'équité. Mais le grand drogman ayant demandé à voir les lettres du prince Grégoire attestant les susdites fournitures, comme nous ne les avions pas à notre disposition, il a été décidé que, lorsqu'on les produirait, les deux princes accepteraient la solution que nous aurions reconnue juste et conforme à l'équité.

Article six. En ce qui concerne les agas et les tchocadars qui vont d'une province dans l'autre, après que l'un des deux princes les aura hébergés, il donnera avis à l'autre de la façon dont il l'a fait, afin d'éviter des dépenses inutiles et superflues.

Les princes acceptent ces capitulations et font serment de les observer avec fidélité ; et celui des deux qui les enfreindrait en tout ou partie, encourrait la juste vengeance de Dieu.

Arrivée d'Alexandre Soutzos avec des firmans. — Bien que, comme nous l'avons dit précédemment, les capi-kékhayas eussent empêché l'envoi au Prince d'un *moucaréri* (renouvellement), et cela pour éviter les dépenses qui en auraient résulté, cependant ils demandèrent, au lieu de ce *moucaréri*, un caftan et une lettre du Sultan. Ayant obtenu l'un et l'autre, ils les envoyèrent par Alexandre, fils du grand logothète et premier kékhaya Dracos Soutzos. Alexandre étant donc arrivé au monastère de Văcăreștĭ, le grand postelnic Dimitrașcu se rendit au devant de lui avec une escorte princière et de la musique. Ils entrèrent dans le palais et montèrent l'escalier du divan, où le Prince vint recevoir les présents impériaux. Après qu'ils eurent pénétré dans la salle du divan, où se tenaient tous les boyards, debout, la tête découverte, et rangés par ordre, le firman impérial fut lu, en présence de toute l'assistance, par le divan-effendi. La lecture terminée, le divan-effendi prit le caftan impérial et en revêtit le Prince ; ensuite le grand postelnic, agissant au nom de Son Altesse, revêtit de caftans le divan-effendi, Hodja Ali effendi et le susdit Alexandre Soutzos. Après quoi, le Prince s'étant assis sur son trône, les boyards et toutes les autres personnes de l'assistance vinrent lui baiser la main.

Lettre du Sultan au Prince [1]. — Le Sultan commence par faire l'éloge de l'attachement que les rayas valaques ont toujours témoigné à la Sublime Porte ; puis il exalte la fidélité et la droiture que le Prince a mises au service de l'empire ottoman. Maintenant que la paix a été conclue, il faut que la Valachie et le banat de Craiova, qui lui a été de nouveau annexé, jouissent d'une profonde tranquillité. La Principauté a cent cinquante mille piastres de plus à payer annuellement au Trésor. Le Sultan espère que le Prince continuera de servir l'empire comme par le passé, et qu'il fera tous ses efforts pour que ceux des habitants que la guerre a dispersés rentrent dans leurs foyers. Il lui envoie un caftan qu'il recevra avec honneur et respect. Le Prince devra se rendre personnellement dans le susdit banat de Craiova, pour y réunir sous sa bonne administration les rayas disséminés par les évènements dont le pays a été le théâtre. Il mettra ordre aux affaires de l'empire et donnera tous ses soins à l'amélioration du sort des habitants. C'est pour cela qu'il lui envoie le présent firman.

Arrivée d'un gédicli zaïm avec des firmans. — Après la cérémonie dont nous venons de donner le détail, Ali aga,

---

1. Je ne donne qu'un résumé de cette lettre.

gédicli zaïm, khasnadar et neveu du tchaouch-bachi actuel, Derviche Mechmet aga, arriva de Constantinople et se rendit auprès du Prince. Il apportait quatre firmans relatifs aux différentes affaires du banat de Craiova, qui avaient fait l'objet d'une pétition du Prince à la Sublime Porte, pétition par laquelle il demandait l'arrangement desdites affaires et la démolition des maisons turques. Ces divers firmans étaient adressés à Hussein Pacha, gouverneur de Vidin, au pacha et au defterdar d'Ada Calessi, au cadi de Nicopolis et à d'autres personnages.

Firman adressé à Hussein Pacha, gouverneur de Vidin [1]. — Le Sultan lui fait savoir que, par suite de l'annexion du banat de Craiova à la Valachie, cette principauté devra payer annuellement cent cinquante mille piastres de plus que par le passé ; que toute cette contrée est placée sous l'autorité du prince de Valachie, qui percevra tous les impôts et redevances. Il ordonne au pacha de Vidin de retirer du pays le moussélim Moustafa, qui gouverne indûment, pille et ravage les biens des pauvres rayas, ce qui cause un préjudice au Trésor. C'est pour faire cesser cet état de choses contraire à la justice et à l'équité qu'a été rendu le présent firman. Lors de sa réception, le susdit pacha devra se conformer à ce qu'il prescrit.

Autre firman adressé au même. — Le Sultan ordonne l'expulsion des sou-bachis, zapdjis et autres fonctionnaires qui exercent dans le banat de Craiova une autorité qui ne leur appartient pas.

Firman adressé au gouverneur et au defterdar d'Ada Calessi. — Le Sultan leur ordonne de cesser l'occupation des vingt-cinq

---

1. Je ne donne que le résumé de ce firman. De même pour les suivants.

villages du banat de Craiova, qu'ils détiennent illégalement et où ils ont nommé des capitaines.

Firman adressé au cadi de Nicopolis. — Quelques Turcs, sans avoir le moindre droit à faire valoir et se prétendant néanmoins les créanciers des paysans et des moines du banat de Craiova, s'approprient leurs maisons et leurs biens. En sa qualité de voisin dudit banat, le cadi de Nicopolis est invité à prendre les mesures nécessaires pour mettre un terme à de pareils abus.

Firman adressé aux juges et aux gouverneurs des districts turco-danubiens. — Le Sultan leur enjoint de respecter toutes les localités du banat de Craiova, les marais, les escales, les villages, les biens meubles, les semailles, les bestiaux et ce qui sert à leur nourriture. Il fait défense de commettre aucun acte pouvant occasionner la dispersion des rayas ou porter préjudice au Trésor.

Firman adressé au Prince. — Il lui fait part de l'envoi du firman précédent, qui est répété ici presque mot pour mot.

Autre firman adressé au même. — Quelques Turcs ont construit en territoire valaque des maisons, où ils logent des rayas qui, de fait, ne payent aucun impôt, ce qui est préjudiciable pour le Trésor. Ces abus ont eu des précédents, et, sur la plainte des princes alors régnants, les maisons ont été démolies. Puisque pareille chose se reproduit, le Prince est autorisé à user du même procédé pour supprimer les maisons turques qui existent en Valachie.

Autre firman adressé au même. — Il informe le Prince du

firman adressé au pacha et au defterdar d'Ada Calessi (Voir ci-dessus).

LISTE DES PRÉSENTS OFFERTS A L'OCCASION DU BAÏRAM.

Comme on a dit précédemment que les présents habituels à l'occasion du baïram avaient été distribués, nous allons faire connaître ici les personnes qui en reçoivent chaque année tant de la part du prince de Valachie que de celle du prince de Moldavie, et dire la nature des cadeaux qu'il est d'usage de leur faire.

Dix mille piastres au très puissant Empereur.
Cinq mille piastres à la validé sultane.
Deux mille cinq cents à la première cadine.
Deux mille cinq cents au darisadet-agassi.
Mille au khasnadar du Sultan.
Trois cents pour les menues gratifications du sérail impérial.
Sept mille cinq cents au grand vizir.
Trois mille cinq cents au kékhaya-bey.
Mille pour la suite du grand vizir.
Cinq cents au khasnadar du grand vizir.
Cinq cents aux cinq gédiclis itch-agas du grand vizir.
Deux cent cinquante au capidjiler-kékhayassi.
Deux cents au telkhisdji aga.
Deux cents au sélam-agassi.
Cent cinquante au capidjiler-bouloucbachi.
Deux mille au réis-effendi.
Cinq cents au mectouptchi-effendi.
Sept cent cinquante au tchaouch-bachi aga.
Trois cents au grand teskéredji.
Trois cents au petit teskéredji.
Cinq cents au kékhaya-kiatibi.
Cinq cents au béilicdji-effendi.

Deux mille cinq cents au defterdar-effendi.
Deux cent cinquante à son kékhaya.
Deux cent cinquante à son khasnadar.
Cent à son mouhourdar.
Cent à son kessédar.
Cent à son mecter-bachi.
Trois cents au bach-bakicouli aga.
Deux cents au maden-effendi.
Cent à Achmet effendi.
Vingt au kessédar du maden-calfa.
Deux cents au kékhaya du réis-effendi.
Soixante-cinq au kessédar du béilic-calemi.
Cent cinquante à Hamza effendi.
Cinquante au kessédar du tchaouch-bachi.
Deux cents au tesrifatdji-effendi.
Cinquante au tchaouchlar-émini.
Cinquante au caracoulac du grand vizir.
Quatre-vingt-dix au caracoulac du kékhaya-bey.
Cent aux banquiers du grand vizir.
Soixante aux banquiers du kékhaya-bey.
Vingt au bach-yamayi du khasnadar aga.
Deux cent soixante pour les menues gratifications.

LES PELISSES.

Deux mille cinq cents piastres la pelisse de zibeline du Sultan.

Sept cent cinquante le ventre de lynx.

Deux mille trois cents la pelisse de zibeline de la validé sultane.

Deux mille trois cents la pelisse de zibeline de la première cadine.

Deux mille trois cents la pelisse de zibeline du darisadet-agassi.

Deux cents piastres chacune les pelisses en pattes de zibeline du khasnè-kékhayassi, de l'oda-lalassi, du bach-aga de la validé sultane, du bach-aga de la première cadine, du baltadjilar-kékhayassi, du yazidji-effendi, et du cafetier en chef du Sultan.

LES COUPONS DE DRAP ET DE SATIN.

Soixante-quatorze coupons (*dhonlycs*) de drap, à quatre aunes par coupon et à dix piastres chacun.

Cinquante-quatre coupons de satin, à dix aunes par coupon et à dix piastres chacun.

Treize coupons de drap anglais, à vingt piastres chacun.

Neuf coupons de satin de Florence, à quinze piastres chacun.

MISE EN LIBERTÉ DE YAYA PACHA ET DE COLTCHAC PACHA.

Le 27 janvier 1740, à cinq heures, l'Impératrice de Russie chargea un général d'aller annoncer au séraskier Yaya Pacha et à Coltchac Pacha que la paix avait été conclue entre la Russie et la Porte ottomane. Cet officier s'exprima en ces termes : « Sa Majesté, ma très clémente souveraine, a eu l'extrême bonté de m'envoyer vous apprendre que la paix a été conclue entre la Russie et l'Empire ottoman, et que l'échange des ratifications a eu lieu. En conséquence, à partir de ce jour, vous devenez libres, et les sentinelles, qui avaient été chargées de votre garde, vont être retirées. Si, cependant, pour un motif quelconque, vous aimez mieux avoir des gardes auprès de vous, vous en exprimerez le vœu, et un ordre impérial sera donné conformément à votre bon plaisir. Vous pouvez être sûrs que la clémence de Sa Majesté ne vous refusera jamais rien de ce dont vous pourrez avoir besoin. Et, pour cette raison, si, demain, après votre dîner, vous voulez monter à cheval et aller au palais remercier Sa Majesté, vous en avez la permission. Soyez, en outre, certains qu'à l'avenir Sa Majesté restera toujours fidèle à l'amitié et à la paix qu'elle vient de conclure avec la Porte. Elle espère, en revanche, que l'empire ottoman agira de même à son égard. »

Réponse des pachas. — Ils se félicitent de la conclusion de la paix et affirment que les bienfaits dont la tsarine les a comblés ne sauraient se décrire. Ils ne peuvent autrement lui en témoigner leur reconnaissance qu'en promettant de prier Dieu de la conserver en bonne santé. Ils ajoutent qu'ils iront au palais pour la remercier, et ils demandent qu'on leur laisse leurs gardes.

A l'audience de la tsarine. — Ils remercient l'impératrice de leur avoir fait annoncer la paix, et ils se plaisent à reconnaître que, du jour où ils ont été faits prisonniers, ils n'ont pas cessé d'éprouver les bienfaits de la clémence impériale. Ils ont eu leur entrée libre à la Cour, et les soldats chargés de les garder les ont toujours traités avec honneur. Ils prennent Dieu à témoin qu'ils ne cesseront d'exalter partout le nom de l'impératrice et de prier pour le bonheur et la prospérité de Sa Majesté. Ils terminent par une courte prière, où ils appellent les bénédictions célestes sur les deux empires et sur Sa Majesté la tsarine [1].

---

1. Je me suis borné à donner le résumé de ce document, et j'ai négligé de traduire une *Description secrète de l'état de l'Europe en 1740*, ainsi qu'une *Relation de ce qui se passa lors de la venue du khan des Tartares à Constantinople en 1742*.

LONGÉVITÉ DE DEUX ORTHODOXES.

25 *août* 1740. — On fit voir au palais de France les portraits de deux paysans hongrois de religion grecque, c'est-à-dire orthodoxes. L'un d'eux s'appelle Jean Rubim, l'autre Pierre Jorton. On raconte que le premier est âgé de cent quatre-vingt-deux ans, et sa femme, nommée Sara, de cent soixante-quatre, et qu'il y a cent trente-quatre ans qu'ils ont contracté mariage. Ils ont eu deux fils et deux filles. Le plus jeune des fils est âgé de cent dix-sept ans. Ce Jean Rubim habite près de Sebeș, dans le banat de Temesvar. Quant à Pierre il habitait un village du même banat, appelé Keret, et il mourut, le 5 janvier 1734, à l'âge de cent quatre-vingt-cinq ans, laissant un fils qui a aujourd'hui cent cinquante ans.

FIN DU TOME DEUXIÈME

TABLE ANALYTIQUE

TABLE ANALYTIQUE

	Pages.
Questions qui entravaient la conclusion de la paix entre la Turquie et la Perse.	3
La mort du roi de Pologne devient une source de guerres	4
Les Turcs malgré leur désir de marcher contre les Allemands, en sont empêchés par leur guerre avec la Perse	4
Arrivée du khan en Moldavie; l'expédition contre la Perse a lieu à son instigation	5
Lettres que les grands du Daghestan adressent au khan	5
Lettres de la Russie à la Porte; réponse qu'elles reçoivent	5
Les guerres qui désolaient l'Europe se terminent par un échange de territoires	6
La marche des Russes contre les Turcs est attribuée à des causes diverses	6
Retour du khan	7
Prise d'Azov par les Russes	7
Expédition du grand vizir; le kékhaya est investi du pouvoir de lier et de délier	7
Le Sultan et ses conseillers inclinent vers la paix	7
Les Allemands rompent leurs traités avec les Turcs et divisent leurs forces.	8
Un parlementaire allemand est envoyé au pacha de Niš avec un message	9
Prise de Razda Palanka par les Allemands	10
Le Pacha mande près de lui le parlementaire allemand	10
Prise de Svirli Banja Palanka	10
Prise d'Aladja-Hissar	10
Prise d'Aleksinac	11

Le pacha forme le dessein de faire décapiter le parlementaire...............	11
Les Allemands envoient un autre parlementaire demander les clefs de la forteresse..	11
Reddition de Niš ; le Pacha et les autres Turcs emportent leurs effets et, avec une garde composée de quelques Allemands, ils se rendent à Sofija........	12
Après la prise de Niš, les Allemands vont mettre le siège devant Vidin.......	13
Ils envoient un parlementaire au commandant de cette place pour lui demander les clefs de la ville ; les Vidiniotes le renvoient chargé de coups............	14
Profonde humiliation que subit l'orgueil des Allemands	14
Le prince Constantin fait connaître par lettres aux Pachas les ruses et les projets des Allemands	14
Deux généraux franchissent les frontières de la Valachie ; lettre menaçante adressée au Prince...	15
Le Prince, n'ayant pas une armée suffisante pour tenir tête à l'ennemi, prend le parti de quitter Bucarest..	16
Le Prince laisse des caïmacams, quitte Bucarest, et se rend à Văcăreștĭ avec toute la cour..	17
Départ des princesses pour Constantinople................................	19
Le Prince nomme grand spathar le grand logothète Dudescu, et grand logothète le grand vestiar Ramadan	20
Le Prince quitte Văcăreștĭ et se rend à Copăcenĭ, puis à Doian.............	21
Le quartier-maître de Ghillany arrive à Cotrocenĭ pour préparer les subsistances...	21
Le bruit s'étant répandu que Ghillany se proposait d'envoyer des troupes contre le Prince, celui-ci quitte Doian et se rend à Olteniţa................	22
Le fils de la comtesse arrive à Cotrocenĭ ; le Prince quitte Olteniţa et va camper à l'embouchure de l'Argeș.....................................	22
Des Catans qui furent envoyés au palais ; actes de pillage qu'ils commettent ; Ghillany arrive à Cotrocenĭ ; il en repart au bout de quelque temps........	23
Le Prince demande à la Porte l'envoi de troupes et de firmans...............	24
De Suleyman aga	24
Le Prince, ayant appris que Ghillany se proposait de l'attaquer, passe à Turtucaia..	24
Retour du grand logothète et du grand spathar à Bucarest.	25
Lettres que les caïmacams envoient au Prince...........................	25

Retour du Prince à Olteniţa; arrivée de Skemnedji Moustafa aga et d'Ibrahim Pacha, envoyés du camp impérial turc........................... 25

Arrivée du lieutenant-colonel à Bucarest; il se retire emmenant avec lui l'archevêque et les boyards... 26

Ibrahim Pacha entre en Valachie; son entrevue avec le Prince; ils se rendent tous deux à Bucarest.. 26

Le Prince et le Pacha arrivent à Bucarest avec les troupes................. 26

AOUT 1737

Défaite des Allemands à Vidin... 28

Des canons, des munitions et autres choses envoyées du camp ottoman à Bucarest.. 28

Des troupes qui allaient en escarmouche contre les Catans et d'André Diniacou. 28

Pavlakis arrive de Constantinople avec de l'argent pour le Prince.......... 29

Des têtes que les Turcs rapportaient et qui étaient envoyées au camp...... 30

Arrivée du khasséki... 30

Fuite des milices bosniaques.. 30

Frayeur que nous avait inspirée à tous le bruit de l'arrivée de Ghillany... 30

Comme quoi, aucun boyard indigène, sauf Brătăşanu qui était malade, ne se trouvait avec le Prince... 30

Arrivée de Mestan aga... 30

Arrivée de Devoglou... 31

Le Prince et le pacha font leur entrée à Bucarest avec toute l'armée...... 31

SEPTEMBRE 1737

Conférences successives sur les moyens à prendre pour chasser les ennemis de la Valachie... 32

Arrivée du premier valet de chambre avec des lettres pour le Prince....... 32

D'un parti de troupes qui apporta trois têtes............................. 33

D'un autre parti de troupes qui apporta trois autres têtes, et de la rixe qui eut lieu.. 33

Du Turc décapité que l'on trouva près de la résidence de l'agas...............	33
De l'envoi des troupes contre l'ennemi......................................	33
Du messager qui apporta la nouvelle de la fuite de Ghillany................	33
Les troupes, après avoir incendié Tîrgoviște, reviennent chargées de butin....	34
Envoi du grand postelnic au camp ottoman, et arrivée de Mourtaza Pacha à Bucarest avec les troupes...	34
Arrivée des bataillons de volontaires agalari.............................	35
Arrivée du sultan...	36
Arrivée [des troupes] des trois éyalets...................................	36

OCTOBRE 1737

Conférences successives relativement à l'ennemi; expédition de Mourtaza Pacha avec les troupes et de l'agas Joannakis avec les séimènes................	37
Arrivée du grand logothète...	38
Départ du sultan pour Vidin...	38
Envoi de canons à Mourtaza Pacha..	38
Le grand logothète, sa femme et son fils meurent de la peste.............	38
Prise de Niš par les Turcs...	38
Victoire de Mourtaza Pacha, et mort du lieutenant-colonel................	39
Récit relatif audit lieutenant-colonel...................................	39
Les troupes reviennent de Pitești avec des têtes et des prisonniers; le grand cămăraș Dimitrașcu est chargé de les conduire au camp impérial ottoman..	41
Du slujitor qui frappa le métropolitain de Bethléem; jugement du Prince à cette occasion..	41
Un itchoglan est atteint de la peste dans le palais; départ du Prince. Fuite du chef des cafetiers..	43
Incendie de Cîmpulung par les troupes turques, leurs pillages et leurs rapts...	43
Arrivée du métropolitain et de sa suite..................................	44
Arrivée du mouhourdar Moustafa aga avec les présents impériaux...........	45
Mahmoud Pacha passe par Bucarest...	46

NOVEMBRE 1737

Arrivée de troupes...	47
Arrivée des sultans...	47
Révolte des troupes...	48
Marche des sultans...	48
Expédition de Mourtaza Pacha...	49
Un messager arrive de Craiova...	49
Mission de Joannitza...	49
Arrivée de Véli aga...	49
Il se rend au palais...	50
Marche d'Ibrahim Pacha...	50
Argent que l'on envoie à Mourtaza Pacha...	50
Firmans expédiés dans les districts riverains du Danube, au sultan et à Mourtaza Pacha...	51
Catans envoyés d'Albeşti...	51
Du soldat qui fut étranglé...	51

DÉCEMBRE 1737

Du major envoyé à Bucarest...	52
Mission du capitaine des dorobans auprès du khan des Tartares...	52
Retour du camp impérial à Constantinople; déposition du grand vizir; Yegen Achmet Pacha lui succède...	52
Du Valaque qui fut pendu...	56
De deux janissaires qui furent pendus...	56
Arrivée du khasséki à Bucarest...	56
Retour de Mourtaza Pacha...	57
Des Albanais qui furent envoyés pour [protéger le pays contre] les Tartares...	57
De six enfants...	57
Soumission de Craiova; nomination du ban...	57
Arrivée du prince Jean à Bucarest...	58

Mort du patriarche d'Alexandrie.................................. 58
Arrivée d'un aga avec un firman 59
Arrivée du spathar.. 59

JANVIER 1738

Le Prince ne donne pas de banquet................................. 61
Arrivée d'Athanase avec des lettres du général.................... 61
Arrivée d'Omer effendi avec des firmans........................... 62
Mort de deux levends.. 62
Suleyman aga est fait pacha à deux queues......................... 62
Rixe qui éclata entre les troupes................................. 63
Départ de Mourtaza Pacha.. 63
Véli aga est nommé pacha.. 64
Départ de Rakoczi... 64
Nouvelle mission de Joannitza à Perișani.......................... 66
Enlèvement d'une jeune fille par un major......................... 66
Georges, capitaine des dorobans, est envoyé à Constantinople avec de l'argent. 66
Arrivée de Dracos... 66
Joannitza est fait prisonnier..................................... 66
Défense de vendre du vin.. 66
Les officiers supérieurs turcs tiennent une conférence relative à la guerre..... 66

FÉVRIER 1738

Suleyman Pacha délivre une jeune fille et une femme que détenaient les milices
  de Choumla.. 69
Djéfer bey vole les chevaux du monastère de Văcărești............. 69
Exposition des queues de cheval................................... 69
Mort du pacha d'Erzeroum.. 69
Firmans ordonnant l'envoi de troupes d'Anatolie 70

Arrivée de Rakoczi à Tcherna-Voda.. 70
Officiers qu'il envoie au Prince.. 70
Retour de Michel... 70
Suleyman Pacha marche contre les Allemands qui étaient à Craiova.......... 70
Firman relatif aux voitures.. 70
Nouman Pacha est nommé séraskier.. 70
De l'impôt sur le bétail.. 70
De Soutzos... 71
Mission de Photis à Bender... 71
Arrivée du résident de Rakoczi... 71
Des Catans qui saccagèrent Besdad... 71
Arrêt équitable de Véli Pacha... 72

MARS 1738

Le khan n'est pas reçu en Crimée par les Chirîn-beys............................. 73
L'armée quitte Jassi.. 73
Combat que livrent aux Catans à Argeş les hommes du pacha; leur victoire... 74
Suleyman Pacha attaque les Catans; sa victoire..................................... 75
De la lettre que Mahmoud Pacha envoie à Mechmet Pacha...................... 75
Mission du capitaine Anastase auprès du khan...................................... 75
Des voitures qui se rendaient en Transylvanie...................................... 75
Manifestes qu'envoie Rakoczi... 76
Véli Pacha est nommé serdar.. 76
D'une femme dont le domicile fut violé par le bach-aga........................... 77
Le grand vizir quitte la capitale.. 77
Repas que prend le Sultan à Daoud-Pacha... 77
Départ de l'aga des janissaires.. 77
De la paix... 77
De l'argent dépensé dans la campagne contre les Russes.......................... 78
Victoire de Hussein Pacha sur les Catans.. 78
De Gentz Ali Pacha.. 79
D'Achmet Pacha Kouprouloglou.. 79
Générosité de Véli Pacha.. 79

Des cloches..	79
Retour de Suleyman Pacha..	80
Le grand vizir quitte Daoud-Pacha...	80
Prise d'Ujica par les Turcs...	80
But que se proposent les Russes...	81
Incursion dirigée par le khan...	81
Fonds envoyés de Constantinople au séraskier et à d'autres personnes ; firman relatif au départ de Suleyman Pacha...........................	81
Défaite du khan...	82
Révolte de Saribeyoglou...	82
Le grand vizir approche de Nicopolis.....................................	83
Du sandjac-chérif..	83
Du lavement des pieds..	84

AVRIL 1738

De la sainte Résurrection...	85
Du lancement des galions...	85
Ordre de jeter le vin..	85
Du bois de construction destiné au pont de Nicopolis...........	85
Arrivée de la solde des levends..	85
Les armées de Bosnie s'emparent d'une portion de territoire et de quelques palanques, dans les environs de Belgrade...............	86
Des armées qui furent envoyées au séraskier pacha ; décision qu'il prend......	86
Départ du capitan pacha...	87
Le grand écuyer est nommé pacha..	87
Arrivée d'Orlic...	87
Banquet donné par Véli Pacha...	88
Départ de Suleyman Pacha...	88
Arrivée des boyards..	88
Du courrier envoyé à Constantinople.....................................	89
Départ du bey et des pachas...	89
Des troupes réunies auprès du séraskier pacha pour le camp.................	89

Firman relatif au départ de Véli Pacha, et autres firmans 90
Le moussélim de Nicopolis se met en marche contre l'ennemi 90

MAI 1738

Réception de nouvelles 92
Séjour du camp à Sofija 92
Départ du prince Grégoire et du pacha pour le camp 92
Les armées d'Anatolie reçoivent ordre de se réunir à Bender 93
Victoire de Khalil bey et des pachas sur les Allemands 93
Retour de Suleyman Pacha à Bucarest 93
Le Prince enrôle des compagnies 94
Le Sultan sort déguisé 94
Le grand vizir interroge le Prince par lettre relativement à l'entrée de Rakoczi en Hongrie; réponse de Son Altesse 94
De la conférence 94
Les Tartares enlèvent des chevaux aux Russes 95
Prise de Iagodina par Hassan Pacha 95
Des Allemands qui prirent la fuite; des rayas et des villages qui firent leur soumission au séraskier Pacha; reddition de deux forteresses 96
Mourtaza Pacha reçoit ordre de partir en incursion 97
Siège d'Ada Calessi 97
Mariage du prince Alexandre 98
Le moussélim part en incursion 98
Départ du camp 98
L'aga des janissaires quitte Bucarest avec les compagnies 98
Prisonniers que fit le moussélim dans son incursion 99
Véli Pacha traverse la Moldavie, sans tenir compte du firman 99
Arrivée du camp à Niš; disette où il se trouve 99
Le grand vizir supprime l'archiépiscopat de Niš et convertit la cathédrale en collège 100
Pétitions des villes d'Ak-Kerman, de Chilie et d'Ismaïl 100
Lettre de l'ambassadeur de France au grand vizir 101

L'armée allemande quitte Belgrade ; troupes envoyées du côté de Niš............ 101
Tremblement de terre... 101

JUIN 1738

Le kékhaya-kiatibi passe par la Valachie.. 103
Seresli Mechmet bey, capidji-bachi, passe par la Valachie..................... 103
Du serment... 103
De deux rayas qui s'échappèrent à la nage d'Ada Calessi et se rendirent auprès du séraskier. Ce qu'ils dirent... 104
Mémich Pacha reçoit ordre de se rendre à Sebeş et à Lugoş.................. 104
Exil du mectouptchi du defterdar effendi ; il est remplacé par Youssouf effendi, qui ne tarde pas à être investi de la charge d'asil-defterdar. Son prédécesseur est jeté en prison.. 104
Colère du grand vizir contre le chef des bouchers.............................. 105
Gentz Ali Pacha, commandant de Niš, est destitué et Kouprouli Achmet Pacha est nommé à sa place.. 105
Le capitaine Anastase arrive d'auprès du khan ; ce qu'il dit.................. 105
Mourtaza Pacha remporte à Sebeş et à Lugoş une victoire sur les Allemands.. 107

JUILLET 1738

Le Prince se rend à Cotroceni avec les pachas et les troupes et forme un camp dans la plaine.. 109
Islam Ghiraï passe par Bucarest.. 109
Victoire que le séraskier sultan et Véli Pacha remportent sur les Russes au bord du Bog.. 110
Orlic quitte Rakoczi et se rend à Bucarest ; son départ....................... 110
Départ d'Ali Pacha pour Roustchouc.. 111
Hodja marche contre les Catans à la tête des Albanais....................... 111
De quatre Heiduques.. 111
De trois autres Heiduques.. 111
Le serdenguetchti Osman aga arrive de Hîrsova................................. 111

Retour de Hodja; de trois boulouc-bachis qui furent les instigateurs des déprédations.. 111

AOUT 1738

De ce qui se passa entre les armées ottomanes et les armées russes............ 113
Prise d'Ada Calessi par les Turcs.. 117
Arrivée de Suleyman Pacha, moutessarif d'Ak-Séraï............................. 118
Envois du Sultan au khan, au grand vizir, au séraskier et aux autres pachas... 118
Arrivée du capidjiler-kékhayassi... 119
Les troupes de Suleyman Pacha se révoltent contre lui.......................... 119
Départ des troupes moscovites... 120
Apparition de voleurs et de Catans en Moldavie................................. 123
Victoire de Craiova remportée sur les Catans................................... 123
Exploits du vali de Bosnie contre les Allemands................................ 124
Mission du salahor impérial relativement aux fuyards........................... 124

SEPTEMBRE 1738

Arrivée du divan-effendi du séraskier de Bender................................ 125
Arrivée du tournadji-bachi avec un hatti-chérif relatif aux déserteurs......... 125
Présents envoyés par le grand vizr au séraskier pacha.......................... 126
Retour du capidjiler-kékhayassi.. 126
Le neveu d'Ali Pacha se rend de Bosnie à Niš avec les drapeaux allemands...... 126
Du hatti-chérif qui fut envoyé au séraskier relativement à Ozou................ 126
Lettre du prince Grégoire au prince Constantin................................. 126
Victoire que les Turcs remportent sur les Allemands, à Craiova; excès qu'ils commettent... 127
Le sultan tartare revient avec de nombreux prisonnniers d'une expédition contre les Russes.. 128
Du mirza qui enleva des animaux aux Russes.................................... 128
Rapport adressé au Sultan pour lui démontrer l'impossibilité actuelle d'une ex-

pédition contre Ozou ; cette ville est évacuée et rasée par les Russes ; pachas que l'on y envoie... 129
Cause de l'abandon du Dniester par les Russes... 129
Danger que court Münich.. 129
Demandes adressées par la tsarine aux Polonais... 130
Du fils de Cantemir... 130
Du silicdar du séraskier de Bender qui se rendait au camp avec les nouvelles d'Ozou... 130
Une fausse alerte à Kronstadt.. 130
Suleyman Pacha quitte Bucarest... 131
Firmans relatifs à la construction de cent quarante barques non pontées................. 131
Le métropolitain [de Hongro-Valachie] s'endort dans le Seigneur.......................... 131
Le métropolitain d'Andrinople s'endort dans le Seigneur.................................. 132
Du Turc que fit pendre Suleyman Pacha.. 132
Firman relatif au gouvernement accordé à Suleyman Pacha................................. 132
Départ du nouzoul-émini pour Constantinople... 132
Des Heiduques qui se trouvent à Craiova... 132
Des boyards de Craiova 133
Des Allemands qui sont dans la Loviste.. 133
Du prince de Hermannstadt... 133
Du cheik qui venait de Jérusalem.. 133

OCTOBRE 1738

De Hussein le Bosniaque.. 134
Présents envoyés au grand vizir par le Sultan... 135
Entrée de Suleyman Pacha à Bucarest... 135
Mission du prince Grégoire à Camenca.. 135
Départ du divan-effendi pour Constantinople... 135
Des courriers... 135
Arrivée de Nicolakis au camp avec des lettres... 135
De l'ambassadeur de Perse... 136
Mort du métropolitain de Niš.. 140
Discorde entre l'Angleterre et l'Espagne.. 140

Entrée du capitan pacha à Constantinople	140
Réception d'un firman enjoignant d'expédier ce qui était nécessaire à la reconstruction d'Ozou	140
Retour de Joannitza	140
Mort du prince Alexandre	140
Réception d'un firman ordonnant d'envoyer du bois de construction à Ada Calessi	140
Départ du postelnic	140
Faux bruits relatifs à une suspension d'armes; envoi de firmans; Mahmoud bey et Toz Pacha; leurs combats; destruction de Semendria	140
Envois de soldats à Craiova	142
On se rend à la rencontre du grand vizir	142
Entrée du grand vizir à Constantinople	142
Le pape écrit une lettre à l'évêque de Cracovie pour le prier d'engager les Polonais à secourir les chrétiens; mésintelligence entre cet évêque et le primat [de Pologne]	143
Haine du grand vizir contre le prince Grégoire	144
HUIT se fait craindre, mais manque de fermeté	144
Ses mauvais procédés envers le capidjiler-kékhayassi et le silicdar	144
TRENTE-ET-UN demande la permission de se rendre en Égypte	144
Arrivée de Hussein aga	145
La Peste à Camienietz	145
Le prince Grégoire ne découvre rien des munitions enfouies [par les Russes]	145
On refuse à Gentz Ali Pacha le passage par la Valachie	145
Mort du ban de Craiova	145
Pétition adressée au séraskier pacha, pour le prier de placer Craiova sous l'autorité de Son Altesse	145
Toz Pacha prend ses quartiers d'hiver à Tirnovo	146
Victoire des Serbes sur les Allemands	146
Haïdar aga est nommé boulouc-bachi	147
Le Prince transfère son camp à Mihai-Vodă	147
Mourtaza Pacha empêche l'évêque d'officier dans l'église qui se trouve dans sa résidence	148
Incendie d'un galion	149
Mort d'un officier russe	150

Arrivée d'un courrier	150
Mort du général des djébedjis	150
Rappel de l'ancien mectouptchi, Yandjicli bey	150
Présents envoyés par le Sultan	150
Incantations contre la peste	150
Mort de Rakoczi	151

NOVEMBRE 1738

Rentrée du Prince dans son palais de Bucarest	152
Argintoianu est nommé ban de Craiova par Mourtaza Pacha	153
Arrestation de trois espions russes	153
La nomination d'Argintoianu à la dignité de ban de Craiova est confirmée; division des habitants [du banat de Craiova]	153
Visite de l'évêque et des boyards au séraskier pacha; questions que celui-ci leur adresse; on fixe la somme à verser pour l'annexion des districts transolténiens à la Valachie	153
Véli Pacha est nommé séraskier; déposition des pachas	155
Liste des fonctions qui furent données	155
Firmans ordonnant la concentration des armées dans les environs de Belgrade	156
Mort de la mère de la première cadine	157
De Saribeyoglou	157
Toz Pacha est envoyé à Ada Calessi	158
De la conférence qui eut lieu	158
Mort d'Ismaïl Pacha	158
Firmans ordonnant aux pachas de concentrer leurs troupes à Niš	158
Échange du colonel russe avec Yaya Pacha	158
Bruits relatifs à la mort de Rakoczi; entretien du grand vizir avec l'ambassadeur de France	158
Nicolakis, fils de Teli, est attendu à Constantinople	15
Conférence projetée avec l'ambassadeur de France	159
Détention injuste de l'ancien kékhaya	159
Du médecin de Rakoczi; la dignité de Rakoczi est donnée à l'un des magnats [de son entourage]	159

TABLE ANALYTIQUE

Le kékhaya du commandant de la flotte du Danube apporte au Prince des firmans relatifs aux saïques et aux bateaux corsaires	160
Arrivée de Destari Moustafa aga	160
Têtes qu'on apporta au séraskier pacha	160
Arrivée du chef miraculeux de saint Bessarion	161
Départ de Destari Moustafa aga pour Constantinople	162
Distribution de la solde aux janissaires	162
Des conférences qui eurent lieu	162
Exil de Bonneval	163
Victoire sur Saribeyoglou	164
Les armées prennent leurs quartiers d'hiver	164
Le caïmacam pacha est désigné pour marcher contre Saribeyoglou avec plusieurs autres pachas	165
Propositions des ambassadeurs persans	165
De Yandjicli bey	166
De Yaya Pacha	166
Le comte Michel est nommé successeur de Rakoczi	166
Firmans envoyés au séraskier pour la déposition du defterdar de Vidin et la nomination de l'ambar-émini ; ces firmans restent sans effet	166
Arrivée de Mahmoud bey	168
Néophytos, métropolitain de Myre, est élu métropolitain de Hongro-Valachie	168
Arrivée de Caradja avec le firman relatif à l'annexion des districts transolténiens	168
Appel du candidat Néophytos ; la crosse lui est remise par le Prince	169
Départ de Mahmoud-bey	169
Mission de Caradja et du grand pittar à Craiova	169
Lettres du Prince aux boyards et du métropolitain à l'évêque	170

DÉCEMBRE 1738

Départ du capidjiler-kékhayàssi	171
Mort de Solac Mechmet Pacha	171
Envoi de la tête du kékhaya du vali d'Aïdin	172
Départ des ambassadeurs persans	172

Subvention que demande le grand vizir pour les frais de la guerre; somme d'argent qu'il reçut... 172
Le Sultan n'écoute pas le grand vizir en toutes choses........................... 172
Que la paix sera difficilement conclue... 172
Que sa conclusion était plus facile précédemment................................ 172
On espère que le khan prêtera son concours à la conclusion de la paix........ 172
Hatti-chérif envoyé au séraskier pacha... 172
Du gédicli zaïm envoyé avec des firmans.. 173
Gouvernement accordé au séraskier pacha... 173
Firman relatif au beurre.. 174
Ali aga, gédicli zaïm, passe par Bucarest.. 174
Véli Pacha demande pour kékhaya Yegen Mechmet aga......................... 174
Préparatifs que l'on fait pour recevoir le khan..................................... 174
Victoire du vali de Ràka sur le bin-bachi de Saribeyoglou....................... 174
Le camaïcam pacha est nommé vali d'Aïdın.. 174
De ce qui se dit concernant le camp... 175
Victoire de Tékiéli sur les Catans à Craiova.. 175
Des espèces données par le grand vizir au lieu des bijoux d'usage............ 175
Du cheik-oul-islam... 175
De ce qui se dit sur les caïmacams de Constantinople........................... 175
Firmans relatifs à l'orge et au beurre.. 175
Translation de l'archevêque de Myre au siège métropolitain de Hongro-Valachie. 176

JANVIER 1739

Ordres donnés à la flotte.. 177
Ràvages de la peste sur les frontières d'Allemagne............................... 177
Incarcération du médecin de Rakoczi... 179
Informations que transmettent à la Porte les gentilshommes suédois.......... 179
Morceau d'ambre dont ils firent cadeau au grand vizir........................... 179
Satisfaction que causa la lettre du Prince... 179

Armées de Belgrade, de Temesvar et des environs.................................. 179
Déposition du vali d'Égypte... 180
Du gouvernement donné à Mourtaza Pacha....................................... 180
Ali aga est nommé mékiari-bachi... 180
De Skemnedji Moustafa aga... 180
Activité que l'on apporte à lever des troupes en Anatolie....................... 180
Du ménekché-agassi... 180

FÉVRIER 1739

Le khan quitte Constantinople... 181
De Mahmoudzadé effendi.. 181
De Tchélébizadé... 181
De Mirza effendi... 181
De Caragheuzoglou.. 181
Exil de Feïzoullah molla.. 181
Mort du fils du cheik-oul-islam.. 181
Le cahvedji-bachi du kékhaya bey arrive à Bucarest............................. 181
Déposition du grand portier.. 182
Départ du comis Dimitraşcu pour Giurgiu.. 182
Départ du ban pour Craiova.. 182
Victoire des soldats indigènes et des Serbes sur les Allemands................ 182
Mort de Mahmoudbeyoglou... 183
Mort de Guègue Mahmoud Pacha.. 183
Confirmation du defterdar de Vidin... 183
Du général des canonniers d'Ada Calessi... 184
Du premier tchaouch du séraskier.. 184
Causes de la mission d'un officier polonais près la Porte...................... 184
Firman relatif à cinq cents ouvriers.. 184
Firman interdisant en Valachie l'exportation de la bougie et autres produits prohibés.. 184
Firman relatif au Polonais Démos.. 184
Retour de trois compagnies... 185
De cinq Heïduques... 185

Dédicace d'une chapelle à Văcărești... 185
Exil d'Achmet Pacha à Chio... 185
Du fils d'Osman Pacha.. 185
Mort du grand ambassadeur persan... 185
Départ de Hodja Ali effendi et du grand spathar pour le camp.................... 185
De l'incendie qui éclata à Bucarest... 185

MARS 1739

Mort de Molladjic.. 187
Mission d'Omer aga en Valachie... 187
De Saribeyoglou.. 187
Distribution de la solde... 188
Départ du mechter-bachi.. 188
Déposition de Yegen Pacha; motif de cette déposition............................. 188
Le silicdar aga porte le sceau au séraskier de Vidin............................. 189
Le kékhaya bey est chargé de toutes les affaires de l'empire.................... 191
Emprisonnement de Hodja Yézouva.. 191
Grandeur et puissance du kékhaya bey... 191
Le Prince crée Caradja grand paharnic, nomme le pittar vornic de Cîmpulung,
    le șatrar grand pittar, et Athanase grand șatrar............................ 192
Retour du ban de Craiova... 192
Situation de Belgrade et de Temesvar... 192
Le silicdar arrive à Vidin et remet le sceau impérial............................ 192
Hussein Pacha reçoit le gouvernement de Vidin.................................... 192
Exil d'Acreb Osman effendi... 192
Mort du séraskier de Caffa... 192
Victoire remportée à Semendria sur les Allemands................................ 193
Départ des queues de cheval... 193
Arrivée du nouveau caïmacam pacha... 193
Réquisition de douze cents voitures... 193
Toz Pacha est nommé séraskier de Vidin.. 193
Mourtaza Pacha est rappelé de Craiova; sa nomination............................ 193

Marche du grand vizir. Arrivée d'un homme du darissadé-agassi avec les réponses.. 194
Départ du camp impérial.. 194
Le camp impérial quitte Daoud-Pacha.. 194
Liste des fonctions qui furent distribuées....................................... 194

AVRIL 1739

De la neige et des dommages qu'elle causa....................................... 195
Mission de Giannakis à Vidin.. 195
Nona est nommé vornic de Cîmpulung.. 195
Nouman bey passe [par Bucarest].. 195
Fonctions conférées à Grigorașcu et à Matthieu............................. 195
Des deux escadrons envoyés de Nicopolis...................................... 196
Arrivée de troupes d'infanterie.. 196
Djanoglou est nommé polcovnic... 196
Départ du nouveau ban et du nouvel aga pour Craiova.................. 196
Ordre de hâter le départ des ouvriers... 196
Des ouvriers envoyés au Ghirdap.. 196
Du firman adressé à Véli Pacha.. 196
De Münich... 196
Arrestation d'un espion russe par Colțchac Pacha......................... 196
Des sept espions moscovites... 197
Mission de Djanoglou à Craiova... 197
Arrivée des Ottomans prisonniers... 197
Députation de l'évêque et des boyards auprès du grand vizir..... 197
Des Craioviens injustement faits prisonniers par les troupes turques en garnison dans le pays.. 197
Hassan Pacha passe Bucarest.. 198
Arrivée du prince Alexandre... 198
Le fils d'Asan est nommé grand armaș... 198
Nomination d'ispravnics... 198
La vel-sama... 199

Promotion du logothète Giannis..................................... 199
De Giannakis.. 199

MAI 1739

Réception d'un firman... 200
Départ du Prince et du Pacha pour le camp........................... 201
Expédition des troupes ottomanes dans les environs de Craiova ; leurs succès.. 201
Délivrance des prisonniers.. 201
Retour des boyards.. 201
Firman envoyé au commandant de Vidin................................ 201
Départ des Russes... 202
Depart du grand imbrohor.. 202
Le capidjiler-kékhayassi est nommé inspecteur des pachas de Bender.. 202
Victoire partielle de Toz Pacha sur les Allemands................... 202
Pétition adressée au Sultan relativement aux charges qui pèsent sur la Valachie.. 202
Lettre de Toz Pacha à la Porte...................................... 203
Concentration de troupes auprès du grand vizir...................... 203
Isaac de Maïo... 203
Du khasnadar de l'ex-grand vizir.................................... 203
Hatti-chérif adressé au grand vizir................................. 203
On fait au Sultan l'éloge du Prince................................. 204
Impuissance de Saribeyoglou... 204
Le prostosyncelle Caradja est nommé au siège d'Ipêc................. 204
Entrevue de l'ambassadeur de France avec le caïmacam pacha ; son escorte... 205
Les Anglais et les Flamands essayent de prendre part à la conclusion de la paix... 206
Galion équipé par ordre du Sultan................................... 206
Incursions des Catans du côté de la Nouvelle-Palanque ; les rayas de cette contrée prient le séraskier de veiller à leur garde..................... 207
Départ de bateaux armés en course; ils capturent trois djames allemands...... 207
D'un cnèze espion ; ce qu'il dit.................................... 207

Firmans envoyés par le grand vizir au séraskier; il dissimule momentanément sa haine pour le séraskier.. 208
Révolte des djitaks à cause d'un de leurs camarades; ils sont chassés du camp. 209
Mort de Saribeyoglou; sa tête est apportée à Constantinople.................. 209
De l'évêque d'Arcadie.. 210
Arrestation de quatre faux monnayeurs.. 210
Un faux monnayeur à Brousse... 211
De l'ambassadeur de Russie... 211
Halte des armées moscovites... 211
Nomination de khassékis.. 211
Le kékhaya du séraskier de Bender se rend dans cette ville 211
Grâce à des présents offerts à Véli Pacha et aux fonctionnaires de sa maison, le prince Grégoire réussit à écrire une pétition demandant que la reconstruction de Soroca fût ajournée.. 211
Réquisitions de Véli Pacha en Moldavie... 212
Mechmet aga se rend à Vidin avec un hatti-humayoun pour le séraskier.... 212
Des Allemands qui sont à Karlowitz... 212
On fortifie Temesvar... 212
Des cnèzes qui firent leur soumission au séraskier.......................... 212
Moustafa Pacha passe par Bucarest... 213
De l'officier russe qui vint à Bucarest... 213
Firmans que le Prince reçoit relativement à l'occupation de Craiova........ 213
Un tchocadar va porter à Constantinople la nouvelle de la halte des armées allemandes... 213
Rappel des pachas exilés.. 214
Au lieu de troupes, les Russes donnent de l'argent à l'Empereur............. 214
Mouvements des armées moscovites.. 214

JUIN 1739

Le métropolitain de Philippopolis revient de l'exil............................... 215
Préparatifs de Tahmas Kouli Khan contre les Letchguis et contre l'empereur des Indes.. 216
Le roi de Pologne se propose d'envoyer son drogman en ambassade à la Porte

pour réclamer contre les excès des Tartares, mais la République s'oppose à l'envoi du drogman	216
Sur la prière du defterdar, on tire de prison son prédécesseur	217
Des cent cinquante bourses de paras envoyées au grand vizir	217
Promotion du médecin en chef du Sultan.	217
Bonneval revient de l'exil	217
Efforts du caïmacam pacha pour se rendre agréable à la population	217
Ghiritli revient de l'exil.	218
Achmet aga se rend à Bucarest pour prendre livraison des faucons	218
Arrivée de Hussein bey à Bucarest	218
Les Russes se divisent en plusieurs corps d'armée	218
Victoires de Mourtaza Pacha sur les Allemands à la gorge de Marga et à Lugoş	218
Le Prince reçoit un firman relatif à huit cents ouvriers	218
Firman envoyé à Nigdéli Moustafa Pacha	219
Mémich Pacha quitte Niš	219
Tempête qui se déchaîne sur Bucarest	219
Le grand paharnic Caradja est envoyé au camp en qualité de capi-kékhaya	219
Basilakis est nommé grand portier	219
Le Prince reçoit un firman lui enjoignant de ne pas se mettre en campagne avec le pacha, mais de rester dans sa capitale	219
Victoire que les levends envoyés par le commandant de la Nouvelle Palanque remportent sur les Catans	220
Flotte et armée de l'empereur d'Allemagne	220
Du Russe envoyé à Kronstadt pour enrôler des soldats	220
Du bin-bachi qui vint à Bucarest avec les milices de Choumla	220
Les Russes tirent des subsistances de Léopol	221
Le camp impérial ottoman arrive à Niš; conférence qui s'y tient	221
Courrier de Paris	221
L'Empereur se rend à la Favorite	221
Multitude des troupes impériales; espace de terrain qu'elles occupent	221
Un caporal allemand passe aux Turcs	221
Du vali de Roumélie	221
Nouvelle que le khan transmet à la Porte concernant le général Lasci	221
Le gouvernement de Suleyman Pacha est donné à un autre	221

L'itch-mecterbachi du grand vizir se donne volontairement la mort par strangulation 222
Arrivée au camp du vali de Bosnie.. 222
Des Français que Mourtaza Pacha envoya au camp........................... 222
Retour de l'homme chargé d'aller prendre livraison des faucons............ 222
Rixe qui éclate entre les Albanais et les fusiliers en garnison à Bucarest..... 222

JUILLET 1739

Cessation de la rixe.. 224
Le métropolitain de Philippopolis obtient son pardon........................ 224
Envois à Bender.. 224
Renouvellement des prohibitions... 224
Les Letchguis semblent remporter des avantages sur la Perse............... 224
Firmans ordonnant de faire des prières pour le Sultan....................... 224
Maladie de Sa Hautesse... 225
Véli Pacha obtient l'autorisation de procéder à l'équipement et à l'organisation des armées de Bender.. 225
Le prince Grégoire écrit à Véli Pacha pour le prier de faire l'éloge des boyards. 225
Les Cosaques pillent Soroca.. 225
Lettre du prince Grégoire à Véli Pacha relativement aux mouvements des armées russes.. 226
Colère de Véli Pacha contre le prince Grégoire à cause du retard que celui-ci a apporté à lui envoyer des ouvriers..................................... 226
Lettre du voïvode Kiowtski à Véli Pacha concernant les Russes.............. 226
Division de l'armée moscovite en deux corps................................... 226
Promotion accordée à Véli Pacha.. 227
Expédition de Suleyman Pacha contre Perişanï................................ 227
Départ pour Constantinople du prince Alexandre et de plusieurs autres personnes. 227
Détenus qui s'échappent de prison... 227
Retour du Prince au palais.. 227
Réunion des corps d'armée moscovites.. 227
Le prince Grégoire écrit à Véli Pacha que les Russes, ayant abandonné la

route directe, suivent les bords du Prut, et que le prince rebelle (Cantemir) va être envoyé en Moldavie...	227
Le séraskier sultan se prépare à passer de Hotin sur la rive opposée [du Dniester]..	228
Le prince Grégoire empêche Sari Achmet Pacha d'être envoyé à Soroca......	228
Le prince Grégoire se rend à Galați pour prendre les Turcs qui étaient dans cette ville..	228
Du bin-bachi qui passa par Bucarest, se rendant à Bender avec cinq cents hommes...	228
Départ du séraskier de Bender..	228
Les Russes rebroussent chemin et gagnent la Podolie.......................	228
On ne sait pas d'une façon positive s'ils iront au secours des Allemands......	229
Münich donne ordre aux Polonais d'évacuer Camienietz ; ils s'y refusent......	229
Troupes que Véli Pacha doit envoyer à Hotin..................................	229
Un corps d'armée russe se détache et va, dit-on, au secours des Allemands...	229
Départ du séraskier de Bender..	229
De l'officier qui vient de Pétersbourg...	230
Envoi de galères pour l'entrée du baïle de Venise à Constantinople...........	230
Rappel du khasnadar de Yegen Pacha...	230
Du navire qui vint en quatre jours de Crimée à Constantinople...............	230
Lettres envoyées de Vienne aux ambassadeurs d'Angleterre et des Pays-Bas..	230
Le Sultan se rend à Bechictach	230
De deux prisonniers allemands envoyés de Cîmpulung au Prince.............	231
Descente des Catans à Cîmpulung ; trouble et frayeur de la population de Bucarest ; mesures que prend le Prince....................................	231
Les Catans quittent Cîmpulung, ils y sont remplacés par six cent cinquante cuirassiers allemands..	233
Excès que commettent les Catans à Cîmpina..................................	233
Du Russe qui passa par Bucarest	233
Descente des Catans à Tîrgoviște ; le Prince envoie contre eux le divan-effendi et d'autres personnes..	233
Fausseté de la nouvelle que les Catans étaient à Tîrgoviște ; mesures que prend le Prince..	234
Mort d'un nègre..	234
Actes d'impiété que commirent les Catans dans le monastère de Sinaie.	235

TABLE ANALYTIQUE

De la quantité d'Allemands et de Catans qui sont sur les frontières............	236
Nouvelle de la victoire du vizir-azem sur les Allemands....................	236
Arrivée du grand vizir à Belgrade ; on bat cette place en brèche nuit et jour ; on fait des préparatifs pour escalader les murs.........	244
Départ du séraskier de Vidin pour Pancsova ; combat qui s'y livre ; victoire des Allemands sur les Turcs...	244
Fuite du séraskier ; son retour ; il fuit de nouveau.......................	245
Le grand imbrohor du vizir est envoyé au séraskier de Vidin avec un firman..	245
Arrivée du vali de Bosnie...	246
Prières que les Juifs font pour le Sultan	246
Entrée du baïle de Venise à Constantinople............................	246
Éloge que firent du Prince les tchocadars du caïmacam....................	246
Défaite de Suleyman Pacha...	247
Le pacha revient de Perişanï à Bucarest...................................	256
Des deux compagnies de Silistrie...	256
Retour du divan-effendi..	256
Passage du Potloc par les Russes..	256
Départ des armées ottomane et tartare contre les Russes ; victoire des Tartares sur les Cosaques..	257
Le prince Grégoire demande à Véli Pacha des secours qu'il ne peut obtenir....	257
Déprédations que commirent les Catans, sous les ordres de Manos, dans le village de Negreştï..	258
Conduite du vornic Andronakis, il est enfermé au Vestiarat.................	258
Kurde Djérid Mechmet aga meurt par le lacet..............................	259
Andronakis sort de prison...	260
Des Albanais envoyés à Slatina..	260

AOUT 1739

Tchocadars du caïmacam pacha qui vinrent apporter une lettre au Prince....	262
Ah Pacha arrive au camp, traverse la Save et bombarde Belgrade...........	265
Mort de Toz, séraskier pacha...	265
Le siège de Belgrade est poussé avec vigueur ; dangers que court la ville... .	266
De Wallis charge un colonel de porter une lettre au grand vizir............	267

Sollicitude et courage dont fait preuve le grand vizir.................. 267
De la frégate qui vint de Crimée à Constantinople.................. 268
Ce que l'on apprit de l'équipage.................. 268
De la guerre qui va éclater entre l'Angleterre et l'Espagne; causes de cette guerre.................. 269
Préparatifs des Suédois contre les Russes.................. 269
De la flotte suédoise.................. 269
Les Russes font assassiner un baron suédois et lui volent les lettres qu'il allait porter en Suède.................. 269
Des princes et des généraux qui furent tués à la bataille de Hissardjic........ 270
Incendie des galions allemands.................. 270
Arrivée de la flotte ottomane à Belgrade.................. 271
Du prince Lobcovitz.................. 271
Lupuianu est nommé colonel.................. 271
Des janissaires qui violèrent une jeune fille.................. 271
Arrivée de l'ambassadeur de France au camp impérial ottoman.............. 272
De ce que dit le prisonnier qui fut interrogé par Véli Pacha.................. 272
De deux autres prisonniers qu'il interrogea.................. 273
Véli Pacha charge des troupes d'aller couper les convois de vivres des Russes. 273
Des deux Tartares qui amenèrent au Prince chacun un prisonnier............ 273
Du rebelle Cantemir.................. 273
Situation où se trouve le prince Grégoire.................. 273
Retraite du général Lasci.................. 274
Longue-vue dont le prince Michel fit cadeau au Sultan.................. 274
Albanais envoyés par le Prince contre les Heiduques qui exerçaient leurs brigandages dans le cadilic de Teleorman.................. 274
Séimènes envoyés à Pitești.................. 275
Meurtres et déprédations que les Catans commettent à Lutești.............. 275
Conversation de Neipperg avec le grand vizir au sujet de la paix........... 275
Hostilités incessantes des Turcs contre Belgrade.................. 276
Comme quoi il n'y eut pas de suspension d'armes.................. 276
Fausse nouvelle de la prise de Belgrade.................. 276
Nominations de fonctionnaires faites par le Prince.................. 276
De l'impôt sur le bétail.................. 276
Excès des Heiduques à Slatina.................. 276

On envoie contre eux le bin-bachi Haïdar aga............................	277
Du nouveau séraskier Mémich Pacha......................................	277
Combat entre les Russes et les Ottomans; victoire de ces derniers........	277
Mort du général Korf...	278
Lettre du général de Wallis à Munich....................................	278
Envoi d'une tête et de Catans...	278
Présents envoyés par le Sultan au grand vizir et aux pachas à l'occasion de la victoire..	278
Conférences quotidiennes..	279
On interdit aux Juifs de faire des prières publiques....................	279
L'ancien baïle vénitien demande la permission de retourner à Venise.....	279
Nomination de boulouc-bachis par le Prince..............................	280
On pend un Tsigane et un Valaque convaincus de trahison.................	280
Fonds qui furent envoyés à Véli-Pacha...................................	280
Têtes de Catans que l'on envoya du cadilic de Teleorman.................	280
Troupes dirigées sur Pitestï avec Haïdar aga et le boulouc-bachi Photis.....	281
Le palais que le Prince possède à Constantinople est infecté [par la peste]....	281
Disette de subsistances; frayeur que Cantemir inspire au prince Grégoire.....	281
Des voitures chargées de vivres qui furent envoyées à l'armée russe.........	281
Lettres que les Polonais écrivent à Véli Pacha pour lui demander des secours..	281
Exil de Stéphanakis...	282
Retour du grand imbrohor à Constantinople...............................	282
Disette de vivres en Crimée...	282
Grande conférence pour la conclusion de la paix.........................	282
Maladie du grand vizir..	283
Le khasnadar aga se rend à Rușava.......................................	283
L'agas Constantin est promu au grade de grand comis.....................	283
Châtiment que l'on inflige à un Valaque pour l'obliger à avouer s'il est espion.....	283
La paix est, grâce à Dieu, conclue entre les Turcs et les Allemands.....	283
Les Allemands refusent de céder Sebeș et Lugoș..........................	284
Le vali de Roumélie est nommé commandant de Belgrade....................	284
Déposition de l'Istambol-effendissi.....................................	284
Stéphanakis revient de l'exil...	284
Des Allemands envoyés à Buzău...	284

L'armaș Joannitza et Georgakis Canélos sont amenés avec les ceps aux pieds et livrés aux séimènes.. 285
Le vestiar Fhiera est nommé ispravnic de Cîmpulung................... 285
Du courrier qui alla annoncer la nouvelle de la paix au caïmacam........... 285
Du tchocadar qui arriva le même jour à Constantinople avec la même nouvelle. 286
Retour du khasnadar ; lettres du grand vizir au Sultan...................... 286
Préparatifs de réjouissances à Constantinople.............................. 287
Les Francs de Péra refusent de croire à la paix............................ 287
Les Russes remportent une victoire complète sur les Turcs et les Tartares..... 287
Nombre des Turcs, des Tartares et des Russes.............................. 288
Départ de Véli Pacha et des autres pachas pour Bender..................... 289
Prise de Hotin par les Russes qui font prisonnier Coltchac Pacha, commandant de la place... 289
Pétition que Véli Pacha adressa à la Porte................................ 289
Atmadja Pacha est envoyé au secours du prince Grégoire.................... 289
Retour du Prince au palais.. 289
L'armaș Joannitza et Canélos sortent de prison............................ 289
Le grand comis Constantin est envoyé à Craiova............................ 290
Le Prince reçoit ordre par firman d'envoyer au Ghirdap mille ouvriers et cent mille paquets de ficelle... 290
Envois de vornics dans les cadilics du territoire de Craiova................... 290
Le prince Grégoire établit des caïmacams à Jassi, passe la montagne et se rend à Vaslùi... 290
Personnages que l'on envoya à Constantinople pour en ramener les princesses à Bucarest... 291
Le Prince désigne des boyards pour rendre la justice....................... 291
Jacques est envoyé à Giurgiu.. 292
Relation de l'assassinat du major Sinclair................................. 293

SEPTEMBRE 1739.

Départ du tchocadar qui avait apporté le firman....... 319
Argent que l'on envoya à Jacques.. 319

Les Russes se mettent à la poursuite du prince Grégoire; ses tribulations; il se rend à Galaṭï.. 319
Nomination d'un ispravnic à Cîmpulung...................................... 320
Évacuation du territoire valaque par les Allemands et les Catans............. 320
Le Prince reçoit les articles des préliminaires de paix...................... 320
Mission de Paléologue en Moldavie... 344
Arrivée du général Michel à Bucarest.. 344
Mission du portier Basilakis à Brăila et de Moros à Focşanï................. 344
Du firman adressé à Suleyman Pacha.. 344
Des voleurs et du Catan amenés au Prince.................................... 344
Arrivée d'Orlic à Bucarest.. 345
Des Allemands qui se réfugièrent auprès du Prince........................... 345
Nomination d'un ispravnic à Tîrgovişte...................................... 345
Conclusion de la paix avec les Russes....................................... 345
Arrivée d'un aga du grand vizir avec un firman réclamant l'argent donné aux milices de Choumla... 356
On amène des voleurs valaques... 357
Addition de nouveaux articles au traité de paix avec la Russie.............. 357
Nobles allemands que le grand vizir emmena avec lui comme otages de la paix. 357
Nomination d'un defterdar à Belgrade.. 357
Le grand drogman s'efforce de se faire nommer conseiller secret............. 357
Il réussit à peine à se faire accorder huit bourses, payables par la Moldavie et la Valachie.. 357
Chevaux que l'on donna à l'ambassadeur de France............................ 358
De l'aga des janissaires.. 358
Mécontentement du Sultan au sujet de la paix avec les Russes................ 358
Les hauts fonctionnaires de la Porte sont revêtus de pelisses et décorés d'aigrettes; le grand drogman est exclu de cette faveur..................... 358
Le silicdar impérial se rend au camp.. 358
Mémich Pacha est envoyé à Silistrie... 358
Mort de la validé-sultane... 358
Yegen Pacha est transféré dans une autre localité........................... 358
Le grand drogman réussit à obtenir que la nomination des drogmans de la flotte se fasse par son intermédiaire.................................. 358
De Stéphanakis Démakis.. 359

Envoi à Bender de fonds et de moucaréris.................................... 359
Victoire remportée sur les Russes en Crimée............... 359
Excès que commirent en Moldavie les Russes et les Cosaques................ 359
Réception faite au maréchal Münich par les caïmacams moldaves........... . 359
Ordres de Münich.................... 359
Fossés dont on entoure Jassi.. 359
Münich quitte Jassi et y laisse les princes rebelles 360
Fuite des gens du prince Grégoire... 360
Route que suit Münich avec ses troupes..................... 360
Nominations faites par les princes... 360
Les Tartares font prisonniers des émigrés moldaves....................... 360
Les Moldaves sont trompés par les princes................................. 360
Catans de Coltchac Pacha... 360
Informations concernant les Russes transmises à Bender par le voïvode Kiowtski. 360
Les Russes font des réquisitions de vivres sans trouver la moindre opposition... 361
Ils saccagent les villages..:... 361
Des cossévis et des Heiduques de Bender et du Boudjac...................... 361
Les Moldaves révoltés tuent tous ceux qu'ils rencontrent..................... 361
Les Cosaques mettent à la torture un certain Stavros........................ 361
Déprédations qu'ils commettent à Lunca.................................... 361
Le prince Dimitraşcu va chercher sa sœur................................. 361
Frayeur et fuite des Moldaves au bruit qu'on allait les réduire en esclavage.... 362
Des Tsiganes qui furent dépouillés par les Cosaques........................ 362
Des Cosaques qui enlevèrent des bestiaux aux Moldaves..................... 362
Envois du prince Constantin au prince Grégoire............................ 362
Le prince Grégoire écrit au prince Constantin pour lui demander l'autorisation d'acheter des vivres en Valachie...................................
Départ de Dracos et de deux autres personnes pour Constantinople.......... 362
Du manifeste de Münich qui fut saisi en Transylvanie...................... 363
Du firman que le Prince reçut concernant l'acquisition des bœufs............ 363
Des Allemands envoyés par l'ispravnic d'Argeş............................. 363
Arrivée des princes Cantemir à Focşanī; trouble que cette nouvelle met dans Bucarest 365
L'arrivée des princes est confirmée; fuite de l'ispravnic Georgitza; sa sœur et Pavlakis sont faits prisonniers... 364

Le Prince désigne des boyards pour se rendre et rester auprès du prince Grégoire............	365
Paléologue est nommé ispravnic............	365
Conference du Prince avec les boyards au sujet des Russes; décision qui y est prise............	365
Du firman que reçut le Prince pour le reste des subsistances commandées......	365
Des transfuges allemands............	365
Vols et déprédations des Russes; leur départ de Focşanï............	365
Arrivée de Catans............	366
Mise en liberté de Pavlakis et de la sœur de l'ispravnic............	366
Pétition qu'adressèrent au Prince les habitants de Focşanï relativement aux Russes et aux Cosaques............	366
Le prince Grégoire quitte Macşinenï pour se rendre à Galaţï............	368
Mission de Basilakis à Craiova............	368
Hongrois de Rakoczi qui se réfugient auprès du Prince............	368
Seconde mission de Jacques à Giurgiu............	368

OCTOBRE 1739

Des Allemands et des Catans qui vinrent chercher asile auprès du Prince...	370
Des musiciens du prince Grégoire qui prirent la fuite............	370
Retour à Giurgiu du cadi de cette ville............	370
Fuite et terreur que causa aux frontières le bruit de l'arrivée des Russes....	370
Le Prince empêche Mourtaza Pacha de traverser la Valachie............	371
Nouvelle apparition à Ghindeştï de deux compagnies de Russo-Cosaques; trouble à Bucarest, mesures que l'on y prend............	371
Suleyman Pacha et le prince Jean se rendent à Afumaţï............	372
Du pacha que Sari Mechmet Pacha désigne pour aller avec des troupes réprimer les incursions des voleurs et des Cosaques............	372
Du médecin qui est envoyé à Mémich Pacha............	372
Lettre que le grand vizir adresse au Prince relativement aux Russes; conférence du Prince avec les boyards............	372
Des janissaires qui battirent un Juif et lui volèrent ses effets et son argent...	373
Mouvement administratif des dignitaires............	374

Hodja revient du camp à Bucarest..	374
Mémich Pacha envoie un secours de troupes à Bucarest; sa lettre au Prince..	374
Permission que le Prince accorda au peuple; le grand paharnic Ghindescu est nommé serdar des troupes à la tête desquelles il doit marcher contre les Russes...	374
Indignation du Prince contre le grand sluger Barbuțanu..........................	376
Jacques est chargé d'une troisième mission à Giurgiu, à l'effet d'empêcher les troupes turques qui se proposaient de venir en Valachie de mettre leur projet à exécution..	376
Retour du saradj-bachi du grand vizir, venu apporter une lettre; gratification qui lui est accordée...	376
On amène des prisonniers...	377
Le Prince empêche Mourtaza Pacha de venir en Valachie.......................	377
On amène encore de nouveaux prisonniers......................................	377
Départ des voleurs et des Cosaques; l'évêque de Buzău s'en va avec eux.....	377
De Tott apporte les lettres de l'impératrice de Russie, par lesquelles cette princesse ratifie le traité de paix...	377
Le gouverneur de Belgrade demande du sel en Valachie......................	378
Letchguis qui arrivent à Bucarest	378
Visite que leur chef fait au Prince...	379
Détails que Constantin Ghindescu transmet au Prince concernant les Cosaques.	379
Dimitrașcu Zătranu est nommé logothète du vestiarat..........................	379
Le grand spathar revient du camp à Bucarest.....................................	379
De Djefer bey qui était venu à Bucarest avec les troupes de deux éyalets....	380
Des esclaves..	380
Départ d'Omer aga pour Constantinople...	380
Du porte-drapeau des itchoglans qui apporta au Prince une lettre du prince Grégoire..	380
Les Moldaves se mettent à la poursuite de Cantemir...........................	381
Boyards moldaves qui partent avec les Russes..................................	381
Famine en Moldavie...	382
Le grand spathar du prince Grégoire est chargé par celui-ci d'aller chercher les princes..	382
Mémich Pacha envoie des ordres écrits ordonnant aux troupes des éyalets de quitter Bucarest..	383

Noces de Pîrvu, fils du ban.	383
Départ des Letchguis.	383
Arrivée à Bucarest de l'évêque de Rîmnic; son entrevue avec le Prince.	383
Ordre écrit de Mechmet Pacha enjoignant aux alaï-beys de quitter Bucarest.	383
Fiançailles du bach-balicouli.	383
Commissaires qui sont nommés pour fixer la délimitation des frontières entre l'Empire et la Turquie.	384
Échange des capitulations.	384
Nomination d'un ambassadeur ottoman près la Cour de Vienne.	384
Les prisonniers allemands sont rendus.	384
Momars est chargé de porter les capitulations à l'Empereur.	386
L'Empereur se fait lire les articles du traité de paix avec l'Allemagne.	386

NOVEMBRE 1739

Du cheval que Mémich Pacha envoya au Prince.	392
Des médecins qui vinrent à Bucarest.	393
Gazi Pacha quitte Craiova.	393
Troupes concentrées à Brăila.	393
Les bandes de Cosaques se voient refuser le passage par la Hongrie.	393
Accueil bienveillant que la Porte fait à M. Tott.	394
Brătășanu vole l'argent du Prince.	394
Brătășanu et l'higoumène de Cobie sont traduits devant le divan princier.	395
Leur exil au monastère de Snagov.	396
Détails concernant Hotin que Sari Pacha transmet par écrit au prince Grégoire.	396
Münich est remplacé par Romanzov.	397
Le prince Grégoire loge dans le palais de Sturdza.	397
Ce que disent les habitants de Focșanï concernant les Russes.	397
Lettre que Mémich Pacha envoya au Prince.	398
Mission de Jacques à Giurgiu.	398
Lettre du prince Grégoire au prince Constantin relativement à Münich.	398
Le prince Grégoire met en prison Cantacuzène.	398

Le prince Grégoire écrit au métropolitain de Moldavie, qui avait pris la fuite, de revenir à Jassi 398

Retour du prince Grégoire au palais 399

Présent que le Prince envoya à Mémich Pacha 399

Du diacre qui fut arrêté pour contrefaçon des sceaux 399

Gens que le prince Grégoire envoie chercher la princesse sa femme 399

Officiers russes qui se rendent à Constantinople avec des lettres 399

Mécontentement que ces lettres causent à la Porte et à l'ambassadeur de France; ce que l'on dit à ce sujet 400

Distribution de la solde; certitude que la Porte a de la paix 401

Retards qu'on apporte à l'entrée de l'ambassadeur persan à Constantinople.. 401

Mort d'Eupragiotis; de sa charge 401

Le métropolitain de Philippopolis bat les gens qui l'embarquaient pour l'exil, prend la fuite et se cache 401

Le pacha qui était à Jassi est nommé gouverneur de Hotin 402

L'ispravnic de Teleorman est amené et livré aux séimènes; nomination de Corbanu 402

Le grand postelnic est envoyé à la rencontre des princesses 402

Arrivée du médecin Scordylis 402

Les primats de Buzău et les vatavs des montagnes sont mis en prison 402

Heureuse arrivée des princesses à Bucarest 402

Le clucer Radu est nommé ispravnic de Ialomița 403

Lettres du gouverneur de Vidin et de son kékhaya au Prince 403

Brătășanu et l'higoumène obtiennent leur pardon 404

Lettre du grand vizir au Prince, relativement à la défaite des Allemands et à la conclusion de la paix 404

DÉCEMBRE 1739

Mission de Hodja et de Jacques relativement à la démolition des maisons turques 405

La peste se déclare dans le harem de Son Altesse; le Prince change de domicile. 406

Mémich Pacha envoie à Lichireștï un chef de volontaires pour arrêter les brigands qui s'y trouvaient 406

TABLE ANALYTIQUE

Cause des ravages exercés à Jassi par les Russes............................ 406
Émission de billets d'imposition faite par le prince Grégoire................. 407
Mission de Basilakis à Vidin.. 407
Les princesses vont habiter au monastère de Radu Vodă...................... 407
La peste se déclare dans le harem du prince Jean............................ 407
Pétition que le Prince adressa à la Sublime Porte........................... 407
Du Valaque et de sa fille qui furent tués par les Turcs...................... 407
Excès que les Heiduques commettent dans le banat de Craiova, pétition que les habitants adressent au Prince à ce sujet; lettre que le Prince leur écrit; ordres qu'il donne pour l'expulsion des Heiduques........................... 408
Rations de vivres données par le Prince aux armées impériales; tribut du banat de Craiova; paix avec la Russie.. 409
Des Craioviens qui furent revêtus de caftans................................ 412
Lettre que le Prince écrivit aux Turcs qui occupaient par la violence un grand nombre de villages du banat de Craiova............................... 412
Du capitaine de Heiduques qui tua un Turc et un séimène.................... 412
Munificence du Prince; il fait remise des présents qu'on était dans l'usage de lui offrir à la fête de Noël... 412
Réduction et fixation du tribut du banat de Craiova; les capi-kékhayas empêchent le renouvellement ou *moucaréri* que voulait faire le vizir-azem...... 413
Présents offerts au Sultan à l'occasion du baïram........................... 414
Vischniakov apporte à Constantinople la ratification du traité de paix conclu avec la Russie... 415
Entrée de l'ambassadeur de Perse à Constantinople; propositions qu'il fait; de Tahmas Kouli Khan... 415
Les professeurs vont présenter leurs hommages au Prince, suivant l'usage; éloges qu'ils prononcent.. 416
Firman envoyé aux pachas qui étaient à Brăila................................ 416
Des Russo-Cosaques qui s'emparèrent des effets que les Moldaves avaient déposés en Pologne; Cantemir demande au commandant [de Stanislawow] de lui livrer ce qui appartenait au Prince... 416
Réconciliation du prince Constantin et du prince Grégoire.................... 417
Lettre du secrétaire intime relative à cette réconciliation................... 417
Réponse du Prince.. 418
Procès-verbal des articles de ladite réconciliation.......................... 421

Arrivée d'Alexandre Soutzos avec des firmans................................ 423
Lettre du Sultan au Prince... 424
Arrivée du gédicli zaïm avec des firmans................................. 424
Firman adressé à Hussein Pacha. 425
Autre firman adressé au même... 425
Firman adressé au pacha et au defterdar d'Ada Calessi................... 425
Firman adressé au cadi de Nicopolis...................................... 426
Firmans adressés aux juges des districts turco-danubiens................. 426
Firman adressé au Prince... 426
Troisième firman adressé au Prince....................................... 426
Liste des présents du baïram... 427
Mise en liberté de Yaya Pacha et de Coltchac pacha....................... 429
Réponse des pachas... 430
A l'audience de la tsarine... 430
Longévité de deux orthodoxes... 431

FIN DE LA TABLE

Le Puy. — Imprimerie Marchessou fils, boulevard Saint-Laurent, 23.

www.ingramcontent.com/pod-product-compliance
Lightning Source LLC
Chambersburg PA
CBHW060756230426
43667CB00010B/1589